总主编 丁和根

大学研究型课程
专业系列教材

新闻学类

中国新闻史研究导引

陈玉申 编 著

南京大学出版社

内容简介

本书为中国新闻史课程的新型教材，采用新的教学理念和教学思路，以本学科的重要学术问题为中心，选录并解读有代表性的论文，提摄观点要旨，阐释价值意义，使学生对新闻史有更加深入的认知与理解。通过对选文的分析和讨论，激发学生进一步探究的兴趣，学习科学的思维方式与研究方法，培育创新意识，提升研究能力。这样的教材构架，也给任课教师提供了更为开放的教学空间，既可以充分发挥教师的研究特长，也便于组织、指导学生的阅读和讨论，增加师生之间的互动交流，变灌输性教学为启发性教学。本书不仅可作本科教材，也适宜新闻学专业研究生阅读参考。

图书在版编目(CIP)数据

中国新闻史研究导引 / 陈玉申编著. -- 南京：南京大学出版社，2015.9

大学研究型课程专业系列教材. 新闻学类

ISBN 978-7-305-15050-0

Ⅰ. ①中… Ⅱ. ①陈… Ⅲ. ①新闻事业史—中国—高等学校—教材 Ⅳ. ①G219.29

中国版本图书馆 CIP 数据核字（2015）第 080059 号

出版发行 南京大学出版社
社　　址 南京市汉口路 22 号　　邮编 210093
出 版 人 金鑫荣

丛 书 名 大学研究型课程专业系列教材·新闻学类
书　　名 中国新闻史研究导引
编　　著 陈玉申
责任编辑 徐佳乐　王抗战　　编辑热线 025-83592123

照　　排 南京理工大学资产经营有限公司
印　　刷 丹阳市兴华印刷厂
开　　本 787×960　1/16　印张 18　字数 363 千
版　　次 2015 年 9 月第 1 版　　2015 年 9 月第 1 次印刷
ISBN 978-7-305-15050-0
定　　价 40.00 元

网　　址：http://www.njupco.com
官方微博：http://weibo.com/njupco
官方微信号：njupress
销售咨询热线：(025)83594756

序

丁和根

中国的新闻学研究已走过近百年的历史，其间虽历经曲折，但学术之脉薪继火传，至今已蔚为大观。在此过程中，新闻学教材也起着不可替代的关键作用。它一方面是学校进行新闻教育和学生培养的基本手段和工具，对新闻专业学生的知识教育和专业技能培养具有支撑作用，另一方面又承载着新闻传媒领域新思想、新观念和新技能的知识化以及专业知识系统化的重任。近百年来，在新闻学教材编写过程中，许多先驱者筚路蓝缕，呕心沥血，做了不少开创性的工作。特别是改革开放后的三十多年中，新闻学教材编写更是百花齐放，不仅数量大大增加，内容也有了极大的丰富，与整个新闻传播业的发展形成有机呼应。

当然，在新闻学教材大量涌现的同时，人们也发现其中存在一些不容忽视的问题。最常见的问题是教材的体例结构大同小异，不同系列教材之间在内容上似曾相识，同一系列教材中的内容交叉重复现象也较为普遍。另一个问题是，新闻学传统的三大板块，无论是历史新闻学、理论新闻学还是应用新闻学，都是侧重于知识和技能的系统化，而激发学生积极参与教学和深入思考问题的特点则比较淡漠。这在以实践操作为主要培养目标的高校或许是情有可原的，而对于承担着为社会培育高层次、创新型新闻人才重任的研究型大学来说，应该说是有所不足的。如何让学生在吸取专业知识的同时，充分调动起他们学习的积极性和主动性，在知其然时也知其所以然，让新闻专业的学生更有问题意识和创造意识，具有更宽广的视野和更深入的专业认知，就成为新闻学教材建设难以回避的问题。尝试在解决这样的问题上做出努力，正是本套教材编写的初衷和主旨。

本套教材是南京大学推出的“大学研究型课程专业系列教材”的有机组成部分，它受到周宪教授几年前率先主编的“中国语言文学类”系列教材的启发，因而在编写理念和教学理念上既保持了新闻学专业的特色，也与那套教材一样强调了“研究型课程”一些共通的特点，这些特点主要是以下三个方面。

首先是对研究性的强调。研究性主要体现在：第一，突出教材本身的问题型结构和理路。传统教材的通史通论型结构，因照顾到知识的系统性和全面性，往往对特定学科的核心或前沿问题关注不够。这样对学生训练偏重于全面掌握知识却忽略了问题意识（主要是发现问题和解决问题的意识及其能力）的培养。而研究型教材则以问题为核心来架构，每章或每个单元以一个相对独立的重要问题为中心来设计。这样可以改变过去教材单纯的历史线索或逻辑结构的束缚。因此，不再强调知识面面俱到，也不强调学习平均用力，而是聚焦于本学科的重要问题，强化学术研究上的问题意识。这种问题结构使教材更具弹性和灵活性。对编者来说，可以根据学科知识的发展不断修订增删，进而改变过去教材编写的误区，即受制于结构很难修订，不得不推倒重来。对教师来说，以问题为中心的结构框架，也可以为他们富有个性的授课留有充分的空间和自由，教师可以根据自己的知识结构和研究特长作相应的调整。第二，注重学生思维方式的训练和研究能力的培养。这套教材以典范性研究论文为主干，因此选文凸现了如何发展和确定问题、如何研究问题、如何采集相关资料、如何思考和分析问题、如何得出科学的结论等。每章都有一个导论，每篇范文都有具体的分析和概括，还附有延伸阅读以及思考题，这些设计都在强化问题意识这一主旨，这有助于改变传统教材只注重知识性而忽略研究性的倾向。

其次是对范例性的强调。依据美国科学哲学家库恩的研究，科学知识的范式要素之一是所谓研究范例，也就是特定学科发展史上重要的、经典的研究案例。中国哲学史家冯友兰则指出，学术研究有“照着讲”和“接着讲”两种方式。前者是别人怎么说的，后者是从前人说到之处讲下去。把这两种看法结合起来，可以用来描述这套教材的范例性。就是通过研究典范的学习，首先学会“照着讲”，然后进一步发展出“接着讲”。因此，所谓范例性又主要体现在如下两个方面：第一，选文的经典性。即力求把特定问题及其研究领域中具有代表性和经典性的学术论文选出来，这些论文不但具有权威性，而且代表了一定时期特定问题的研究水平。经过对这样的选文的解读，可以让学生了解具体的问题史和研究成果。选文不但关注问题史，同时也注重当前的发展和前沿性，将最新成果吸纳进教材中。第二，范例性还指选文作为具体的研究个案，对教师来说，是绝佳的授课内容；对学生来说，是上好的学习范本。老师通过讲解让学生掌握特定文本的研究范例，学生通过研读，模仿和学会如何研究问题，如何写作学术论文。由此实现研究型教材的特定功能。

再次是对多元化的强调。传统教材有时为了突出编写者个人的学术观点，往往采用一家之说，而对其他各种观点的介绍评析不够。由于研究型教材采用选文与导言相结合的方式，因此可以实现教材内容、学术观点和研究方法的多元化，进而达到学术研究上的“视界融合”。多元化一方面体现在博采各家之说，尽显研究特定问题的思路或方法的多样性，形成了各家之说的对话性；另一方面，选文在学术论文的文体、方法和表述风格上也明显多样化，这有助于学生掌握多种阐释途径和写作方法，进而避免研究方法和写作上的“八股”文风。

以上概括无疑同样适用于本套“新闻学类”教材。当然，新闻学毕竟与文史哲等传统学科有所不同，在教材的编写中也要充分考虑到它们之间的差异性。这种差异性主要表现在以下两个方面。

其一，新闻学的学科发展史比较短暂，不像文史哲等传统学科那样源远流长，因而可选的经典范文就比较有限。在代表性与经典性之间，本套教材更强调的是代表性而非经典性。世界上没有一成不变的真理，任何观念都产生于特定的历史语境。从纵向上看，许多在当时有影响的学术观点，随着时代环境的变化，在今天看来或许已平淡无奇，或许还存在明显的不足，但它们代表的却是学术史链条上不可或缺的某些组成部分。从横向来看，对同一问题，人们也会有不同的认知。这种不同或来自于不同的理论视角，或来自于不同的方法运用，但它们对更为完整地认识一个事物都有裨益。对于有价值的多元化的观点和方法，只要有一定的代表性，我们便采取兼收并蓄的态度，以期更好地利用过往的研究财富，为今后的知识创新增添有益的动力。

其二，由于新闻学是一个新兴的应用性学科，它与文史哲等基础学科不同的地方还在于它一定要理论联系实际，因而本套教材特别强调了实践应用性。一是选题的提出和讨论特别强调现实性，以增加教材内容与新闻传播现实的粘合度。二是在业务性课程教材的编写方法上做出适当调整，增加了案例分析的环节。三是在选文之后的问题思考和研究设计部分，更注重结合当下正在进行中的新闻传播变革来设计思考题和研究方案。

学术研究需要凝聚朝气蓬勃的学术力量，发挥专业团队的集体智慧。近三年多来，为了保证本套教材的顺利推进，南京大学新闻传播学院的诸多同仁以及部分校外学者，群策群力、共襄斯举，为了共同的目标，大家本着严谨求实的学风，不囿于成见，立意于创新，在各自所负责的教材中充分表现出自己的学术个性。在此，谨向他们表示深深的敬意！本套教材能够顺利付梓出版，还有赖于南京大学出版社的鼎力支持以及项目负责人和各位责任编辑的辛勤劳动，特别是金鑫荣社长，出版此套教材的创意来自于他，在编著过程中，经常加以敦促和鼓励的也是他，没有他的关心和支持，也就没有这套书的今天。此外，我们也要向本套教材中所有被征引文献资料的著作者一并致以深切的谢意！

以“研究性”作为教材编写的突出特点，这只是一个初步的试验。我们知道，在这条道路上需要探索的地方还很多，因而热忱期待来自各方有识之士的指教。

2015年3月于南京大学

前言

中国新闻史是新闻学专业的一门核心课程。学习新闻史，探寻新闻传播的历史演变轨迹，可以帮助我们认识新闻业的发展规律，并通过历史的比较，对当下的传媒生态形成更加准确的评判。从历史记忆中汲取经验教训，以业界前贤为进取的标杆，是提升专业技能的有效路径。而对历史问题的思考与探究，则是一种严格的心智锻炼。因为历史研究既需要质疑的态度、批评性的眼光和丰富的想象，更依赖缜密的分析、严谨的论证和成熟的判断力。这些素质，也是以求真为最高原则的新闻工作所需要的。因此，研修新闻史课程，不仅是为了获取历史知识，更重要的是得到思维方式的训练。

如果从古代有文字记录的新闻传播活动算起，中国新闻史的时间跨度近两千年，但在目前通行的课程体系中，这门课的授课时间并不多，只有一个学期。要在有限的课时里把新闻史讲得全面一些，系统一些，只能宜粗不宜细。所以，教科书的内容一般比较简略，主要是介绍各个时期传媒发展的概况，有的看上去像一本"流水账"。由于学生所掌握的大多是些面上的知识，对历史现象难以进行深入的观察和思考，甚至找不到值得思考的问题，这就容易导致学生丧失学习这门课程的主动性和积极性，只是被动地接受一些历史知识，不能产生研究和探索的兴趣。

本教材的编撰，试图在教学内容和教学方式上谋求改进，采用了一种新的思路：以本学科的重要问题为切入点，解读有代表性的研究论文，提摄观点要旨，阐释价值意义，使学生对中国新闻史有更加深入的认知与理解。通过对选文的分析和讨论，引导学生在学术层面上思考问题，学习科学的思维方式与研究方法，培育创新意识，提升研究能力。这样的教材架构，也给任课教师提供了更为开放的教学空间，既可以充分发挥教师的研究特长，也便于组织、指导学生的阅读和讨论，增加师生之间的对话交流，变灌输性教学为启发性教学。

基于以上构想，本书依照中国新闻史的发展线索，分为六章，选录或节录研究性论文28篇。每章前面都有一篇“导论”，简述各个时期传媒发展脉络及其特点。每篇选文前面有一篇“导言”，标明论文出处，介绍论文作者，评析该文的要旨与价值。选文后的“延伸阅读”，列出若干篇与选文相类的论文篇目，供学生阅读参考，以拓展和加深对论题的认识。“问题与思考”则设计了若干研究课题，旨在引发学生作进一步探究。

因教材字数的限制，本书未能收录更多的优秀论文，对已收录的部分篇幅较长的论文，也不得不采用节选的方式，尚祈论文作者鉴谅。作为教材改革的一种尝试，书中缺陷和不足之处自不可免，诚恳地希望得到批评和指正，以便修订时加以改进。

陈玉申

2015年5月

目　录

第一章　中国古代报纸

导　论

中国古代有"邸报"传布朝廷政务信息，其性质类似近世的政府公报。戈公振在《中国报学史》中曾推测汉代已有邸报，但人们在文献记载中并没有找到确证。从目前已知的材料来看，邸报起始于唐代，是由藩镇在京师设置的进奏院传发的。进奏院别称留邸，进奏院的长官亦称邸吏，其主要职责是传递上下消息，沟通中央与地方的联系。邸吏代本镇呈递表文，汇报情况，请示裁夺；同时也把朝廷所公布的诏令、奏章及任免事项抄录下来，报告诸藩，遂有邸报之产生。

唐代的邸报仅供藩帅等少数官员阅览，以今天的眼光看，不过是报纸的一种雏形。进奏官除传达政府公布的讯息外，还向本镇提供朝廷及他镇的各种情报。这样做当然为朝廷所忌，但由于进奏院为藩镇自置，进奏官听命于藩镇，朝廷对邸报实际上并不能完全控制。宋代初期曾沿用唐制，各州在京师设置进奏院，归各州自行管辖。随着宋朝对中央集权的加强，朝廷在收藩镇军、政、财诸权的同时，也将进奏院的管理权归于中央。太宗太平兴国六年，对散在都下的各州进奏院进行整顿，设立"都进奏院"于大内侧近，进奏官们集中在一起办公，以京朝官为进奏院监官，隶属于门下省的给事中，从而将进奏院完全置于中央政府的控制之下。进奏院改组后，邸报在朝廷的直接管理下统一发行，"凡朝廷政事施设、号令赏罚、书诏章奏、辞见朝谢、差除注拟等，合播告四方，令通知者，皆有令格条目，具合报事件誊报。"(《宋会要·职官二》)因此，宋代的邸报更具有中央政府公报的性质，所以又有"朝报"之称。

比之唐代邸报，宋代邸报的读者要广泛得多，从少数藩镇长官扩展到了各级行政官员和士大夫知识分子。虽然具体的发行数字已难以查考，但通过宋人有关的记载可以看到，邸报在当时相当流行，是人们了解朝政动态和国家大事的主要信源。尤其值得注意的是，邸报在宋代已经成为可以买卖的商品。南宋《西湖老人繁胜录》载，临安城的"诸行市"中，有"卖朝报"一行。周密《武林旧事》也记载临安城里有以"供朝报"为业的。卖报成为一种行业，可见邸报有广泛的社会需求。

中央政府直接管理邸报，意在控制新闻发布权，将新闻传播完全纳入为政府服务的轨道。通过邸报统一发布朝政信息，有助于中央政令的贯彻和行政上的统一。在充分发挥邸报上意下达的作用的同时，朝廷也对邸报的内容严格把关，防止政治、军事机密和其他于政府不利的消息在邸报上刊登。邸报发行愈广，在社会上影响愈大，政府对邸报内容的控制也就愈加严厉。从真宗咸平二年起，朝廷对邸报实行"定本"制度，进奏院要将编好的邸报稿样呈送枢密院审查，然后按照审查通过后的"定本"向地方发布消息，不得超过"定本"所框定的范围。这可能是中国历史上最早的新闻预检制度。

邸报在元代一度中断，到明代又得到恢复，但中央不再设立进奏院，邸报由各省派驻京师的提塘官编发。提塘所从事的工作，类似于唐宋时代的进奏官，负责本省与京师间的公文往来、信息传递。皇帝的谕旨和臣僚的章奏发交内阁后，即由内阁发至六科衙门，供有关部门抄出奉行。各省驻京提塘赴六科抄录允许传阅的谕旨、章奏，编成邸报，向本省转发递送，使地方官员及时了解朝廷施政信息。因为邸报的稿件来自"阁抄"、"科抄"，所以又称"邸抄"；又因邸报发自京城，亦别称"京报"。清代沿袭明制，也由提塘负责编发邸报。永瑢《历代职官表》说："国朝定制，各省设在京提塘官，隶于兵部，以本省武进士及候补候选守备为之，由督抚遴选送部充补，三年而代。凡疏章邮递至者，提塘官恭送通政司，通政使、副使、参议校阅，封送内阁。五日后，以随疏赍到之牒，应致各部院者，授提塘官分投；若有赐于其省之大吏，亦提塘官受而赍致之。谕旨及奏疏下阁者，许提塘官誊录事目，传示四方，谓之邸抄。"这里说的"定制"，就是通过提塘官来递送公文、传布朝政资讯的制度。

明清邸报的传播内容仍限于朝廷允许公开的政务信息。经办邸报的提塘虽系各省选派，但由兵部统一管辖。除抄录那些可以让各级官员闻知的谕旨、奏疏外，提塘不能在邸报中刊发自行采录的消息。为防止提塘将不宜发布的信息抄入邸报刊布，清廷曾经规定：提塘抄发的邸报内容，须报兵部备案核查，以免讹传、私抄、泄密。各部院衙门，如果有获准公布的信息，需要各衙门将原奏抄录，并加盖印信后，再转给提塘。而提塘刊刻颁发后，应将发抄底本以及原奏印文每十日一次报兵部备案。

因办理邸报之需要，各省驻京提塘都设立报房，雇募匠役印制邸报。后来，朝廷也允许民间开设报房，刊印发售邸报，公私订户均可购阅。至清代后期，民营报房所出之报有了报头，在封面上印有"京报"二字。从存留下来的实物看，《京报》一般用木活字或胶泥活字印刷，多者十余页，少者五六页。内容包括宫门抄、上谕和章奏，所有稿件都来自内阁发抄的文书，没有自采的新闻，也没有自撰的评论，与提塘所办的邸报并无差异。就其内容和功能而言，《京报》实际上是民间报房出版的官报，这也正是朝廷允许它合法生存的原因所在。

中国古代还出现过民间私营的"小报"。唐代的进奏官经常利用职务之便私传消息，泄露机密，宋代之所以设"都进奏院"，实行"定本"制度，就是为了防止新闻走私。但由于政府对邸报的管制太严，许多为读者关心的事情得不到报道；稿件审核又造成时间上的稽延，发表时已成明日黄花，无"新"可言，不能满足人们对新闻的需求。特别是在时局紧张、社会动荡的时候，政府封锁新闻，邸报受到的限制更多，更是满足不了读者了解形势的迫切需要。在这样的背景下，出现了打破官方新闻限禁的私营报纸。北宋末年，就有人假冒“朝报”的名义，私自发行报纸，传播小道消息。南渡以后，私营的“小报”曾十分流行。办“小报”的人最初是进奏院的邸吏，他们把未经审核或不许公开的消息写录下来，私下发售，以此获利。因小报销路甚广，社会上有些人便以打探消息、经营小报为业。同官方的邸报相比，小报更具有新闻性。它信息灵通，报道及时，内容大多是邸报上不能发表、人们又很想知道的事情，所以很受欢迎。小报上的消息不一定完全准确，与实际情况或有出入，但大家要看的是新闻，而不太在意消息的真假，于是看报的人欢迎，办报的人赚钱，小报的影响也越来越大，以至于出现了“以小报为先，以朝报为常”的局面。小报的流行，当然为政府所不容。自小报产生起，当局就将其视为非法而明令禁止。虽然政府三令五申，却未能将小报完全禁绝。从北宋末年到南宋，时局纷纭，人心惶惶，人们都急于了解局势的发展、政府的对策，官报上消息闭塞，人们更期待从小报上了解情况。小报的产生和流行，正是政府封锁新闻的结果。

在清代初期的文献中，也有关于“小报”的一些记载。康熙年间的一则史料称：“近闻各省提塘及刷写报文者，除科抄外，将大小事件采听写录，名曰小报，任意捏造，骇人耳目，请复行禁止。”朝廷对此作出规定：“各省提塘，除传递公文本章，并奉旨科抄事件外，其余一应小抄，概行禁止，违者治罪。”（《清会典》卷七〇六）可见，当时有提塘和印刷邸报的人编发小报（小抄），传播自行采录的消息。雍正四年，有一份报房小抄报道雍正与大臣在圆明园饮酒作乐，内容失实，发行这份小抄的人被判了斩刑。清代的文字狱十分严酷，对小报的查处也特别严厉。此案发生之后，就很少看到关于小报的记载了。

“民可使由之，不可使知之”为儒家执政之秘诀，在高度集权的封建专制制度下，只有帝王和少数权臣能够决定政治生活的方向和国家的命运，普通民众不但没有参政、议政的权利，而且不能享有政治上的知闻权。统治者为了遏止民众干预国政，总是极力闭塞民众的耳目，以期造成“不识不知，顺帝之则”的民众心理。宋高宗时的吏部尚书周麟之对查禁小报的目的讲得十分清楚：“使朝廷命令，可得而闻，不可得而测；可得而信，不可得而诈，则国体尊而民听一。”专制之下，新闻传播的限禁必严。

选　文

从新发现的敦煌邸报看中国古代的报纸

方汉奇

导言——

本文选自1984年《中国新闻年鉴》，原载中国人民大学《新闻学论集》第5辑（1983年1月），题为《从不列颠图书馆藏唐归义军进奏院状看中国古代的报纸》，收入该年鉴时作了删节。

方汉奇，1926年生，广东普宁人，中国人民大学荣誉一级教授，中国新闻史学会名誉会长。主编《中国新闻事业通史》、《中国新闻事业编年史》，著有《中国近代报刊史》、《报史与报人》、《新闻史上的奇情壮采》等。

本文对现藏于伦敦不列颠图书馆的一份唐代"进奏院状"进行了考释和论证。经作者鉴定，这份新发现的"进奏院状"，是归义军节度使派驻朝廷的进奏官发出的，他向本道报告了当道所遣三批专使在京请求旌节的情况。作者认为，它是一份唐代的邸报，也是世界上现存的最古老的一份报纸。通过对"进奏院状"的考察，作者对唐朝的报纸作了这样的描述：它是一种由各藩镇派驻朝廷的进奏官，以各藩镇进奏院的名义，根据所采录到的朝廷消息，分别传发给各藩镇主官的手写官报。刊期不定，篇幅不等，没有报头。朝廷对它的誊录传报工作及其内容没有限制。它只接受地方藩镇的领导，并不是封建王朝的宫廷官报。

关于这份"进奏院状"的属性，学术界尚有争议。有学者认为，从它的内容、读者及行文款式看，它是公文而不是报纸。古代邸报的编发往往与政府公文的运行相互关联，如何厘清报纸与公文的界限，的确是邸报研究中值得注意的一个问题。

前不久，根据已故向达教授提供的线索，在光明日报驻伦敦记者孙文芳同志的协助下，我高兴地得到了一份唐"进奏院状"的抄件，原件现藏于伦敦不列颠图书馆，是斯坦因本世纪初从敦煌石窟窃走的珍贵文物之一。

经过鉴定，这份"进奏院状"是唐归义军节度使派驻朝廷的进奏官，发往节度使驻地的一份邸报。因为归义军节度使的驻地在敦煌，这份报纸又被长期密藏于敦煌石窟，所以不妨称之为"敦煌邸报"。新发现的这份敦煌邸报发报于唐僖宗光启三年，即公元887年，距今约1 100年。由于举世闻名的"开元杂报"已经杳不可寻，它已经成为世界上现存的最古老的一份报纸了。

下面准备先介绍一下这份邸报的部分原文，对它的文字作一些解释，然后再就它和中国古代报纸有关的一些问题，谈一点自己的看法。

一

新发现的这份敦煌邸报是一张长 97 厘米、宽 28.5 厘米的横条卷，纸张是白色的宣纸，比较坚韧，文字自右至左上下书写，字写得相当不错。仅存 60 行，后一部分已佚。纸背抄有大汉三年季布骂阵词文 64 行。

下面是它的部分原文(为了和后面的注释对看方便，我在原文每行的前面都加了一个编号。标点也是后加的)。

[1] 进奏院状上[2] 当道。三般专使所论旌节次第逐件具录如左:[3] 右伏自光启三年二月十七日专使衙宋闰盈、高[4] 再盛、张文彻等三般同到兴元[5] 驾前。十八日使进奏。十九日对。廿日参见四[6] 宰相、两军容及长官，兼送状启信物。其日面见[7] 军容、长官、宰相之时，张文彻、高再盛、史文信、宋闰盈[8] 李伯盈同行……具说[9] 本使一门拓边效顺，训袭义兵，朝朝战敌，为[10] 国输忠，请准旧例建节，廿余年朝廷不以[11] 指撝，今因遣闰盈等三般六十余人论节来者……[13] 军容、宰相处分:"缘[14] 驾回日近，专使但先发于凤翔……[15] 銮驾到，即与指撝者。"至廿二日，夷则以专使同行[16] 发来，三月一日却到凤翔。四日驾入。五日遇寒[17] 食，至八日假开遣参宰相、长官、军容。九日便谴[18] 李伯盈修状四纸，同入中书，见宰相论节。其日，宋[19] 闰盈恳苦再三说道理。却到驿内，其张文彻……[20] 等四人，言路次危险，不再用论节，且领[21] 取回诏。……平善得达[22] 沙州，岂不是好事者。其宋闰盈[23] 等不肯。言:"此时不为本使恳苦论节将去，虚[24] 破仆射心力，修文写表万遍，差人涉历沙碛，[25] 终是不了。"……[37] 又遣李伯盈修状五纸，见四[38] 宰相及长官，苦着言语，痛说理容。[39] ……宰相、长官依稀[40] 似许。其宋闰盈、高再盛、史文信、李伯盈等遂遣[41] 夷则、通彻求嘱得堂头要人一切，口称以作主检[42] 例成持与节及官告，遂将人事数目立一文书[43] 呈过，兼设言约其日商量人事之时，三行军将[44] 官健一人不少懋言相随论节，只有张文彻[45] 等四人不肯，言:[46] ……"仆射有甚功[47] 劳，觅他旌节? 二十年已前，多少搂罗人来论节[48] 不得，[51] ……待你得节，我四人以头倒行。"夷则见张文彻等四人[52] 非常恶口秽言，苦道不要论节，亦劝谏宋闰盈、李伯[53] 盈等荣则同荣，辱则同辱，一般沙州受职，其[54] 张文彻……等四人，上自不怕[55] 仆射，不肯论节，一齐却发去，有何不得? 其宋闰[56] 盈……等四人以允不肯。言:"身死[57] 闲事，九族何孤。节度使威严不怕，争得我四人? 如[58] 不得节者，死亦不归者"。[60] ……至廿三日，又遣李伯盈修状四纸，经宰相(下佚)

下面再按原文各行的编号对其中的部分文字作一些注释。

[1]“进奏院”，发报机关，这里指的是唐归义军节度使派驻朝廷的进奏院。“状”，公文的一种，这里专指官文报，即邸报。

[2]“当道”，唐时公文的习惯用语。《通鉴》卷258胡注：“当道犹云本道”。在这里，“当道”主要指的是领导这个进奏院的归义军节度使。“专使”指的是奉本节度使派遣，到朝廷来执行特殊任务的人。“旌节”详下文第10行“建节”条。

[3]“右伏”，是当时上行公文的常用套语。“光启”，唐僖宗的年号。“光启三年”即公元887年。这个年号是确定这份邸报发报时间的重要根据之一。本行提到的宋闰盈，和下文提到的高再盛、张文彻、史文信、王忠忠、范欺忠、段意意、李伯盈等，都是“三般专使”中的人物。

[4]“兴元”，府、路名。治所在今陕西省汉中市附近。这个地方在唐僖宗时期，曾经两度充当皇帝的行在。

[5]“驾”，指唐僖宗。在位期间为公元874—888年。

[6]—[8]“四宰相、两军容及长官”，指专使们所会见的唐王朝中枢机关的主要文武官员。据《新唐书》卷63《宰相表》，光启三年前后担任宰相职务的，有孔纬、杜让能、韦昭度、张浚等四人，这就是报文里提到的“四宰相”。军容是“天下观军容宣慰处置使”的简称，僖宗时以田令孜为左神策军中尉观军容使，西门匡范为右神策军中尉观军容使。光启二年，田令孜去职，改由杨复恭继任，报文里所说的“两军容”，指的就是杨和西门这两个人。

[9]—[10]“本使一门拓边效顺……朝朝战敌，为国输忠”，指张义潮家族代唐王朝恢复陇西一带管辖权和开拓疆域的事迹。陇西一带自肃宗上元年间起，就被吐蕃占领。宣宗大中五年，张义潮凭借地方武装，赶走吐蕃守将，使陇西瓜、沙、伊、肃、甘等十一州的广大地区重新归复于唐王朝，以此被擢为瓜沙伊等州节度使，后改称归义军节度使。在张义潮的带领下，他的不少亲属包括族子、女婿、外孙都立有战功。这就是报文里所说的“一门拓边效顺”和“朝朝战敌，为国输忠”的具体内容。张义潮于懿宗咸通八年入朝，留在长安，没有回去，代替他守归义军的是他的族子张淮深。这就是这份邸报中两次提到的“本使”，也就是报文第2行一开头就提到的那位“当道”。

[10]旌和节是古代高级官员的一种仪仗。唐时专以赐给各地的节度使。本行和其他各行所提到的“建节”“论节”“论旌节”，说的正是张淮深要求朝廷赐给旌节的事。

[11]“指撝”，即指挥，这里指的是书面的诏敕命令。

[14]“驾回日近”，指唐僖宗即将由兴元返回长安。

[15]“夷则”，人名。这个名字在“状”文中出现过五次。是归义军节度使派驻唐王朝的进奏官即报文作者的自称。《旧唐书》卷18《宣宗本纪》载称：“大中五年……

张义潮遣兄义泽以瓜、沙、伊、肃等十一州户口来献。"《通鉴》也有张义潮"遣其兄义泽奉十一州图籍入见"的记载,见该书卷249。这个"义泽",很可能和报文中的"夷则"是一个人。

[16]"却到凤翔"。"却",退也。指"专使"们退回到凤翔。由归义军到兴元要经过凤翔,现在又回到凤翔,所以用"却"字。

[18]"中书",指中书省,是宰相议事办公的地方。

[22]"沙州",归义军节度使的驻地。它的辖区在今敦煌及其附近地区。

[24]"仆射",官名。这里借用来作为对张淮深的尊称。

[38]"理容"——理由。

[41]"堂头要人",指负责铨叙、簿书、引纳、制敕等具体工作的中枢官员。

[47]"搂罗人",机警伶俐的人。"搂罗"应作"喽啰"。见唐·卢仝《玉川集》《寄男抱孙诗》。

这是一份唐僖宗光启三年从唐王朝行在所在地凤翔发往归义军节度使驻地沙州的邸报,内容主要报道的是归义军节度使张淮深派往行在的"专使"们,在兴元、凤翔两地活动的情况:他们是什么时候到达的兴元,什么时候见的皇帝,什么时候见的宰相、军容、长官;什么时候到的凤翔,什么时候开始就张淮深要求旌节的问题同朝廷大员进行的交涉,交涉的经过情况如何,碰到过什么困难,他们内部在求旌节问题上有过什么分歧,发生过什么争吵,双方都说了些什么,哪些人表现好,哪些人表现不好,如此等等。

这份敦煌邸报保存了有关这次活动的一些细节,为研究唐朝藩镇制度的历史,特别是沙州地区的历史,提供了一些原始材料,这是很可贵的。但它的重要意义并不在此。它的重要意义,在于为报刊历史的研究工作者,提供了一件罕见的古代报纸的实物。

唐朝的报纸,现在已经很难看到。这份报纸之得以幸存,它的反面抄有叙述季布骂阵故事的曲文,是第一个原因。敦煌地区气候干燥,利于文物保存,它又被偶然地封入秘窟,避免了人为的破坏,是第二个原因。没有这些原因,这件报纸历史上的稀世珍品,是很难被保存到现在的。

二

我以为存世的这份敦煌邸报至少可以帮助我们弄清楚以下一些问题。即:一、邸报起始的时间和邸报的名称,二、唐代报纸的基本情况,三、古代报纸和近现代报纸的区别。

邸报起始的时间和邸报的名称

我国古代文献中,最先提到邸报这两个字的是宋人的著作。《宋会要辑稿》刑二下所引的光宗绍熙四年十月四日臣僚言，还曾给邸报下过以下的定义："国朝置进奏院于京师，而诸路州郡亦各有进奏吏，凡朝廷已行之命令，已定之差除，皆以达于四方，谓之邸报"。这种邸报，不见于汉人的记载。一般人因此认为汉朝还没有邸报。唐朝有没有呢？说法不一。

我的看法是，唐朝已经有邸报，新发现的这份"进奏院状"，就是当时的邸报。中国开始有邸报的时间，不会晚于唐朝。

要说清楚这个问题，就必须先把进奏院和邸、进奏官和邸吏的关系弄清楚。

进奏院和邸是个什么关系呢？很简单，进奏院就是邸。

按邸的制度起始于汉朝。隋时，东都洛阳"上春门门外夹道南北，有东西道诸侯邸百余所"（见杜宝《大业杂记》）。唐朝初年，"藩镇皆置邸京师"，初名"上都留候院"，直至唐代宗大历十二年才改名"上都知进奏院"，简称进奏院。《历代职官表》卷二十一所说的"进奏院本出于汉之郡国置邸京师"，正确地阐明了两者之间的关系。

进奏官和邸吏又是个什么关系呢？这也很简单：进奏官就是邸吏。邸吏，《汉书·朱买臣传》称为"守邸者"，是邸的负责人。唐朝初年的正式职称是上都邸务留候使，亦称邸官、邸吏（见《历代职官表》卷二十一及《唐会要》卷五十八支部郎中条），代宗大历十二年上都留候院改名上都进奏院后，上都邸务留候使也随着改称上都进奏院官（见《唐会要》卷七十八诸使杂录条），简称进奏官或进奏吏。在一些文献资料和当时人的诗文集中，进奏官、进奏吏和邸官、邸吏之间，一直是互相通用的。

明确了进奏院和邸、进奏宫和邸吏的关系以后，"进奏院状"的性质及其与"邸报"的关系也就十分清楚了："进奏院状"就是宋人所说的"邸报"或"邸吏报状"。从发报的方式和发报的内容看，它们之间没有什么差别，只是称谓不同而已。

既然"进奏院状"就是邸报，而唐朝又确实有过"进奏院状"这样的物事，在没有发现新的材料以前，把邸报起始的时间定在唐朝，我想总还是可以的。

在邸报起始时间这个问题上，之所以众说纷纭，意见不一，一个主要的原因在于古代人对邸报的称呼很不一致。

即以唐朝的情况为例，当时人对邸报这类报纸的称呼就很复杂。

有称为"进奏院状报"的。见崔致远《桂苑笔耕集》卷一所收的《贺改年号表》等文。

有称为"邸吏状"的。见《旧唐书》卷一二四《李师古传》引李师古告李元素使者语："师古近得邸吏状，具承圣躬万福。"这里所说的"邸吏状"和"进奏院状"是同义语。

有称为"报状"的。见李德裕《会昌一品集》卷十七《论幽州事宜状》："臣伏见报状，见幽州雄武军使张仲武已将兵马赴幽州雄武军使。"

有称为"报"的。见杜牧《樊川集》卷十二《与人论谏书》："前数月见报，上披阅阁下谏疏，锡以币帛，辟左且远，莫知其故。”这里所说的“报”和前面提到的“报状”当是“进奏院状报”或“邸吏报状”的省称。需要指出的是，“报”和“状”这两个字，在当时，也用来泛指藩镇之间，中枢各部门之间，互相通报情况，陈诉意见的文报。因此，不能把唐人文集中提到的每一个“报”或“报状”都当成“进奏院状”或“邸吏报状”。

有称为“杂报”的。见孙樵《经纬集》卷三《开元杂报》条。

有称为“朝报”。的。如赵翼《二十二史札记》卷十六引《后唐记》及《五代会要》称：“后唐长兴中，史馆又奏：宣宗以下四朝未有实录，请下两浙荆州等处，购募野史及除目朝报、逐朝日历银台事宜，内外制词、百司簿籍上进。”这里所说的“朝报”，指的就是“邸吏报状”或“进奏院状”。

以上是唐朝的情况。到了宋朝，邸报这一称呼已经普见于官文书和私人的尺牍诗文了，它的别称仍然是五花八门，无所不有。有沿袭唐人习惯，称为“进奏院状报”的，见宋祁《景文集》卷三十六。有称为“进奏院报状”的，见《宋会要辑稿》刑二上引殿中侍御史朱谏言。有称为“进奏院报”的，见《历代名臣奏议》卷六十一引任伯雨奏。有称为“进奏官报”的，见《三朝北盟会编》卷五十九引《逢房记》。有称为“报状”的，见《唐宋十大家尺牍》引吕东莱书简。有称为“邸吏报状”的，见王辟之《渑水燕谈录》。有称为“邸状”的，见《宋史》卷三三二《李师中传》。有称为“报”的，见《汪文定集》的《与朱元晦书》。以上这些称呼，除了个别的另有所指外，绝大多数指的就是当时的“邸报”。

宋以后，社会上对邸报还有另外一些新的别称如邸钞、阁抄、京报等。情况也大抵类此。

原因何在呢？我以为主要的原因在于“邸报”并没有一个固定的报头。既然没有固定的报头，也就没有固定的名称。人们可以这么叫，也可以那么叫。严格说起来，就连“邸报”这两个字，恐怕也只是它的一个别名。因为负责发布“邸报”的邸，早在唐代宗大历十二年就已经改称上都进奏院，打那以后，邸已经不是它的正式名称了。把“邸报”的许多别名，当成了一个个不同的报纸，我以为完全是一种误解。

新发现的这份“敦煌邸报”，对于我们考定邸报起始的时间，和解决有关邸报名称的问题，能不能有所帮助呢？回答是肯定的。主要表现在以下两方面：

一、它为唐朝开始有邸报，提供了有力的物证。如果说，孙樵《经纬集》的《开元杂报》条是我国历史文献中关于邸报的较早的文字记载的话，那么这份“敦煌邸报”就是现存的最早的邸报原件。它以自身的存在，证明了我国邸报起始的时间，无论如何不会晚于唐朝。

二、它为考定邸报的正式名称，提供了可靠的第一手材料。这份邸报的书写款式告诉我们，历来被称为邸报的封建官报并没有一个正式的报名，如果开头的“进奏院状上……”这几个字可以借用来作为报名的话，那么它的正式名称，应该就是“进奏院状”。此外的一些称呼，包括“邸报”在内，都只能是它的别称。

唐代报纸的基本情况

通过对新发现的这份“敦煌邸报”的研究，我们对唐朝时期我国报纸的以下一些情况，也有了进一步的了解。

一、发报制度。唐朝虽然沿用了汉隋以来地方各州郡在首都设邸的制度，但是并没有很好地加以管理。邸吏或进奏官都由藩镇们自己选派，不需要经过朝廷的批准和任命。也并没有一个像宋朝那样的统一发报制度和审稿制度，以及不许“妄传除改”和擅报“朝廷机事”等之类的禁令。所以如此，恐怕和唐朝藩镇专擅，而宋朝则集权于中枢这一历史背景有关。

新发现的这份“进奏院状”证实了上面这些情况，而且还为我们提供了以下一些细节，即：(1) 各地藩镇派驻朝廷的进奏官，往往是他们自己的族属或亲信人员，他只对自己的主官即“当道”负责，不对朝廷负责。(2) 为了及时传报有关朝廷的消息，进奏官总是紧紧地跟着皇帝和朝廷的中枢机关，平时在首都，非常时期则随着皇帝的行在转移，几乎寸步不离。(3) 所谓的“邸报”或“进奏院状”，是这些进奏官们向派出他们的藩镇长官分别传发的官报，它没有上面规定的母本，也没有固定的发报日期。

由此，我们可以得出这样的结论：唐朝的“邸报”确实是一种封建官报。不过它只是驻在首都的进奏官向派出他们的各地藩镇传报朝廷消息的一类官报，而不是中央官报。在唐朝，实际上还没有一种像宋朝那样的由封建王朝的中枢机关负责编辑、审定、发布的统一的宫廷官报。

二、发报内容。在多数的情况下，“邸报”所传报的主要内容是皇帝的起居言行，朝廷的政策法令，官吏的升黜任免，臣僚的章奏疏表，以及朝廷的其他重大事件。归义军节度使派驻朝廷的那个进奏官，平日所传报的很可能也是这方面的内容。但是，在个别情况下，进奏官们也可能专就和本藩镇有关的问题，或本藩镇特别感兴趣的问题，进行专题性的集中报道。新发现的这份“敦煌邸报”就是这样。这是一期专门就“论旌节”事进行集中报道的邸报。

和内容有关的还有一个写作的问题。新发现的这份“敦煌邸报”的文字是很蹩脚的，这恐怕是因为作者来自长期受吐蕃统治的边疆少数民族地区，又是一位肚里墨水不多的赳赳武夫的缘故。中原地区的那些藩镇的进奏官们当不如此。

三、发报方式。从有关的文献和这份“敦煌邸报”所提供的情况看，一般的邸报是由进奏官们直接发给藩镇主官的，后者是这些邸报的第一读者。至于地方上一般官绅们所看到的邸报，包括孙樵在襄汉间看到的那几十页“开元杂报”，则很有可能只是它的抄件。

和这相联系的，还有一个唐时邸报是否印刷的问题。自从孙毓修在《中国雕版源流考》一书中提到“近有江陵杨氏藏开元杂报七页，云是唐人雕本”以来，不少人曾经相信唐朝已有印刷报纸。但也有人表示过怀疑。现在多数人都倾向于认为孙毓修提供的这段材料不可靠，唐朝并不存在印刷的报纸。我在五十年代的时候曾经写过介绍“开元杂报”是中国第一份印刷报纸的文章，近二十年来也不再那么提了。唐朝并不是不具备印刷报纸的条件，问题在于有没有印刷的必要。既然当时的邸报是由各藩镇派驻首都的各个进奏官分别传送给自己的长官，印刷就不是十分必要的。现存的这份完全用手写的邸报，就是一个证明。中国的印刷报纸，是在朝廷把发报权集中于都进奏院，需要大量复制的情况下才产生的。那已经是北宋以后的事情了。

根据以上情况，我们可以为唐朝的报纸作下面这样一个简单的描述：它是一种由各藩镇派驻朝廷的进奏官，以各藩镇进奏院的名义，根据所采录到的朝廷消息，分别传发给各藩镇主官的手写官报。刊期不定，篇幅不等，没有报头。朝廷对它的誊录传报工作及其内容没有限制。它只接受地方藩镇的领导。它并不是封建王朝的宫廷官报。

古代报纸和现代报纸的区别

看了前引敦煌邸报的原文和上面的分析以后，也许有人会问，难道唐代的邸报就是这个样子？它能算是报纸么？是的，唐代的邸报就是这样，它就是当时的报纸。当然，确切地说，是原始状态的报纸。

古代报纸和现代报纸毕竟是有区别的。我们只能实事求是地承认这种区别，不能用现代报纸的模式去硬套古代的报纸。

我很欣赏姚福申同志的下面这段话：“假定今天看到了邸报，也只以为是普通的公文手抄本……即使邸报放在面前，我们也是有眼不识泰山的。”（《有关邸报几个问题的探索》，刊《新闻研究资料》第九辑）。这段话说得很实在，事实正是这样。

在国内，明朝的邸报已经罕见，无论唐宋。现在突然冒出一份唐朝报纸的原件来，自然是值得高兴的事。海内外各图书馆庋藏的敦煌卷子，据台湾潘重规教授统计，近四万卷，其中会不会还有被湮没的唐宋两朝的邸报呢？我想，不排除这种可能。我相信，经过努力，今后还会有更多的古代报纸原件被发掘出来。我将延跂以待。

南宋小报

台静农

导言——

本文刊载于《东方杂志》第39卷第14号(1943年9月)。

台静农(1903—1990),安徽霍邱人,中国现代作家、文史学者。1946年赴台,曾任台湾大学中文系教授。

这是一篇最早研究南宋小报的专文,虽然只有两千多字,但比较清晰地勾勒出南宋小报的基本样貌,揭示了小报的渊源及其畅行一时的原因。作者是用现代报学的眼光去考察南宋小报的,他特别看重的是:小报迥异于邸报,其消息得自于探访,且系私人经营,可谓近世报纸之先导。然而,"吾国近世报章,直受西洋影响,非承前代小报之绪。"在作者看来,"此于吾国报学史上,亦一有趣味之问题。"这一问题的"趣味"所在,似乎可以这样理解:如果古代的小报能够获得合法的地位,得到正常的发展,便可能自然演进为近代报纸,那中国近代报业或许就不会滥觞于在华外报了。

中国旧日所谓邸报者,盖始于唐代。《全唐诗话》云:"韩翃久家居,一日,夜将半,客扣门急,贺曰:员外除驾部郎中知制诰。翃愕然曰:误矣。客曰:邸报,制诰阙人,中书两进君名,不从,又请之。"此外,孙樵又有《读开元杂报》文,是唐代确有邸报矣。戈公振氏《中国报学史》,因汉代有邸驿,以为尔时已有邸报,出于推想,尚待史实之证明。

邸报之内容如何?据开元杂报观之,不外条报朝廷大事,与夫官吏之授除,唐以后以至明代之邸报,莫不如此;而近世之政府公报,拟诸昔之邸报,实极相似。是邸报出自政府,而所公布者又政府可信之消息也。南宋初,邸报之外,有所谓小报者,其消息得自于探访,其事实复不尽属子虚,且系私人经营,迥异乎官报。观其性质,实近世报章之先导。顾吾国近世报章,直受西洋影响,非承前代小报之绪。虽然,此于吾国报学史上,亦一有趣味之问题。戈氏之《中国报学史》,虽曾涉及此,特太简略,今之所述,或足以补戈氏之缺乎。

按小报之始,即渊源于邸报。《宋史·刘奉世传》:"熙宁三年,初置枢密院。诸房检验文字,以太子中允居吏房。先是进奏院每五日具定本报,伏上枢密院,然后传之四方。而邸吏辄先期报下,或矫作家书以入邮置。奉世乞革定本,去实封,但以通函誊报。从之。"此在神宗时,已有透露进奏院消息之事实,是必外官贿通邸吏,而邸吏始敢如此。待南宋高宗播迁,遂公然出行,流为小报。时周麟之奏札:"小报者,出于进奏院,盖邸吏辈为之也。比年事有疑似,中外不知,邸吏必竞以小纸书之,飞报远近，谓之小报。”（周麟之《海陵集》卷四。麟之为绍兴十五年进士，奏札年不可考，当属高宗朝无疑。）又光宗朝，臣僚言：“恭惟国朝置进奏院于京师，而诸路州郡亦各有进奏吏，凡朝廷已行之命令，已定之差除，皆以达于四方，谓之邸报，所从久矣。而比来有司防禁不严，遂有命令未行，差除未定，即时誊播，谓之小报。”（《宋会要》一百六十六册，刑法二下）是小报消息大抵为邸报尚未发表者，其来源为进奏院，其采访者即邸吏也。

虽然，小报消息亦不尽同于邸报，若周麟之奏札：“如曰某人被召，某人罢去，某人迁除，往往以虚为实，以无为有。朝士闻之，则曰已有小报矣。州郡间得之，则曰小报到矣，他日验之，或然或不然。”（见前引）此小报消息之疑似者也。又光宗朝臣僚言：“近年有所谓小报者，或是朝廷未报之事，或是官员陈乞未曾施行之事。”（《宋会要·刑法二下》）如《庆元党禁》记蔡元定以佐朱熹为妖，送道州编管，时熹处“有以小报来言者，熹略起视之，复坐，讲论如初，词色更为和平。翌日，诸生乃知有指挥郡州县捕蔡元定甚急。”此小报消息之可信者也。“至有撰造命令，妄传事端，朝廷之差除，台谏百官之章奏，以无为有，传播于外。”（《宋会要·刑法二下》，仍为光宗朝臣僚言）又淳熙十五年诏：“近闻不逞之徒，撰造无根之语，名曰小报，传播中外，骇惑听闻。”（《宋会要·刑法二下》）此小报消息之纯属虚妄者也。

北宋邸吏之邮传私递进奏院消息，固为南宋小报之导源，然其浸盛之原因，盖有自然之条件。绍兴五年十一月六日，宰执进呈监察御史田如鳌论：“机事不密，往往悉如众人所料，尝推求其故，皆缘人吏不能谨所致。上曰：此缘吕颐浩不知大体，虽卖物人亦纵之入政事堂，每每漏泄。赵鼎曰：前此中书省、枢密院置皇城内，如在天上，何由探知？自渡江，屋宇浅隘，人迹错杂，自然不密。上命申严法禁。”（《宋会要·刑法二下》）观赵鼎所言，政府播迁，枢府草创，实为小报消息来源主要之原因。于是“使臣及阁门院子，专以探报此等事为生，或得于省院之漏泄，或得于街市之剽闻，又或意见之撰造，日书一纸，以出局之后，省部寺监知杂司及进奏官，悉皆传授，坐获不赀之利，以先得者为功，以一传十，十以传百，以至遍达于州郡监司。人情喜新而好奇，皆以小报为先，而以朝报为常，真伪亦不复辨也。”（《宋会要·刑法二下》）先是小报消息，单属进奏院之漏泄、邸吏之传递，至此变本加厉，使臣及阁门院子与夫省部寺监知杂司及进奏官，皆相率忘其职守，以此等事为生，而中枢省院，一变为此辈渔利之薮，此固当时官吏之秽浊，亦见小报消息网之周密矣。

然朝廷对此，亦曾屡加禁止。初，绍兴五年“上命申严法禁”，“又诏若漏泄边机事务，并行军法；赏钱一千贯，许人告，仍令上书省出榜。”（《宋会要·刑法二》）此在南宋初，偏安之局，尚未奠定，故恐小报畅行，漏泄边机，影响大计，遂责以军法，悬以重赏，以示严禁。迨周麟之奏札，以为小报消息，“使其然耶，则事涉不密；其不然耶，则何以取信？此于害治，虽若甚微，其实不可不察。臣愚欲望陛下深诏有司，严立罪赏，痛行禁止，使朝廷命令，可得而闻，不可得而测；可得而信，不可得而诈，则国体尊而民听一。”（见前引）此朝臣以小报有伤国体而请禁止者也。至孝宗朝“臣僚言：近日每遇批旨差除，朝殿未退，事已传播，甚者诸处进奏官将朝廷机事，公然传写誊执，欲乞严行禁止。诏三省检坐条法，出榜晓喻。”（《宋会要·刑法二》）又“淳熙十五年正月二十日诏：……今后除进奏院合行关报已施行事外，如有以此之人，当重决配，其所受小报官吏取旨施行，令临安府常切觉察，御史台弹劾。”（《宋会要·刑法二》）又十六年“闰五月二十日诏：今后有私撰小报唱说事端，许人告首，赏钱三百贯文，犯人编管五百里。”（《宋会要·刑法二》）以是知孝宗朝小报风行，官府为之凛惧，门下、中书、尚书三省之检坐条法，御史台之弹劾，临安府之觉察，区区小报，乃震动中枢如此。其与近代报章性质虽不同，而其以报章形式动摇人心，则同一轨辙也。又光宗绍熙四年“十月四日，臣僚言：……倘事干国体，或涉边防，妄有流传，为害非细。应申明有司，严行约束，若妄传小报，许人告首，根究得实，断罪进赏，务在必行。”（《宋会要·刑法二》）此光宗朝又有以“事干国体，或涉边防”为言而请严申禁令者也。顾高宗初年至此时已五十余载，朝廷之严令、臣僚之章奏，似均未能阻止小报之流行者，此固由尔时士夫有此小报之需要，亦由互传消息坐获不赀之官吏迄未廓清也。故降至宁宗朝庆元党祸起，蔡元定编管道州，晦庵不因省札至，乃先于小报知之。是时小报，其尚干禁例，抑或任其自然流行，山居无从多得书，不能详为考订矣。

急选报：明代雕版印刷报纸

尹韵公

导言——

本文刊载于《新闻与传播研究》1994 第 1 期。

尹韵公，1956 年生，重庆人。1988 年毕业于中国人民大学新闻学院，获博士学位。中国社会科学院新闻与传播研究所所长、研究员，中国新闻史学会副会长。著有《中国明代新闻传播史》、《昨天与今天——历史学新闻学论文集》等。

北京国家图书馆藏有一份明代万历年间的“急选报”，系雕版印刷，内载吏部选拔的 162 名官员的名单。本文对这份“急选报”作了细致的考证，判定它是一份明代雕版印刷报纸的原件，并且很有可能出自民间报房。作者认为，“急选报”是明代邸报之一种，是从邸报派生出来的，是邸报的一种不定期的增刊或者说号外。由于保存下来的明代报纸原件极其罕见，这份“急选报”的发现，对于明代新闻传播史的研究无疑具有重要的价值。

在翻阅已故著名明史专家谢国桢先生编著的《增订晚明史籍考》一书时，我惊喜地发现了这样一段文字，现全部抄录如下：

万历八年四月二十二日急选报一册

北京图书馆藏万历刻本

不著编者名氏

按：是编载有“吏部一本，急选官员事。奉圣旨开：张拱极陕西三水人，蜀府长史司右长史”等文，盖此即为邸报之一种，草草板刷，以供传阅者。邸报制为刊本，便于流传，已不始于天启时矣。

请注意：谢国桢先生在这里把《急选报》判定为“邸报之一种”。谢老的学术功力非凡，是有目共睹，不容怀疑的。但出于专业的慎重，我决定还是实际考察一番为好。

根据谢老提供的线索，我来到北京图书馆善本阅览室查阅。很幸运，我顺利地调出了《急选报》原件。这份珍贵的实物，已为北图精心地重新装裱，保护得很好。《急选报》的封皮呈黄色，长 24.6 厘米，宽 14.4 厘米；“急选报·四月份”几个字印在封皮左上方，加黑框；“急选报”三个字特大，很醒目，而“四月份”三个字显小，落在框内右下角；整个黑框长 15.3 厘米，宽 4 厘米。

《急选报》很薄，总共才 6 页。第 1 页是这样：

（第一行）吏部一本，急选官员事。奉

（第二行）圣旨　　计开[①]

（第三行）张拱极，陕西三水人，蜀府长史司右长史；李恒勤，山东乐安人，陕西巩昌府秦州判官；

（从第四行以下，每行均是写出二位官员的姓名、籍贯、现任何职等，故略去。）

这份《急选报》不是手抄，而是雕版印刷。大概由于制作工艺粗糙，故有些字迹显得漫漶模糊，墨汁浓淡不一，线条时粗时细。报纸的用纸也不大好，系很差的竹纸，呈白色，跟现代有的乡村自造土纸的质量差不了多少。

下面，我们再进一步探讨和弄清几个问题：

---

① 谢国桢先生在引录这段文字时，不慎漏掉“计”字。每页 14 行，共 82 行，列上急选官员 162 名。最后一页的最后一行，注明日期为“万历八年四月二十二日”。从名单上看，这些被选拔的官员职务和级别都不高，绝大多数属基层官吏，如县丞、知事、主簿、吏目、典史、驿丞、知县、检校、判官、序班、训导等。可能由于首页首行有“急选官员事”之句，故取名《急选报》。

一、这份《急选报》属不属于明代邸报之一种？我觉得，谢国桢先生的这个判断基本没有错。从明代史料看，官员的升降、调动、选拔等，本来就属于明代邸报报道的重要内容之一。对于这一点，现存的万历邸钞和弘光实录钞以及其它明代文献，均可加以有力地证明。然而，我更倾向于认为，这份《急选报》极有可能是明代邸报的一种不定期的增刊或者说号外。其理由是：第一，据初步考证，明代邸报通常每期有50页左右，而《急选报》连封皮在内共7页；第二，人事变动仅仅只是邸报报道的一个部分，而不是全部。我们以一些反映明代邸报的小说之情节为证：

此时，草堂上已点了灯，汪费就将那一本书拿起来一看，是一本朝报。因笑说道："乡里人家看朝报，大奇！大奇！"因问道："是哪里来的？"主人道："偶然一个京中朋友过此遗下的。"汪费展开一观，只见：

吏部一本，举荐人才之事。户部给事中赵崇礼服满，宜以原官用。

典奇一本，会试宜严考德行，以取真才事。

吏部一本，选官事。准贡监生黄舆，选大兴县儒学训导。

俱批该部知道。

——《自作孽》[①]

这里提到的"吏部一本，选官事"，同《急选报》上的第一句话"吏部一本，急选官员事"，二者是惊人的相似。同时，也可以看出，明代邸报同《急选报》也有着惊人的一致性，但二者又不完全一样，《急选报》是明代邸报派生出来的。

基于以上分析，有理由推测：可能由于当时对此事催促甚急，办报人等不及会同邸报一起出，只好专门出版了一期增刊或者说号外，以应付急需。我们知道，明代中后期社会拥有大量冗吏和候补官员，因官场"僧多粥少"，直接攸关个人前途命运，他们因而也就非常关心朝廷的人事变故。由于存在着这种旺盛的社会需求，出版和发行像《急选报》这样不定期的邸报增刊或者说号外，自然也就是顺理成章，题中应有之义的事情了。

顺便再多说一句。从万历邸钞和弘光实录钞的登载情况来看，像《急选报》中提到的那些下层官吏，通常是没有资格或者很难全部登上正式邸报的，顶多简单地提几句话便了结完事。这个情况，恐怕也是办报人决定单出《急选报》的又一个因素。

二、这份《急选报》为何是雕版印刷？一般来说，明代邸报是手抄，只有在少数情况下才是雕版印刷。正如拙著《中国明代新闻传播史》一书中所说的："只有在办报人

① 见《明清平话小说选》。

认为具有相当高的新闻价值的报道，具有特别魅力的报道和能够引起社会轰动的报道，他们才肯付之以雕版印刷，不然的话，时间和经济上都不划算，将导致赔本和亏损。”[①]我们再来看：吏部急选官员——这肯定具有很高的新闻价值；选拔官员162人——加上波及和关联的人数，牵涉人员至少会翻几倍以上，换句话讲，报纸的销路预测肯定不错。因此，办报人一合计，惟有采用雕版印刷，才能既赚钱，又快当，亦可不失时机地满足市场需求。

从明代史料看，凡属雕版印刷刊物，大都是缘于“报房贾儿博锱铢之利”，或者“此不过欲博酒食资耳”。[②] 也就是说，这份《急选报》很可能是民间报房干的。

三、这份《急选报》把吏部准备考察和选拔的官员名单全部公之于众，说明明代社会的政治生活具有相当的透明度。明代政治生活的透明度高低，决定了明代邸报报道的透明度高低。这一现象，既便利了我们从某一角度、某一侧面窥测和审视明代社会，同时，还给予我们深刻的长思和启示。

综上所述，我的看法是：现存于北京图书馆的《急选报》，是一份难得而珍贵的明代雕版印刷报纸的原件，很可能还是唯一的一件实物。《急选报》是明代邸报之一种，是从邸报派生出来的，是邸报的一种不定期的增刊或者说号外。

末了，我还想谈一些感受。在发现和考证《急选报》的过程中，我深感学科交叉的重要性和必要性。《增订晚明史籍考》一书，初版于1964年，后经过修订和增补，再版于1981年。由于作者系明史专家，而不是新闻学专家，故未能掂出《急选报》的全部价值；另一方面，又由于不少新闻学研究者不熟悉历史学，不知道如何利用和检索古籍，致使许多有生命力的史料一直躺着睡大觉，没有被注意和发现。《急选报》这则史料直到今天才被挖掘出来，这不能不说是一个缺憾。这也说明，只有同时通晓历史学和新闻学两门学科的研究者，才能够在历史古籍的丰富宝库中鉴别、剔除和选择有价值的史料，并赋予新鲜的灵气。在此，我衷心地希望有更多的新闻学学者兼攻历史学，亦有更多的历史学学者兼攻新闻学，大家共同努力，发掘宝库，不断地为新闻史研究的学术大厦增砖添瓦。

① 见《中国明代新闻传播史》第198页。

② 沈德符：《万历野获编》。

耶稣会士与新教传教士对《京报》的介译

尹文涓

导言——

本文刊载于《世界宗教研究》2005年第2期。

尹文涓，1972年生，北京大学博士，首都师范大学文学院副教授。主要研究方向为中西文化交流史、中国基督教史。

清代的京报，仅限于抄录官方文书，没有访稿和评论，还不属于现代意义上的新闻纸，但从京报刊载的谕旨、章奏中，人们可以了解到朝廷的施政信息和官场动态。因此，在华的外国人也把京报作为获取中国政情资讯的主要媒介。早期来华的耶稣会士，就对京报做过一些介绍和翻译；后来的新教传教士对京报的阅读和翻译更加重视，并在其所办的外文报纸上刊载京报译稿，报道中国事务。值得注意的是，在18世纪的传教士眼里，京报要比欧洲的报纸更具优越性；而19世纪初来华的传教士，却认为京报无法和欧洲的报纸相提并论。很显然，用转抄官方文书的方式传播新闻，已经不能适应现代社会的需要了。

本文虽然旨在探讨来华传教士向西方介绍和传播中国文化情报时所出现的一些现象，但为我们考察京报提供了一个新的视角。应该指出的是，从现存的实物来看，"京报"成为民间报房所出之报的固定报名，大概在同治年间。在此之前，提塘编发的邸报亦别称"京报"。如在本文引述的一则史料中，道光年间的浙江巡抚刘韵珂将自己看的"提塘之报"也称作"京报"。因此，传教士们所介译的京报，不一定都是出自民间报房。白瑞华(Roswell S. Britton)说清初"荣禄堂"编印的"京报"，封面印有红色"京报"二字，自此出现《京报》这一固定报名，这一说法是缺乏史料依据的。

一、《京报》简介

清兵入关时，一所名为"荣禄堂"的报房获准继续编印刊发"京报"，封面印有红色"京报"二字，自此出现《京报》这一固定报名。① 道光年间一份在华发行的英文刊物上，有一段关于《京报》的记载，这或许可以帮助我们了解一些晚清《京报》的发行情况：

《京报》由政府刊行，在北京叫"京报"(king-paou)，……在地方叫"京抄"(king-

① See, Roswell S. Britton, The Chinese Periodical Press, 1800—1912, Kelly and Walsh, 1933, p. 9.

chaou)。该报由北京发向各省,但极少按时到广州,一般需 40 到 50 天,有时要 60 天。它有大小两种型号,均为手抄本。大号每日一期,40 页左右,20 大张;小号 50 来页,隔日一期。大号是专为高级官员如总督、巡抚而发行的;小号则是省里那些下级官员看的,他们得花高价从文吏那里购买,也有人花较少钱租来看。有钱的人通过朝里的朋友,可以私下搞到最好的版本。①

应该说,清代的《京报》具备了很多现代意义上报纸的特点:有固定的报名、活字印刷、每日发行、有配套的发行机制,体现出了某些传媒工具的性质和向近代报刊发展的趋向。但《京报》只是对朝廷官方文书"邸报"的转抄,其内容主要是皇帝谕旨和朝廷动态,是以统治阶层或上层社会人士为对象,故而政治性有余,而新闻性、大众性、舆论性不足,因此,还不属现代意义上的报纸。

二、早期耶稣会士对《京报》的关注

早期来华的传教士,特别是那些曾经在宫廷服务的耶稣会士,有很多机会接触和阅读《京报》。② 其中,法国来华耶稣会士龚当信(Cyr Contancin,1670—1733)对《京报》的介绍和翻译尤其值得关注③,他第一次提到《京报》是在 1725 年寄回本会的报告中。龚当信这次报告的内容是介绍中国皇帝的治国之道,他发现"中国的邸报对于治理国家非常有用",因为"中国政府是很完善的君主制,全国各地事无巨细都要向它汇报,这种邸报在指导各地官员履行他们的职责、告诫文人和老百姓方面能起很大的作用"④。

龚当信在两年后给苏西埃神父的一封信中,提到他是在 1723 年的排教事件后,

① See, R. Morrison, "Peking Gazette", The Chinese Repository, Canton, Vol. 1, April 1833, pp. 506 - 507.

② 鲁保禄教授(Dr. Paul Rule)提示,在早期来华耶稣会士的一份拉丁文文献中,提到过"全国发行的公报"(即《京报》)。See, Brevis Relatio eorum quae spectant ad declarationem Sinarum Imperatoris Kam Hi, circa coeli, Cumfucii et eorum cultum, datam anno 1700. 可见在龚当信之前,早期耶稣会士已经留意到《京报》,但他们是否翻译过《京报》尚待考证。

③ 龚当信 1710 年来华,初驻广州,1711 年进京。1731 年回法国,曾协助杜赫德校订《中华帝国全志》。参见[法]费赖之著、冯承钧译:《在华耶稣会士列传及书目》,中华书局,1995 年,第 580 - 582 页。

④ 龚当信还列举了《京报》上的一些内容,比如关于官员升迁的消息、判决罪犯的案例、皇帝亲耕的日子等等。参见"耶稣会传教士龚当信神父致本会爱梯埃尼 · 苏西埃神父(Etienne Souciet)的信"(1725 年 12 月 2 日于广州),[法]杜赫德编、郑德弟等译:《耶稣会士中国书简集》,大象出版社,2001 年,第 189 - 196 页。这里译文虽然是"邸报",但笔者以为译为《京报》更为妥帖。龚当信的法文原文为"la Gazette publique",考狄称为"la Gazette de Péking",有强调"公开"、"在北京"(发行)之义。See, Henri Cordier, Bibliotheca Sinica: Dictionnaire bibliographique des ouvrages rélatifs a l'empire Chinois, 5 Vols, Paris, 1904—1924. p. 538. 而且《京报》之名在清代已固定下来,为通称。

才开始注意到《京报》的。[①] 随着对《京报》阅读和了解的增多，他对这种“在全国流通的邸报”越来越感兴趣。他在信中花很长篇幅对《京报》的内容和形式做了一番介绍：“邸报是一本集子，有六十页至七十页，每天都有”。龚当信发现邸报“几乎包括了这个辽阔帝国的所有公共事务，它刊登给皇上的奏折及皇上的批复、旨令及其施予臣民们的恩惠”。[②] 他还专门以某期《京报》为例，详细地介绍了该期《京报》，并节译了其中的二十则内容：

这本邸报首先刊登了二三十个奏本；其次，刊登了皇上当天对其他好几个奏章的批复……第三，邸报上还刊登有皇上的指示和旨令……第四，从邸报中可以看到，经过朝廷商议决定后呈报给皇上审批的奏章；最后是各省主管大官，诸如总督们、守边的满汉将领及其一品朝臣们呈报皇上的奏章。这种邸报每年出三百本集子，仔细读一下邸报，可以学到举不胜举的各方面的很有意思的知识。[③]

在龚当信看来，大部分传教士忽视了这种邸报，或偶有所闻，但并没有去阅读邸报，是很令人遗憾的。他告诉苏西埃神父：“我向您承认我从未想到读这种邸报竟会对一个传教士有如此大的用处。我后悔在中国过了二十年没有去读它”。[④]

龚当信的这封信在法国倍受欢迎，被杜赫德编入《耶稣会士书简集》第十九卷，杜赫德还致信龚当信，让他多介绍一些相关的情况。[⑤] 这封信此后还被法国权威的《学者杂志》(Journal des savants)转载。[⑥] 可惜龚当信随即返回法国，在华耶稣会士书信中关于《京报》的介绍似乎也由此中断。

三、新教传教士对《京报》的翻译

1815 年，英国在华东印度公司的印刷所刊印了一本英译《京报》合集，译者就是第一位来华新教传教士马礼逊。[⑦] 笔者推测这应该是最早的英译《京报》出版物，甚

① 该事件起因是福建两名多明我会教士和地方政府发生纠纷，福建总督满保上奏皇帝请求全面禁教。雍正下诏将各省传教士遣送到澳门，后经在京的耶稣会士多方周旋，所有天主教传教士被遣送到广州。龚当信发现对于他们“至关重要的”这次事件，其“前后经过都刊登在邸报上”，这一偶然发现促使他开始留意《京报》。

② 参见“耶稣会传教士龚当信神父致本会爱梯埃尼·苏西埃神父的信”(1727 年 12 月 15 日于广州)，《耶稣会士中国书简集》第三卷，第 241 - 268 页。

③ 同上。

④ 同上。

⑤ 杜赫德给龚当信寄去了载有那封信的第十九卷《耶稣会士书简集》。参见“耶稣会传教士龚当信神父致本会杜赫德神父的信”(1730 年 10 月 19 日于广州)，《耶稣会士中国书简集》第三卷，第 312 - 339 页。在回信中，龚当信又摘译了一些邸报上的报道。

⑥ 该信刊登于 1730 年 2 月号。

⑦ See, R. Morrison, Translations from the Original Chinese, with Notes, Canton, the Hon. E. I. Co.'s Press, 1815. 该译本序言的注释里交代为马礼逊译自北京刻印的报纸。See, Henri Cordier, op. cit., p. 538.

或是《京报》英译的最早尝试。马礼逊在给伦敦会的报告和给美部会的通讯中，也附送过他节译的《京报》。[①] 此外，他在英国《大不列颠皇家亚洲学会学报》(Transactions of the Royal Asiatic Society, 1823, London)上，也发表过《京报》译文。[②]

但马礼逊所译的《京报》，更多的是刊载在当时西人在华南沿海所办的英文报刊上，其中有马礼逊自己在马六甲创办的《印支搜闻》(The Indo-Chinese Gleaner)，以及英国商人在广州办的《广东纪录报》(Canton Register)等。马礼逊比较固定地为这些报刊提供《京报》译文，作为关于"当代中国"的主要新闻来源，内容大多为饥荒、叛乱、皇室活动、禁教通告等。《印支搜闻》停刊后，马礼逊也为《广东纪录报》提供过《京报》译文。马礼逊此举，为在华外报节译、转载《京报》之始。但是，毕竟《印支搜闻》、《广东纪录报》极少在欧美发行，因此，这两种刊物对《京报》的节译在西方的影响不大。

真正通过报刊形式将《京报》在西方广为传播的，始自《中国丛报》(The Chinese Repository)。《丛报》是美国第一位来华新教传教士裨治文(Elijah Coleman Bridgman)在广州创办的一份英文月刊。该刊创刊于 1832 年，停刊于 1851 年。发行对象主要为在华外侨、美国和英国本土以及东南亚、澳洲、非洲等地的读者，基本上覆盖了整个英语世界。《丛报》为第一份面向西方读者，以介绍、研究中国为主要内容的英文报刊。19 世纪上半叶，外人在华所创办的中英文刊物计有几十种，《丛报》为当时同类刊物中发行时间最长、影响最大者。

裨治文对《京报》的关注，应该是来自马礼逊的影响。早在 1831 年 4 月的日记中，裨治文就发表过他对中国的印刷、出版以及地方抄报等方面的看法。[③] 此后在他的日记上还多次出现大段《京报》译文。《丛报》创刊后，该刊在编辑、排版等方面继承了《印支搜闻》的诸多传统，也包括对《京报》的节译。

《丛报》"新闻杂俎"一栏是该刊最固定的栏目之一，所报道的是关于中国的动态消息，因而是该刊最具新闻性，也是关心中国局势的读者最感兴趣的部分。自第一期起，该栏关于"(中国)全国最近发生的事件"，皆摘译自《京报》。《丛报》编者解释，这样做的目的，是为了帮助读者"获得关于这个帝国现状的最准确的信息"[④]。对旨在

---

① See, R. Morrison, "Foreign Correspondence", The Missionary Herald, Boston, Massachusetts. Vol. 17, Jan. 1821, pp. 197 - 198.

② 《丛报》卷二介绍过英国皇家亚洲学会第十次年会(1833 年)的消息，提到该会学报上有 8 篇涉及中国的文章，除此以外，该学报上还节载了一部分《京报》和地方抄报的内容，由马礼逊和德庇时合译。See, R. Morrison, "Literary Notices: The Tenth Annual Meeting of the Royal Asiatic Society", The Chinese Repository, Vol. 2, March 1834, p. 516.

③ 裨治文 1831 年 4 月 8 日日记，发表在《教士先驱报》1832 年 5 月号上。See, The Missionary Herald, Vol. 28, May 1832, pp. 137A - 138A.

④ "Journal of Occurrence", The Chinese Repository, Vol. 3, pp. 44 - 45.

提供一个“最真实的中国”的《丛报》而言，节译《京报》、直接登载来自中国官方的最新消息，无疑是最好的选择。在那些来源于《京报》的新闻前面，《丛报》一般会加上“从《京报》我们得知……”，或“据《京报》……”等类似的说明。此后对来自《京报》的消息，一般会有类似的说明。也有不做任何交代的，但根据其内容，仍大致可判断出那些来自《京报》的内容。

《丛报》所载《京报》译文一般为节译或编译，但如有特殊需要，也会将《京报》的某一则内容完整地翻译出来。并且，《丛报》编者还会将成篇的《京报》译文从“新闻杂俎”调整到该刊的主要版块“专论”一栏，成为一篇独立的文章，以达到引导舆论、刺激争论的目的。如鸦片战争前当在华外侨就鸦片贸易是否道德的问题展开激烈争论时，该刊 1836 年 7 月号上就刊载了太常寺卿许乃济奏请弛禁鸦片的那则奏章的完整译文。在 1837 年 1 月号上，《丛报》在“专论”部分，甚至连着登载了三篇译文，即朱嶟、许球的奏折和皇帝就此颁发的谕旨。

鸦片战争期间和之后，尤其是随着外人入驻香港和五处口岸的开放，中外关系的格局趋于“国际化”和复杂化。《丛报》读者对中外条约履行情况和外人在华外交、商贸上状况的变化尤为关注。《丛报》的“新闻杂俎”版块的重心，开始明显地向关于中外交涉的消息倾斜。由此一来，《京报》节译的内容不仅从“专论”版块逐渐淡出，退回到“新闻杂俎”栏目中，而且，在“新闻杂俎”中的比例亦越来越少。尽管如此，此后《丛报》所载《京报》译文中，仍不乏许多有价值的内容。如该刊在最后两卷中报道的关于太平天国的消息，就节译自《京报》上的朝廷奏章，根据目前可考的资料，这应该是西文出版物中关于太平天国的最早记载。

《丛报》早期所刊载的《京报》内容，一般由马礼逊父子和裨治文所译，后来詹姆士、卫三畏任《丛报》编辑期间，也节译过《京报》。当时在华西人中通汉语者为数不多，有能力翻译《京报》的寥寥可数。《丛报》凭借节译《京报》这一优势，能够准确、快捷地报道中国官方的消息。或许这也是《丛报》较当时其它英文刊物更为成功的原因之一。

应该说明的是，《丛报》上所介绍和节译的“京报”其实是一个复数概念，包括正式的《京报》和其它形式的抄本。除《京报》外，《丛报》的“新闻杂俎”部分，还节译了一些地方政府发行的“辕门报”[①]，这是《丛报》关于本地消息的来源之一。此外，马礼逊注意到中国市井还流行一种不属官报的地方小报。马礼逊称《京报》为“Peking Gazette”[②]，但他认为市井“小报”不能称之为“Gazette”。因为此类小报太粗糙，“不过是一张纸片，报房在上面印一些奇闻逸事。每份售值为一个铜板，每八百到一千铜

① “辕门报”或“辕门抄”是清朝出现的、由各省督抚衙门发布的官方文书，主要发给所属府、州县。

② “Gazette”词源为拉丁文“Gazetta”，其本义是指威尼斯的一种小硬币。后来因为城里刊发的第一份报纸的价格为这样一个硬币，人们便以这种硬币来称呼这种报纸。久而久之，“Gazette”成为西方报纸的统称。

板合一两银。这种只值一文钱的货色，有点像欧洲的报纸。但它们与欧洲报纸相去甚远，因此根本不配称之为报纸”。[1]

亨特的《旧中国杂记》中，有很多描述外人在广州的生活，以及外人和中国人交往情形的片段。其中有一首戏拟英雄体史诗的《伙计史诗》，是用来讥讽在外国人当中混得很熟的某行商的儿子在鸦片战争中的滑稽行为。其中一段是这样的：

Nimrod then inspected	大人于是验看
The papers which they had selected,	他们交上的纸张，
And, after looking them well over,	大人从头到尾看过之后，
His rising mirth could hardly smother	笑得喘不过气来：
'I find in these there's nothing yet',	这些是什么破玩意儿，
Said he, 'but old Peking Gazette'。[2]	只不过是一些老掉牙的《京报》。

从这一段描述中，我们可以看出《京报》在外人当中是极为常见的。那么，他们是通过何种途径得到《京报》的呢？

裨治文在一篇文章中曾提及这方面的情况：“传到广州的《京报》为数不多，一般是由政府专员或私人信差送达，后者往往先到，大量的抄本就是根据这几份翻抄而来”，因此，《京报》“在省里，是以抄本形式出现”，其中，“好一点的是大号本，较次一些的就是小号本”。[3] 当时传抄《京报》者应该为数不少，据卫三畏称：“在外省，成千上万的人抄编《京报》，卖给那些得不到全本的人，以此谋生。”[4]

可见，在华外人获得《京报》的途径之一，就是从那些抄卖《京报》的小贩处直接购得，他们所得到的多为《京报》抄本。若按马礼逊所言，《京报》由京抵粤需一到两个月时间的话，外人由此“正当”途径获得的《京报》抄本，应该是在《京报》印发几个月之后。但从《丛报》所载内容来看，有一部分译自《京报》的新闻来得相当快捷。如林则徐在 1838 年 12 月才被任命为钦差大臣，《丛报》在次年 1 月号上就刊发了他被派往广州禁烟的消息。[5] 很显然，在华外人应该另有其它途径，可以更加迅捷地获得来自

---

① R. Morrison, "Gazette", The Chinese Repository, Vol. 1, pp. 492 - 493.

② William C. Hunter, Bits of Old China, Kelly and Walsh, Ltd., Shanghai, 1911, pp. 47 - 51. 右栏为笔者译文。

③ 裨治文接着翻译介绍了一份完整的抄报，为 15 道上谕，含道光十五年十二月十三、十四（1836 年 1 月 30—31 日）两天的内容。由此可推测，裨治文他们所接触的多为这种小号本。See, E. C. Bridgman, "Periodical Literature, with remarks on the condition of the press in China", The Chinese Repository, Vol. 5, May 1836, pp. 1 - 12.

④ See, S. W. Williams, The Middle Kingdom, Wiley and Putnam Press, 1848, Vol. 1, pp. 328 - 329.

⑤ See, E. C. Bridgman, "Journal of Occurrences: Appointment of Lin Tsihseu to Canton", The Chinese Repository, Vol. 7, Jan. 1839, p. 504.

北京的消息。

在中文文献中,也可以找到一些关于外人如何获取《京报》的线索。据道光年间浙江巡抚刘韵珂的奏折称:

> 臣等每日所阅京报,系由坐京提塘抄寄坐省提塘转送,惟闻此外尚有良乡报、涿州报名目,其所载事件,较详于提塘之报,递送亦较为迅速,闻良乡、涿州等处,专有经理此事之人,官绅人等多有以重资购阅此报。故各省之事,有臣等尚未知而他人先知之者,亦有臣等所不知而他人竟知之者。伏查为逆夷递送京报,固系外省奸民之所为,而代为传抄京报之人,恐亦不止一处。①

据此可以推测,外人可通过所谓"官绅人等"购买那种递送迅速的"良乡报"、"涿州报"的《京报》抄本;为他们提供此方便者,或为那些和外人关系密切的行商、买办、通事等。

《丛报》在 1839 年 5 月迁到澳门后,获得《京报》的这两种途径均被切断。该刊当月号的"新闻杂俎"异常简短,没有任何关于中国的消息。《丛报》编者在前言中对此的介绍是:"本月几乎所有获得关于这个帝国的消息的途径都被切断,我们没有收到《京报》和其它的材料"。②

四、耶稣会士和新教传教士对《京报》态度的异同

值得注意的是,除节译《京报》作为"新闻杂俎"一栏的主要内容外,《丛报》上还刊载了马礼逊、裨治文等撰写的大量评论和分析《京报》的文章。在《丛报》卷五一篇题为《新闻刊物:中国的出版状况》的文章中,裨治文介绍了中国发行的几种定期出版物:即历书(Almanacs)、宫历(the Court Calendar)、辕门报"yuen mun paou",还有《京报》。《丛报》上刊载过一篇专门分析《京报》的文章,将《京报》的内容分为六大类,即:官职调整、军队布防、司法判案、财政税务、边疆属国、杂录,旨在说明如何通过对这些"文件"进行综合、细致的分析,就可以"洞悉中国政府的机制和政策"③。

如果将马礼逊、裨治文等新教传教士对《京报》的评价和早期龚当信的看法加以比较,就会发现,时隔一百多年后,新旧传教士对同一事物的评价和态度有诸多值得关注的异同之处。

---

① "浙江巡抚刘韵珂等奏遵旨密拏为逆夷递送京报者"(道光二十二年六月),《道光咸丰两朝筹办夷务始末补遗》,《中国近代史资料汇编》,台湾,中央研究院近代史研究所编,1967 年,第 17 - 18 页。

② See, "Journal of Occurrences", The Chinese Repository, Vol. 8, May 1839, p. 56.

③ See, J. R. Morrison, "Analysis of the Peking Gazettes", The Chinese Repository, Vol. 7, Aug. 1838, pp. 226 - 231.

1. 知识与兴趣的承袭

但在讨论这个异同之前，首先要看到的是，早期来华耶稣会士关于中国的书信及出版物，是 18 世纪及 19 世纪初期西方人认知中国的主要途径，更是他们的后来者、19 世纪初期第一批来华新教传教士行动的重要参考和指南。

有理由认为，龚当信发表在《耶稣会士书简集》上关于《京报》的介绍，会引起英国人对此的关注。① 斯当东在 1793 年随第一个英国使团来华时，就注意到了在北京发行的这种报纸。在他那本后来在英语读者中非常流行的中国游记中，斯当东对《京报》做了简短的介绍：

> 邸抄在政府的指导下在北京经常发行。它的内容主要登载全国的重要人事任免命令，豁免灾区赋税的命令，皇帝的恩赐，皇帝的重要行动，对特殊功勋的奖赏，外藩使节的觐见，各地的进贡礼物等等。皇室的事务和私人日常起居很少登在邸报上。邸报内容只限于国内事务，国外事务一概没有。②

从内容来看，斯当东对《京报》的介绍仍没有超出龚当信所提供的信息。但斯当东对《京报》的最后一句评价，应该是出自他自己的认识。斯当东随使团来华时，欧洲报业在新兴印刷机器的推动之下，正值蓬勃发展之际。斯当东虽然没有提到欧洲的报纸，但仍是隐含了一番比较的：和欧洲的"现代"报纸相比，《京报》的新闻覆盖面和时事功能显然不足，因此就有"国外事务一概没有"这样的批评。

龚当信关于《京报》的介绍，不仅会影响一般关注中国的欧洲人的视角，更会激起后来传教的马礼逊对《京报》的异常兴趣。而裨治文来华后学习中文以及创办《丛报》，均是在马礼逊的指导和支持下进行的，裨治文对《京报》的关注，应该是来自马礼逊的影响，这是《丛报》的新闻栏目节译《京报》的由来。

至此，我们似可以这样理解：来华新教传教士对《京报》的兴趣，与他们的前辈天主教传教士之间，有一定的承袭关系。从龚当信到马礼逊，再到裨治文的《丛报》，这其间有一个环环相扣的影响链。

2. 态度的异同

在龚当信看来，《京报》很有教益，不仅有助于皇帝"教导官员们更好地治理百姓"，具有特殊的教化功能，而且有助于在华的传教士"了解中国的风俗，获得有关中国的宗教、学说、法规、待人接物等各方面的知识，还可从中学习遣词造句，提高中文

---

① 迟至十九世纪上半叶，在普通英国人当中较为流行的《便士报》在介绍中国时，仍将耶稣会士李明、杜赫德等的作品作为权威文献。可见，在英国有对中国实地考察的记载出现之前，耶稣会士对中国的描述是英国人了解和想像中国的主要来源。See, "China, No. 1", Penny Magazine, No. 214, Aug. 1835.

② [英]斯当东：《英使谒见乾隆纪实》，上海书店出版社，1997 年，第 394 页。

表达能力"等。因此,他认为《京报》"不仅对中国人有用,尤其对一个欧洲人很有用"①。

龚当信还将《京报》和欧洲的报纸相比较,他认为《京报》更具优越之处。因为,"在欧洲,有些地方此类报纸充塞了无稽之谈,恶言中伤,造谣诬蔑";与之相反的是,"中国的邸报只登与皇上有关的事情",而且,"《京报》上的事实是真实可信的,都是摘自奏章、调查报告、颁发全国的皇帝的训示和指令,其事实是真实可信的。"②

值得注意的是,虽然新教传教士对《京报》的特别关注在某种程度上与龚当信对此的介绍有密切的关系,但我们看到,一百多年后,他们对《京报》的兴趣点已经发生了变化。

马礼逊在《丛报》上一篇专门讨论《京报》的文章中谈到,"《京报》上最难以理解之处是那些浮华的、歌颂皇帝的誉美之词,用的是那些中文古书里的套词,皇帝被比做圣人、神、甚至是天"。至于《京报》上那些关于官员任免、升贬等的消息,"对不关心他们的派别的外国人来说,是些无关紧要的事情"。③ 很显然,《京报》上那些在龚当信看来体现皇权的内容,对马礼逊而言恰恰是"最难以理解之处"。

裨治文也曾撰文评价《京报》,尽管他认为《京报》是中国出版物中唯一接近西方"现代"报纸的形式,但他仍认为,《京报》"没有思想、没有文采,君主只不过借此将他的权威周知天下",根本无法和欧洲的报刊相提并论。④ 另一位传教士麦都思也认为,《京报》虽然"载上谕奏折,仅得朝廷举动大略",中国还没有称得上报纸的东西。⑤ 对马礼逊、裨治文他们而言,《京报》的可取之处是其情报价值,而不是龚当信所心仪的圣君治国之道。

总体而言,龚当信与马礼逊、裨治文对《京报》的态度可谓褒贬分明。

但这并不意味着他们在对《京报》的兴趣上毫无共通之处。如前所述,新教传教士对《京报》的关注与兴趣,在很大程度上是从天主教传教士那里承袭而来。正因为如此,他们对《京报》的认识有某些相同之处,即他们都认识到了《京报》这一来自皇宫的官方文书的权威性和真实性。在龚当信看来,"只登与皇上有关的事情"的《京报》,其新闻要远比欧洲报纸的"无稽之谈"更为可靠。而马礼逊、裨治文等人也肯定《京报》的权威性,《丛报》将《京报》译文作为"新闻杂俎"一栏的重要部分,这本身就是对《京报》的权威性和真实性的肯定。无论龚当信还是马礼逊等新教传教士,都看到了《京报》"对欧洲人有用"之处,这也是他们翻译《京报》、以此来向西方传递关于中国的

---

① "耶稣会传教士龚当信神父致本会爱梯埃尼·苏西埃神父的信"(1725 年 12 月 2 日于广州)。

② 同上。

③ See, R. Morrison, "Peking Gazette", The Chinese Repository, Vol. 1, April 1833, pp. 506 - 507.

④ See, E. C. Bridgman, "Periodical Literature, with remarks on the condition of the press in China", The Chinese Repository, Vol. 5, May 1836, pp. 1 - 12.

⑤ 麦都思:《遐迩贯珍》"创刊词",1853 年 8 月,第 3 页。

知识和情报的原因。

3. 态度差异的原因

龚当信和裨治文等人在将《京报》和欧洲报纸相比时，前后得出不同的结论，究其原因，应该是时代背景和对中国心理期待上的差异使然。

龚当信所处的年代，正是法国大革命的前夜，辉煌的路易十四时代(1643—1715)已经结束，法国的绝对君主制正走向衰败。代表着最保守势力的耶稣会士，怀着对当下动荡的、一触即发的社会危机的焦虑和对明君的渴望，龚当信看到了《京报》有助于统治者"教导官员们更好地治理百姓"的作用，因此，他所强调的是《京报》的教化功能。我们看到，龚当信在将《京报》和欧洲的报纸相比较时，是从可信度出发的，因为《京报》"只登与皇上有关的事情"，而这个皇上推行的是"完善的君主制"，因此，《京报》的权威性和教益作用自然是那些欧洲的地方报纸无法比拟的。这种文化心理的影响是长期的，后来与裨治文他们同时期在华的天主教传教士古伯察，也仍然认为《京报》的意义在于"皇帝通过嘉奖和惩戒，以扬善抑恶"，从而具有"全面监督(Moniteur Universal)"的教益功能。①

但是，时隔一百多年后，龚当信眼里(中国的)"完善的君主制"，在裨治文他们看来，与西方新兴的民主制度相比，只不过是一个弊端百出的专制政权而已。显然，不同的社会政治制度背景决定了这一认识上的差异。再者，19 世纪初西方新闻业已发展得较为完备，按照西方的标准，《京报》自然不具备现代报刊的要求，这也是裨治文认为《京报》"无法和欧洲的报刊相提并论"的原因所在。

除此之外，他们在中国观上的差异，也使他们从不同角度来看待同一事物。尽管龚当信在华时，正是清廷严厉打击天主教之时，龚当信本人及其同伴被遣送到广州。但是，18 世纪的欧洲正值"中国热"的大气候之中，而且，天主教传教士在清初宫廷中所曾受到的礼遇和过去在中国所达到的成就，也会使他们对这个国家的制度和文化依旧充满好感。

而对 19 世纪初第一批来华的新教传教士来说，一方面，19 世纪初至鸦片战争前正是中西关系发生剧变的前夜，是西方之中国观发生"从对中国的仰慕到排斥"的转折时期②；另一方面，他们此时在华的传教事业尚在艰难开拓时期，倍受挫折，他们对中国的感情是复杂的。因此，马礼逊、裨治文等人对《京报》价值的肯定，并不在于其教化功能，而是其新闻和情报功能。

五、《京报》节译在中西方的反应与影响

从中西文化交流的角度而言，龚当信、马礼逊、裨治文等人翻译《京报》的活动在

---

① See, Roswell S. Britton, op. cit., p. 12.

② 法国学者艾田蒲(Rene Etiemble，1909—2002)认为，十九世纪上半叶是西方之中国观发生"从对中国的仰慕到排斥"的重要转折时期。

中西方均有其积极的影响。

传教士们所译的《京报》，还为那些身在欧洲的汉学家提供了关于中国的新鲜素材。如龚当信讨论《京报》的信曾被《学者杂志》(Journal des savants，1730 年 2 月号)转载。法国的学术杂志《亚洲研究》(Journal Asiatique)上还刊载过研究《京报》的专文。[①] 另据《丛报》记载，英国的《伦敦评论季刊》(London Quarterly Review)曾就《京报》所反映的中国制度组织过专门的讨论。[②]

在中国，新教传教士通过《丛报》等报刊对《京报》的节译，深刻地影响了此后在华出版的报刊的新闻采编方式，节载《京报》逐渐成为在华外文报刊的一个重要组成部分。19 世纪后期，在上海出版的《北华捷报》(North China Herald)、《教务杂志》(The Chinese Recorder)等刊，不仅保留了节译《京报》这一传统，还曾多次将所载《京报》译文结集出版。[③] 外人在华所办中文报刊，以致后来中国人自办的报纸也沿用此习，节载《京报》。《东西洋考每月统记传》自 1837 年复刊后，在该年 4 月号上也开始转抄《京报》，成为第一种转录《京报》的中文报刊。此后 1853 年在香港刊行的第一份中文报刊《遐迩贯珍》，亦在"近日杂报"一栏节录《京报》。《申报》自 1882 年起，特地以附张形式单独刊行《京报》全文。上海《苏报》也于 1896 年起全录《京报》。综观十九世纪中国报业，可谓中西文混杂，报、刊不分，教、俗并存，有意思的是，节译或转载《京报》倒是这形形色色的报刊中所共有的一种现象。

对当时那些在华的外侨而言，《京报》的翻译则为关心中国时务者提供了及时、可靠的新闻。马儒翰等人曾根据《京报》上的这些信息，整理出一系列介绍中国政治制度和政府机构的文章，上有北京和全国各地官员的详细名单。[④] 对当时的在华外人而言，《京报》无疑是获取中国政治情报的最好工具之一。鸦片战争期间，林则徐就曾向道光帝奏报义律购买《京报》，借此刺探情报之事。[⑤] 此后，又有耆英就进犯吴淞的

① 《亚洲研究》将《京报》译为"Gazette de Pe-King"或"Gazette Chinoise"。See, Henri Cordier, op., cit., p. 538；《丛报》提到《亚洲研究》1833 年 12 月号曾有文介绍《京报》的编撰和发行过程。See, R. Inglis, "Notices of Modern China", The Chinese Repository, Vol. 4, May 1835, pp. 22 - 23.

② See, E. C. Bridgman, "Periodical Literature, with remarks on the condition of the press in China", The Chinese Repository, Vol. 5, May 1836, pp. 11 - 12.

③ 《北华捷报》出版社第一次结集出版 1853 年至 1856 年《京报》的内容，由麦都思所译。麦都思过世后，这一翻译活动一度中断，自 1872 年起，该出版社又开始陆续出版《京报》的专集，基本上两年一册。See, Henri Cordier, op., cit., p. 538.

④ See, J. R. Morrison, "List of Person Holding Office in China"; "List of Officers at Peking in the Imperial Government", The Chinese Repository, Vol. 4, Feb. 1836, p. 473; Vol. 12, Jan. 1843, p. 20. 在一篇题为《北京政府机制》的文章中，马儒翰就表示通过阅读《京报》可以熟悉这些繁杂的头衔名称。See, J. R. Morrison, "Local Government of Peking", The Chinese Repository, Vol. 4, Aug. 1835, p. 188.

⑤ "林则徐等又奏英人非不可制请严谕查禁鸦片"(道光十九年七月)，《筹办夷务始末·道光朝》卷八。

英人“每日阅看京报”一事再次上奏。[①] 此事引起一桩不小的“《京报》案”。[②]

有趣的是，与此同时，林则徐正组织人翻译西书西刊，以“刺探夷情”。如果将两者相比较，就会发现这是近代中西关系史上中西“初识”之际非常有趣的一组现象：一个是西方人“看中国”，一个是中国人“看世界”。或许两者对彼此的无知和偏见程度不一样，但这种急欲了解对方的心态是相同的。而近代中西之间的相互了解以及中西文化之间的交流，正是从这样初步的“互看”开始。从这一点而言，传教士翻译《京报》的“中介”作用也是值得一书的。

研究与思考

＝延伸阅读＝

1. 黄卓明：《中国古代报纸探源》，人民日报出版社，1983 年。
2. 李彬：《唐代文明与新闻传播》（修订版），中国人民大学出版社，2014 年。
3. 朱传誉：《宋代新闻史》，台湾商务印书馆，1967 年。
4. 尹韵公：《中国明代新闻传播史》，重庆出版社，1990 年。
5. 史媛媛：《清代前中期新闻传播史》，福建人民出版社，2008 年。

＝问题与思考＝

1. 分析敦煌“进奏院状”的内容与体式，谈谈你对其媒介属性的判断。
2. 南宋小报有哪些特点？
3. 清代私营报房出版的《京报》是不是真正意义上的民间报纸？
4. 比较古代邸报与现代报纸的异同。

---

① “耆英又奏英人每日阅看京报请敕密查摺”（道光二十二年六月），《筹办夷务始末·道光朝》卷五十四。

② 道光为此连发两道谕旨，先后责令两江总督牛鉴、浙江巡抚刘韵珂等严密查拏，“将递送该逆京报之人”“一经弋获，即著确讯如何辗转递送实情，从严惩办”。参见“廷寄”（道光二十二年六月十六日），《筹办夷务始末·道光朝》卷五十四；及“廷寄”（道光二十二年六月二十九日），《筹办夷务始末·道光朝》卷五十七。

第二章　外人来华办报

导　论

中国的近代报刊，肇启于外国人来华办报。19世纪初叶，基督教（新教）差会机构开始派遣传教士来华活动。鸦片战争前，欧美传教士在南洋、澳门、广州先后出版了《察世俗每月统记传》、《特选撮要每月记传》、《东西洋考每月统记传》等中文报刊。这些报刊以一般民众为读者对象，除宣传基督教教义外，还介绍西洋知识、报道中外新闻，是一种与传统邸报不同的新式传播媒体。

鸦片战争后，随着不平等条约的签订，传教士获准在中国内地自由传教，但中国幅员广阔，方言纷杂，口头传教有许多困难，而中国的文字却是统一的，报刊媒介能够把"福音"传给更多的人，传到更远的地方。因此，传教士特别重视文字布道工作，把编印书报作为主要的宣传手段，教会报刊的数量逐年增加。1890年，基督教会派人调查中国报刊出版情况，在先后刊行的76种报刊中，"十之六系教会报"。

传教士来华之使命，是推广基督教，实现中国基督教化，但他们出版的报刊，大多兼载非宗教性内容，有些报刊以刊载新闻、新知为主，并且以此相标榜。《六合丛谈》的编者宣称："今予著《六合丛谈》一书，亦欲通中外之情，载远近之事，尽古今之变。务使穹苍之大，若在指掌；瀛海之遥，如同衽席。"还有的报刊更是完全不刊宗教性材料，根本不像出自传教士之手。如《格致汇编》专门介绍西方科学技术知识，除偶有几篇对于中国事务的议论，其余都是纯科学作品。在华教会报刊之所以注重非宗教性内容的传播，是有深刻的原因的。尽管传教士可以乘炮舰神威而进入中国，却无法单纯依赖武力将基督教移植异土。中国人本来对宗教比较淡漠，而洋教的传播又是和中国战败的耻辱联系在一起的，因此，中国人在冷淡之外还有拒斥的情绪，这就迫使传教士采取更加灵活的宣传策略。传教士们认识到，要想在中国社会打开传教局面，就必须用文化学术引起社会的注意，尤其要利用西方科学的威力来支持并抬高西方宗教的地位。因为这里有个暗合的逻辑，即这种科学发源于基督教国家，只有基督徒才能够发展出这样的科学。通过广泛地传播西学知识，可以创造一个有利于使中国人接受基督教的思想文化环境。

传教士对西学的传播，同时也顺应了中国人向西方学习的客观要求。鸦片战争之后，一些先觉之士痛切地认识到，西方人之所以能够渡海远来，敢于侵略中国并取胜，就是凭借着船坚炮利，靠着这些先进的科学技术所创造出来的威力，而这正是中国所远不能及的。因而，他们主张学习它，"师夷长技以制夷"。洋务运动兴起之后，越来越多的人要求了解西方国家，学习西方的"富强之术"。在这种社会需要的推动下，教会报刊就愈加偏重于对西学知识地介绍了。其中最典型的，是《中国教会新报》向《万国公报》的演变。《中国教会新报》在1868年初创时，以宣传基督教义和报道教会动态为主，宗教色彩太浓，因而读者有限，最初两期仅售出一百多份。为了争取更多的读者，主编林乐知调整编辑方针，减少宗教宣传的篇幅，扩充新闻和其他非宗教性的内容。从第204期起，开始按"政事近闻"、"教会近闻"、"中外近事"和"杂事近闻"的次序分栏编排，不久又增辟"格致近闻"一栏，以期更适合教外人士的需要。这样一来，《中国教会新报》这个刊名的外延，再也包容不了所刊出的内容，林乐知于1874年把刊名改为《万国公报》，并在扉页上附一说明："本刊是为推广与泰西各国有关的地理、历史、文明、政治、宗教、科学、艺术、工业及一般进步知识的期刊。"至此，它完全演变为一个以传播西学知识为主的综合性刊物。

《万国公报》在1889年成为英美传教士团体"广学会"的机关报。广学会以推广西学为宗旨，并以中国的士大夫阶层为主要的宣传对象，认为士大夫阶层是"满清帝国的灵魂和实际的统治者"，要影响整个中国，就必须从这些人入手，用书报来启迪他们、指导他们，"就可以完全渗透这个帝国并且有效地改变中国的舆论和行动。"传教士希望中国的士大夫阶级接受西方文化的洗礼，向西方认同，进而促进中国的变革，将中国导入更合乎西方利益的轨道。《万国公报》在传播西学的同时，还注重评议中国时政，鼓吹变法，提出了一系列改革建议。甲午战争之前，《万国公报》对时政的评议主要集中在教育制度与考试制度上，批评科举取士钳制人才，败坏风俗，以致国弱民穷，建议创设新式学校，增设考试科目，崇尚实学，造就学通中西的有用人才。中国在甲午战争中失败后，《万国公报》发出了"不变法不能救中国"的警世危言，对于时政的批评和建议明显增多，几乎每期都有鼓吹变法、倡导新政的文字，提出了"教民"、"养民"、"安民"、"新民"等改革方案，涉及政治、经济、外交、社会等各个方面，对戊戌维新运动产生了重要的影响。

除教会报刊外，外国人还在中国出版了许多商业性报刊。香港割让给英国后，很快成为远东转口贸易的中枢，商船云集，商贾辐辏，对商情信息的需求与日俱增，于是有商业报纸出版刊行。最早的商业报纸都是英文报，主要面向香港、澳门和广州的外商，同时也向海外发行。随着对华贸易的不断扩大和华商数量的增多，用中文出版的商业报纸亦应运而生。英文《孖剌报》附设的《香港船头货价纸》，是第一份中文商业报纸。该报以香港各铺户为发行对象，内容如其报名所示，以船期、物价、行情、广告等商业信息为主。不久后易名为《香港中外新报》，新闻数量日渐增多，读者亦扩及一般市民。另一家英文报纸《德臣报》也出版了中文附页《中外新闻七日报》，后改名《香港华字日报》，成为综合性的商业报纸。

上海是商业报纸的另一个发祥地。上海扼长江、黄浦江口，水运便利，又位于江、浙富庶之区，自1843年开埠后，在中外贸易中的地位迅速上升，至50年代已取代广州而成为全国最大的通商口岸。1850年，英国商人奚安门在上海创办英文报纸《北华捷报》。这家报馆在1861年又出版了面向华人社会的中文报纸《上海新报》。该报用大部分的版面发布各类商业信息，有刊登船名、船期以及船只停靠码头等航运消息的专栏；报告最近几天的洋银、铜钱兑换率等的洋银钱价专栏；提供各主要通商口岸货物品种和货价等信息的行情专栏；登载各种告示的广告专栏。此外，该报还开辟“公堂案件”、“英华案件”等专栏，报道本埠的社会新闻。

1872年，英国商人美查创办的《申报》在上海出版。美查办报以赢利为目的，把报馆作为企业来经营。为了使《申报》适销对路，为中国人喜闻乐见，美查任用华人主持报纸编务，使《申报》比以往的在华外报都更加本土化，更合乎中国读者的口味。《申报》初创时，每期只销六百份，四个月后，该报在上海已日销三千份。随着发行网不断扩展，《申报》的读者群从城市扩展到了乡镇。在江南乡间，从清末到民初的几十年里，人们把《申报》当作报纸的同义语，把所有的报纸都称作“申报”。在中国新闻史上，《申报》是最先深入到中国民间社会的近代化传媒。

《申报》一创刊就强调自己是“新闻纸”，“凡国家之政治，风俗之变迁，中外交涉之要务，商贾贸易之利弊，与夫一切可惊可愕可喜之事，足以新人听闻者，靡不毕载。”起初，《申报》主要选录京报、香港中文报，译述西文报纸上的新闻，随后便着手建立自己的新闻采集网。它先在本埠招聘访员，创刊半年后又开始增聘外埠访员，在国内主要都市聘访员报道当地新闻。其余无访员的地方，则鼓励当地读者惠寄稿件，发表后付给报酬。随着新闻通讯网的不断扩大，报上的新闻日渐丰富充实。当读者特别关心的重大事件发生时，如日本侵台、中法战争等，则派人赴现场采访，抢发独家新闻。国内电报线开通后，《申报》立即运用这一现代通讯工具传递新闻，提高新闻的时效性。该报也重视言论，每天在头版头条位置发表一篇论说文，对中国时事及社会问题发表意见。为了吸引文人读者，广泛征集和发表文艺稿件，开中国报纸副刊之先声。该报附设的《点石斋画报》，所绘内容多彩自报章新闻中可惊可喜之事，反映市井生活的社会新闻画尤其逼真生动，因而深受读者欢迎。

继《申报》之后，上海又出现了《字林沪报》、《新闻报》等外商报纸。为了扩大报纸销量，获得更多利润，商业性报纸展开激烈的市场竞争，不断改进经营方式和新闻业务。《申报》和《新闻报》发展成为全国最有经济实力的大报，两报所在地望平街也成为近代中国的报业中心。

外国人来华办报，将欧美的新闻理念和报刊模式引入中国，对中国新闻事业的近代化起了重要的推动作用。在华外报面向社会大众，广泛采录各方信息，报道朝野动态，刊布思想观点，传播文化知识，比传统的邸报具有更多的社会功能。在外报的影响下，一部分中国人认识到这种新式传媒的社会作用，开始自办近代化报刊，翻开了中国新闻史的新页。但我们也必须看到，在华外报是西方列强侵略中国的产物，是为维护列强在华利益服务的。正如戈公振在《中国报学史》中所指出的：“外报之目的，为传教与通商而宣传，其为一己谋便利，夫何待言。当时教士与关吏，深入内地，调查风土人情，探刺机密，以供其国人之参考。故彼等之言，足以左右外人舆论与其政府之外交政策，而彼等直接间接与报纸均有关系。初外报对于中国，尚知尊重，不敢妄加评议。及经几度战事，窘象毕露，言论乃肆无忌惮。挑衅饰非，淆乱听闻，无恶不作矣。”

选　文

近代中国报史初篇(节选)

潘贤模

导言——

本文刊载于《新闻研究资料》总第7辑(新华出版社，1981年)。

潘贤模，中央政治大学毕业，曾任教于台湾东吴大学，后旅居美国，著有《中国新闻法概论》、《新闻事业行政概论》等。

本文为《近代中国报史初篇》的“引论”部分，阐述了19世纪初期西方传教士来华办报的历史意义与业务特点。作者指出，传教士创办的报刊具有公开性、普遍性，以一般人民为对象，打破了只有官吏及士大夫才点读邸报的传统观念，在中国报史上写下了重要的一章。但是，他们只是为传教而办报，报刊本身不以新闻为本位，亦非以专业的形态来经营。所以，现代化观念的中国报刊，在开创初期便走上了不正常的发展途径。作者把在华外报放在西力东渐的大背景下加以考量，探究外报产生与发展的时代因素，强调报史研究不能“在报言报”，因为报刊是社会组织的一个环节，与其所处的社会环境息息相关。例如，邸报为什么不以民众为读者对象？早期外报为什么报纸杂志没有区别？旧事为什么也是“新闻”？要回答这些问题，都必须从具体的历史环境中去寻找答案。

史者，事也。今日的历史，即过去的事实。今日有意义的事件，即将来之历史。

事件之发生，绝对没有凭空而来的，必有因果关系、社会因素。研究历史，要详细考证史实，更要深研社会背景。知其然，而不知其所以然，只是断烂朝报的再版，不是学问。

报史是一种专业史。报业之发展，乃基于社会需要、历史演变。举例言之：中国现代化报纸始于南洋侨社，种因是清朝禁止西人来华传教。初期在中国出版的英文报刊，对林则徐禁烟毁多于誉，因为英文报的后台老板多是鸦片贩子。所以，研究报史，不应该在报言报，诚如戈公振先生所言："报学史者，乃用历史的眼光，研究关于报纸自身发达之经过，及其对于社会文化之影响之学问也。"（见戈著《中国报学史》）

报刊乃系社会组织的一个环节。研究大众传播学者，称报刊为传播的媒介品。媒介品所以能够生存、发展，除了办报者的努力经营外，社会环境与需要，是最主要的决定因素。戈公振先生申言，要用历史的眼光来研究报史，实在深具意义。中国两千多年的封建制度，是民可使由之，不可使知之，这种落后的愚民政策，使得一般人民，除了要求本身温饱之外，对于世界大事漠不关心。即使知识分子，只知科举成名，除了诗书之外，没有学问。偶有雄才大略者出，开疆拓土，也跳不出圣主贤君的圈子，他们根本不知道中国之外，还有更大的天下。古老中国是静态社会，因而落伍、保守、寡闻。

魏源在答奕山将军书中，将"夷人"所办的新闻纸，比照为清朝的塘报。今日我们可以说，魏源比拟不伦。塘报是清朝的"公报"，由朝廷发抄，供给地方官吏阅读，与民间毫无关系。进步如魏源，尚且如此，遑论一般人民。中国在 19 世纪以前，并非没有报纸，不过，那些所谓"报"，是只以官吏士大夫为对象的官报，不是现代所想像的，报纸应该有公开性、普遍性，以一般人民为对象。

报刊是时代产品，社会大众的传播媒介。在封建闭塞的社会，民智未开，官报已经可以满足需要；时代改变了，需要也就不同了。

暴风雨的时代

19 世纪是我国历史最重要的一章。闭关自守的中国，在西洋侵略洪潮的冲击下，不得不门户开放。英国输入鸦片，毒害人民，酿成鸦片战争，被迫开五口通商，继则有英法联军，八国联军，最后甲午之战，中国大败全输，沦为次殖民地的地位。在这个暴风雨的时代，愚昧落伍的满清官吏，茫然失措，不知如何应付这些"番鬼"。

初期，这些腐儒朝官不知天日，夜郎自大，对西人极尽凌辱之能事。1840 年移至澳门出版的英文《广州纪录报》有一段记载："三十三年来，我们所受之凌辱欺负，实难忍受。中国不准我们与官府来往。除公行洋商外，即与一般人民的来往，亦在禁止之列。即各洋商，因与我们贸易往来，亦被贱视。中国官方文件，侮辱我们以红毛、夷人、番鬼等名号。"

打了几场败仗以后，除了割地赔款外，自大自傲的清朝，变成惧外媚外的可怜虫。冯桂芬说得最为透彻："互市二十年来，彼酋类多能习我语言文字之人。其尤者，能读我经史，于朝章国政、吏治民情，言之历历。而我官员绅士中，绝非其人。宋聋郑昭，固已相形见绌。且一有交涉，不得不寄耳目于所谓通事者，而其人遂为洋务之大害。上海通事，人数甚多……声色货利之外，不知其他。惟藉洋人势力，狐假虎威，欺压平民，蔑视官长，以求其所欲。"（见《上海设立同文馆议》）"近日民情，已非三十年之旧。

羡外国之富，而鄙中土之贫；见外兵之强，而疾官军之懦；乐海关之平允，而怨厘局之刁难；夸租界之整肃，而苦吏胥之骚扰。于是民从洋教，商挂洋旗，士入洋籍。始由否隔，寖成涣散，乱民渐起，邪说乘之。邦基所关，不胜忧惧。”（见光绪二十七年六月两江总督刘坤一、两湖总督张之洞第二次会奏变法事宜疏）

这种前倨后恭的转变，也充分表现在19世纪的中国报业。初期，西洋传教士在禁令之下，无法立足，只好散居南洋各地，徘徊于中国国门之外，传教办报，希望间接流传到中国。几场战争之后，他们由香港而上海，堂而皇之，出版报章，清朝对他们毕恭毕敬。江南制造局请他们译书，北京总理事务衙门同文馆请他们当教习，北洋学堂派学生赴美留学，聘英人傅兰雅为监督，进一步，将海关、邮政都让给外国人经营管理。傅兰雅、林乐知、李提摩太、美查这些外国传教士及商人，几乎操纵了中国全境的报业。

借着不平等条约的保障，西人所办的报刊，可以畅所欲言，不受清朝政府的牵制。反之，华人自己办报则动辄得咎。即使有识之士，意欲办报，为着避免官府的干扰，也多假托外国人的名义，所以我们可以说，19世纪是外报时代。

19世纪外报，可以分为两种：一为外国人办的外文报。以外国人为对象，有着固定市场，对中国可能发生影响，但与华人没有直接关系。一为外国人办的中文报。这些外国人当然也有少数商人，但是大多数都是传教士。商人为着赚钱，教士目的则在传教。

当时教士之间，普遍有一种观念，清朝闭关自守，民智闭塞，于是，迷信偶像，不知信奉耶稣。他们认为，要推展耶教，首先是把西洋新思想、新知识介绍到中国来，启迪民智，提高文化水平。开学校，办报馆，都是必要的途径。

研究起来，这种思想的本身，根本就不合逻辑。民智与信教，乃系不相关联的两件事。文化水平高者，并不见得都信奉耶稣教。基督教徒中，也有许多愚夫愚妇。

感谢早期西洋传教士这种不合逻辑的思想，也钦佩他们不避困难、再接再厉的传道精神，促进了19世纪东西文化的交流。中国古代有邸报、朝报，都只以官吏及士大夫为对象，传教士创办的报刊，则以一般人民为对象。他们虽然别有用心，另具目的，但在中国报史上写了最重要的一章。

报纸杂志没有分别

今天我们提及报纸，想像中便是日报、晚报，甚至一日中出了好几版：外埠版、本市版、航空版等等。

报纸与杂志，更是泾渭分明。法律明文规定：刊期在六日以下，按期发行者为新闻纸；刊期在七日以上、三月以下者为杂志。这些都是20世纪下半叶的观念。

在19世纪之初，民智未开，电讯还没有发明，印刷条件更是落后，民间根本不知新闻纸为何物。日报的出版，并非社会所需要，亦非物质条件所能办到的事。能够出版一个“月刊”，已是难能可贵。《察世俗每月统记传》、《特选撮要每月记传》、《东西洋考每月统记传》都只是每月一期。开明如林则徐、魏源，在那时候能够在澳门找到英文周报，翻译出来，以供阅读，已经可以说是“得风气之先”。魏源答奕山将军书中说：“澳门地方，华夷杂处……又有夷人刊印之新闻纸，每七日一礼拜后，即行印出，系将广东事传至该国，并将该国事传至广东，彼此互相知照，即内地之塘报也。彼本不与华人阅看，华人不识夷字，亦即不看。近雇有翻译之人，因而辗转购得新闻纸，密为译出，其中所得夷情，实为不少。”将英文周报视为难得多见的新闻纸，今日看来是多么可笑的事，但是，这正是反映了19世纪初叶的情况。

至19世纪后半叶，香港、上海等地开始有日报刊行，但是，月报、周报并没有退而为今日的“杂志”，仍然以报道新闻与日报相争衡。如美国传教士林乐知在上海出版的《万国公报》乃系周刊。1872年由艾约瑟、丁韪良等主编、在北京出版的《中西闻见录》，乃系月刊。

由于历史环境，我们不能以今日的眼光，依据刊期的条件，来分别19世纪时代的报纸与杂志。例如，林乐知因为得到李鸿章的优容，他在《万国公报》上所刊载关于中日甲午战争的消息，许多日报都瞠乎其后，故我们只能用“报刊”一词，用以包括日报、三日刊、周刊甚至月刊。

旧事也是新闻

报刊的内容，今日以新闻为主，一分一秒都要争取，采用电报、电话，甚至以人造卫星、越洋传真求新求快。

19世纪的中国报刊，乃是在萌芽阶段，电讯尚未普遍使用，除了少数特殊阶级外，一般国人对于世界地理政事，所知无多，还以为“天下”就是中国，“普天之下，莫非王土。率土之滨，莫非王臣。”英国派特使到北京，竟称他们为“贡”使，说是来进贡的，要他们叩首下跪。愚昧无知，今日看来，实在好笑。

在这种情形下，世界上任何事件，传入中国，都可以变成“新闻”。1853年在香港出版的《遐迩贯珍》，乃系当时相当有分量的新闻报刊，新闻旧事，并行不悖。报道上海小刀会起义是一条好新闻，但是也刊登了“牛痘接种”的文章，那是50年前(1805年)由司当东爵士(乾隆年间任英国副使至热河)与皮尔逊医生合写的论文。

今日普通的知识，那时候也可以变成“新闻”。英国传教士慕维廉于1851年在广州发表一篇长文《地理全志》，将世界地理的知识介绍到中国来。三年以后，《遐迩贯珍》又把它重行刊载。

凡是读者尚未知道者，包括事物、思想、知识、意见，都是新闻，这是19世纪中国报刊另一特色。

不买报的读者

报刊的销路，更是为数不多。以英文出版者，对象是西人，有着订报的习惯，发行当有收入。传教士们用中文出版报刊，以没有看报习惯的华人为读者对象，要他们出钱购买这种“诱惑愚民”的报刊，简直是不可能的事。

最初，传教士在马六甲出版的《察世俗每月统记传》，在巴达维亚出版的《特选撮要每月纪传》都是免费分送，每期印数无多。以后，广州的《东西洋考每月统记传》、香港的《遐迩贯珍》、上海的《教会公报》，虽然都定有每份售价，但华人不会出钱购买的。他们希望洋行、教会及有关团体大量订购，用以分送给华人。所以，才发展出19世纪的怪现象：中文书刊，英文目录。

即至19世纪后半叶，上海的中文报刊已到了相当发达的程度，“每日发行之报，无过数百份。每份仅一纸，其事务之简单可知。……而社会又不知报纸为何物，父老且有以不阅报纸为子弟勖者。故每日出报，外埠则托信局分寄，而本埠则必雇有专人，于分送长年订阅各家者外，其有剩余之报，则挨门分送于各商店。然各商店并不欢迎，且有厉声色以饷之者。而此分送之人，则唯唯承受惟谨，及届月终，复多方善言，乞取报资，多少即亦不论，几与沿门求乞无异。惟其中有一事，至可为吾人纪念者，报馆每日所出之报，其总数无过于数百份，而社会之不欢迎又如上述，则所谓长年订阅之各家，究系何人？盖大率洋商开设之洋行公司，及与洋商有关系之各商店为多。噫！中国人知识之不侔，于此可见矣。”（见姚公鹤《上海闲话》）

回观19世纪初期的中国报刊，诚然怪事重重，非今日从事报业者所能想像得到的。不过，我们假使能够进一步探讨历史背景、时代因素，自当见怪不怪。

几千年的传统观念，遭受到西洋思想的挑战。蓝眼睛、红头发的“野蛮夷狄”，竟然倡办报刊，与皇朝邸报、京报分庭抗礼，简直是离经叛道的事。洁身自爱者，不屑与夷狄为伍。帮助西洋传教士的，只有像梁亚发等有勇气、无功名的人。西洋传教士费尽心机，写出来的中文，言难尽意，文理欠通，引不起中国传统读书人的重视。早期报刊遭遇困难，乃是理所当然。

初期传教士所带进来一个基本观念：报纸是为人民看的。只有官吏及士大夫才点读邸报的封建思想，乃被推翻。但是，初期传教士并没有高深的文学修养，亦非有专业训练的新闻从业员，他们只是为传教而办报。报刊本身不以新闻为主，亦非以事业的形态来经营。所以，现代化观念的中国报刊，开创初期便走上不正常的发展途径。

《万国公报》与中日甲午战争(节选)

郑师渠

导言——

本文刊载于《近代史研究》2001 年第 4 期。

郑师渠,1946 年生,福建福州人,北京师范大学历史学院教授,中国史学会副会长。著有《晚清国粹派文化思想研究》、《在欧化与国粹之间》、《中国文化通史》等。

在欧美传教士创办的中文报刊中,《万国公报》发行最广、影响最大。它对变法的鼓吹和建议,更是直接推动了戊戌维新运动。主持该报的林乐知、李提摩太诸人,一再表白热爱中国,希望中国富强。本文通过解读《万国公报》对中日甲午战争的报道和评论,深入分析了该报所持的立场和态度。在这场战争期间,《万国公报》从最初的支持中国、谴责日本,转向了偏袒日本,为日本侵略者张目。发生这种变化的根本原因,是该报的宣传取向代表了英美在远东的战略利益。《万国公报》希望中国仿效西方,改革政治、以变法避免内乱,甚至主张中国的变法新政应由英美人士来主持,同样体现了英美的在华利益。但该报从中日两国的比较中探讨中国在甲午战争中失败的原因,并从中引出教训来,疾呼清政府幡然改过、革故鼎新,显然又具有一定的合理性,有助于中国维新思潮的发展。历史是多样性的统一。《万国公报》关于甲午战争的报道与评论,是非参半,真伪互见,应该实事求是地予以辨析,以还其本来面目。

《万国公报》创刊于 1868 年,原名《中国教会新报》,为周刊。1874 年起改名《万国公报》,其间一度停刊。1889 年复刊后,改为月刊出版,并成为刚成立不久的英美传教士团体广学会的机关报,一直到 1907 年 7 月停刊。美国传教士林乐知长期主持《万国公报》,参与编辑和撰稿的李提摩太、丁韪良诸人,也多是一些著名的英美传教士。它是外国传教士创办的中文报刊中历时最长、发行最广、影响最大的一家。《万国公报》虽属教会刊物,但教义宣传不是主要的,它实际上是以评论中国时局与介绍外国情况为重点的综合性刊物。

学术界对于《万国公报》虽不乏研究,但就其与中日甲午战争的关系而言,却尚付阙如。值得注意的是,《万国公报》声名鹊起,产生广泛的影响,恰是以其积极参与报道、评论中日甲午战争为起点的:“其最足歆动中国朝野士大夫之报导,则为甲午战争之际所刊载之中东战纪。《万国公报》遂引起朝野官绅之广泛注意。”[①]《万国公报》于1896年底也不无自豪地公开声言：经甲午之役，本刊发行量“从每月一千本逐渐加增，今已盈四千本。且购阅者大都达官贵介名士商绅，故京师及各省直阀阅高门清华别业案头多置此一编，其销流之广，则更远至海外之美澳二洲。”[②]这也并非虚言。

甲午战争是近代中国历史发展的重要转折点，影响既深且远。作为外国在华传教士的重要刊物，《万国公报》是怎样报道与评论这场战争的？这自然是十分有意义和饶有兴味的研究课题。它不仅有助于我们进一步了解《万国公报》的立场，而且有助于我们进一步理解甲午战争及其所由发生的那个时代。

一

1894年初，朝鲜南部发生东学党起义，5月底全州陷落，京城震动。6月初清政府应朝鲜国王的要求出兵帮助平叛；而日本居心叵测，以中日《天津条约》为口实，也同时增兵朝鲜，从而形成了中日军队在朝鲜对峙的局面。这是中日战争爆发的导火索。《万国公报》于此十分敏感，1894年7月卷3上便发表了《朝鲜纪乱》，初次报道了中日军队在朝鲜对峙的严重事态。其后每月一纪，定名“乱朝纪”（后改称“朝乱纪”），前后共16篇，较为系统地跟踪报道了中日甲午战争的全过程。与此同时，《万国公报》还配发了主要是由林乐知诸人撰写的为数甚多的评论文章及记述各国反应的消息等等，从而形成了自己颇为鲜明的立场与态度。

在战争的初期，《万国公报》支持中国，谴责日本的立场十分明显。上述《朝鲜纪乱》就指出：“中国出师为藩邦戡乱，实属名正言顺”，而日本以《天津条约》为借口，拒绝各国调停，“则是日本自知其曲而思图逞志于戎行，中国于此岂尚甘于退让哉”！[③]林乐知等且认为，中国应邀出兵朝鲜，并无利人土地之心，其主张不干涉朝鲜内政，中日同时退兵以保全太平大局，是完全合理的，故深得“五洲万国之所共谅”。而日本借口帮助朝鲜改革内政，拒绝退兵，虚伪之至：“然而日本之心，岂真厚爱乎朝鲜哉”！[④]与此相应，《万国公报》不但相信中国必胜，而且积极为之出谋划策，主张狠狠教训日本。1894年9月发表的《乱朝纪三》甚至主张厚集兵力，远征日本，一槌定音。文章说，“愚见所及，中国有亟应措置者五端”：一曰“厚集海军”。中国南北两洋及闽广等省，兵舰之多远驾日本，又有北洋水师，威望素著，“区区岛国，岂敢争衡”？由是，“将得其人，船得其用，征东之大本定矣”。二曰“大发陆军”。海陆并进，聚而歼之，“一弹指间耳”。“韩都恢复可期，保存藩之大局可成矣”。三曰“以攻为守”。不能固守，当

① 华文书局编辑部：《影印“教会新报”、“万国公报”缘起》，见《万国公报》(1)，台北，华文书局股份有限公司1968年影印本。

② 《万国公报》(26)，卷94，第16483页。

③ 《万国公报》(23)，卷66，第14555页。

④ 《中日朝兵祸推本穷原说》，《万国公报》(23)，卷68，第14646页。

主动出击，进兵东京，长驱进入。“东京唾手而可得，彼自称为明治天皇者，行见为拿破仑第三之续矣”。四曰“以战为和”。五曰“以存为灭”。即不必灭日本，但要赔款，“日本偿银，但有一丝一毫之未缴，中国戍卒，即无一日之离防”。① 直到同年10月，《万国公报》卷69还发表了《英将谭兵》，即对曾在北洋水师任职的英水师副提督琅威理的访谈录。这位英国将军断言，中国海军的实力不容低估，不仅足以战胜日本，即与西方大国战亦觉绰绰有余。②

应当说，《万国公报》取上述的立场与态度自有其合理性。其一，中日甲午战争全然是日本奉行对外侵略扩张政策蓄谋挑起的，尊重事实的明眼人都不难看出这一点。《万国公报》此时是正视了事实的。其二，中国自鸦片战争以降虽国势衰堕，但在西方人的眼里，仍不失为东亚的大国。中日相较，就国土与人口论，中国占绝对优势，固不待言；即就军力而论，中国行洋务运动30年，购舰练兵，在在进行，北洋水师声威尤著，至少当不在日本之下。因之，西人推论，两国开战，中国可操胜券，也在情理之中。

但是，自1894年11月卷70起，《万国公报》对中日战争的立场与态度发生了根本性的改变。首先，林乐知等人由中国必胜论者转变成了中国必败论者。9月，经平壤之役，清军兵败如山倒，战火烧到辽东之后，《万国公报》惊呼事出意料之外，对中国顿失信心。林乐知写道：“中国昔日自夸之处，至此而扫地殆尽……总而言之，中国至今日，实已一败涂地，不可收拾。”③其次，由肯定中国的正义性，转而极力混淆是非，甚至不惜颠倒黑白，为日本侵略者张目。如果说，随着战争的进程，时移势异，《万国公报》由看好中国变为看好日本，这自有根据，无可厚非；那么，其后一种的转变，则完全暴露了《万国公报》最终信奉的仍无非是“强权即公理”这一殖民主义者的信条。

1895年1月，林乐知在《以宽恕释仇怨说》一文中说：“至论中日两国之是非曲直，则中国任朝鲜之败坏，而不加整顿，固亦有不是处，亦有曲处，然日本之甘为戎首，而以强词夺理，则其但有曲处，而无是处可知……所惜天下事，往往不论理而论势。今中国亦既败矣，遂有偏于日本者。”④在这里，林乐知强调中国也有不是处、曲处，已经是在有意模糊是非了，而且这种倾向愈往后则愈露骨。5月《万国公报》刊载《追译中东失和之先往来公牍》，其中包括由西文译出的战前中日双方交涉公牍9件。林乐知在按语中说，从这些文件看，双方互相咨照，词意和平，惟中国始终坚持朝鲜是其属国，“轻蔑日本之意，实于言外见得。从此衅隙渐开”。日本坚持“断难坐视朝鲜沉沦苦海”，要求改革朝鲜内政以免乱图治，但是，“中国仍力驳之，而兵祸成矣”。林乐知意犹未尽，最后还特别强调指出：“又按中国素轻日本，谓为不过朝鲜之流亚，故日本

① 《万国公报》(23)，卷68，第14684页。

② 《万国公报》(23)，卷69，第14747页。

③ 《满招损谦受益时乃天道论》，《万国公报》(23)，卷72，第14910页。

④ 《万国公报》(23)，卷72，第14914页。

与朝鲜立约，称为平等之时，毫不过问，岂不曰中国固加于日朝一等哉……中国不谙外事，惟知高自期许，于他人蔑视之耻，偏淡焉其若忘。呜呼，惜哉！吾甚愿中国化其视日朝为平等之心，并化其自视加人一等之心，遂化泰西视我为降等之心，则中日可为同等者，东西亦无异等，耻辱雪而等威定矣。”[①]很显然，林乐知将中日冲突的起因，最终归结为中国自大，蔑视日本。同时，复将日本说成是欲登朝鲜于衽席和敢于与中国争平等的仁勇之国。其颠倒是非，莫此为甚！这不仅与《万国公报》前期的立场相矛盾，即是与上述“中国有曲处，日本无是处”的说法相较，也已是大相径庭。所以，毫不奇怪，有中国士人指责林乐知“不正日本之罪，而反招中国之过”。但后者一意孤行，随着中国败局渐趋明朗，其偏见也变得更加赤裸裸了。6 月，《万国公报》卷 77 发表《中东失和古今本末考》，内含明万历年间丰臣秀吉两度侵朝所引起的中日交涉的部分文件。林乐知不是借此去揭露日本扩张侵略的历史根源，相反，目的却是要强调现实中的中日战争不过是两国历史上恩恩怨怨的延续，从而进一步抹杀了是非，实际上是为日本的侵略行径做掩饰。不仅如此，他在“总跋”中甚至公然歪曲历史，说：据所译日方的文件，“几疑曲在中国”。特别要指出的是，文中还收有译自西文的张佩纶与李鸿章的奏疏各一通：《前左副都御史张幼樵副宪奏请豫防东患疏》和《合肥相遵议豫防东患兼定征东良策疏》。林乐知如获至宝，据此强调说：近 30 年来，中日“诈虞未泯，猜忌渐深，孰是孰非，孰曲孰直，具备两造各执一词，虽具老吏断狱之才，而竟委穷源，岂能爰书之骤定”？张、李二疏说明，自琉球被灭后，中国不动声色，“实有图日之意”。林乐知称，有人说“中日之役，日本有心以图中华，中国无意而遇敌”，这种说法是错误的，若必欲区分是非曲直，中国固然可以自以为有理，但日本又何尝不可以振振有词？数年前有西人问日本大臣何以备战，后者就曾回答说：“防中国也，不得已也。中国屡思泄忿于我，我若偶不经心，祸不旋踵矣。”林乐知再一次颠倒黑白，干脆将日本说成是受害者了。

人所尽知，自 16 世纪末丰臣秀吉初步统一日本和两度入侵朝鲜起，日本便开始了酝酿对外扩张的“大陆政策”，而其最终形成正是在明治维新之后。这集中的表现即在于“征韩论”喧嚣一时，并实际上成了日本部分军阀所奉行的国策。故有人提出：“朝鲜国北连满洲，西接鞑清之地，绥服此地，实为保全皇国之基础，成今后经略万国之基石，倘被他人占先，国事休矣！”基于此一考虑，一些军阀叫嚣：“首先要积蓄实力，把朝鲜置于日本的支配之下，并抱持（控制）中国”。[②] 从 19 世纪 70 年代起，日本先后侵略中国台湾，侵犯朝鲜，吞并琉球，小试锋芒，屡屡得手，使其扩张野心倍受鼓舞，从而更加处心积虑和急切地推进它的“大陆政策”。其时，在清政府内部，张佩纶等一些感觉敏锐的官员，实已注意到了日本扩张侵略的威胁。光绪八年八月，张佩纶上

① 《万国公报》(24)，卷 76，第 15193、15194 页。

② 转引自苑书义等《中国近代史新编》中册，人民出版社 1986 年版，第 297 页。

《密定东征之策以靖藩服折》(即上述《豫防东患书》)，指出："日本凭寡倾危，琉球之地久踞不归，朝鲜祸起萧墙，殃及宾馆。彼狃于琉球故智，劫盟索费，贪婪无厌。"①请令南北洋大臣及沿海督抚，迅练水陆各军，以备进规日本。清廷也觉事关重大，上谕交李鸿章先行通盘筹划，迅速复奏。李鸿章旋上《议复张佩纶靖藩服折》(即上述《遵议豫防东患兼定征东良策疏》)。他说：跨海远征，胜负难有把握，"第征东之事不必有，征东之志不可无。中国添练水师实不容一日稍缓。"②作为清流健将，张佩纶虽不乏敏锐，但不免视事太易，流于书生意气。李鸿章终究老成，"第征东之事不必有"一句，实已明确地否定了前者，但他复借"征东之志不可无"的高调，巧妙地将前者尖锐的意见，转换成了"添练水师实不容一日稍缓"的议事常项，使被驳者也不便坚持。要言之，李鸿章的议复，不赞成张佩纶的意见，而清廷显然也认可了，故张的所谓征东说遂告搁置。英国学者菲利浦·约瑟夫在1929年出版的《列强对华外交》一书中，对此也做了评论。他说：日本人"他们很早以来就能看到中国总理衙门的秘密档案，并且准备着在最有利的时机实现他们的大陆政策"。"他们从中国的秘密档案中获悉：中国打算就琉球问题向日本寻衅，以便恢复它在远东的霸权。早在1882年，中国大臣们就商定了这个计划。可是，中国官场的腐败，使中国未能进行对日作战的必要准备。另一方面，日本的海军和陆军已经准备就绪……并且他们急盼在中国未动手之前下手。因此，他们决定了对中国的战争。"据此，可以提出两点：其一，是日本的咄咄逼人的侵略扩张迫使清政府谋求应对，而非相反；其二，清政府根本没有征东计划，甚至也没能形成积极的防东计划；退一步说，即便有这样的计划，也并不能改变日本挑起侵华战争的事实。所以，林乐知费尽心机进行所谓的"中东失和古今本末考"，试图进一步掩饰日本的侵略本质，甚至于强调中国先有"图日之意"，才引起了日本回应，这说明其囿于偏见，不惜歪曲历史，颠倒黑白。

二

信奉"强权即公理"的殖民主义信条，固然是《万国公报》与林乐知好言"理不敌势"、偏袒日本的一个原因；但是归根结底，作为广学会的机关刊物，《万国公报》的宣传取向代表了英美主要是英国的利益，这才是最为根本的原因。

从西方列强全球争霸的格局看，中日甲午战争的爆发，是列强冲突的焦点集中于朝鲜一隅的必然结果。1894年11月《万国公报》卷70上发表有《中东之战关系地球全局说》一文，实际上已指出了这一点。文章说，从全球看，世界各地除中国、日本之外，已尽入欧洲人之手。英俄法三国全力争夺世界"威柄"即霸权，原先集注于中亚，今则冲突转至于朝鲜。英于印度，法于越南，俄于西伯利亚，都有由西渐东之趋势。

① 《光绪朝东华录》(二)，中华书局1984年版，第134页。

② 《李鸿章全集》(3)，海南出版社1997年版，第1359页。

俄因在中亚受阻，正修西伯利亚铁路，争谋控制朝鲜，以求获得东部不冻港。英为阻俄南下，故于10年前有据朝巨文岛之举，“阳为自保商务，阴实预杜俄谋”。后俄许英不谋朝鲜，英师旋撤，但彼此猜测防范之心不减。法据越南，觊觎暹罗，以通亚洲的利薮，威胁英在印度的利益，故英决不肯稍让。俄法合纵，英必与中合，日又必与俄法合。[①] 是文指出了朝鲜已成为以英俄对抗为主轴的列强争夺的焦点，这是对的；但它显然回避了此一背景与中日战争爆发间以下更为深层的内在联系：其一，英俄诸国为各自的利益都曾利用中国对朝的宗藩关系。英俄为了能通过中国控制朝鲜，曾不约而同地都希望中国加强对朝鲜的“宗主国地位”，特别是英国甚至还一度怂恿中国“吞并”朝鲜。而日本在策动甲申政变失败后，愈益感到要吞并朝鲜，首先必须打败中国。无奈时机尚未成熟，遂改韬光养晦，伺机而动。但日本担心俄国对朝鲜的野心，一改常态，也怂恿中国加强中朝的“宗藩关系”，以便将清政府推到台前，更有利于自己在幕后操纵朝鲜的内政。日本在这个问题上态度时变，全然取决于自己纵横捭阖以控制朝鲜的策略。其二，英俄美诸国站到日本一边，是日本敢于最终发难的重要原因。英国为抵制俄国，始终拉拢日本，乐观日本坐大。俄国对英国的策略自然是清楚的，但是俄国想吞并朝鲜，却苦于西伯利亚铁路尚未修成，军事准备不足，复受英国牵制，不敢贸然行事。因此它也乐于让日本打先锋，以便从中渔利。而美国从支持日本侵略台湾时起，就一直站在日本的一边。这样，日本利用大国间的矛盾，使英俄美诸国都站到自己一边，国际上的顾虑消除了，最终发难的时机已经成熟，只需要找到一个借口，而这个借口自然是不难找到的。其三，英国对中国的策略。英虽袒日，但它仍然希望中国能在自己的远东政策中发挥某种工具的作用。在战争爆发前，它曾建议清政府缔结“中英同盟”，以与法国在华南的势力抗衡；而它与俄国因阿富汗东北边界问题正发生冲突，也需中国的合作。此外，英以为中国作为大国具有巨大的潜力，它很有可能取得战争的胜利。缘是之故，在战争初期，英袒日多隐而不显。明白了上述关系，便不难理解，何以《万国公报》与林乐知诸人开始极力鼓吹“中国出师为藩邦戡乱，实属名正言顺”，后来却转而攻击中国坚持视朝为属国，促成了中日的决裂，公开袒日，出尔反尔，虚伪之至。要言之，《万国公报》与林乐知诸人对于甲午战争，前后立场与态度的根本性变化，归根结底是体现了英国在远东的战略利益。

《万国公报》的此种取向，其后在极力鼓吹中国当无条件接受日本提出的不平等条约，竭力抨击俄法德三国干涉还辽和《中俄密约》中，表现得愈加明显。

在战争的最后阶段，日本虽答应与清政府议和，但蛮横之至，几乎是以最后通牒的方式迫使李鸿章接受条件极为苛刻的、包括割让台湾和辽东半岛、赔款两万万两等条款在内的《马关条约》。消息传来，国内哗然，弹章交至，无不指斥李鸿章祸国殃民。但是，《万国公报》却公然宣称：中国既然战败，就应当无条件接受日本条件，况且后者

---

① 《万国公报》(23)，卷70，第14779、14780页。

提出的要求十分公道。京内外臣工弹章纷至，无非昧今狃古，并不足道。“中国一败涂地至此而极，日本要求之事只此数端，尚不失为公道。”[①]中国有四万万人口，赔款两万万两，为数区区，人出一金，尚多富裕。“华民虽贫，少此区区，岂即不能谋朝夕哉！”[②]《万国公报》更极力攻击台湾军民的反割台斗争。林乐知说，李经方割台礼成，“而台民偏断断然抗之，是非抗日本而抗朝廷也。忠义之士岂宜出此”！[③]至于刘永福，不能遵朝议，全师以退，“违制据地作俑自主固属可恨”。[④]他甚至还教训清政府当守和约，严令台湾官员内撤：“台湾之畀敌也，藏诸盟府，历历可稽，诚宜趣撤守臣，以昭大信于天下，乃噤口默坐，漠然清闲之上，则将明让朝鲜非华属，而阴许台湾为海外夫余耶！”[⑤]《万国公报》的立论，显然是站在日本侵略者一边，欲诱逼中国接受不平等条约。

《万国公报》竭力透逼中国接受《马关条约》，归根结底，并非为了日本，而是反映了英国的利益。实际上，由于英国占中国贸易的50%以上，所以一开始它也担心日本与中国订约，有可能排斥自己在华的利益。精明的日本为了缓和英国舆论的猜忌，有意透过媒体向英国示好。1895年3月8日伦敦《泰晤士报》刊登了一篇来自东京的重要声明说：“下面这篇声明，是从最高方面得来的，并且绝对可以视为代表日本目前的看法：‘……关于议和的条件，目前全部都说出来是不得当的，但是，可以说：日本要使中国全境开放通商，并非企图为自己获得较任何其他国家更有利的条件。’”4月4日，日本发表了和约条款，4月8日英国内阁召集会议，决定不加干涉，原因是媾和条件与英国利益无损。当天的《泰晤士报》说，辽东领土的割让没有损害英国的利益，“而按照协定的其他部分，英国的利益可能有所增进”。[⑥]菲利浦·约瑟夫在《列强对华外交》中这样评论道：《马关条约》注意到了英国的利益，“而且是有意地要博得英国政府的赞可。尽管日本在华贸易是较为不重要的，它却提出了广泛的通商利益的要求，这些通商利益正是英国商人们渴望已久，而至今未能获得的。如果它获得这些利益，英国人根据他们的最惠国地位，也将获得这些利益。由于英国在华贸易的优势，英国商人或许较日本人自己获得更多的利益。”实际上，当时英国商人们看得更远，《中国通与英国外交部》的作者伯尔考维茨在书中写道：“像前任中国承审公堂英国审判长理查·瑞尼在那次晚宴上所说的”，在战后，中国也许需要一笔借款，当它以一个巨额借款人出现在欧洲市场时，欧洲的金融家便会问“用什么担保”？那么中国就不得不给以铁路、电报、矿山等特许，而这正是商界一向梦寐以求的迫使中国改革工商

① 《朝乱纪十二》，《万国公报》(24)，卷77，第15304页。

② 蔡子：《新语十一》，《万国公报》(25)，卷83，第15713页。

③ 《朝乱纪十二》，《万国公报》(24)，卷77，第15305页。

④ 《台湾东归》，《万国公报》(25)，卷82，第15644页。

⑤ 《险语对中上》，《万国公报》(25)，卷83，第15659页。

⑥ 〔英〕伯尔考维茨：《中国通与英国外交部》，商务印书馆1960年版，第215页。

业的绝妙机会。其后的历史证明，英国商人判断并没有错，甲午战争后列强掀起了竞相瓜分中国的狂潮，英国果然大获其利。缘是以观，《万国公报》为《马关条约》大唱赞歌，一再诱逼中国接受这个丧权辱国的不平等条约，它究竟为谁辛苦为谁忙，不是很清楚吗！

1895 年 4 月《马关条约》订立，其中割让辽东半岛的条款，直接威胁了俄国在华的侵略利益，首先激起了俄国的强烈反对，它要求日本吐出辽东半岛。法、德出于各自利益的考虑，同意共同干涉。三国干涉还辽的目的不是为了中国，但它不符合英美的利益。《万国公报》强烈地反映出了这一点。《朝乱纪十一》写道："俄罗斯纠约法德二国，力扼日本，俾不得逞志于满洲，阳托于仗义执言之例，实则各自保其利益，初非有爱于中华也。俄人之浸浸图南者，已非一日，日本之福，俄罗斯之忧也。其必抗之者，势也。法既得安南，即图台湾，今忽焉而折于日本，法人之不能甘心者，亦势也。独德与法为世仇，俄与法合，德即联奥意以拒之，今助俄法，事出意外……总之，各有深意，绝不肯为中国援手，则皆事有必至，理有固然也。"这里的揭露是对的，但其命意只在排俄，也绝非有爱于中国。所以，作者最后竟荒唐地劝告中国说，既要割让土地，最好还是送给日本："奈何其助外人，而抑邻国哉！吾请以一言决之曰，中国能自强，寸土尺民，不可与人也；否则，与其欧洲，无若日本！"①

但无论如何，俄国带头干涉，使辽东半岛失而复得，清政府于此感恩不尽，并最终形成了亲俄联俄的外交政策。这自然也为俄国进一步扩大对华侵略，提供了新的空间。1896 年 6 月李鸿章参加尼古拉二世加冕典礼时，与俄国秘密签订的《御敌互相援助条约》即《中俄密约》，不啻是俄国从清政府那里索得的一份丰厚的回报。通过这一密约，俄国不仅夺得了中国东北的路权，而且打开了此后俄国海、陆军进入中国的通道。这对中国来说，固然是权益的重大损失，但对于英美来说，让俄国捷足先登，控制中国东北，却也是"是可忍孰不可忍"的事。《万国公报》充分表达了英美的愤愤之情。1896 年 4 月，《万国公报》转载了上海《字林西报》所披露的《中俄密约》，并在按语中指出："中国之于各国诚宜一视同仁，断不肯徇一国之私，而召列邦之大妒"。它以为此事不可思议，不敢相信会是真的，故强烈要求"中国政府赐书敝馆，实指其作伪之据，俾得代为传播，于以破欧洲人士之疑团，即以表中国官家之卓识也"。② 事实得到证实之后，《万国公报》即发表了《密约谣评》一文，其中引"京信"，指斥清政府签订此约，丧权辱国，遗臭万年："君阅此约，知中国误堕俄之彀中，必将忧闷不堪。余（寄书人自谓）则以为中国王大臣乃竟订此约，不啻弃本国于无何有之乡，卖国辱主之名，必遗臭于万年，永远不能洗涤矣。俄国幸而得此，再益之以心力，不第东三省全归掌

---

① 《万国公报》(24)，卷 76，第 15227、15228 页。

② 《照译中俄密约》，《万国公报》(25)，卷 87，第 15984 页。

握已也，北五省亦必折入于俄，且安坐可待，不必旷日持久矣。”[①]《万国公报》一向看重李鸿章，当李因签订割地赔款的《马关条约》备受弹劾时，它曾极力为之辩解。但现在《中俄订约论》一文，却指名谴责李鸿章“目光短视”，“昧昧从事”，“暗堕彼术而不知”。文章认为，中国的三千万两赎辽费，只为俄人出而已，因为东三省终将落入俄人之手。中国疏英而亲俄，甘心受骗，愚昧殊甚！[②]

如果说，上述二文还仅是代英国宣泄愤懑之情的话，那么，李佳白的《东三省边防论》则提出了防范俄国人的具体建议，已是上呈清政府的条陈了。李佳白首先提醒清政府注意：俄人干涉日人还辽，却无意于阻割台湾。以中国形势言，辽东显然重于台湾；以万国公法言，阻割台湾，其辞复严于阻割辽东。俄人所以顾此而舍彼，其意甚明，即为控制东三省预留地步。所以，中国于俄，“盟不可信，交不可恃”。伊犁之变，殷鉴不远。俄人甚至无需败盟兴戎，只需一日借口取东三省于内寇之手，中国将无辞以相诘难。“而陵寝所在，列祖创业所基，竟沦异族，间尝独居深念，事盖在不可言者。”他复表白说，俄在中亚受阻，转谋东亚，其雄长全球的野心，欧美各国共知。自己居中国十多年，衣食住行，无非华化，亦自视为华人矣。食毛践土，每思报称。李佳白因之提出四条防俄建议：一曰“兴农政以靖奸宄”。二曰“设口岸以固险要”。旅顺、大连乃军事要地，仅靠中国军队不足防卫，当开大连为通商口岸，使各国群沾应有利益，不容一国垄断。三曰“开铁路以宏规模”。俄西伯利亚铁路成，则中国危。东三省应亟修铁路，否则俄必取道满洲。可请外商修路，美国乃修好之邦，从不干预他国内政，若能将修路事托诸美商，“则内无紊政之虞，外杜强邻之口，实为善策”。四曰“兴矿务以收利权”。俄必觊觎东北矿藏，故当加紧与西国商人合作开矿，“以先声夺人，使俄绝念”。[③] 李佳白对于俄国图谋染指中国东北野心的剖析，可谓入木三分，但其本意却并非像他自己所标榜的，为报称中国，而在于为将美国的势力引入东北充当说客。

从林乐知到李佳白，《万国公报》的主要代表人物都一再表白自己爱中国，将中国当成了自己的第二故乡，故绝无二心。然而，就其在甲午战争中应乎英美的远东战略需要、袒日排俄而言，此言不足信。

三

应当承认，《万国公报》所以经甲午战争而声名鹊起，绝非因其袒日排俄的宣传取向，甚至也不是因它的跟踪报道为时人提供了比较详备的战争信息；真正的原因在于，它结合对战争的评论，十分尖锐和无所顾忌地抨击了清朝封建统治的颟顸腐朽，并疾呼中国当变法图存，从而为正在惊醒的中国人提供了一份清凉剂。

---

① 《万国公报》(25)，卷 88，第 16036 页。

② 《万国公报》(27)，卷 100，第 16868－16870 页。

③ 《万国公报》(26)，卷 92，第 16282－16283 页。

中国作为一个大国，竟然败于蕞尔日本，且溃不成军，一败涂地，是中外人士所始料未及的。平壤溃败后，《万国公报》对于清军的腐朽之极大为震惊，以为不可思议。《乱朝纪四》写道：平壤华军，将不知兵，兵不知将。平日不孚以恩信，战时复克扣军饷。所执之枪，药不配弹，子不配枪。“凡此种种，皆必败之道也。呜呼哀哉！吾不忍再书矣。”[①]到《朝乱纪六》，作者则进而将清军失败的原因归结为五：一“兵多而不精”；二“势分而不合”；三“权杂而不专”；四“倒执而不化”（刑赏不明）；五“事虚而不实”。[②] 随着败局渐定，《万国公报》对于中国失败原因的分析，也超越了单纯的军事层面，而扩大到了对这个老大帝国愈趋衰败之深层原因的指陈。

1895 年 2 月《万国公报》曾刊登《广学会第七年综记》，其中特别提到，堂堂中国凌夷至今，几成病入膏肓之人，却不自觉其所失之三大端：一曰“失地”。50 年间，中国陆续割让土地，面积已达六省之广。中国失地人尽知之，但多至如此之数，恐知其实者百无一人。二曰“失民”。50 年前中国生齿已有四百兆，按正常计算，今当有民人六百兆，但考其册报，仍不过四百兆。不知尚有二百兆人谓归何处。失民之多至于此极，世界未有，知其事者千无一人。三曰“失财”。中国财政至少年可增四万万两，而今却一文莫名！然而知其理者万无一人。在作者看来，土地、人口、财政，是治国之基，三者大量流失，国将不国。中国之危，不言而喻，但清政府却无所容心，依然故我。“凡此三失，误在一端，一端者何?”京师衮衮诸公，不知今昔何年，守旧而不知通变之故也。[③] 具体说来，在《万国公报》的眼里，华人有八大积习：一曰“骄傲”，二曰“愚蠢”，三曰“恇怯”，四曰“欺诳”，五曰“暴虐”，六曰“贪私”，七曰“因循”，八曰“游惰”。[④] 这八大积习，“其祸延于国是，其病先中于人心”。所以，归根结底，“朝鲜之役，非日本之能败中国也，中国自败之也”。

不过，最值得注意的是林乐知写的《中日两国进止互歧论》和威妥玛对问题的分析。林文从中日比较的角度，探讨中国的致败之由，给人以历史的纵深感，因而也更具启发性。林乐知说：我初到亚洲时，中日皆徒知率由旧章，与西人格格不入。1860 年后，中国开始设总理衙门、京师同文馆等，采西学，延西师；日本也有倒幕之举，并迁都东京，开海口，创西学。后美国驻华大臣蒲安臣归国，中国首次有二旗员随访欧美，适日本也派二臣赴欧美。日使归，告以西法善，日主喜之，“不能自已”。由是，访西使臣、留学生络绎于途。复积极延聘西员，改革教育，培养新式人才。全国向化西学，蔚为风气。30 年来，因君臣鼓励振兴不遗余力，举凡电线、铁路、邮政、开矿、通商诸大政，日本无不行之。同时复踵西法而立议院，许其民公举议员，以通上下之情。日民

① 《万国公报》(23)，卷 69，第 14760 页。

② 《万国公报》(23)，卷 71，第 14880 页。

③ 《万国公报》(24)，卷 73，第 14997－14998 页。

④ 《险语对》，《万国公报》(25)，卷 82，第 15621－15627 页。

乃益感奋，国势缘是日盛。但中国却不然，选幼童出洋肄业，遽尔中止。守旧大臣如倭仁等极力阻挠，且发为谬说：堂堂中国，而学于外夷，耻也。结果争论纷起，采西学难得真正进展，守旧之思依然弥漫国中。在林乐知看来，中日学西方谋维新，起步是相同的，但30年后日本终成伟业，而中国凌夷至今，究其原因，端在前者勇于革故鼎新，后者则"但守祖宗之旧训，不谙经济之新猷"，对一切改革格格不入。他指斥"临民人者，尸居余气，一窍不通"，其所谓"恪守祖宗成法"，所谓"成例不准更张，西事不可则效"，无非是加在中国这只千里马身上的"铁索"。[①] 林乐知以为，战败未必是绝对的坏事，中国若能痛定思痛，从此奋起摆脱守旧的铁索，其强盛当在不远："余以为此正天之所以福中国"。[②]《万国公报》早在甲午战争前，就已陆续报道日本变法维新的消息，不过较为零碎，更缺少评论。林乐知此文是第一篇系统比较中日成败得失的长文，观点尖锐，具有震撼性。

威妥玛也批评中国守旧，不动不变，偶有急难，则似虾一跳而水一动，及至事过境迁，则又相与淡忘矣。但他没有停留于对中国守旧痼疾的简单指陈，而是进一步分析了中国人身上存在着的"自相矛盾"的性格。他说，华人并不缺乏聪明才智，甚至于外事也并非不了解，但问题在于，"知之者一人，行之者又似别有一人也"。自己常与中国大臣纵谈外事，后者总是回答说：我朝深欲效法西国，从格致之学入手，以成各种机器，必将取而用之。至于中国风俗与道学德行，则当终守而不改，"此华人之见解也"。但是日本却不然，风俗道德皆随新法而变。日人相信，格致新理需要风俗新章与之相适应。中国之误，在于墨守旧章的观念，"譬之于人，一手欲取新器，而一手仍紧握旧物，则心必纷而不能安。故有时敦聘一西人，使教华人以制造之业，及至绘图列说，铸炼成器，即曰：吾事毕矣。问其既得此器，能行与否，则日久而仍未见其行也。"[③]这里，威妥玛所谓的中国人"自相矛盾"的性格及其所谓的"华人之见解"，实际上就是洋务派所津津乐道的"中体西用"原则。所以，威妥玛对中国症结的见解，较林乐知诸人更显深刻，因为，后者还仅限于对顽固派表示气愤，而前者却已在指摘洋务派及其观念的落伍了。

但是，无论如何，《万国公报》作者的共识是：中国不仅已经到了"不可不改，不能不改"的紧要关头，且其当务之急，还在于必须明确此种求变改过的取向何在：古法尚可守乎？中国果能自创新法乎？或者说，改革之道专在中国之酌古准今乎？显然，"殆非也"。中国变革的惟一取向，或叫救国的良药，只能是求助于西方："中国之迫而求诸外者，势也"。[④]

---

① 《险语对》，《万国公报》(25)，卷84，第15727－15730页。

② 《满招损谦受益时乃天道论》，《万国公报》(23)，卷72，第14912页。

③ 《英前使华威妥玛大臣答东方时局问》，《万国公报》(24)，卷73，第14991－14992页。

④ 《险语对》，《万国公报》(25)，卷84，第15727页。

《万国公报》发表了许多文章，对中国改革提出了具体的建议。其中，林乐知与李提摩太的意见最为系统。林乐知在《险语对》中提出"五纲"说：一曰"意兴宜发越"。中外交往，一向多阻，意兴阑珊。今求变通，当自意兴发越始。这包括皇上常召见各国公使，并派干员出使各国，以敦进中外和睦。一切益商之事，当大力推行。二曰"权力宜充足"。权力即国力，其强不在武备精良，而在人才兴盛。故中国变通之要务，"当以育才为本"。要设各级学堂，鼓励多读西书。同时设译书院，多派宗室子弟出洋留学。三曰"道德宜纯备"。四曰"政令宜划一"。宜合全国而权归于一，如水陆军务、关榷之税务、书院之考政、银局之圜法、信馆之邮政、国家军械局之工程、南北东西之铁路干线、官电局之报务，皆改使直隶于政府，由京师总揽宏纲，外省不得过问。办学经费由民众公捐，官不染指。路矿电信各公司，皆应由民间任意创办，官加保护。发明新法，保护专利，不能抑勒。同时，汰冗员，重法治。"法律为一国之主，上自帝后，下及庶司百职，同隶于法律之下，分毫不敢荡佚"。百姓身家性命受法律保护，"上既不能悖律以行私，下自不敢干律以犯分"，更不容官吏舞文以弄法。许民间仿议局之例，凡明理通律者，任民公举以入局。农工商各业有不便，"皆许局商诸官长，达诸部院"。五曰"体统宜整饬"。废刑讯，去妇女不许读书、缠足及娶妾等陋习。[①] 李提摩太在《新政策并序》中则提出"四纲领"：一"教民之法"。派宗室近支王公、京师各大员、各省督抚子弟、正途人员如翰林等，出国留学，以通中外。立报馆、译西书、建书院、增中西一科，并定额取士，同时设广学部以例统管。二"养民之法"。修铁路、设邮局、开矿、垦荒、制机器、开银行、铸银圆、保商贾、发行政府公报。三"安民之法"。中国百姓不安者，其故有二：外患与内忧，所以安民之法也即在于"和外"与"保内"。欲和外，需与各国通好，维持大局，共保太平，尤其"应暗联有大权大德思保大局之国，以为己助"。保内之法就在于使民人各遂其生，士农工商各安其业，其道有四：中西学各适其宜，以免偏私；善筹借款，以解燃眉之急，以求百业俱兴；延请西人，改用西法，整顿海陆军；创行新法，鼓励发明创造。四"新民之法"。中国人多排外，当求改变，办法是：多见西人，多读西书西报，多派留学生出洋，多派使臣驻外，办好京师同文馆。[②]

纵观《万国公报》所提出的"新政策"，有三点值得重视：其一，提示了民权的观念。林乐知在谈到应允许民间自由集资兴学、开办铁路电报工厂各公司，官加保护，而不容抑勒时，他强调的理由是：西方有君民共主与民主之国，中国虽难冒昧仿行，"然天之生人，无不付以自主之理，人之待人，独不应略予以自主之权乎？"[③]这里显然是在表达西方近代天赋人权的重要观念。而他强调法治，以为上自帝、后，下至百官黎民，

① 《险语对》，《万国公报》(25)，卷 87，第 15955－15958 页。

② 《万国公报》(25)，卷 87，第 15937－15942 页。

③ 《险语对》，《万国公报》(25)，卷 87，第 15955 页。

都必须同隶于法律之下，无人可以例外，百姓的身家性命受法律保护，不容侵犯时，则无疑是在提示同样重要的平等的观念。从民权、法治的观念出发，议院的体制问题，自然呼之欲出。如果说，林乐知主张民间设议局，公举明理通律者为议员，以与官府交涉，还仅透露某些端倪的话；那么，狄考文强调“东西两洋，国势勃兴，推厥所由，实维议院”，中国目前不仅少堪充议员之人，且少能举议员之人，故难遽仿效。但今一旦兴学，人才蔚起，“于是开设议院，以通上下之情”，便成必然之趋势，则显然是指明了，中国改革必将导致设立议院这一新的政治体制。[①] 主张从民权平等这些西方近代观念的层面上推进中国的变法，说明《万国公报》已不满足于洋务运动，而开始径直要求清政府在政治领域进行某些改革。

其二，警告清政府，再不更法，民变将起。狄考文说，沿海各省通商既久，居民素与外人相习，“乐从彼法者，百倍内地”。自备资斧，往西方留学，卓有成就者，也不乏其人。“朝廷守旧不变，隐有携贰之心。”惟有变法图强，才能号召群才，“收拾人心，在此一举”。[②] 林乐知讲得更坦率，他说：沿海华人多于西方新政耳濡目染，“不免跃跃欲试”。今为日本所败，更觉自惭形秽，而斥官府祸国殃民，“激昂慷慨，有不足为外人道者”。[③] 故守旧不化，“诚大乱之根苗也，万一华民齐起大呼，求设议院，以通君民之隐”[④]，国家勉从，固属大幸，但事不出于君上之特恩，而迫于民间之哗变，于国体已是大伤。何况更有甚者，相信西方“以民为主，官吏可任意废置”，其愤于政府误国，难免“有藐法违纪，妄思尝试者……近日粤东之乱是也”。[⑤] 所谓“粤东之乱”，无疑是指1895年10月兴中会的广州起义。这与康有为在上书中警告光绪帝，再不变法，金田之役将复起，“恐皇上与大臣求为长安布衣而不可得”，颇有相通之处。不过，《万国公报》的此一警告尚另有一层意思：内乱将伤及外人，必引起西方报复。故李佳白要求清政府必须“格外谨慎小心，遇有外国之人，善为保护，不可轻启隙，以致诸多失睦”。居内地之无论商人、教士，都要“尽心保护”，不然外人自行干涉，权柄自归外人。[⑥] 由是可知：《万国公报》不希望中国内乱，这与上述它要求清政府维护大局、共保太平是一致的；同时，它宁可维持清朝政权，而不愿发生革命。这也正是列强尤其是英美的政治取向。

其三，强调中国的变法新政应由英美人士来主持。这一点，李提摩太讲得最露骨。他建议清政府成立新政部，以总揽新政，其中华西人各半，主要应聘用英美人士。因为，“此两国皆无忮心，皆不好战，最宜襄助中朝”。他还明确要求让这些英美人士

---

① 《拟请开设总学堂议呈译署王大臣》，《万国公报》(27)，卷100，第16860页。

② 《拟请并设总学堂呈译署王大臣》，《万国公报》(27)，卷100，第16859页。

③ 《险语对中上》，《万国公报》(25)，卷83，第15661页。

④ 《东抚导民方命论》，《万国公报》(26)，卷98，第16756页。

⑤ 《险语对中上》，《万国公报》(25)，卷83，第15661页。

⑥ 《亟宜防外患论》，《万国公报》(26)，卷93，第16351页。

负责总管军事、学部、铁路、筹款、报馆等事项，并推荐了具体的人选。林乐知虽然没有像李提摩太这样，直截了当提出干预中国内政的要求，但他在所译《印度隶英十二益》一文中，引一印度官员的话说：印度在英国的治理下，国富民强，中国也应选东南两省之地，租归英治，凡有利弊，听其变置，50年为期，必结善果。[①] 这无异是主张瓜分中国了。林乐知诸人最终仍然是代表着英美的利益。

探讨《万国公报》与戊戌维新的关系，不是本文的任务，但这里要强调的是，不仅前者所提示的育才为第一要务，进而实现设议院、改革政治、以变法避免内乱等新政主张，实际预设了后来康梁诸人明显的维新思想的进路；而且它所鼓吹的新政当有英美人士来主持的主张，同样影响了维新派。康有为强调英美是"救人之国"，甚至奏请光绪任命李提摩太为顾问，就反映了这一点。换言之，《万国公报》的这一方面言论，有助于中国维新思潮的发展，但这并不改变它代表英美利益命意之所在。

《万国公报》是其时报道、评论中日甲午战争最具影响力的刊物。战后，蔡尔康诸人复将相关文章先后辑成《中东战纪本末》初编8卷、续编4卷出版，一时风行，洛阳纸贵，以至于要劳动苏松太兵备道出示严禁盗版。而其广告也赫然写道：本书不仅是研究中国新政与中日战争的必备书，"且今岁秋闱礼部议准第三场兼问时务，岁科试经古场，尤重之此二编"，是为最重要的"揣摩秘笈"。[②] 同时，也惟其如此，《万国公报》关于甲午战争的报道与评论，其影响愈益扩大了。但它的报道、评论，是非参半，真伪互见。就其以英美在远东的利益为价值取向，不惜混淆是非，为日本迫使中国签订不平等的《马关条约》张目而言，它是应当受到谴责的；但是，当它以较为客观的立场比较中日，尖锐地指陈中国致败的深层原因，并从中引出教训来，疾呼清政府幡然改过、革故鼎新时，显然又具有自己的合理性。此种是非真伪的互见，也决定了《万国公报》的宣传得失两分。战后清政府亲俄，既反映了英美远东利益的受损，同时，也说明了《万国公报》前一取向的失败；而斯时勃然兴起的康梁维新派，几视《万国公报》为启蒙的教科书，并对李提摩太诸人深抱希望，则反映其后一取向获得了很大的成功。历史是多样性的统一。《万国公报》的这种两面性具有一定的典型意义。它说明，近代来华的传教士、商人和其他一些文化人，从总体上说，他们难以摆脱西方殖民主义政策的影响，但是，其思想、言行与本国政府及其政客毕竟又有所区别，不宜等量齐观。所以，我们可以说，林乐知诸人终究无法超越自己毕竟代表本国殖民主义利益的局限；但是，于其关于热爱中国的表白，不可轻言，却也无需苛求。实事求是，还其本来面目，可也。由是可知，对历史现象作简单的定性，将冒绝大的风险。此外，蔡尔康等参与《万国公报》合作撰文的中国士人，同样也表现了自己的两面性。他们不仅对后者显然颠倒是非的观点力为润色，心安理得，甚且独立撰文，为不平等条约叫好。

---

① 《万国公报》(26)，卷94，第16441－16442页。

② 《万国公报》(26)，卷99，第16853页。

这表明,近代长期与西方势力合作的某些士人,尽管与守旧者不可同日而语,表现了强烈的维新的取向,但他们身上却又往往沾染半殖民地的习气,是同样耐人寻味的。

《申报》六十六年史(节选)

胡道静

导言——

本文选自胡道静《新闻史上的新时代》(世界书局,1946年)。

胡道静(1913—2003),安徽泾县人,著名古文献学家、科技史家、上海史研究专家。新闻史方面的著述有《上海的日报》、《上海新闻事业之史的发展》、《新闻史上的新时代》等。

本文是《申报六十六年史》的1872—1912年部分。《申报》是中国近代报坛耆宿,但在很长时间里,人们对《申报》本身的历史不甚了了。申报馆出版的《最近之五十年》纪念册、二万号纪念特刊,对报馆早期史事的记述类皆语焉不详,且乏于考订,甚至连创馆人美查的原名也没有弄清楚。1933年,胡道静在上海通志馆工作时,将60年的《申报》通览一遍,"立志纪录其版面改进之沿革,人物组织之变迁,旁搜博访,参考旧典,究同异,正舛误"。1937年夏,在参与筹办"上海文献展览会"时,又获睹几十件申报馆历史文献,于《申报》旧事益有新知,"辄欲奋笔载纪,以示报史长编之范,以见报业进取之渐"。两年后,完成《申报六十六年史》的写作,对《申报》的历史沿革作了系统的考察。虽叙事较为简略,但为后人研究《申报》奠定了实证基础。

《申报》六十六年史,始于1872年4月30日(创刊之期),迄于1938年10月10日(复刊之期),并追溯到1871年5月创议时诸事。

四同志创业

上海最早的新闻纸是《上海新报》,乃字林洋行于1861年11月(咸丰十一年十月)创刊的华文报。

《申报》发刊于1872年4月30日(同治十一年三月二十三日),为英人安纳斯脱·美查(Ernest Major)与其友人伍华德(C. Woodward)、朴赍懿(W. B. Pryer)、约翰·瓦其洛(John Wachillop)共四人创办。每人出股本金规银400两,共计股本金规银1 600两,于1871年5月19日(同治十年四月初一日)订立合同,决以此股本,创办一张中国文字的日报于上海。

美查初与其兄费烈特立克·美查(Froderic Major)贩茶于中国,精通中国语言文字,有一年折了本,拟改行业,他的买办赣人陈莘庚鉴于《上海新报》的销路很好。因劝美查办报,并介绍自己的同乡吴子让为主笔。美查赞同其议,乃延钱昕伯赴香港,调查报业情形,以资仿效。故其创刊号"本报告白"有云:"新闻纸之创,创自西人,传于中土,向见香港华字新闻,体例甚善,今仿其意,设《申报》于上洋。"

婴婴婉娈貌

《申报》初创办时,延浙人赵逸如为买办,蒋芷湘为主笔,每两天出报一号,每号一张,用中国毛太纸单面印刷,分为八版(当时称为八章),每版高十英寸又八分之一,宽九英寸又二分之一。其编制方法,首例本馆告白,次论说序文等,又次为本埠新闻,外埠新闻,选录香港新报,译录西字新闻,并载京报及宫门抄,末为广告及各货价格表,轮船进口日期表。通体用四号活字排印,标题亦然,广告价格表船期表,则用五号字排印。创刊号之内容如下:

第一章　本报告白　本馆条例
第二章　本馆条例　驰马角胜
第三章　完人夫妇得善报　选香港新报
第四章　选香港新报　京报
第五章　京报
第六章　京报　广告
第七章　广告
第八章　各货行情表

上海售价,每张钱 8 文,外埠钱 10 文;馆中趸售,每张钱 6 文。广告以 50 字起码,登一天取刊费 250 文,二天以上每天取 150 文;字数多者,每加 10 字一天照加钱 50 文;二天以上,每天照加钱 30 文。

改为每日刊

自第五号(1872 年 5 月 7 日,即同治十一年四月初一日)起,改为每日出版一号,但是逢星期日休刊一天。同时添聘何桂笙、钱昕伯襄理笔政。

《申报》创刊时,在条例中曾征求骚人韵士撰作之竹枝词、记事诗等刊载。彼时无量数斗方名士,纷以词章相投,因此报面上充满了诗文之类,有喧宾夺主之概;间及中外近事,然皆信笔点缀,有如传奇小说,反不被人重视。

美查虽是英人,而一以营业为前提,谓"此报乃与华人阅看",故于社论不加束缚。他并且精于华文,有时自撰社论,无所偏倚,是其特色。在初期的论说中,如《议建铁路引》、《议建水池引》等文，都有意促进中国之趋向现代化，但彼时风气蔽塞，实不免有曲高和寡之叹。

鼓吹现代化

《申报》创办的时候，正当上海洋商筹建淞沪铁道之际，1876 年(光绪二年)铁道建成，然大遭中国官民反对，终于在次年由中国官宪出资 28 万 5 千两，收买该路，将路轨拆卸，连同机车，运至台湾，弃置海滩，任其锈败(自是二十年后淞沪路始由中国政府复建)。始建铁路之前，1865 年(同治四年)，外人雷诺在淞沪间创设电报，不意乡民将电杆尽行毁坏，谓电竿与风水有关，指一电竿旁之死尸为证。闭关思想如此之盛，《申报》社论在彼时殆如晨星，犹不免反动势力之攻击，同时同地的《汇报》(英人葛理所办，而非徐家汇的《汇报》)，即代表后者。《申报》赞成创办火车路轨，《汇报》却著《辩〈申报〉答轮路事》等文责难之。

评论及战讯

何以说美查著论，无所偏倚呢？他虽是英人，却不专为英侨利益着想，反为中国人筹思种种。例如上海租界工部局之议事权，向来全盘操于西侨手中，直至 1928 年始添设华董，渐获市民纳税即得代议席之权。然而在 55 年之前，1873 年 8 月 27 日(同治十二年七月初五日)《申报》即曾发表租界应设华董拟议的社论，以鼓励中国居民发出参与租界政务处理之要求。这种社论，是至今仍有多数外侨不愿讲的。

1874 年(同治十三年)，日本借口台湾生番杀琉球人及日本人，兴兵进攻番社，美查乃亲出探访消息，以真情载之报章，读者由此知道新闻之有益，争先购阅，日销数千张。毛太纸的产量较少，至此已不敷应用，于是从这年 9 月 11 日(同治十三年八月初一日)起，改用赛连纸印刷。每天出报一张，篇幅较大，仍分八版，每版高十一英寸又四分之三，宽十英寸又八分之一，体裁编制，仍如旧贯。

增刊日曜报

《申报》本来每逢星期日停刊一天，自 1879 年 4 月 27 日(光绪五年闰三月初七日星期日)起，即遇日曜，亦照常刊行。其启事云：

新增礼拜日《申报》

启者，本馆开设以来，今已八年，采辑新闻，无间遐迩。仰蒙诸君不弃，到处传观，虽异域穷荒，亦必辗转购阅。盖几徧亥章之履武，穷山海之图经矣。迩来事实愈多，而告白又月增日盛，如仍照旧例，逢礼拜停送一日，势必京报与新闻各有积压；意欲将版口放大，又无合式纸张，是以现定新章，自今闰三月起，即遇礼拜日，亦出新闻纸。所有阅报之资，无论远近各埠，悉遵每日发售之旧价按月核计增收，在阅者加价无多，而逐日得以披览，谅亦所心许也。

此时，美查之兄所营的茶业大有转机，美查亦以报馆历年所获之利，先后添设点石斋印书局、图书集成铅印书局、申昌书局、燧昌火柴厂、江苏药水厂等。

副业的开展

《申报》的副业是编印各种书籍月报，计可分为四类：(一) 编刊月报；(二) 编刊通俗报；(三) 编刊画报；(四) 翻印旧书和刊印新著。

第一类副业在《申报》创刊之后半年就开始了。因为各家投寄的诗文佳作颇多，报纸篇幅不敷登载，因于1872年11月11日(同治十一年十月十一日)创刊《瀛寰琐记》，月出一册，四开本24页，用四号活字排印。首载论说；次外国小说译本，每期载数页，逾年始完；次则时人诗古文辞，附以罕见之旧作；殿以西洋笔记、笑林之属。出至1875年1月(同治十三年十二月)止；是年2月(光绪元年正月)又出版《四溟琐记》月刊，出至1876年1月(光绪元年十二月)止；是年2月(光绪二年正月)又出版《寰宇琐记》月刊。出至1877年1月(光绪二年十二月)止。盖名称尝三易，而性质均相同，并且是衔接的。仅后两种为六开本。三种的售价都是每本80文。

白话报之祖

1876年(光绪二年)，美查以《申报》文字高深，非妇孺工人所能尽读，乃另出《民报》一种，每逢星期二、四、六各发行一张，每月取费65文，于是年3月30日(三月初五日星期四)创刊。其发刊告白谓："此报专为民间所设，故字句俱如寻常说话；每句及人名地名尽行标明，庶几稍识字者，便于解释。"

《民报》出版后，上海英文《字林报》尝记载之(1936年3月31日《字林报》"Sixty Years Ago"栏中复印此记)，今译录如下：

我们已看到申报馆印行的一种新报的创刊号，它名叫《民报》。此报的特点是用通俗文字写的，而力求使读者易于了解其内涵。举例来说，每句之末都空出一格，人名及地名分别用直线及点线标于其旁。只消读过两年书的华人便能阅懂此报，而其定价仅铜钱五文，当能深入《申报》所不能达到的阶级，如店员劳工之类。该报隔日发行一次。

无字的新闻

1877年9月(光绪三年八月)又创刊《瀛寰画报》,载世界时事风俗山川图说,为不定期刊,每本十余页。图画为英国名画师所绘,说明为蔡尔康氏所作。共出五卷而止。后于1884年5月8日(光绪十年四月十四日)又创刊画报,旬日出版一本,售洋5分,"选择新闻中可喜可惊之事,绘制成图,并附事略",每本共8图。因为是由点石斋印刷的,所以名为《点石斋画报》。

"图画为无字之新闻",西方报纸,雅重图画,或插载新闻之中,或另印专页附送。《申报》自1930年起,亦有图画专页之创刊,然论其始行画报,固起于1877年之《瀛寰画报》,其后又有《点石斋画报》。不过两种都是印成单册,且非随报附送的。一般述画报者,只知《点石斋画报》,而不知《瀛寰画报》,仅张若谷先生《中国的第一种画报》及本社(上海通社)《最早的画报》两文中所记载的为详尽确切(按:最早的画报为上海清心画馆所出的《画图新报》,第四才挨到《点石斋画报》)。

聚珍版丛书

《申报》翻印旧书和刊印新著,以铅制活字排印袖珍本丛书,实开此道风气之先。中国旧有铜活字、木活字和泥活字排印之书,而清代武英殿聚珍版丛书140余种最为著名。《申报》铅字聚珍版书,始行于该报创刊之后不久。至1895年(光绪二十一年)申昌书局继承此业,《申报》遂不续刊,其间刊印各书凡160余种,蔚为大观,殆足与武英殿媲美。在1877年(光绪三年)曾印有《申报馆书目》一册,著录所印书籍54种;1879年(光绪五年)又印有《申报馆续书目》一册,著录64种,尚未尽将所刊各书完全著录也。

上述的种种出版副业,都是《申报》本身经营的。此外有一件事我们须提及的,就是图书集成书局完成了美查的一件大事业,把1628册的《古今图书集成》,从1885年到1888年用活字版印成了。这部巨书,西人称之为"康熙百科全书"(Kang Hsi Impreial Encyclopedia),而这个本子被称为"美查版"(Major Bros. edition)。

报人的生活

中国的报人生活,是至今尚未达到一个较为理想的地步的。在报业创始期中,他们所受的待遇,更为淡薄。《申报》前记者雷瑨记该馆早期之状况有云:

当时《申报》房屋,本甚敝旧。惟西人办公处,尚轩爽洁净。若吾辈起居办事之室,方广不逾寻丈,光线甚暗。而寝处饮食便溺,悉在其中。冬则寒风砭骨,夏则炽热如炉。最难堪者,臭虫生殖之繁,到处蠕蠕,大堪惊异,往往终夜被扰,不能睡眠。……薪水按西历发给,至丰者月不过银币四十元,余则以次递降,最低之数,只有十余元,而饭食茗点茶水洗衣薙发与夫笔墨等等，无不取给于中，生涯之落寞，盖无有甚于此者。

正是因为这样，记者的职业，就似乎可为而不可为，很少人能安心于此，大都借此栖息待机，投奔科举之路。

第一号电讯

1881 年 12 月 24 日（光绪七年十一月初四日），天津上海间有线电报初通。美查即嘱天津访员用电报传递清廷谕旨。第一次国内电讯于 1882 年 1 月 16 日（光绪七年十一月二十七日）刊出，特移载于其他新闻之前，并刊启事云：

本馆自开设以来，所有京报上奏疏，必按日分排；谕旨则随到随录。而南北相去三千里，京报极快亦须六七日方可接到。本馆因念谕旨为国家最大最要之件，故不吝重资与津友订定，请将每日京报上谕旨，由中国新设之电报局传示。

1884 年 8 月（光绪十年八月），旧京天津间电报线路续成，朝野大事，有时也用电报传递。这时候，主笔蒋芷湘已中进士，由钱昕伯继任主笔。钱氏对于新闻纸的任务与贡献颇明了，即将报中信笔点缀的资料一概淘汰。美查也很信任他，赋以裁夺全权，于是《申报》的事业更为振兴。

军事通信员

1884 年（光绪十年），法国侵安南，美查雇俄人至法营探报，消息详确。次年，法舰侵宁波，又遣人前往观战，且创刊《点石斋画报》，对于战事绘图附说以明之。这是我国报纸有军事通讯员的开始。当时上海的《字林沪报》（《字林西报》中文版）和《申报》竞载军事消息，然终相差一肩。此役告终，《申报》的声誉愈大。因为广告激增，开始扩充附张，并易手工制的赛连纸为机制的油光纸。

金风动乡愁

1889 年（光绪十五年），美查兄弟忽动故国之思，乃添招外股，于是年 10 月 15 日（阴历九月廿一日）将所营事业改组为美查有限公司（Major Bros. Ltd.），该公司包括之事业为：

一、江苏药水厂及肥皂作

二、燧昌自来火局

三、申报新闻纸馆

四、申昌书局

五、申报馆房屋地皮

总计资本银 30 万两，分作 6 千股。美查兄弟收回原本，折合股票 2 千份，航海返国。公司事务由董事四人、经理一人主持之：

挨波诺脱(E. O. Abuthnot)，履泰洋行经理

麦边(Geo. MeBain)，麦边洋行经理

麦根治(Robort Mackenzie)，隆茂洋行经理

梁金池

以上董事四人

芬林，经理

董事中有国人在内，则此时我国人已获有美查公司之股权。

职权的分配

美查公司成立之时，申报馆买办赵逸如已放，由青浦县人席裕祺(子眉)代之。主笔为黄协埙(式权)，编辑部有金剑华、赵孟遴、雷瑨等。翻译为葡萄牙人毕礼纳(H. A. Pereira)。馆中办事权限：营业部分，由席氏主之；编撰部分，由黄氏主之；全馆总权，则操于英籍大班挨波诺脱掌中。但是大班不谙华语，遇馆事有所商酌，均由毕礼纳传译。

邮政与报纸

美查有限公司在 1898 年 3 月(光绪二十四年二月)举行第八次常年股东大会时，总经理韬朋(JD. Thorburn)对股东们报告说：

> 对于《申报》，我是很欣幸的报告各位贵东，它的成就是超出了你们的总经理在有一时期对他的希望。起先，它曾遭遇到很严重的打击，在 1897 年的第一个月，因为递报邮费的增加，支出陡形庞大，而贵东们顾客，却有许多停止了订报，尤其是外埠的订户，遂使贵东们的事业受到一个无情的打击。幸而把这种困难情形呈明邮政当局后，邀得谅鉴，将报纸视作货样类，核减寄资，如同我们本国一样。销数旋亦渐渐地复原，并且确实是增加了。所以贵东们可以有多种的理由为你们自己拥有这样一个宝贵的产业而庆贺；而且它与时俱进，日益显其贵重的。

近年报界曾屡次发起要求交通部减低新闻邮电费的运动，在这篇股东会报告词中，我们却知道了最早一次要求的提出。

稳重失朝气

1893 年(光绪十九年)，《新闻报》创刊，四年后即 1897 年(光绪廿三年)，基础稳固，和《申报》竞争甚烈。普通的状况：看《申报》的多为官绅，《新闻报》则为商界。《申

报》既受官绅之欢迎,于是撰述记载,务以迎合旨意为第一要义,而渐渐偏重于文字的修饰。总主笔黄协埙氏,尤兢兢于字句之间,撰述稍涉激烈的,和记述略触忌讳的,在总阅稿时,概经删去。

是时所刊的新闻,大都是琐屑的。但对于科举消息,十分注重。每逢江浙乡试发榜时,编辑部彻夜译电,而次日报纸的销数,也可比较平日增三分之一。如此样子,绵历六七年,并无丝毫改进。

决然之易辙

但是这时期间外界已起变化,自经 1898 年(光绪二十四年)戊戌政变,1900 年(光绪二十六年)庚子事变,1904 年(光绪三十年)日俄战争后,新政勃兴,报坛亦晋入新阶段。上海增添的报纸,如《中外日报》(1898 年 5 月创刊)、《时报》(1904 年 6 月 12 日创刊)乘时崛起,精神形式,力求更新,以促世人注意。独有《申报》仍坚守旧时的态度,以不触犯官绅为准则,于是渐被社会趋势所抛弃。公司大班,至是深虑营业失败,急谋改革。

1905 年 1 月下旬,即光绪三十年的腊月底,《申报》干部人员商决,就内部大加更张。议两日夜,布置略定。总主笔职,改由金剑华任之,并添请方由日本返国的张蕴和氏专任社论。

宣布新方针

2 月 7 日,即光绪三十一年正月初四日,《申报》于年假后出报,它的首次大改革就告成功,其整顿宗旨及各要点宣布于是日论说栏:

一、更新宗旨

世界进化,理想日新,无取袭故蹈常,不敢饰邪荧众。

二、扩充篇幅

纪载要闻,以多为贵,正附两纸,宽大一律,容有未尽,尚谋扩充。

三、改良形式

上下横截,分列短行,文理易明,且省目力。别刊大字,择要标题,藉振精神,并醒眉目。

四、专发电报

神州广漠,邮递书迟,事际重要,国人瞩目。不惜巨费,专电飞传,力争先著,录供快睹。

五、详纪战务

俄日战争,迄未救平,旁午军书,瞬息万变,矧关唇齿,尤宜究心,载录綦详,未敢疏略。

六、广译中西洋各报

环球既通，外情宜审，优胜劣败，粟黍不差，知己知彼，用自考镜。

七、选录紧要奏议公牍

布政施令，风动海陬，张弛之间，系民休戚，甄录其要，藉觇得失。

八、敦请特别访员

欧西访员，誉隆望重，名公巨卿，雅愿承乏，凡诸秘要，故能详知。举例仿行，特延鸿硕，遍置当路，侦探密情。

九、广延各省访事

省会要区，名郡大邑，上自官弁，下逮士农，人事纷纭，多有可采，是非所在，秉笔直书，备录无遗，以听舆论。

十、搜录商界要闻

中外交通，利握商界，土产外货，销市情形，比较盈虚，研究利病，致国于富，不惮详求。

十一、广采本地要事

华洋杂居，行旅辐凑，地处冲要，事变多端，巨细精粗，难可殚述，苟系切要，靡不博搜。

十二、选登时事来稿

集思广益，用匡不逮，海内时彦，倘有指陈，短制鸿篇，不拘体格，于时有济，俱当选登。

倾向之转变

在先，当1898年（光绪二十四年）戊戌政变时，慈禧太后对于提倡变法维新的首领康有为、梁启超等深为衔恨。《申报》为迎合政府的意见，也有时也詈骂康梁为叛徒逆党，如1899年12月28日社论是《综论〈清议报〉诬上之罪》，1900年1月8日是《原梁逆诬南皮张公之故》，2月19日是《论新机实被康逆所阻》，3月12日是《警悟康党文》。迨1900年7月27日汉口富有票案暴露后，更加切责。但社会人士感于国势日蹙，正在渴望新政实现，多数同情于康梁。《申报》之不投时好，可想而知，于是1905年2月8日（光绪三十一年正月初五日）改革后《申报》的第一篇论说（题目是《述东瀛度岁之感以励中国前途》），开宗明义就引"饮冰室主人"的话，意在表示和以前目康梁为叛徒的态度迥不相同矣。

一度倡革命

至于新闻方面，尤竭力整顿，延聘北京及各省会的机关中人，担任重要访稿。时适沪宁铁路正酿借款风潮，其暗幕中秘档密案，均经《申报》一一宣布，局中人见之，几为挢舌不下。社会上对于《申报》的锐意革新，相顾惊异。销数由是增至一万以外。

1906年（光绪三十二年）秋冬之间，江都王钟麒（毓仁）、仪征刘师培（申叔）任《申报》编辑。二人均为旧学家，从提倡国粹，而感到民族被压迫的惨痛，所著社论，每纵论古今学术源流，示我族之悠久与优秀，而词意间露排满之意。《申报》的面目，顿由维新而转其倾向于革命。卒因江督端方注目，二人不久即离馆去。

主权归国人

1897年12月13日（光绪二十三年十一月二十日），《申报》买办席裕祺以中风之疾，病故于任次。席裕祺，字子眉，青浦人，生于1840年（道光三十年），自《申报》创办之时，就入馆司出纳，后买办赵逸如退职，席氏即继任买办，居《申报》凡二十六载。裕祺卒后，馆中任其弟裕福（子佩）为买办。

1906年（光绪三十二年），美查有限公司大班各董事提议扩充江苏药水厂资本，有将申报馆让售于人之意，于是买办席裕福急起直追，以7万5千元的代价，取得申报馆产业全部，于1909年5月31日（宣统元年四月十三日）签订合同。《申报》主权始由外商移归国人。翻译毕礼纳氏仍由席氏延为《申报》洋总理，故该报名义仍为外商所办。

《自由谈》创刊

1908年3月（光绪三十四年二月），《申报》创办人安纳斯脱·美查在故国病逝，年70余，电耗于3月28日（二月二十六日）到达上海。

1909年1月25日（宣统元年正月初四日），《申报》开始用印报纸两面印刷。1911年8月24日（宣统三年七月初一日），因“世势日进，人事日繁”，复宣布改革编辑方针，其要点为合简便与详尽于一纸，及兼顾严肃与活泼。副刊《自由谈》在这天开始和读者相见。“徐家汇天文台气候报告”自同年9月19日（阴历七月二十七日）起逐日刊载。

《自由谈》由王钝根编辑。1915年3月18日起由吴觉迷编辑。1916年4月1日起由姚鹓雏编辑。姚氏任期内，内容偏重于文艺，多载南社同人诗词。1916年10月31日起，由天虚我生（陈蝶仙）编辑。1920年4月1日起，由周瘦鹃编辑。1932年12月1日起，由黎烈文编辑。1934年5月9日起，由张梓生编辑。1935年11月1日起停止出版，1938年10月10日复刊，王任叔编辑。

史氏之企业

1912年（民元），席裕福将申报馆售与史量才，于同年9月23日订约，10月20日移交。史氏延陈冷（景韩）为总主笔，张竹平为经理，自己任总经理。采取新法，引用新人，营业更为增进，隐然成了上海报业界的领袖。

《申报》于1912年6月12日至1913年6月1日间，托名为外人马格里（R. Maigre）氏所有。

席裕福出售《申报》，取价12万元。当时和史量才合作接办的，尚有张謇、应季中、赵竹君等数人。1915年冬，席裕福忽然以“迅雷不及掩耳的手段”控诉《申报》，请求赔偿。结果，《申报》败诉，判决须偿前主银24万5千两，否则《申报》仍归前主所有。史量才爱护《申报》殊甚，断不愿舍弃它，乃竭力缴付偿银。但各股东以无意继续经营而相继脱离；最后，股权全部归史氏所有，而成为事权统一的史氏企业。

早期在华外报的新闻采写

宁树藩

导言——

本文节选自方汉奇主编《中国新闻事业通史》第一卷（中国人民大学出版社，1996年）第二章“外国人在华早期办报活动”之第七节。

宁树藩，1920年生，安徽青阳人，复旦大学新闻学院教授，曾任中国新闻史学会副会长，主要论文汇集为《宁树藩文集》。

中国古代的邸报只刊录谕旨、奏章之类的官文书，虽然这些官文书中含有新闻信息，但它们本身并非新闻稿件。经办邸报的进奏官、提塘官，亦不过是官方信息的邮传员，还算不上现代意义上的新闻记者。早期的在华外报，除转录国外报纸和京报外，编报人也自己探访消息，并公开招聘访员，建立新闻采集网。最初向报馆供稿的访员大多是官衙里的书役兼充，后来社会上有人开始以打探新闻为生，逐渐走上职业访员的道路。不过，报馆里设置专任采访工作的外勤记者，还要到20世纪20年代，可见中国近代报纸的业务发展是相当缓慢的。

在华外报上的新闻体式，也经历了一个比较曲折的演化过程。早期的传教士报刊把历史、地理、科技等各种知识也当作新闻，并且经常在稿件中插入说教性文字。商业性报纸为了打开销路，曾大量刊载谈狐说鬼、志怪述异之类的稿件，内容荒诞不经，混淆了文学与新闻的界限。随着报馆新闻来源的扩大，采访活动的加强，特别是新闻电讯的兴起，以报道最新事实为本质要求的新闻文体才真正发展起来。这说明，新闻的生产方式是受到办报理念、信息资源、传播技术等各种因素制约的。

新闻来源和采访

鸦片战争前，中文报刊并不重视新闻，像《察世俗每月统记传》和《特选撮要每月纪传》等刊，基本上不登新闻稿。其他报刊虽然每期都有新闻一至数则，但绝大多数为国际新闻，其次为航运消息，其他新闻就很少很少了。新闻来源也很单纯，主要来自由外国轮船带至广州的外文报纸。来往于广州和世界各地的船员，也是新闻的重要提供者。报刊编辑常从他们的口中了解到一些海外见闻和他们在航行中所遇到的惊险故事，这也许是当时最主要的采访活动了。至于把北京寄来的《京报》作为新闻的一个来源，则为时较晚。1837 年 4 月，《东西洋考每月统记传》选录了《京报》中所刊许乃济关于弛禁鸦片的奏稿，这是中文外报登载《京报》材料之始。当时离鸦片战争爆发已经不远了。

英文报刊的情况则有很大不同，在这里，新闻受到极大的重视，不仅新闻的数量多，内容结构也有重要变化。国际新闻固然仍占相当比重，但不再像在中文报刊那样处于垄断地位。而国内新闻更加受到重视，成为编辑们着力获取的对象。国际新闻的来源除上述外文报刊外，还有一批散布世界各地的通信员。当时，随轮船带到中国来的各类外文报刊数量很多，它们出版于欧美各地和东南亚、印度的一些城市，提供给国内英文报刊的国际新闻，内容丰富。

至于中国国内新闻的汇集，困难要大得多。报馆根据当时可能的条件，积极组织在华外国人为它提供信息。这些人活跃于官、商、宗教各界，与中国社会接触频繁，是有关中国新闻的理想的提供者。他们当中有的已成为报馆的正式通信员，有的则只和报馆保持一定联系，随时提供消息，报馆正是通过这些人来形成自己的信息网络的。这是一个方面。另一方面，则是充分利用北京报房发来的《京报》。在清廷严厉控制新闻出版活动的政策下，《京报》成了了解中国政局和朝廷动向的最重要的窗口。报馆对它十分重视，不惜以重资购买。那时外国人中通晓中文的很少。《广州纪录报》以一年 300 元的高报酬，约请马礼逊为该报提供《京报》的英文译稿。

当时，报馆人员的采访活动还受到很大限制，他们对此表示了强烈的不满。有一位编辑抱怨说："在广州，当一名报刊编辑，绝不是人们所想象的一种愉快工作。他们与文明社会隔绝，不能访问当地居民的家庭，不能与社会人士交往，也不能出入法庭和社会机关，整日孤身独处。我们所能得到的，只是间隔很久、断断续续从国外寄来的邮件。我们被当成敌人或猛兽，一直处于警卫人员的监视之下。我们的活动，被限制在十三行区域之内，只有在特殊情况下，例如生病，才能获准到外面走动，而碰到你的每个路人，都要叫你一声'番鬼'。"①这些诉说，未免带有若干夸张色彩，但大致反映了当时的实际情况。

清廷的限制虽然很严，但这些办报的外国人，并没有老实地遵从，违章违法的事件每日都在发生。事实上，这些报馆人员并非真的整天孤身独处在报馆里，而是一有机会就走出十三行区域进行各自的活动。例如，《中国丛报》的编者，在收到一位通信

① 见 1836 年 8 月《中国丛报》。

员有关广州乞丐情况的短稿以后，就亲自前往稿中所提到的关武帝庙进行实地采访，详细记下所见所闻。后来，他将通信员的来稿和他的采访记录合在一起，再加上大段按语，组成一篇以《广州乞丐的死亡》为题的颇为生动的通讯，发表在1834年4月号的《中国丛报》上。

不只如此，对一些重要政治事件，报刊也常能较快地作出反映。例如林则徐被任命为钦差大臣赴广州禁烟，广州的外文报刊对他的启程、到达广州和抵广州以后的活动，都比较及时地进行了连续报道。可见外文报刊的信息渠道还是较为灵通的。

鸦片战争以后，外报的新闻来源和采访活动，进入一个新的阶段。

变化最大的是中文报刊。国际新闻所占的比重大大下降，取而代之的是大量的国内新闻(本市和各地新闻)。在外报深入中国社会生活以后，这种变化是很自然的。这样，原来那种把翻译进口的报刊作为最大新闻来源的做法，显然是过时了。新的新闻渠道的开辟，势在必行。

当时各报的普遍做法，就是公开征求来稿。如宁波《中外新报》在启事中说："又或里巷中有事欲载报内，可至敝处商酌补入，无非人求多闻，事求实迹之意。"①《上海新报》在启事中说："华人如有切要时事，或得自传闻，或得自目击，但取其有益华人、有益于同好者，均可携之本馆刋刻，分文不取。"②《中外新闻七日录》则称："凡遐迩名流，四方同志，惠以佳篇，赐之杰构，或规述时事，或采取异闻，或有述中外之故……足以增智慧者，本馆亟当登录。"③而征稿最积极的当首推《申报》。它自创刊以来，多次登出征求新闻稿启事，其中有两次是用典雅的骈体文精心写成的，足见对征稿的重视。

经过广泛征求，来稿为数不少，本埠和外埠的都有，可是符合要求的不多，很多稿子不能刊用，《申报》曾为此登出启事婉为解释说："凡送稿已久而未及刊者，其中别有苦心，尚希原谅。"④

因此，各报主要的经常的新闻来源还是依靠访员的采访。访员为访事员之简称，又名访事人、报事人、通信员，当时通称为访员。访员分外埠访员和本埠访员两类。关于他们的情况曾有材料介绍说："大抵外埠访员，均熟悉当地衙署、广通声气之人，故应召者多就地士绅及末宦一流。惟每不露姓名，慎防为人所知，致干未便。本埠则类为官署之书役人等承充。即非书役，亦必与书役等相稔者为之，方能得到种种消息。"⑤

报馆挑选访员，通常是通过公开招聘的方式进行的。在聘用前，对应征者要面

---

① 见1858年11月15日《中外新报》。

② 见1862年5月7日《上海新报》。

③ 《创设华字日报说略》，刊于1871年7月8日《中外新闻七日录》。

④ 《本馆告白》，刊于1872年9月16日《申报》。

⑤ 孙玉声：《报海前尘录》，1934年1月上海《晨报》。

谈、试稿，以考察其实际工作的能力。对外埠访员的要求一般高于本埠访员，因为外埠远离报馆，须独立进行采访活动。本埠访员中的公堂访员，以其要详录审讯情况和案情，所以特别要求“笔墨敏捷”，报酬也略高于一般访员。

对网罗访员最为卖力的也还是申报馆。它既有雄厚的财力，也有扩大访员队伍、加强新闻报道的愿望。它雄心勃勃地宣称：“本馆立志，欲将中国境内各紧要消息具录无遗。”①这话固然有空想的成分，但该报之重视开拓新闻来源却是事实。该报创办伊始，就大量设置本埠访员，不久就又增聘外埠访员。开办三年，就在各通都大邑拥有访员40余人。此外，还在各省设有售报分馆20余所，各分馆负责人也兼负报道之责。1874年日本侵略台湾和1884年中法战争时期，该报都曾派专人进行实地采访，发表了不少独家新闻，使报纸的销数大增，影响迅速扩大。如果说访员还只是兼职人员，那么，这些专门派去采访的人，就带有专职性质了。不过这还是临时性的，像后来的一些报馆常设的那种外勤记者，当时还没看到。

总的说来，当时无论是来稿还是访员写的专稿，质量都还不高。他们所报道的，大多为徒资谈助的里巷琐闻和公堂审讯事件，政治新闻很少。这不只是因为访员和报馆人员的素质不高，也是因为当时访员们的社会地位很低。采访工作的进行十分困难。例如采访公堂审案新闻时，只能列席旁听，纪录问答，要想对官员们做哪怕是起码的采访，也是不可能的。查阅当时的材料，我们曾偶尔发现报馆人员向外国驻华使馆探听消息的事，还不曾发现有关中国官员（或官方机构）接受报馆采访的记载。而且，即使采访到官方的某些新闻，也不免受到干涉，难于见报。例如《申报》曾刊登江南提督谭碧理来沪消息，谭即派人来报馆交涉，横加责备。戈公振说“甲午以前，报纸罕言政事，对于官场中人尤不敢妄加只字”②，完全是当时的实际情况。

因此，有关中国的政治新闻，其主要来源，只能是来自北京的《京报》和所在省的辕门抄。各报先后设有专栏刊登《京报》材料。初为选登，称“京报选录”；后则全载，称“京报全录”，附于报后。直至1911年武昌首义以后，这一栏目才逐渐地被取消。除选录《京报》外，还有一些政治新闻，译自在华出版的外文报纸。因为外文报纸对中国的政事较为重视，其新闻来源也宽广得多。

除译载外文报纸外，中文报刊之间的相互转载，也成为各报新闻的一项重要来源。这种转载之风，起于19世纪60年代，盛行于70年代。以上海的报纸为例，60年代的《上海新报》就曾经转录本埠《中国教会新报》和香港《近事编录》的稿件。70年代以后，转载活动更为经常。以《申报》转载的次数最多，经常转载《中国教会新报》、《香港中外新报》、《香港华字日报》、《循环日报》等报刊的稿件，有一段时期几乎

① 《搜访新闻告白》，刊于1875年7月9日《申报》。

② 戈公振：《中国报学史》，第41页，商务印书馆，1927年。

天天都有。据统计,自1874年3月23日至同年12月23日九个月中,《申报》仅转载《循环日报》的稿子(包括言论),就达55篇之多。而《申报》的稿件也经常为香港和海外的中文报纸所转载。到了80年代,这种相互转载的势头明显下降,因为这个时候报纸的条件有了改善,新闻来源比原来丰富了。

新闻文体与新闻写作

新闻传播活动早在中国古代就已经出现,邸报是当时的主要新闻传播媒介。可以说,中国的新闻文体在中国古代报纸上已经萌发。不过,新闻文体的发展,在古代报纸上是受到严重的限制的,那些皇帝谕旨、大臣奏章只是在传播过程中客观上起新闻的作用,它们本身并非新闻文体。反映皇帝活动和朝廷动态的"宫门抄",已经非常接近新闻文体了,可是它遭受多方面的束缚,一直被限制在一个固定的模式之内,不能遵循新闻报道的规律自由发展,虽经历千年,却少有变化。新闻文体是不可能在这种封建性的古代报纸上成长起来的。

从严格意义上说,我国新闻文体,是随着中文近代报刊的出现才逐渐地发展起来的。它的成长经历了艰难而曲折的道路。

近代报纸上的新闻文体,始见于鸦片战争前外国传教士所办的中文报刊。有数十字的短讯、数百字的消息,也有报道事件详细过程并作细节描述的新闻通讯。其中有些新闻稿大体上还符合新闻写作要求。例如:

茶叶每日陆续到来,正在试看之际,尚未定着。湖丝因丝名取价太重,还未有办。①

这则新闻虽然写得尚嫌笼统,但所报道的都是事实,不作空谈。又如:

有拦路船由广东往孟买,船内有八十万金。其船沉溺,船上水手大半丧生。又高起土船由孟买来广,至大万山遭风打坏,内有棉花等货。正在危急之际,忽得押个船拯救。水手幸得无虞,船货皆没矣。又有映船由孟呀剌到广,内载宝货,至今杳无音信,大约船破人亡,乃系实信。另有福建船由海南往南澳,半途遇风,船已破烂,水手将溺,幸得来吐嗾(土族),顿尽救起五十六人,带来广东。此现在之事,其余有不知其详者,不便妄报。②

这则关于航船遇险的综合报道,写得就比较具体了。将船名、来往路线、所载货物、遇

① 《出口货》,1838年10月1日《各国消息》。

② 《前月间外洋风飓不测坏船无数》,1838年10月1日《各国消息》。

险情况、遇救情况以及被救水手的数字，都一一作了交代，并在标题中点出事情发生的时间"前月"，最后还特别强调"其余有不知其详者，不便妄报"，这表明作者具有新闻应根据事实进行报道的基本认识。

不过，这样的新闻稿为数不多，大部分稿子是写得非常混乱的。《东西洋考每月统记传》一则新闻稿，前面题七言诗一首，然后以"话说汉人姓王名发法"这句话开头，体例很像中国古典小说。另一篇报道中国和英国遭暴雨侵袭和雷击的稿子，结尾部分大发议论："天地之大主摄雷电焉，又散瘴气又击恶徒，以示惩儆也。由是观之，上帝全能大操权势，人类岂非宜敬之哉？"稿子全文共107个字，宣传上帝的文字占42字，这就把新闻报道变成说教文章了。再看《各国消息》上所登一条消息：

阿瓦国北接云南省，其国隆盛，田肥土茂矣，却人不多也。昔中国之名臣诸葛丞相在于成都，事无大小，亲自从公决断。两川之民，忻乐太平，夜不闭户，路不拾遗。人幸连年大熟，老幼鼓腹讴歌。凡遇差徭，争先早办。因此军需器应用之物，无不完备，充满仓廒，财盈府库。忽则飞报蛮王孟获，正是阿瓦王，犯境侵掠。丞相率兵，百战百胜。服蛮之心，赦人之罪，奏凯而旋。现今王之弟操权，妄动干戈，残疾生灵，擅作威福。自持强悍，敢作敢为，放言高论。为人甚聪明，才气秀达，风流灵巧，不胜其精。所好者为滋事，昼夜不安。常时赖才能，震畏四方。如今英总督再三讲和，免得构怨结祸。国王深思细想，不敢造次。只观光景各事之情形，诚恐从中取事，舍己田芸。又知各家打扫门前雪，莫管他人瓦上霜。[①]

全文268字，算得上新闻的不过数十字，主要篇幅用于叙述诸葛亮治理成都和战胜孟获的事迹。整段文字抄自《三国演义》（只是把"又"字错刻成"人"字，把"米"字错刻成"光"字）。又如《郭尔喀国》一稿，共计400余字，真正算得上新闻的只37字，不及全稿的十分之一，其余文字主要介绍郭尔喀（今尼泊尔）的地理情况和该国与中国西藏以及英国属地之间经常发生战争的历史。将新闻与文学、历史、言论等等胡乱地拼在一起，可见当时新闻文体的混乱状况。

这些新闻稿的作者都是外国人，他们的祖国已有200多年的办报历史，新闻文体已发展得比较成熟。对于新闻文体与新闻写作，他们应具有基本认识。事实上，他们发表在同时期出版的《中国丛报》等英文报刊上的新闻，都是写得很合乎要求的。即使在中文报刊上，有些新闻也写得较好。可见，他们并非真的连基本的新闻写作修养也不具备。

那么，上述新闻稿中那种严重的混乱现象是怎样出现的呢？

新闻文体是为传递新闻（信息）服务的，是在传递新闻的实践中逐步形成的，是社

① 《阿瓦国》，1838年10月1日《各国消息》。

会对新闻信息的需求推动了新闻文体与新闻写作的发展。没有新闻传递，也就不会有新闻文体。新闻信息的需求微弱，新闻文体也不可能有真正的发展，而且还会被其他因素所扭曲。

当时传教士所办中文报刊，和中国社会的联系还不很多，对新闻信息传播还没有迫切需求。国内新闻不受重视、国际新闻反而被置于重要地位，就是这一情况的明显反映。所谓重视国际新闻，也只是相对于国内新闻而言。其实，那时的传教士对向中国读者传递国际新闻并无特殊的兴趣。他们的主要考虑是认为应向中国人介绍世界各国情况，以破除他们的盲目自大和排外观念。所谓国际新闻，实际上是为执行这一宣传任务而设置的。只要符合这一任务的要求，不论是信息，还是历史、地理、政治等方面的知识，都可写入新闻稿件，编辑们对此毫不介意。也就是说，他们在写所谓国际新闻时，头脑中并没有多少新闻观念。有的时候为了适应中国读者的趣味爱好和阅读习惯，不少办报的传教士还有意识地采用中国古典文学的语言进行写作。由于这方面的修养不高，他们只能大段抄书，或作拙劣的模仿，以至于不伦不类，怪态百出。以上种种，都是当时"四不像"新闻所以风行一时的原因。

1853年创办的《遐迩贯珍》，对新闻文体和新闻写作做了重要改进。该刊的新闻相当丰富，每期都有十几到二十几条，多则超过三十条。本地和国内新闻占了重要地位。新闻写作上一个引人注目的变化，就是上述那种"四不像"的新闻一下消失了，各类新闻稿都着眼于报道新近发生的事实，有时也介绍历史和地理等方面知识，那只是作为新闻背景而存在，和前面所说的情况完全不同。有些稿子已经写得相当好。如一则关于时人行踪的报道：

三月十五日戌初一刻，新总宪公使大臣包玲抵港，同载者公使夫人及少君一，女公子二，巡捕官一员，十六日照成规矢告接印莅任。前公使文越，二日坐驾火轮邮船回国。本港英人中土人，皆具名禀送行，亦有筵宴饯别。①

以上所写的都是事实，没有一句套话空话，不到一百字，信息量却很大，写出了新总督莅任和原总督离任的很多细节。新闻五要素具备，对时间的交待尤为清楚。即拿现在的标准看，也算得上是一则合格的新闻稿了。再看一则关于上海清军与小刀会战事的报道：

二月初五六日，上海城中党徒与官军接仗，官军挫败，失去炮台六座，士卒死者六十余人，伤者七十余人，并歼雇助之外国人二名。次日接仗，官军复败，失去炮台一座。十二日城中党人三百余名，启关直出。官军始则小却，旋复回击，追逐党人等退

① 见1854年5月《遐迩贯珍》。

回西门。现在南门官军屯扎营寨，俱为城中人驱毁罄尽。党人士旅，每出城外，行止也结伍，进退步伐，掌号吹竽，仿习外国兵旅行阵之法。闻城中有妇人为队长，每队管五十人，极有材武胆略。①

这171个字，既写了两天来小刀会打败清军的经过和战绩，又描述了小刀会队伍整齐、行止有度的军容，最后还穿插一句对妇女队长的赞颂。写得丰实、简洁、生动。

与以前相比，为什么出现如此重大变化？因为条件不同了。出版《遐迩贯珍》的香港，这时已发展成为资本主义化的城市，为新闻活动提供了广阔的天地。而当时的香港，又是英国在远东的重要政治、经济、文化基地，与中国内地和海外联系非常密切，对新闻信息的需要急剧增长。这些都是鸦片战争前在清廷统治下的广州无法比拟的。正是这种急剧增长的新闻需要，加强了报刊编辑的新闻观念，推动了新闻文体沿着健康的道路发展。

然而，也应该看到《遐迩贯珍》的新闻写作仍有一定的局限，多数新闻写得并不完备，新闻与评论时有混淆，而且经常穿插一些纯属说教的文字，这表明新闻文体当时仍然处于幼年时代。不过，能够写成这样已经难能可贵了。

到了19世纪60年代至70年代，新闻文体的发展出现了一个重大转折。这期间，随着中文商业报纸的兴起，大批中国文人参加了报纸的编撰工作。这批文人大多具有深厚的中国古典文学修养，可是对新闻和新闻文体却很陌生。这就使得他们往往混淆文学与新闻的界限，以文学创作的手法来进行新闻写作。一些不正常的现象在报纸上出现了。

一批谈狐说鬼、志怪述异的所谓新闻，纷纷登上报纸版面。报纸之间还竞相转载，广为宣扬。只要看看《人狗讯谳》、《雷击不孝》、《杀生孽报》、《孤女报恩》、《逼奸缢鬼》、《秃龙变异》、《魂游地府》这类标题，其内容之荒诞不经便可想而知了，这里转录一则，以见一斑：

日前沪地有一佣工姓颜者，往一亲友处宴会。忽见其家桌下一砖大动不止，不测何故，急以重物压之，其动愈甚，相视大骇、不得已杀一雄鸡，以血灌之，逾时始定，即将其砖掘去. 挖至三尺，并无一物。闻此物系属所造地盘旧坟垒。此事虽属可诧，然以理测之，亦不足怪。②

作者把这个怪异故事作为新闻登在报上，而且还要读者相信这是真的。这种所谓新闻，不但不见于《遐迩贯珍》，即使鸦片战争前的中文报刊上也不曾有过。

① 见1854年5月《遐迩贯珍》。

② 见1863年1月20日《上海新报》。

还有一种新现象，即一些情节曲折、饶有兴味的人物故事被当作新闻，大量在报上出现。其写作风格、体裁结构、语言文字、表现手法等等，可说全是从中国传记文学和笔记小说移植过来的。现摘录一篇如下：

区容阶楚产也，厥祖作贾穗城，遂家焉。某生三子，容生七日而父丧。母抚三子成立，长子弱冠而夭，次子行贾往来楚粤间。惟容习举子业，思以诗书起家。讵与游者多非益友，酒食游戏相征逐者趾错于途。纵有二三老成持重者施以针砭，而一暴十寒，终归无益。容遂与此狭邪辈相依为命。眷珠江花舫九妹，每一留醉，累旦连宵。凡得九妹一言，辄挥金如土，不少靳也。月圆之夜，偕友开筵珠海，作团圆游。花满酒满月满，无殊极乐世界。岂期乐极悲生，容于酒阑灯灺，未免有情，芙蓉帐里竟犯不治之症。甫晓以肩舆归，亭午神魂遂返极乐世界（下述九妹得悉容死讯后痛不欲生情状和服毒殉情的细节，从略）。呜呼！九妹能以身殉情人，亦可一洗青楼薄幸之丑。然为士者，以有用之身而漫置诸无用之地，识者尤为不可，矧殉之以命哉！……是知贪快活者必遭烦恼，极热闹者必变凄凉。故君子以安生享和平为福。画阁灯红，不如山头月白；华筵扇乱，不如林下清风。眼界放开，自有天然真景。彼沾沾于歌舞场中，恣意钗裙，适情丝管，自谓得天上趣矣。沈石田尚书一语道破曰：脂粉两般迷眼药，笙歌一路败家声。①

这和中国古典文学中某些作品何其相似！这类稿子中的人物，通常不具姓名（或有姓无名，或称某甲某乙），即有姓名，也真假难辨。其情节，或真有其事，而加以文学加工，有的则全系向壁虚构而成。作者所关注的是文艺性、故事性，而非传递信息。与其说他们是在进行新闻报道，不如说是在从事文学创作。

当时还有一种倾向，即恣意在新闻稿中，以文艺描写来取代对事实的报道。例如在一则题为《驰马角胜》的关于赛马的报道中，有一段对于观众的描述：

……至于游人来往，士女如云，则大有溱洧间风景。或篮舆筒轿，得得远来；或油壁小车，辚辚乍过；或徙倚于楼上；或隐约于帘中。莫不注目凝神，观兹奇景。②

文字是工整典雅的，但内容却干瘪浮泛，没有把观赛的热烈气氛和生动场景如实地反映出来。作者在这里优先考虑的是文字上的雕琢，而不是事实的报道。以文学观念来进行新闻写作，就必然会削弱新闻文体的新闻性，将新闻写作引入斜路。

这种文学倾向也进入新闻标题中来了。过去的中文报刊通常以《新闻》、《近日杂

① 《珠妓殉情》，1873 年 12 月 16 日《申报》。

② 见 1872 年《申报》创刊号。

报》等词作为新闻栏的总标题，各国新闻则往往以所报道国家的国名作为标题，如《英吉利国》、《西班牙国》、《葡萄牙国》等。也有一些新闻报道单独有自己的标题，如《英吉利国主崩》、《救难民》、《广东省城医院》、《英吉利之东地公司》、《前月间外洋风飓不测坏船无数》等。体例不一，但字数并不固定，不带文学色彩。现在不同了，四个字一句的标题开始居于统治地位，成为一种模式，标题文字也纷纷变得优美古雅了，如《燕山春黛》、《汉水浮槎》、《红亭画意》、《禁苑秋声》、《鸳湖渔唱》、《鹤楼笛韵》、《羊城夕照》等等，这里所做到的只是用文学语言提示新闻发生的地点，并没有涉及所要报道的内容。

这些情况表明，当时确实存在着一种混淆文学与新闻的界限的倾向，这种倾向和《遐迩贯珍》为代表的新闻文体比较起来，是一个不小的倒退。

与此同时，也存在着另一种倾向，即比较能够尊重新闻特性的倾向。从总体上看，这种倾向的新闻仍居多数。在有些领域，新闻文体正在排除文学的影响，顺利向前发展。

进步较大的首推军事报道。《上海新报》关于太平天国的战事报道，就写得比较符合新闻的原则，其中有些是颇为规范的。例如：

> 二十四日巳刻到松江探称：李中营于二十三日抵青，会同提宪于午刻会带常胜军进攻杜镇白鹤港一带贼卡。逆首伪听王率贼二三万人迎战。四时许贼始大败，退至四江口盘踞。我军即在白鹤港扎营。贼又分小股退至庄堰，欲袭我军，当即分队打退。除伤贼不计外，生擒千余名，经白管带用大炮轰死大半等语。[①]

新闻的作者持反太平天国立场，但写作上是非常符合新闻报道要求的，123 个字将双方的军力、交战经过和战果都作了细致的叙述，时间、地点、人物、消息来源写得很具体。特别是时间观念很强，不仅写出日期，而且还标明“巳刻”、“午刻”、“四时许”，切合新闻报道的要求。

军事新闻具有这样的特点，即人们之所以需要它，并不是为了消闲或追求某种趣味，而是为了获取与人们的政治经济生活密切相关的军事信息。对于身处太平军包围下的上海居民，情况更是如此。正是对信息的迫切需要，推动了军事新闻写作的发展。

公堂案件新闻的出现，是对新闻文体与新闻写作的又一促进。它始见于 19 世纪 60 年代，70 年代起盛行于上海报坛。同属社会新闻，但它和前此报上的那些里巷琐闻不同。后者只是为了满足读者消闲的需要，其中不排除有虚构的成分；而公堂案件听反映的是现实生活中存在的事实，而且涉及官方，有它的严肃性。报馆访

① 见 1862 年 9 月 27 日《上海新报》。

员须每日到会审公堂看审案件，誊录供词。它写的只能是事实，不容添油加醋。社会新闻原是旧文人可以任意驰骋的领域，写作上十分混乱。而公堂案件新闻，率先摆脱旧文体的制约，转向新闻文体自身发展的轨道，这是对社会新闻的一大突破。它的文字比较刻板，结构也模式化，不足称道，但从新闻文体的发展历程看，它却是一种历史的进步。

案件新闻的一个重要发展，即它不停留在公堂审讯报道上面，而是根据审讯所提供的线索进行采访，对被告人身世、案情由来和曲折经过进行详细报道。它有时也采用一些笔记小说中的笔法，但和上面所说的人物故事不同，它所着眼的主要是事实的报道和真相的揭示，而不是为了猎奇和追求情趣。文字一般比较朴实、浅显，易于阅读。这样，它既不像公堂审讯报道那样刻板呆滞，又避免了某些新闻那种离开报道事实的要求而舞文弄墨的倾向，是新闻文体发展中的新收获。

种种情况表明，在新闻文体的发展历程中，当时存在着两种明显的倾向，一是新闻文学化的倾向，一是尊重新闻特性、报道事实的倾向。这两种倾向错综复杂地交织在一起，因而在一个时期内出现了五花八门的各种新闻文体同时并存的混乱状态。

历史终归是向前发展的，文学化最严重时期是在19世纪60年代和70年代初期。大约自70年代末和80年代起，这一倾向对新闻文体影响的势头逐步削弱，后一种倾向的影响则日渐增长。

一个显著的表现，就是谈神说鬼之类的迷信新闻渐趋消失。在60年代的《近事编录》上，这类新闻很多。创刊初期的《申报》，情况略同，第一个月中，有时一天刊有几则这类新闻，平均不到两天出现一则（每日新闻总数仅四至十数条）。至80年代，像《溺鬼讨替》、《老树述异》这类新闻虽仍偶有出现，但已很少很少，到了90年代基本上看不到了（当时报纸每日所刊新闻总数一般在三四十条左右）。

再者，那种文学性人物故事的新闻也大幅度减少。最初一段时期，这类新闻俯拾皆是。大约自70年代末起，情况有了较大变化，它由原来所扮演的主角地位一步步下降了。这时，报道思想有了转变。原来要求访员注重报道“里巷中事”，现在则在征稿启事中提出“里巷琐闻勿取焉”[①]，这就大大缩小了文学化新闻的地盘。大约自80年代中期起，这类新闻就不多见了。

这一时期新闻文体的又一发展，就是正规的新闻通讯的出现。曾经盛行一时的人物故事，就其内容和体裁而言，也可以说是一种新闻通讯即人物通讯。可是这种通讯，往往不是经过认真采访而是凭道听途说和向壁虚构写成的，因而其文学性往往大于新闻性。这是近代中国新闻文体发展史上曾经出现过的很不正常的却又是不可避免的独特现象。进入70年代末和80年代以后，随着新闻来源的扩大，实

① 见1885年5月20日《字林沪报》。

地采访活动的加强，一种报道实际生活中真实事件的正规的新闻通讯开始出现。这种通讯，不仅见于军事报道（如日本侵台战争、中法战争报道），也见于社会新闻。例如，当时我国中原地区发生大饥荒，曾经有人跟随自河南南下逃荒的饥民，沿途进行实地采访，以完全纪实的手法，将所见所闻写成通讯，相当细致地报道了灾民生活悲惨的情景。这种通讯的诞生，是新闻文体在摆脱文学化过程中所取得的一次重大胜利。

最后，具有重要意义的，是新闻电讯的兴起。就在上海、香港和欧洲接通有线电报的1871年，中国的报纸开始刊登电讯新闻。例如，1871年的香港《近事编录》和《中外新闻七日录》就都曾经通过电讯，报道了巴黎公社的情况和英国女皇遇刺的事件。不过这些电讯并不是报馆自己收到的专电，而是辗转地间接地从各国外交官和商行那里得来的（如英女皇遇刺的消息就来自香港官宪）。1877年10月，清政府在台湾架设了第一条电报线。1881年12月24日，清政府又建成了由天津到上海间的电报线路。这些都为报纸利用电报拍发新闻专电提供了方便。1882年1月16日，《申报》刊出该报北京访员从天津电报局拍发的电报，报道了清廷查办一名渎职官员的消息。这是我国报纸所登出的第一条新闻专电。其后，国内电报线路相继铺设成功，新闻电报的使用越来越普遍，内容也由上谕逐步扩向军事新闻和其他重要新闻。电讯也因而成为一种新的新闻文体活跃于中国报坛。

由于电报的收费较高，这就迫使电讯稿的作者在撰稿时力求做到以最精练的文字传递人们所急需了解的信息。在这里，新闻的特性受到高度尊重，文学化的倾向受到了遏制。电讯的出现，给新闻文体与写作带来深远的积极影响，而这种影响，当时还仅仅是开始。

所有这些进步，都带有初步的、不稳定的性质，旧时代的影响仍然到处存在，新闻文体的混乱状态并未完全消除。重要的是，坚冰已被打破，前进的潮流已经不可阻挡了。

历史告诉我们，新闻文体不是一下子突然产生的，而是从中国传统文体中脱胎而出逐渐发展起来的。在其发展过程中，既要从传统文体中吸取营养，又须挣脱那些不适合于自己特性的羁绊。在其发展前期，克服传统文体的影响，是最严重的任务。新闻文体发展的动力，是社会对新闻信息的需要。新闻文体只有在传递新闻信息的实践中，才能找到适合自己的特性与要求的文字形式。新闻文体的改革，最初是自发性的，主要由新闻工作人员凭借自己的经验摸索进行，前进的步伐因而非常缓慢。一旦实践经验上升为理性认识，改革成为自觉行动，新闻文体就会发生迅速变化，跃入一个新的发展阶段，那将是下一个世纪的事了。

研究与思考

=延伸阅读=

1. 戈公振:《中国报学史》第三章“外报创始时期”,三联书店,2011年。
2. 卓南生:《中国近代报业发展史(1815—1874)》,中国社会科学出版社,2002年。
3. 马光仁:《上海新闻史(1850—1949)》第一章“近代报业的创世纪”,复旦大学出版社,1996年。
4. 赵晓兰、吴潮:《传教士中文报刊史》,复旦大学出版社,2011年。
5. 王林:《西学与变法——〈万国公报〉研究》,齐鲁书社,2004年。
6. 徐载平:《清末四十年〈申报〉史料》,新华出版社,1988年。
7. 范继忠:《晚清〈申报〉市场在上海的初步形成(1872—1877)》,《清史研究》2005第1期。
8. 李良荣:《中国报纸文体发展概要》,福建人民出版社,2002年。

=问题与思考=

1. 为什么说西方传教士来华办报是中国近代新闻史的起点?
2. 以《万国公报》为例,谈谈你对在华外报的评价。
3. 评述早期《申报》的经营方式。
4. 在近代早期中文报刊上,新闻报道文体是怎样演变的?

第三章　政论报刊的兴起与发展

导　论

从19世纪70年代起，中国人开始自办新式报刊。最先获得成功的，是王韬等人在香港创办的《循环日报》。该报虽然具有营业性质，但王韬办报的真正志趣，是发扬儒家知识分子的论政传统，利用新式传媒表达自己的政见。王韬在多年接受西学的濡染，并对欧洲进行实地考察后，认识到只有学习西方的强盛之术，厉行改革，中国才能走上振兴之路。他以“循环”二字作为报名，即寓含此意。“弱即强之机，强即弱之渐，此乃循环之道也”。他希望中国一改因循之弊，除旧布新，在“变”中实现由弱到强的“循环”。在主持《循环日报》笔政的十年间(1874—1884)，他撰写了大量的政论，鼓吹洋务，倡言变法自强。在中国近代报刊史上，王韬开启文人论政之先河，被誉为“中国报人之父”。

中国在甲午战争中惨败后，政治改革之议腾起，康有为策动“公车上书”，维新派登上了政治舞台。康有为主要是从两个方面入手来推动变法的：一是设法抓住皇帝，争取最高政治权威的支持；二是在士大夫中“广联人才，创通风气”，以扩大力量与声势。关于前者，他一再不休地向皇帝上书，以求得赏识；关于后者，他的方法是组织学会、创办报刊。变法运动期间，维新派先后创办了《中外纪闻》、《强学报》、《时务报》、《知新报》、《湘学新报》、《湘报》、《国闻报》等一批报刊，开展广泛的宣传活动。维新志士以报刊为论坛纵谈国事，倡言改革，冲破了封建统治者的言禁，促进了变法运动的高涨。《时务报》一纸风行，“数月之间，销行至万余份，为中国有报以来所未有，举国趋之，如饮狂泉”。在维新派的影响和带动下，各地报刊如雨后春笋，纷然并起，出现了国人竞相办报的热潮。“百日维新”期间，光绪皇帝接受维新派的建议，把兴办报纸作为新政的一项内容。光绪皇帝在上谕中肯定了新式报纸沟通上下之情的作用，认为报纸既可以“宣国是”，也能够“达民情”，要求报纸“胪陈利弊”，评议施政得失，可以“据实昌言”，不必“拘牵忌讳”，享有一定的言论自由。光绪皇帝还公开鼓励官绅士民创设报馆，肯定了公民办报的权利。但形势很快发生了逆转，慈禧太后发动政变后，查禁报纸，捉拿主笔，除几家托庇于租界和改挂洋商招牌的报纸外，戊戌时期新办的报纸几乎全部被封或被迫停刊。中国近代史上第一次办报高潮，就这样随着变法运动的失败而跌入了谷底。

康有为、梁启超在戊戌政变后流亡海外，反思变法失败之原因，认为三年鼓吹为时短暂，未能唤醒国人一致支持，惟有再接再厉，冀有卷土重来之日，决心以言论为依归，很快在日本建立了自己的宣传阵地。梁启超在《清议报》上发表《立宪法议》，倡导实行君主立宪，指出"今日之世界实专制、立宪两政体新陈嬗代之时也"，旧者必败，新者必胜，世界各国"必一切同归于立宪而后已"，中国也要"归于立宪"，这是任何人都阻挡不住的。实行君主立宪政体，就必须伸张民权，用民权来制约君权和官权。梁启超根据西方资产阶级国家学说，提出了"国民"这个概念："国民者，以国为人民公产之称也。国者，积民而成，舍民之外，则无有国。以一国之民，治一国之事，定一国之法，谋一国之利，捍一国之患，其民不可得而侮，其国不可得而亡，是之谓国民。"《新民丛报》进而强调："欲维新吾国，当先维新吾民。"中国之所以积弱受侮，从根本上讲是国民素质低下造成的。中国要进行全面的社会变革，也必须有深厚的民众基础才行，有了新国民，才有可能建立起新制度、新国家。要"新民"，就必须对中国传统的道德、学术、风俗进行革新，加以淬厉，从中提炼出新品质、新精神，让旧枝结新果。梁启超在他主持的报刊上大力介绍西方国家的各种理论学说，宣传资产阶级的世界观、人生观和社会思想，用现代意识、现代理论来阐发自己的政治主张，为正处在新旧过渡时期的人们开启了智慧的源泉，指出了前行的方向。他宣传民族主义和独立自主的奋斗精神，要人们去"爱国"、"利群"、"尚武"、"自尊"、"冒险"等等，并人人"自护其权利"，"勿为古人之奴隶"，痛斥汉学宋学的种种封建传统学理观念，号召"勿为世俗之奴隶"，而大力发挥勇敢进取意志。这种宣传，结合对西方文化学术思想的大量介绍，特别符合当时人们特别是青年知识分子的需要，因而受到热烈的欢迎，产生了广泛的影响。

梁启超在介绍西方新思想和阐发自己的政治主张时，创造了报刊政论的"新文体"，使他的文字宣传如虎添翼，所向披靡。他使用浅近文言，并以口头平易之语入文，以求通俗易懂地说明新思理；他打破传统古文的清规戒律，自由灵活地运用各种字句语调，不避排偶，不避长比，不避语录典故，不避外来的新名词，力求表达得流畅无碍；他善于条分缕析，从各个方面反复地阐述一个问题，行文每取"最数法"，即以数目字为标记，分段梳理，层次清晰；他往往把充沛的感情倾注文中，强化文章的感染性，情感的波涛裹挟读者随之而去，在不知不觉中接受其观点。这种"新文体"，特别适用于大众传播，对于当时的青年学子更是别具魔力。

1904 年在中国东北爆发的日俄战争，给国人带来强烈的刺激。立宪的小国战胜了专制的大国，使得越来越多的人相信，立宪可以富国强兵、可以救亡图存。日俄战争结束后，要求立宪的声浪迅速高涨起来，洋洋然盈耳，骤盛于国中。在强大的舆论压力下，清廷不得不表示顺应潮流，对政治体制进行改革，于 1906 年 9 月颁布了"预备立宪"的上谕。立宪派为了促进宪政的早日实现，纷纷组织政治团体，并以报刊为工具展开大规模的舆论宣传活动。他们依据资产阶级的国家理论，参照各君主立宪国的经验，结合当时中国的国情，提出了具体的改革方案，主张在限制君权的条件下，推行资产阶级的议会政治，在中国建立一个以三权分立为原则的立宪政体。由于清廷对立宪并无诚意，立宪派认识到不能对它心存幻想，要实行立宪，只有人民自己起来争取。从这种认识出发，立宪派号召国民行动起来，向政府请愿，尽快成立国会。在报刊宣传鼓动下，一场全国性的国会请愿运动迅速展开。这场运动虽然最终没有获得成功，但宪政思想得到了广泛传播，促进了人民的政治参与意识和民主主义觉悟的提高。在宣传宪政民主思想的同时，立宪派报刊对清政府的腐败与黑暗进行了大胆地揭露。这种揭露起初主要是为了论证宪政改革的必要性和迫切性，敦促清政府弃旧图新，尽快立宪，振刷朝政，但清政府冥顽不灵，拒谏饰非，朝政吏治不但没有任何改善，而且愈加趋于黑暗。立宪派知其不可救药，对它的揭露和抨击也越来越趋于激烈，使更多的人看清了它的腐朽本质，对它深恶而痛绝，从而起到了孤立清政府、加速其瓦解的作用。

孙中山领导的革命派，也把报刊作为开展革命运动的重要工具。他们认识到只有唤醒民众，革命才可能成功。1900 年，孙中山派陈少白在香港创办《中国日报》，开始利用报刊进行宣传活动。上海的革命党人以租界为掩护，在《苏报》上公开鼓吹排满革命。章士钊在 1903 年 5 月主持《苏报》笔政后，《苏报》的革命宣传达到了激烈的高峰。它指出，“居今日而欲救吾同胞，舍革命外无他术。非革命不足以破坏，非破坏不足以建设，故革命实救中国之不二法门也”“非以血洗血，则不能改造社会”，强调革命必须流血，革命者愿为救四万万同胞而流血牺牲。《苏报》把邹容的《革命军》比之为震撼人心的“雷霆之声”，称其宗旨“专在驱除满清，光复中国”，“稍有种族思想者，读之当无不拔剑起舞，发冲眉竖。若能以此书普及于四万万人之脑海，中国当兴也勃焉”。章太炎发表《康有为与觉罗君之关系》一文，驳斥康有为坚持只可立宪、不能革命的主张，指出在专制政体下，人民要取得政治上的权利，流血革命是不可避免的。对康有为尊为“圣主”的光绪皇帝，章太炎以蔑视的口吻直呼其名，嘲骂他是“载湉小丑，不辨菽麦”，并说“载湉者，固长素(康有为)之私友，而汉族之公仇也。况满洲全部之蠢如鹿豕者，而可以不革者哉?”清政府为了扑灭革命的火焰，制造了震惊中外的“苏报案”，囚禁章太炎和邹容。但清政府对《苏报》的镇压，非但没能压抑风发云涌的革命思潮，反而促使它在更大的范围内呼啸向前。革命志士不为专制淫威所屈服，在《苏报》被封禁后又创办了《国民日日报》、《警钟日报》等一批报刊，使革命思想得到更加广泛的传播。

由于革命派与立宪派在社会变革的目标和方式上存在分歧，两派力量逐渐走向对立，壁垒日益分明。革命与立宪互争成败，此消彼长，双方的斗争日趋激烈。在舆论宣传战线，为了争得话语主导权，两派均以对方为必欲打倒之对象。同盟会的机关报《民报》出版后，与梁启超主持的《新民丛报》展开了一场激烈的论战。两报围绕要不要推翻清朝政府、要不要建立共和政体、要不要进行社会革命、革命是否会导致内乱和瓜分等问题相互辩驳。虽然就论战的内容而言，两报各有长短，并不能说哪一方完全战胜了另一方，但从当时读者的反应来看，《民报》在论战中占了上风，特别是在留日学生中取得了明显的优势。由于清朝政府已经腐败到了极点，人们无法对它抱有任何希望，革命的主张更容易得到人们的同情和支持。《民报》主张种族革命与政治革命并行，也易于唤起种姓情感的共鸣。无论梁启超如何论证实行君主立宪的现实合理性，但让汉人拥戴满人改革，总不如让汉人团结以排斥满人的政权，更能吸引人。《民报》所宣传的共和政体、民生主义，虽只是粗具蓝图，还缺乏具体的规划，但也能给人以美好的憧憬。对于那些急于改变现状且富于理想的青年学生来说，《民报》的革命话语是更有魅力的。经过这场论战，革命的主张进一步深入人心，有力地推动了革命高潮的到来。孙中山后来评价说："《民报》成立，一方为同盟会之喉舌，以宣传主义；一方则力辟当时保皇党劝告开明专制、要求立宪之谬说，使革命主义，如日中天。"

选　文

中国人自办成功的最早中文日报——《循环日报》(节选)

卓南生

导言——

本文选自卓南生《中国近代报业发展史：1815—1874》(中国社会科学出版社，2002年)。

卓南生，1942年生于新加坡，日本早稻田大学政治经济学院新闻系毕业，后获得立教大学社会学博士学位。现为日本龙谷大学名誉教授，北京大学客座教授，中国新闻史学会名誉顾问。

由于原始资料比较匮乏，中国近代早期报业的研究有不少空白点，许多重要史实没有弄清楚，新闻史著作中长期沿用一些错误的说法。卓南生在日本、英国、美国、香港等地广泛搜访，挖掘到一批近代早期中文报刊的原件，对这些原件进行深入细致的分析和研究，弥补了以往研究中的若干缺失，纠正了一些未尽确实的记载和"定论"。本文对于《循环日报》的考证即其一例。历史研究必须以史料的掌握为前提，如果对重要的史实乏于考订，是不可能做出正确论断的。事实上，中国新闻史中许多史事尚欠缺较为可靠的实证基础，学界应多致力于基本史实的重建，庶不致本末倒置，流于似是而非的空谈。

19世纪70年代初期，是中文报业发展史上重要的时期。在香港，1857年创刊的《香港船头货价纸》已于60年代易名为《香港中外新报》，并于1873年发展为完整的日报。与此同时，1871 年以《德臣报》(The China Mail)的中文专版创刊的《中外新闻七日报》，也于 1872 年脱离母报而改称为《香港华字日报》，并于第二年正式成为名副其实的日报。在上海，著名的《申报》也在 1872 年创刊；1861 年创刊的《上海新报》则于 1872 年从周三刊改为日刊出版。1872 年至 1873 年，毫无疑问是中文报纸纷纷发展为日报的重要年头。

然而，值得注意的是，尽管上述四家华文报都在 1872 年或 1873 年改为日刊，也尽管他们都标榜以华人读者为服务的对象，但严格地说，它们都不能称为华人自办的报纸。其中《上海新报》为《字林西报》(North China Daily News)附属的中文报，先后担任主笔的英美传教士，计有华美德、傅兰雅和林乐知，它属于外报范围，自不待言。至于英国商人美查等创办的《申报》，虽然由中国人分担编辑和经理的工作，标榜为"华人之耳目"，但基本上都以西人之利益为依归。同样的，作为《孖剌报》(The Daily Press)中文版之《香港中外新报》，虽然由华人主持编务，但实际上却是一份以英国利益为至上的殖民地报纸。在上述四家日报当中，最具有华人色彩的报纸，该是陈蔼廷主持的《香港华字日报》了，但它依然是附属于《德臣报》，而非一份真正由华人出资、华人自办的华文报。

由华人独资创刊、华人主持的华文日报，首推艾小梅在汉口创办的《昭文新报》(1873 年)，其次是王韬在香港创办的《循环日报》(1874 年)以及中国最早的留学生容闳在上海创办的《汇报》(1874 年)。《昭文新报》创刊虽然最早，但销路不广，不久便告停刊，影响不大。《汇报》初期请英人葛理当总主笔，后因常涉及官司，深为股东忌惮，而由葛理出名承顶，易名《彙报》。因此，在早期华人独资自办的华文日报当中，影响力最大、最具代表性的报纸非《循环日报》莫属。

一、王韬的生平

《循环日报》创刊于同治十二年岁次癸酉十二月十八日(1874 年 2 月 4 日)。关于《循环日报》的创刊日期，有多种说法。但笔者在大英图书馆所看到的该报早期的原件，即包括该报创刊第二号(同治十二年癸酉十二月十九日，即 1874 年 2 月 5 日)至一二四号(1874 年 7 月 4 日)，因此可以肯定其创刊号是在第二号的前一天。与此同时，大英图书馆还收藏着《循环日报》每周为海外及其他地区读者出版的报章文摘小册子第一册，其中也收录了同治十二年癸酉十二月十八日的文章，足见《循环日报》系在当天创刊无疑。

《循环日报》的创刊，是与该报总主笔王韬的努力分不开的。

王韬(1828—1897)江苏苏州人，本名利宾，字兰卿，1862 年改名韬，字仲韬，又名紫诠，别号弢园老民、天南遯叟。18 岁考中秀才，后屡试不中。22 岁那年(1849 年)，他应英国传教士麦都思之邀，任职于英国教会主办的墨海书馆。王韬后来对报纸产生浓厚的兴趣，以及殷切地期望一份由华人自办的华文报纸诞生，显然是和他与西方传教士及西方文化的接触密切相关。事实上,从 1849 年至 1862 年的 13 年间,王韬不仅协助麦都思及伟烈亚力编辑及校订西书、宣传西学的工作,也还在 1857 年至 1858 年墨海书馆出版《六合丛谈》期间,直接或间接参与这份上海第一家华文报刊的工作,吸取了办报的知识与经验。1862 年,对于王韬来说是人生的重要转折点。原来在前一年的冬天,他在回乡探亲时,曾以"黄畹"之名向太平天国苏福省长官刘肇钧上了一道禀帖,主张太平军不该先攻上海,而应与清朝争夺安庆之天下。这道禀帖后来落入清军手中,成为通缉他的重要证据。王韬于是被迫从上海逃至香港,过着漫长的流亡生活。在麦都思的介绍下,王韬受佣于英华书院院长理雅各,主要工作是协助理雅各将中国古典著作译为英文。在这段期间,他广泛地接触了西方的文化。除了正务之外,他也参与编辑《近事编录》,开始积累其办报的实际经验。

1867 年,王韬随理雅各回国,开始了两年多的欧游生活。这两年多的欧游生活,无疑大大地扩大了他的眼界,使他对西方的政治、社会、文化,有了深一层认识。王韬后来极力鼓吹洋务,主张变法图强,显然是和他的欧游经验分不开的。在旅英期间,他也深深地体会到英国报纸社会地位之崇高,影响力之深远。仿办一份"人仰之几如泰山北斗"的中文报纸的雄心壮志,在当时王韬的心中已开始形成。但是,王韬的这一理想并没有马上付诸实现。因为在 1870 年,当他随理雅各从欧洲回港后的最初两三年,他的主要任务还是继续协助理雅各完成其尚未完竣的中国经典著作的翻译工作。不过,在这段期间,王韬也完成了一部巨著——《普法战纪》。值得注意的是,当时的王韬与香港报界人士交往甚密。1871 年 3 月创刊的《中外新闻七日报》,不仅曾经连载王韬的《普法战纪》及对该著作之问世予以崇高的评价,也曾刊登该报主笔陈蔼廷与王韬合译的文章。除此之外,该报刊登的一些政论文章,虽然未署名王韬,但从笔调与观点来看,都与王韬甚为近似。从王韬与陈蔼廷密切交往的关系来看,王韬借用该报来抒发他对时局以及对中国改革的看法,是一点也不会令人感到惊奇的。可以说,王韬当时虽身在英华书院,但他的心早已准备献身于华文报界及出版界。

果然,在 1872 年,当理雅各完成其巨著,受聘回国主持牛津大学汉学讲座而王韬结束其佣书生涯时,王韬要做的第一件事,便是与友人黄平甫(即黄胜)等集资购买英华书院的印刷设备,筹组中华印务总局。黄平甫原为英华书院印刷部门主持人,也是当时对西学十分推崇的文人。王、黄合办的中华印务总局最初出版的书籍,便是前面提到的王韬著作《普法战纪》。不过,从后来该局发表的《本局日报通启》,可以知道创办一份"专为裨益我华人而设"的中文日报,早就是该印务总局同仁的共同愿望。

二、以"华人资本、华人操权"为标榜

中华印刷总局出版的《循环日报》,于 1874 年 2 月 4 日面世。在该报创刊的初

期，几乎每天都刊登旨在阐明该印务总局办报缘由的《倡设循环日报小引》、《本局日报通启》以及招徕广告订户等各种“本局告白”。这些“小引”与“告白”的一个共同特点，无不在强调该报是由华人出资、华人自办的唯一华文报。

例如，该局在宣布其外埠代理店的一则“本局布告”中，一开始就指出：

本局倡设循环日报，所有资本及局内一切事务皆我华人操权，非别处新闻纸馆可比。是以特延才优学博者四五位主司厥事。凡时务之利弊、中外之机宜，皆得纵谈无所拘制。兹特于省会、市镇及别府州县并外国诸埠，凡我华人所驻足者，皆有专人代理……①

在《倡设循环日报小引》的启事中，该印务总局在指出日报始自泰西，中西通商后则先传至香港，后扩及上海之事实后，紧接着便指出这些华文报纸的缺点及倡办“华人日报”的重要性：

然主笔之士虽系华人，而开设新闻馆者仍系西士，其措词命意难免径庭。或极力铺张、尊行自负，顾往往详于中而略于外，此皆由未能合中外为一手也。欲矫其弊，则莫如由我华人日报始……②

换句话说，该局同仁认为，外国人办的中文报虽然延聘华人为主笔，但往往受到各种有形无形的拘束。该启事同时批评当时某些报人由于“未稔西情”，以至“详于中而略于外，而未能合中外为一手”。为了纠正上述弊端，该局同仁认为最好的办法，莫过于由中国人自办华文日报。至于人才方面，该局则表示已延请四五位“才优学博”者担任。

值得注意的是，该报最初刊登的几则启事，都宣布该报的总司理为陈蔼廷，正主笔为王紫诠（即王韬），但在创刊一个半月之后，有关启事却写明总司理职务是由黄平甫担任。《循环日报》总司理的重要职位，为什么先是陈蔼廷负责，而后又由黄平甫取代呢？由于该报完全没有交待，我们不得而知。不过，从陈蔼廷曾任该报总司理这一事实来看，我们可以了解到下列几点：

（一）他支持该报宗旨，深切地感受到办一份由华人出资、华人操权日报的迫切需要。

（二）陈蔼廷是当时标榜“华人主持一切事务”的《香港华字日报》之主笔。他积极参与筹办《循环日报》及一度担任该报总司理要职，正印证了一个事实：他在《香港

① 《循环日报》1874年2月12日。

② 《循环日报》1874年2月5日。

华字日报》虽然表面上是总揽大权，但正如中华印务总局的《倡办日报小引》所说一般，由外资所办之华文报，华人主笔皆得看洋老板的脸色，其自由尺度毕竟还是有限的。

正因为《循环日报》标榜的是“所有资本及局内一切事务，皆我华人操权，非别处新闻报馆可比”，该报在争取报份及广告时，即尽量利用这一特点，展开猛烈宣传攻势。从大英图书馆保留下来的该报之海报，我们可以了解到当时该报对华人社会全面支持的极大期待。

值得注意的是，该海报还写着：“此纸祈贴在宝号壁间为祷”，这说明该报早期宣传手法不仅是免费赠送报纸，在报上大力宣传以及四处发海报，还要求华人商家刊登广告及将海报贴在商店墙上，足见该报当时宣传攻势之猛烈及报业竞争之激烈。

为了激发华人自尊之情绪及争取华人读者的支持，该报除了强调其特殊性，指出华人自办华文报系一大乐事之外，也和《香港华字日报》一样，吁请读者多多投稿，并作出同样之许诺：“其倍佳者当代为译成西字，刊入泰西邮报，庶知我中国人材其谋略固有高出寻常之万万者，亦非柔服远人之一道也哉。”显然，该报扬言将读者的优秀作品译为英文，刊登于西报，让西人知道中国人不乏人才，从而达到“柔服”洋人之目的。

三、王韬的办报哲学

然而，由于这是香港第一家华人出资、华人自办的华文报，该报也遇到一些阻力。首先是在华人社会当中，流传着一种“中国人谈中国事，未免位卑言高，似非所宜”的观念与论调。为了消除这样的一种偏见与心理障碍，中华印务总局在《倡设日报小引》的启事中便提出驳斥：“自古圣明之世，未有不悬鼗置铎，博采舆评。况本局所刊日报，纵或述政事、纪风情，亦皆所见共闻，诚非草野清议可比。”该报还刊登了题为《劝阅新闻纸论》的读者来函，着重指出华人社会把报纸当作“无稽之谈”、“一片虚词”或“不过摭陈言以快阅者耳目图利”等观念，是对报纸缺乏足够认识的一种偏见。

正是为了纠正华人读者的偏见及劝请华人阅报，王韬主持下的《循环日报》不遗余力地向读者介绍与阐明报纸之功能与影响及该报编采与评论的方针，并解答读者对报纸的疑虑。这些言论充分反映在该报创刊初期的各项报道与文章中，其重点为：

1. 介绍欧美报业发达情况及报人办报态度

在《西国日报之盛》①一文中，该报着重指出欧美报纸影响之巨大、主笔之公正及报人在社会上地位之崇高。它指出：

---

① 《循环日报》1874年2月12日。

西国日报之设所关甚钜。主笔者得持清议，于朝纲国政颇得参以微权。阅之足以知民情之向背、习尚之好恶、风俗之浇醇、国计之盈虚、时局之盛衰、兵力之强弱。国家每有战争，随营计之士类有纪录，于两国之胜负得失、战守攻取，无不备述綦详。而曲直是非，亦于此见焉。此外，每随褒贬为荣辱、颂讥为轩轾，操觚者盖有合于人心天理之公然，则所系岂不重哉！

在这里，作者指出，西方报纸主笔态度必须公正，对国家大事也应有一定的发言权。而报纸不仅应报道民情、习尚、风俗，也应对国家政策、时局变化与兵力盛衰，以及战争发展实况等予以详尽报道。至于评论态度，则以"合人心天理之公然"为要。

谈到欧美报业发达的具体情况时，作者接着写道："即以英国言之，泰晤时日报行之几百年，阅者约十万余人。美国七日录刊印一期，必盈二十四万家。"王韬对英国泰晤时（士）报之推崇，也见诸另一文章：

英国之泰晤士，人仰之几如泰山北斗，国家有大事皆视其所言以为准则。①

王韬心目中理想的报纸，正是这样一份"人仰之几如泰山北斗"的高素质报纸。但与此同时，王韬也认识到泰晤士报之所以受到尊敬，主要是因为："西国之办日报主笔者，必精其选，非绝伦超群者不得预其列。……其立论一秉公平，其居心务期诚正。"②

然而，该报并不否认在西方也有不负责任的报人，但并不能因此而严加禁止，否则将会引起民众不满。《西国日报之盛》一文就这样写道："其触忌讳陷咎戾者，固未尝无人也。法国前时有日报曰闾阎隐密事，大抵皆谤毁丛兴，不轨于正，当道闻而恶之。顾仍始禁而终弛，则以不欲过拂于民情也。"

针对法国当局曾下令全国各地不得评论麦马韩总统，否则将绳之以法的措施，该文作者接着评论道："古人有言曰：防民之口甚于防川，法廷臣何不鉴及于此哉。"这个结语，反映出了王韬等华文报业之先驱对于新闻自由是何等珍惜与渴望。

2. 阐明报纸之功用及该报创刊的目的

在《倡设日报小引》一文中，该报开门见山，指出报纸功之用在于"广见闻，通上下，俾利弊灼然无或壅蔽，实有裨于国计民生者也"。

谈到广见闻的重要性，该报在《本局日报通启》③中指出："盖地球之大，生齿繁矣，疆域广矣。其间良歹殊情、安危异势、缓急异宜、动静之微、得失之机，虽有远见者

① 《论日报渐行于中土》，《弢园文录外编》卷七。

② 同上。

③ 《循环日报》1874年2月5日。

亦不能驰域外之观。”正因为天地太过广阔，而变化又是无穷，该报认为只有透过报纸，才能了解这个千变万化的广阔世界：

本局是用博采群言，兼收并蓄。凡民生之休戚、敌国之机宜、制器之工能、舟车来之来往，及山川风土、祸福灾祥，无不朗若列眉。俾在上者知所维持，在下者知所惩创，此区区之微意也。

在这里，该报不仅表示其内容将包罗万象，而且还进一步指出要透过对上述事物的详尽报道而使上下之间的讯息得以沟通，发挥传播媒介的作用。在论述“上情下达，下情上达”的重要性时，该报还指出：

且夫国之大患，莫若民情壅于上闻。民情不通，即虽有水旱盗贼皆蔽于有司，莫得而知矣。譬之一人之元气不通，则耳目失其聪明，手足艰于行动。国之有民，亦犹人身之有元气也。

“国之有民，亦犹人身之有元气也”，这就是王韬等主张民意应该受到重视，报纸应当反映民意的理论根据。

3. 阐明报纸编辑方针

作为“广见闻、通上下”的媒介，该报强调其编辑方针为：

本局秉笔一以隐恶扬善为归，其中有关中外者必求实录，不敢以杜撰相承。至于世态险巇、因果报应，亦间列一二，俾观者得以感发善心，惩戒逸志，非有他意也。①

谈到国内外新闻的处理，该报表示：

至于中外新闻，其有足以资国计、便民生、助谈噱者，亦必原原本本，务纪其详，勿使稍有所遗漏。②

很清楚的，“隐恶扬善”与“原原本本，务纪其详”，是该报向读者标榜的两大办报信条。

针对这两个信条，该报曾以问答方式向读者说明：“夫名之曰日报，则所言者必确且详。乃先生所叙则或出于风闻而未得其真，或得其大概而未详。其备言时事则多

---

① 《循环日报》1874年2月5日。

② 《本局告白》，《循环日报》1874年2月5日。

避忌，言恶行则略姓名，得毋有秉直笔之义乎？"该报之回答是："是非尔所知也。夫以省会之繁、众州郡之辽远，一己之耳目安能家考而户问之。其出于风闻得其大概者，不过借彼事端发挥胸臆，以明义理之不诬、报应之不爽，俾众生感发善心，消除恶命，发幽光于潜德，闻悔悟于愚民而已。至于一介儒生，何敢谬陈得失，虽有闻见所及亦第援古证今。"①

换句话说，该报认为，新闻报道虽以"确"且"详"为原则，但并不等于记者要跑遍每家每户，因为这在实际上是办不到的。因此，即使有些新闻出自"风闻"或者"得其大概者"，但只要能借题发挥，达到说明事理、教育读者的目的，已完成报人的使命。至于评论方面，该报则采取"援古证今"、力求客观与公正的态度。

谈到客观与公正的问题，该报刊登的一篇文章还介绍了西方国家的报纸法令，规定："或有毁谤于人而无实据及不合例者，人皆得而攻之"，从而确保报纸"至公无私"，而达到"移风俗、化人心"的目的。② 该文章还期待各报馆主笔能针对时弊，详尽记录并循循善导及提出警世良言。这其实也正是王韬本身替《循环日报》规定的使命。

正因为王韬认识到报纸必须"公正"与"无私"，他主张主笔人选应该慎重挑选。针对当时港沪中文报存在的缺点，他提出严厉的批评："其间或非通材，未免识小而遗大，然优其细焉者也。至于挟私讦人、自快其忿，则品斯下矣，士君子当摈之而不齿。至于采访失实、纪载多夸，此亦近时日报之通弊，或并有之，均不得免。惟所冀者始终持之以慎而已。"③

综上所述，可以知道王韬办报之哲学为：

(1) 报纸的基本功用为"广见闻，通上下"，负起"上情下达，下情上达"的桥梁作用。

(2) 报纸的报道必须忠实与详尽，有所根据，不应杜撰或夸张。

(3) 报纸的评论必须客观与公正，而且应该"隐恶扬善"，达到教育民众、移风易俗之目的。

(4) 正因为报纸影响力大，因此，主笔人选必须慎重挑选。

(5) 为了杜绝部分报人滥用报纸的影响力，可以仿西方国家制定报纸法令，对报人之权予以适当的限制，但却不能因此而扼杀新闻自由，因为"防民之口甚于防川"。

(6) 对于不负责，"挟私讦人、自快其忿"的报人与报纸，读者应予以抵制和摒弃。

(7) 自古圣贤都乐于征求民意，中国人论中国事不但未有不宜之处，而且应该受到鼓励。

① 《本馆日报略论》，《循环日报》，1874年2月4日。

② 《劝阅新闻纸论》，《循环日报》1874年4月6日。

③ 《论日报渐行于中土》，《弢园文录外编》卷七。

四、《循环日报》的版面及其特征

《循环日报》的编排形式，基本上与《香港中外新报》和《香港华字日报》没有两样。即：第一版为横线分栏。全版内容为“香港目下绵纱匹头杂货行情”及“各公司股份行情”的经济新闻。第二版以后则直线分五栏。每栏栏高为 97 字，横为 10 字，每版可容纳 4850 字。

内容的分类为：第二版、第三版是新闻版，其顺序大抵为：“京报全录”、“羊城新闻”、“中外新闻”；在第三版的左上角，刊登“香港、黄埔、澳门等处落货往各埠”的船期表。此外，也常转载上海《申报》等报纸的文章及报道。第四版是广告，在其下端则横写着“此新闻纸系由香港第五约荷李活道第二十九号中华印务总局王韬刊印”。

与《香港中外新报》和《香港华字日报》相比较，早期《循环日报》的第一个特征是评论文章多。不过，该报的评论文章，并不像戈公振所说的“当时该报有一特色，即冠首必有论说一篇”。实际上，该报的评论文章并没有固定的版位，也没有固定的数目，它有时冠首于第二版，有时则刊于“羊城新闻”或“中外新闻”栏。至于署名王韬的文章，则偶尔见于“弢园述撰”栏，但为数并不多。

《循环日报》的第二个特征是广告少。与《香港中外新报》和《香港华字日报》相比较，有关欧美船务公司、洋行及药局等广告，在早期的《循环日报》更显得稀少。推究其因，主要是因为前两家中文报实际上是附属当地的英文报，较易受到欧美公司的信赖与支持。与此相反，《循环日报》所标榜的却是要成为“华人社会之喉舌”，它所期待的也就只能是“华人之一心一德”的支持。对于这样一份具有中华民族意识的中文报，当时香港的欧美公司不予以积极支持，可以说是预料中事。

《循环日报》的第三个特征是，《香港中外新报》和《香港华字日报》都先办周三刊，后为日刊，而《循环日报》却在历经一年左右的筹办工作之后，一开始便以日报姿态出现。打从创刊开始，该报就在版头右角写明“行情新闻每日派送，礼拜停刊”，清楚表明该报每星期出版六天（星期日停刊），每天同时发行报纸及行情纸。

正因为《循环日报》办报宗旨色彩鲜明，因此未获欧美公司支持，加以一开始便以日报姿态出现，它在创刊初期所面对的财政压力，是不难想像的。但对于王韬等中华印务总局的同仁来说，这却是一份只许成功，不许失败的报纸。为了维持和支撑这份华文日报，该局同仁想尽了各种办法，力图扩大报份、增加广告以及其他方面的收入。

为了争取报份，该局同仁知道它首先必须比其他两家华文报办得更为出色。他们也知道，新闻报道最重要的就是要“新”和“快”。为了把最新的消息以最快的速度传达给读者，该报采取了下面的两种手法：

（一）每天都发行“行情纸”。它是以小张的中国土纸印刷，不受版面限制。因此，在新闻纸截稿以后接到的重要消息，该报都将他们刊登于“行情纸”。

（二）出版“号外”。这在当时的华文报界来说，是一项创举。有学者认为华文报的"号外"始自1884年8月6日的《申报》出版的关于福州海上法国军舰动静的报道。其实,《循环日报》初期就曾刊印"号外"。同治十三年三月十九日(1874年5月4日)该报印刷的"小纸",可以说是中文报的第一张"号外":

> 顷于德臣日报馆接到上海电报云:有华人于法国租界内滋事,将法国人所居房屋纵火焚毁,所有悉付一炬。法国巡差击死数华人,过后西人招集民壮及船上水手前来护卫,以备不虞。现闻事虽无碍,而人心未得平安。推其事之由来,则因西人建筑新道,而华人谓有碍宁波帮坟墓,遂致龃龉,以致启衅。是事关涉中外交际,特印小纸,以便先得览观。

这份号外,虽然没有写明"号外",但"特印小纸,以便先得览观",已经清楚地说明它是在正常出版的时间外紧急刊印,以让读者知道最新且最重要消息的特殊"小纸"。

与此同时,王韬等人也知道,该报的长期读者不应仅限于香港与澳门。为了扩大报份,它除了像《香港中外新报》和《香港华字日报》,在五大通商港口及海外华人聚集处如旧金山等地设立代理店外,还向外埠读者提供一项服务,即"每礼拜日即将前六日之新闻积累连续,另行刊印装订一本"。该报指出,这是为了"外埠客商便于翻阅且邮寄也较容易耳"。至于"行情告白等件,亦皆刊列在内"①。

不惜成本将在报上刊登的新闻、广告以及"行情纸",另行刊印和装订成册,为的是方便"外埠客商"地翻阅和邮寄,可见该报从创刊开始,就十分重视外埠读者。也许正是因为这个缘故,该报一开始就不把服务对象局限于香港,其报名从开始也未像《香港中外新报》和《香港华字日报》一样,冠上"香港"之字眼,而只称为《循环日报》。

除此之外,《循环日报》也十分重视知识分子读者。从创刊开始,"京报全录"就经常刊于该报新闻版之首栏。1874年5月,中华印务总局还特地强调该报刊印的邸抄"系京师邮递至粤",远比轮船南来而再转刻者为快捷。该局表示此举对于"官场仕途,大有裨益"②,显然是为了争取固定的读者群,确保来自发行的收入。

五、评论立场

正如前面所述,《循环日报》最大的特征之一是评论多,而在这些评论当中,又以政论文章占大多数。王韬政论文章涉及的范围是十分广泛的,可以说是古今中外,无所不谈。至于其评论的中心哲学思想,其实就体现在其报名"循环"两字。

有人认为《循环日报》之命名系"意谓革命虽败,而借是报以传播其种子,可以循

---

① 《本局告白》,《循环日报》1874年2月11日。

② 《本局告白》,《循环日报》1874年5月7日。

环不已也"[1]，其实是出自臆测。事实上，王韬自从逃亡香港以来，就无时无刻不在替自己辩解，表示与太平军无关。为了表示自己的"清白"，他后来撰写的文章，无不对太平天国予以猛烈的抨击，"贼"、"寇"就是王韬冠以太平天国最常用的字眼。王韬对太平天国采取敌视、仇视的态度，其实也充斥于《循环日报》。《循环日报》所刊登的第一篇"弢园述撰"，不是别的文章，而是谈论应如何肃清太平军的《平贼议》，正说明了他对太平天国采取势不两立的态度。所谓《循环日报》是为了传播革命种子、循环不已的说法，显然是站不住脚的。

与此相反，倒是该报创刊初期连载的"循环论"[2]，道出了编者王韬心目中"循环不已"的思想，其实是离不开王道与他所崇尚的西学。在长达数千字的"循环论"中，该报先谈三皇五帝，对其推崇至极，接着论述中外历代王朝与疆土之变，指出希腊虽然是欧洲语言文字发祥地，但由于好文学而不武功，而相继被并入罗马及土耳其之版图。与此相反，罗马虽然一度武功赫赫，但由于"不修德而仅务远略"，而帝国终归崩溃。因此，该文章表示：

呜呼！国家盛衰之故，虽曰天意，岂非人事哉？国强而复以强政济之，势必扰，扰则无以图志也。国弱而仍以弱政安之，势必癃，癃则无以奏功也。

换句话说，该报认为，国家之盛衰循环与其说是由天意所左右，不如说是取决于人们所采取的态度。如果是强国而又采取霸权政治，结果物极必反，只有带来混乱而不可能有所作为。反之，如果国家衰弱而又不发奋图强，只想苟且偷安，也不可能会成功。为此，《循环论》指出，由于清廷"渐民以仁，磨民以义，使忠爱之志油然以生"，因此，虽有逆党窃扰，但只要"天戈一挥"，便"东荡西决"。至于当局之所以"力求武备，斤斤于轮舶、枪炮各机器者"，那是因为"王者无外，正欲借彼之矛，刺彼之盾"。这就是所谓"天地间循环之至理也"。

很清楚，《循环论》所强调的是指在王道的基础上，施行各种应变措施。"变"（指"变法自强"）就是《循环日报》政论文章所要突出的重点，也是王韬对当时清廷当局最重要的忠告。只要能适当的"变"，"变"的得法，那么"终而复始、循环不已"的王道，是会永存的。这也许就是《循环论》的中心思想，也是该报名命"循环"之来由。

至于如何"变法自强"，《循环日报》在创刊第二天的《富强要策》一文中，说得再清楚不过：

居今日而谈政治，其大要有三。一曰去成见以求通变……一曰殚实心以尽职

① 戈公振：《中国报学史》，上海商务版，第7页。

② 自1874年2月23日至3月2日，该报分五天连载《循环论》。

司……一曰选真材以图干济……①

所谓"去成见以求通变"，指的是士大夫不该对西学再抱着成见，不应该采取一闻言及西事非目之为狂，即斥之妄的态度，而应该对"泰西事务，凡天文、水利、火器以及各技艺，俱能讨究源流、洞悉其旨，用长弃短"，从而踏上"以集大成亦自强之道"。

所谓"殚实心以尽职司"，是指全国上下应该抛弃"偷安为巧"的思想，更不能存有"私"心。因为"国势要强、必先人心无伪。无论大小职事，苟俱能兢兢业业，各慎尔身，则风俗既厚而志力自坚，上下相通而真诚愈出"。

至于所谓"选真材以图干济"，则建议当局除了以科举取士之外，不妨"诏各府州县留心访问，军民间有奇材异能，堪于国计有裨，准即核实上详考验"，从而达到"野无遗贤而人争自励"的境地。

在王韬眼中，当时西学虽然开始受到重视，但在实际上，谈论者却往往是一知半解，未对西学作深入的了解与研究。他对朝廷士大夫之漠视西学与国际形势的态度，虽然感到失望与无可奈何，但并不灰心，而在每一个具体的问题上，都提出其明确主张。基于这样的态度，《循环日报》遂成为王韬主张变法自强的重要论坛。该报言论时常受到转载，以及后来变法维新人士对王韬的推崇，说明该报主张改革的看法，受到同时代的报纸与后来的政论家之重视。

《循环日报》政论文章的另一重点，是评述国际时局的发展。特别是对于中外关系的课题，该报无不详尽报道，并提出明确的看法。它既关心安南形势，也留意俄人在中国北方的行踪，更密切注视中国与西方国家的关系。对于西方、西报的言论，该报不仅经常转录，而且还在必要时给予无情的驳斥。例如，在《辟西人立论之谬》②一文中，它就论述西人以基督教为本位，鄙视其他国家民族文化与传统之错误。又如在《书西字日报后》③一文，它就指出西报将当时在华的洋人分为两类(即教中国兵法、立功杀贼，然后携银归国者及教人为善、以不杀人为原则的传道者)之说法，其实是似是而非的论调。它认为在表面上，上述两种人虽然有所不同，一为"刚道"，一为"柔道"，但"外假仁义，内恃甲兵"，却是西国、西人的共同哲学。它指出，泰西诸国挟着火轮、铁甲、巨炮等奇器，"杀人唯恐不多，胜人唯恐不尽"；至于天主、基督虽教人为善，但西国奉行1800年以来，战争从未间断，反而"兵器愈精，兵祸愈烈，而募人为兵者，几于通国"。针对这些可悲的现象，传道者照理应该"痛哭流涕"，但事实上他们却"沾沾自喜其国之强足以制人而服众"。《循环日报》于是向传教士提反问：不是忘了不杀人之原则吗("岂忘其不杀之本旨哉")？它还质问这些传教士为什么不先劝其国人不

① 《循环日报》1874年2月5日。
② 《循环日报》1874年4月30日。
③ 《循环日报》1874年7月17日。

杀人，然后再劝中国人不杀人（“何不以不杀自劝其国，而乃以不杀劝中国”）？它最后指出，面对着西方强国之威胁，中国只有在“自立于不败之地”之后，才可以谈杀人与不杀人的问题，“否则我必为人所杀”。至于“布德行仁”却是“中国所恃以为根本者”。它虽然与西方教士之“不杀之旨”相似，但却有着本质之不同。因为中国的“布德行仁”，无不以“煦煦为仁、孑孑为义”为中心思想。

很清楚的，这篇文章彻底揭穿了西方来华传教士的伪善面孔。它劝告国人在这非常时刻，不可轻信传教士的所谓放弃武器的理论，而应该时时提高警惕，加强军备与海防。

不仅如此，对于西人西报任何侵害中国主权的言论，该报也决不保持沉默。例如，在引述英国日报报道西人向中国当局提出开放市场、疏通入口河道与自由开采矿山等建议时，该报便义正词严地指出：“按此英商所举之曰者皆和约中所载，其可行与否当听我国自为之，外人不得而越俎也。”①

至于《香港中外新报》、《香港华字日报》所关注的“猪仔问题”，《循环日报》从创刊开始便从未松懈过对它的注视。在创刊号，该报便提出《严禁贩人出洋》的主张，第二天又指出《秘鲁厚待华佣不足信》，并揭露在秘鲁工作的华工受到“苛刻暴横”的待遇，“往者数万人而生还者无一二”之事实。当时澳门迫于各方的舆论压力，不得不采取行动，禁止臭名昭彰的“猪仔馆”，但对它能否真的全面根绝及将否死灰复燃，《循环日报》便一直予以密切监视，并强烈反对任何形式的折衷方案。针对西人提出由中国官员与西洋人共同设法保护华工出洋的建议，该报在《论澳门断不可复设招工馆》②一文中，予以强烈反对，因为这项害人不浅的“猪仔馆”“禁之綦难而开之最易”，一旦重开，悲剧必将重演。该报甚至进一步主张斩草除根，反对基于“人道”（即同情“猪仔馆”主持人及其助手今后的谋生问题）的理由，网开一面，让他们迁往他处重操旧业的论调。

《循环日报》初期立论的另一重点，是日本问题。当时日本明治维新已成功，针对日本学西制，“仿行西法，殊有自强之志”，该报不但经常投以羡慕、赞美的眼光，予以详尽报道，而且还时常引以为例，作为中国应该改变，中国不应沉迷于鸦片，而应发奋图强的最好借鉴，所谓“国以民为本，民以志为先”，便是该报对中国当局及读者的呼吁与期待。③

《循环日报》创刊的1874年，也是日本图谋向海外邻邦发展的时刻。针对日本有意出兵朝鲜，以及借口所谓“生番事件”侵攻台湾的动向，该报不仅予以密切关注和详细报道，而且还加以抨击。在该报看来，朝鲜向来朝贡中国，台湾则不但是中国的版图，而且是一大“重镇”，中国岂能容忍日本征伐之。基于这样的原则，该报不断地刊

① 《循环日报》1874年6月11日。

② 《循环日报》1874年4月21日。

③ 《日本禁烟说略》，《循环日报》1874年2月6日。

登非难日本出兵的文章。在一篇论述日本未必可胜的文章中，评论者(相信是编者王韬)开门见山指出：

> 日本用兵于台湾，既戮生番而犹徘徊不去，我国岂能置之度外？必当严整边防，大施军攻，以固我疆而保我民，此非我好言武略也。[①]

紧接着则发出警告，如果中国坐视日本之“骄且狂”，其他各国将“效尤之……而国将不可以为国”。因此该评论主张以“法公理直、义正词严”的态度，斥责日本之非。同文在结语时强调日本之兵虽众，但“好战必亡，佳兵不祥，吾恐日本将为昔日法人之续也”。

为了加强舆论的压力，《循环日报》除了刊登背景文章，介绍台湾近况之外，也经常引述和转载西报的言论，说明中国保卫台湾名正言顺。

六、结论

综上所述，可以知道，处于内忧外患的时代，王韬倡办以“华人出资、华人操权”为标榜的《循环日报》，从一开始便表现出与其他华文报不同的风格。它重视言论，而一切言论又以国家、民族的利益为依归。对内，它疾呼当局放弃保守的思想，主张“变法自强”；对外，它主张加强海防，不许外来者对中国任何权益进行丝毫的侵犯。《循环日报》的上述风格，毫无疑问地开创了文人论政的政论报纸的先河。王韬之所以被誉为“中国的第一位政论家”，以《循环日报》之评论为主的《弢园文录外编》之所以被称为“中国第一本政论文集”，其道理也在于此。他对后来政论报纸的兴起，特别是19世纪90年代政论报纸的影响是至深且巨大的。

政论报刊的崛起与社会变革的突进

——对《时务报》的个案研究

闾小波

导言——

本文刊载于《南京大学学报》1994年第3期。

闾小波，1960年生，历史学博士，南京大学政府管理学院教授。著有《中国早期现代化中的传播媒介》、《近代中国民主观念之生成与流变》等。

① 《论日本未必可胜》，《循环日报》1874年7月1日。

甲午战争后，维新派人士挺身办报，把报刊作为开展变法运动的利器。《时务报》一纸风行，“举国趋之，如饮狂泉”。本文从受众分析入手，具体考察了《时务报》对变法维新所产生的推动作用。作者将变法维新分为两个阶段：一是《马关条约》签订后至“百日维新”，二是“百日维新”。对于第一阶段的变法，《时务报》不仅起到了舆论动员的作用，而且增进了朝野上下的沟通，铸造了一批初具现代人格的官绅。“百日维新”期间，《时务报》成功地制造了以变法自强为核心的社会舆论，推动了社会共识的形成，促进了变法力量的整合。此外，《时务报》对于文化变革也产生了重要的影响，官绅价值取向和社会习俗发生了深刻的变化。在《时务报》的带动下，新式出版机构骤增，形成了以《时务报》馆为核心辐射全国的文化市场。作者指出，在中国早期现代化的进程中，《时务报》的崛起具有划时代的历史意义。

在1894年前的中国早期现代化进程中，社会变革起步艰难，步履蹒跚，究其原因固然是多方面的，而滞后的大众传播媒介所起的制约作用，则是一个被人忽视的重要因素。“传播媒介滞后与社会变革缓进”的格局在中日甲午战争后发生了根本性的变化。从此，国人开始自办政论报刊，操纵传播事业的主动权，为中国的现代化大造舆论。社会变革也由数十年的“缓进”状态进入一个“突进”的新时期。本文研究的重点是：以《时务报》为代表的政论报刊对变法维新所产生的推动作用。

一、甲午战争后《时务报》应运而生

在由传统社会向现代化转变的过程中，大众传播媒介的盛衰与社会矛盾尤其是民族矛盾的激化程度关系甚大。通常是社会矛盾的激化或民族危机的加深，造就了一定数量的活跃的公众。在这种情况下，以天下为己任的知识精英挺身而出，扮演着舆论的制造者，借大众传播媒介向民众发表有关时局的见解，进行最广泛的社会动员。

对生活在世纪末的中国人来说，甲午战争虽是近代以来历次中外战争中最近的一次，但它对中国历史进程的影响远非以往的战争所能比拟。它由中国的邻邦，“土地、人民不能当中国之十一”的蕞尔小国日本挑起，出人意料的是中国不仅战败，而且败得太惨。稍有头脑的中国人莫不感到震惊、愤慨、困惑。所以，梁启超说：“唤起吾国四千年之梦，实自甲午一役始也。”[①]国人在梦醒之后，社会舆论哗然。“忧国之士汗且喘走，天下议论其事，而讲求其法者杂遝然矣”[②]。这种舆论鼎沸、人心骚动的社会现象，客观上为大众传播媒介的发展提供了必要的前提。此间沸腾的社会舆论至少表现在以下两个方面：

一、朝臣、绅商、布衣等竞相进言抗争，抒发忠愤。在李鸿章东渡前，光绪帝命

① 梁启超：《戊戌政变记》，《戊戌变法》(一)，神州国光社1953年，第296页。

② 同上。

"三品以上官议和战，迨割地赔款之议定，朝野忧忿，台湾臣民尤力争，中外封章电奏阻款议凡百十上"[①]。这些奏章有：电阻议和、向英法俄等国求援、缓期换约、弹劾李鸿章及其子李经方、坚持再战等等。张之洞在得知《马关条约》的当日，致电莱州李抚台："闻议和已定，种种可骇，从此中国不能自立，实属痛恨。"[②]受命为战时钦差大臣的刘坤一致电张之洞："朝廷任坤，不能办贼，而徒俯乞和，款议各条，屈损实甚，无力回天，何地自容！"[③]商界人物郑观应得知中国战败的消息后，"痛哭椎胸"，连呼"痛哉！"[④]下层布衣也上书疆臣，抒发忠愤。一位前来南京赶考的安徽廪生上书两江总督："自五六日来，念天下事深切杞忧，或中夜坐起，或对食忘餐，审计深算，极心思之力，以求中国自强之策。"[⑤]有些地位卑微者则发出报国无门、无力回天的惆怅："蒿目时艰，不安寝食，每日拔剑斫地，搔首问天。"[⑥]官绅的悲愤之情、爱国之心溢于言表。他们表露出前所未有的强烈的主人翁意识，这是《时务报》等政论报刊能赢得广泛的受众并赖以生存的社会基础。

二、官绅群体的抗争初步显示出了舆论的力量。朝臣的上奏、绅商的条陈多表现为一种个体的、不公开的和纵向的沟通。从传播学上看，这不会产生广泛的社会效果。群体联名抗争则不同，它往往是公开或半公开的活动，并在群体间有密切的横向联系，从而可产生广泛的传播效果。

联名抗争始于朝廷内部。光绪二十一年三月二十三、二十四日总理衙门章京等递说帖，争款事；二十五日文廷式约戴鸿慈等四人上奏，请饬使臣展缓商议。"于是，一说帖、一奏，京师传抄。至二十九日，而翰林阖署公折上。三十日，近支贝勒贝子公等公折及都察院公折并上。四月初一日内阁阖署公折亦上。各部司员各具公折"[⑦]。其中四月初一日内阁阖署有的上书签名者多达155人。

廷臣的公折感愤了前来应考的"公车"。在康有为的策动下，各省公车接踵上书，至使京师"人情汹涌，奔走骇汗，转相告语"[⑧]。

官绅的群体抗争虽不能阻止条约的签订，但他们对条约的内容及危害条分缕析，剖析于众，敲响了民族危机的警钟。统治者在这股舆论压力面前不得不作出应有的反应。首先，主和者被迫提前"盖用御宝，发使赍行"，他们在《马关条约》签订后迫于舆论的压力，相继"请病去朝"（如孙敏汶、徐用仪等）。其次，光绪帝下罪己诏：皇上

---

① 印鸾章：《清鉴》，上海书店1985年，第802页。

② 中国史学会：《中日战争》（五），上海人民出版社1957年，第103页。

③ 中国史学会：《中日战争》（五），第126页。

④ 《甲午中日战争·盛宣怀档案资料选辑之三》，上海人民出版社1982年，第383页。

⑤ 中国史学会：《中日战争》（五），第473页。

⑥ 鲁阳生：《普天忠愤集》卷八。

⑦ 钱仲联：《文廷式年谱》，《中华文史论丛》，中华书局1982年，第294页。

⑧ 中国史学会：《中日战争》（四），第5页。

"宵旰旁皇，临朝痛哭，一战一和，两害熟权，而后蟠然定计，此中万分为难情事，言者奏章所未及详，而天下臣民皆应共谅者"①。此谕还发誓以后痛除积弊，详筹兴革，以收自强之效。凡此表明，公车上书的初衷(拒和)虽未达到，但不能说彻底失败。从大众传播与社会变革互动的角度看，舆论的力量已得到一定程度的显现，而光绪帝锐意自强的上谕又为士大夫继续大造舆论打开了绿灯。通过"公车上书"，康、梁等人看到了结成带有政治色彩的社团的必要性及良好前景，同时，他们也感到仅靠集会、签名的方式制造舆论在时间和空间上均有很大的局限性，而能超越时空的传播媒介就是报刊和书籍。梁启超说："欲振中国，在广人才；欲广人才，在兴学会。"②而欲兴学会，"非有报馆不可，报馆之议论，既浸渍于人心，则风气之成不远矣"③。于是，设学会、开报馆便成了他们继续努力的方向。

1895年，康、梁等人在京沪创立了京师强学书局、上海强学会、《万国公报》、《中外纪闻》、《强学报》等。康、梁等通过学会、报馆激励国人，痛陈亡国以后惨酷之状，使"读之者多为之下泪，故热血震荡，民气渐伸"④。经由学会、报馆的组织联络和舆论渗透，维新派在京沪两地整合了一批有志于变法的官绅，其中上自京官督抚、下至绅商布衣，变法力量渐有越聚越大之势。在这种情况下，"守旧之徒恶之，御史杨崇伊上奏劾其私立会党，显干例禁，请旨查封"⑤。然而时代不同了，光绪帝迫于后党及顽固势力，虽谕令查封京沪的学会、报馆，但采取的实际行动还是较温和的。他只是将文廷式革职，而未追究多数当事者的责任，维新势力基本上得以保存。

维新派对眼前的受挫并不甘心，他们将再度复兴的战略重点从北京转向上海。此时的上海不仅是中国最大的工业商业中心，而且早已取代香港成为中国新闻事业的中心。它是"新学枢纽之所"⑥，"总南北之汇，为士夫所集走，乃群中外之图书器艺，群南北之通人志士"⑦。

1896年春，黄遵宪、汪康年、梁启超等协议在沪创办《时务报》，5—6月间，他们刻印了一份由梁启超起草、黄遵宪改定的《时务报公启》，分发各处同志。8月，《时务报》正式创刊。

二、《时务报》的出版发行

《时务报》是一份始终坚持以"变法自强"为宗旨，而在组织上又不隶属于任何政

---

① 《德宗景皇帝实录》卷366，中华书局1987年，第780－781页。

② 梁启超：《论学会》，《时务报》第10册。

③ 丁文江等：《梁启超年谱长编》，上海人民出版社1983年，第40页。

④ 梁启超：《戊戌政变记》，《戊戌变法》(一)，神州国光社1953年，第298页。

⑤ 同上。

⑥ 张元济致汪康年函，《汪康年师友书札》(二)，上海古籍出版社1986年，第1678页。

⑦ 《康有为政论集》上册，第169页。

治派别的民办政论报刊。资金来源完全是由报馆自筹，经营上自负盈亏。

报馆的经营由汪康年负责。其收入主要由三部分组成：官绅的捐款占 19.69%，售报费占 77.42%，其他收入占 2.89%。支出部分主要是职员的薪水及印报费。1898 年停办后仍有节余。这与同期其他报刊收不抵支，被迫停办的情形形成鲜明的对照。

《时务报》计收到 106 笔捐款，捐款者的身份多为官绅和企业家。官员中上至督抚、提督、驻外公使，下至知县、候补官。这些人多为变法维新中的活跃分子。他们的所为表明其在思想上基本上认同了《时务报》的传播内容。

《时务报》创办之初，中国尚未设立自己的邮政。《时务报》的发行主要是通过报馆在各地建立的代销点。《时务报》上刊登的告白显示，在国内的代销点分布在 18 个省，计 138 处。港、澳、南洋及日本等处亦有固定的售报点。

《时务报》的发行量，依据《昌言报》上刊登的《时务报丙申七月至戊戌六月收支简明账目》，《时务报》第 1—50 册计印刷 610 700 册，据支出的印刷成本推算，第 51—69 册约印刷 17 万余册，累计约印刷 78 万册。此外，报馆还推出缩印本。第 1—30 册缩印一万部，计 30 万册。这样总共有 100 余万册。至 1898 年 7 月停刊时，绝大部分均已售出。《时务报》每期的发行量有一个由低→高→低的升降过程。初创时七千余份，第二年增至一万二千余份，1898 年降至八千余份。这与印刷总数大至合拍。

《时务报》在各地的销售很不平衡。该报第 39、59 册分别公布了 1896 年和 1897 年分派到各代销点报刊数额（其中有现报、旧报及缩印报）。各代售点虽未都能售完，但大致能反映出该报在各地区的销售情况。兹列表如下：

地区	代销点	代销数（册）	地区	代销点	代销数（册）
京师	10	34 186	安徽	9	25 628
直隶	6	38 619	江苏	25	54 558
山东	4	5 469	浙江	19	29 285
山西	1	20 040	福建	4	11 124
河南	2	14 050	广东	10	38 854
陕西	2	2 793	广西	2	2 220
甘肃	1	3 330	云南	1	2 650
四川	10	28 625	贵州	3	10 385
湖北	8	51 521	澳门	1	1 131
湖南	4	48 690	香港	3	8 129
江西	2	22 168	上海	11	549 255

代销数量较多的地区多为沿海、沿江地带，这些地方经济较为发达，交通便捷。

无代销点的地区也有少量《时务报》流传。如东北，1897 年任黑龙江舆图局总办的屠寄就代销过《时务报》[①]。

《时务报》之所以能独领风骚，畅销不衰，取决于诸多因素。传播学的理论认为，传播媒介的具体内容是影响传播效果的最决定性的因素。《时务报》的传播内容主要由三部分组成：一是论说，它最富有理论色彩，并直接代表了传播者的思想。主要作者是梁启超、汪康年、麦孟华、章太炎、徐勤、欧榘甲等，他们是中国新型知识界中的精英人物。其中最为受众所称道的是梁启超的《变法通议》和汪康年的《中国自强策》。他们或动之以情，或晓之以理，将变法自强的主旨阐述得淋漓尽致。二是奏章，包括谕旨、奏折、附片、公牍、条陈、禀、说帖、章程及少量国外的章程。三是译文，主要内容是外国对华报道及评论、外国对华政策、各殖民地的惨状等。奏章及译文均带有很强的新闻性，它"给公众提供了一幅关于正在发生的事实图像"[②]，起到了"通上下之情"和"通中外之故"[③]的作用。

《时务报》畅销的另一个重要的因素是官员的"奖许"。19 世纪末，国人自办政论报刊尚无法律依据可寻(《大清报律》到 1908 年才颁布)，因此，国人创办及阅读政论报刊均带有一定的风险。清廷封禁《中外纪闻》和《强学报》为前车之鉴。在这种情况下，官员的"奖许"及所起的示范作用对政论报刊的生存就显得尤为重要。《时务报》的得力支持者张之洞在该报创刊后不久就发布了《饬全省官销时务报札》，令"全省文武大小各衙门"、"各局各书院各学堂"购阅《时务报》[④]。此札发布后，步武其后者有十余人。因有地方官的号召，《时务报》在这些地区的发行量较邻近省份要多。这说明清季报刊的发行除受客观因素(交通的便捷程度、商品经济的发展水平、区域文化水准等)的制约外，地方首脑对报刊的重视程度亦不可忽视。这也是中国现代化进程中传播媒介事业发展的一个特点。

三、《时务报》的受众

人数。中国官绅向以正人君子自命，对新式大众传播媒介不屑一顾。而《时务报》一问世便举国倾谈，吸引了十分众多的官绅。对这种巨变有深切感受的严复说："人心久痹思起，久郁思达，而《时务报》饷食于已饥之余，激矢于持满之后，义例精严，名称正大，翕然响应，天下与之，解褚投后，雷动满盈。"[⑤]对变法维新有诸多微词的胡思敬亦不否认该报为受众所欢迎的事实[⑥]。

---

① 《汪康年师友书札》(三)，第 2189 页。

② 德弗勒等：《大众传播通论》，华夏出版社 1989 年，第 116 页。

③ 严复：《国闻报缘起》，《国闻报》1897 年 10 月 25 日。

④ 张之洞：《饬全省官销时务报札》，《时务报》第 6 册。

⑤ 严复：《时务报各告白书后》、《严复集》第 2 册，第 493 页。

⑥ 胡思敬：《戊戌履霜录》，《戊戌变法》(一)，第 373 页。

《时务报》受众的确切人数因缺乏第一手的统计资料无从确知，现只能推测。对《时务报》的受众颇为留心的举人裘廷梁对无锡的受众作了这样的描述："以无锡言之，能阅《时务报》者，士约二百分之九，商约四五千分之一，农工绝焉。推之沿海各行省，度不甚相远。"他还预测："其力足以购报，才足以阅报者，罔不购阅之矣。自今以往，阅报之人有增无几矣。"照此推论，全国有生员和监生以上的绅士约一百五十万人，阅读《时务报》的绅士约为七万余人，其他各界即以三万人计之，计有十万人。按传阅率推测，《时务报》每期平均发行量约一万份，以 1∶10 计之，也有十万人。此外还有许多因种种原因只能读到数册的受众。除这些自身阅读《时务报》的直接受众外，还有大量的间接受众。传播学的研究成果表明："有效的传播媒介往往是大众传播与人际传播的结合，即既有通过阅读获得讯息，也有通过人际的交谈、通信等方式间接获得媒介的传播内容。"[①]通过后一种方式获得传播内容的人通常称之为间接受众。这一时期的间接受众多为某种群体内的成员，通过群体内的直接受众将传播内容传给其他成员。甲午战争后官绅公开的或地下的结社非常频繁。湖南学会聚众讲学，第一次与会者多达三百余人。此外还有些依托于家庭、会馆、官署、幕府等的非正式群体。《时务报》直接受众与间接受众之比如为 1:10，间接受众则有一百万人。

构成及地区分布。受众的构成主要有官吏、在籍绅士、书院及学堂学生、少数商人。官吏是《时务报》受众的重要组成部分。湖北、湖南、浙江、直隶、山西等的地方官都曾明令各级官府购阅《时务报》。京官中间像张之济、杨锐、李端岳、吴保初等不但是读者，且协助推销《时务报》。清末在籍的绅士很多，他们或在乡里著书立说、办学堂，或充当各级衙门的幕宾。19 世纪末兴学风潮渐盛，新式学堂及旧式书院大都接纳时务书刊。这部分受众人数颇多。他们虽地位卑微，暂不能凸现出他们对社会的影响力，但潜在的历史意义不可低估。许多人正是通过阅读《时务报》而步入追求新知的道路，成为后来政治舞台上的显赫人物，比如陈独秀[②]。反映商人阶层阅读《时务报》的资料虽不多，但关心《时务报》的商贾还是有的，如上海巨商严信厚不仅是该报的受众，且向报馆提供了有关商务的公文及奏折[③]；湖南矿务总局等工矿企业还向报馆捐银。这说明中国工商阶层不再将目光仅局限于经营活动，而开始关注政论报刊，显露出一定程度的政治参与意识。《时务报》受众的地区分布同样可以用上表该报在各地的发行量来说明，这里不再赘述。

四、《时务报》与变法维新

本文将变法维新分为两个阶段：一是《马关条约》签订后至"百日维新"，二是"百

① 赛弗林：《传播学的起源、研究与应用》，福建人民出版社 1985 年，第 131 页。

② 陈独秀：《实庵自传》。

③ 严信厚致汪康年函，《汪康年师友书札》(四)，第 3271－3272 页。

日维新”。对于第一阶段的变法，《时务报》的推动作用至少表现在以下三个方面：

首先，《时务报》的论说及译文起到了舆论动员和中外沟通的作用。《时务报》不遗余力地鼓吹不变法之害和中国自强策，这才使得国人从现实的地图上，而不是在昔日梦幻般的一统天下内找到自己国家所处的确切位置。现实的中国已不再是众星捧月般的天朝上国，而是“病夫”、“俎上肉”。中国不是什么至美至善，而是百弊丛生。诚如张之洞所言：“报之益于国人者，博闻，次也；知病，上也。……大抵一国之利害安危，本国之人蔽于习俗，必不能尽知之。即知之亦不敢尽言之。惟出之邻国，又出于至强之国，故昌言无忌。”[①]国人“知耻知惧”，遂能生奋励变法之心。

其次，《时务报》上刊布的有关变法维新的奏章增进了朝野上下的沟通，为地方官绅支持及投身变法维新提供了权威的依据。

再次，《时务报》作为一种“能动的倍增器”[②]，铸造了一批初具现代人格的官绅。他们是变法的主体和中坚力量。且不说像陈宝箴、张之洞、廖寿丰等在疆臣中冲在前头的人物，那些中下层官员也有诸多积极的举动。如《时务报》的受众、江苏铜山知县陶在铭认为：中国有“一千数百州县之多，如能各栽培数人，以待采用，何患无才”[③]。基于此，他捐廉开办了一所算学社，并购置了书籍仪器，以造就新人。这些初具现代人格的官绅不仅坐而言，而且起而行。

“百日维新”是对前三年变法的继承与发展，所不同的是“速率”加快了。《时务报》虽在“百日维新”期间因改官报之争而更名为《昌言报》，但不能抹煞其对“百日维新”的深刻影响。

首先，《时务报》成功地制造了以变法自强为核心的社会舆论。任何一种社会舆论的形成都不是一蹴而就的，它有一个内在的、逻辑的发展过程。甲午后，朝野官绅群情激昂，交章论奏，其内容往往纷然陈杂，混然无序。这种议论不能融铸成一种成熟的社会舆论，它只不过反映出各种意见或主张；而舆论是以反映和调节异常的社会矛盾现象为活动内容的公众意见的集合。在由意见到舆论，即由众喙交集到众口一词的过程中，传播媒介起了至关重要的作用。因为“它能够同时传播统一及标准的政治消息给众多的人民，它们的标准化足以产生举国一致的行为模式”。[④]《时务报》的受众通过反复接触传播者制造的以变法自强为核心的传播内容，再融合、过滤自己原先的意见或主张，进而形成一种与传播者思想相近的共识。社会舆论就是受众普遍形成的一种共识。《时务报》受众对其传播内容的认同在《汪康年师友书札》中几乎俯拾即是。变法维新的社会舆论的形成，不仅是“百日维新”得以推行的历史前提，且是

① 张之洞：《劝学篇·阅报》。

② 施拉姆：《大众传播媒介与社会发展》，华夏出版社1990年，第46页。

③ 陶在铭致汪康年函，《汪康年师友书札》(二)，第2099页。

④ 杨孝荣：《传播社会学》，台湾商务印书馆1979年，第493页。

促成“百日维新”的因素之一。诚如“百日维新”期间一位知县致函报馆所言：“时政日更，朝中渐有振作气象，此得力于士人倡言下者为多，而诸君子首开东南坛坫，尤为诸学报先声。”①

其次，促进了变法力量的整合。变法维新是19世纪中国最为激剧的一场政治变革，其参与者不独是向者所讲的以康、梁等为核心的少数“维新派”，而是一个带有革新倾向的、包括上自帝王督抚下至士绅甚至布衣在内的十分庞杂的社会力量，这种力量不是一个“派”、“党”或“团体”，而是有着不同程度联系的松散的社会群体。这一联系的建立主要依赖于《时务报》及同期其他政论报刊如《知新报》、《湘报》、《国闻报》等。《时务报》对变法力量的整合，主要通过拓宽官绅间的纵向联系和各阶层间的横向接触来实现。人与人之间的联系在任何时代都是无条件的、绝对的，但因某种因素的作用发生内容基本相同的联系则是相对的、有条件的。《时务报》创刊后，拓展了人们联系的空间和时间，并把国人的注意力都吸引到变法维新上来，从而使立志变法的人士得到一定程度的整合。

再次，《时务报》的受众在“百日维新”中扮演了十分重要的角色。传播媒介对社会所产生的任何影响最终都是通过其受众的行为方式的改变而实现。光绪帝本人就是《时务报》的一名受众，他看了梁启超的《变法通议》后，召见梁，“发出其书，令订正漏误，皆粘出片纸，其精细勤敏如此”②。对梁主编《时务报》“德宗颇称其善”③。“百日维新”期间上奏较多的督抚、布政使、学政等大都曾热情支持过《时务报》，对《时务报》评价甚高。当然，也不能将这些人支持维新看成仅仅是受了《时务报》这一种媒介的影响。

还有，“百日维新”期间谕令推行的变法措施绝大部分已由《时务报》作过深入的阐述和宣传。这只要将新政上谕与梁启超、汪康年等人所撰写的论说稍加对照就不难发现。因此，《时务报》虽在“百日维新”期间因故更名，但它对“百日维新”所起的舆论铺垫作用是不应忽视的。

“百日维新”最终被西太后扼杀，原因是多方面的，但不能怀疑舆论的影响力。历史发展的进程表明，20世纪初西太后不得不继续“维新”，这恰恰说明了变法舆论的潜在影响力。

五、《时务报》与文化变革

在现代化的进程中，文化与政治有着桴鼓相应的变革。就其变革的基本特征而言，政治变革往往是自上而下的，而文化变革多表现为水平的或自下而上的。《时务

① 徐赓陛致汪康年函，《汪康年师友书札》(四)，第3593页。

② 梁启超：《戊戌政变记》，《戊戌变法》(一)，第312页。

③ 《戊皮变法》(四)，第48页。

报》所带来文化的变革至少表现在以下三个方面：

一、官绅价值取向的变化。《时务报》猛烈抨击现实社会及传统的价值取向，向国人灌输以西方文化为参照系的价值观，使官绅的价值观产生了一系列潜移默化的变化。如由务虚文到尚实用。《时务报》痛斥科举时文之虚妄，提倡务实致用的"新学"。士子不再视举业为唯一的出路，而报考新式学堂者趋之若鹜。湖南时务学堂招考仅数日，报名者"已逾二千人，而后至者犹以未与考为恨"①。京师大学堂拟招200人，报考者也有千余之多，这与当年同文馆开馆时的情形有天壤之别。参政、议政意识增强。《时务报》在苏州的一群青年读者经常在一家茶馆相聚，讨论时政和学问，后来他们又组织一个文会，"轮留当值，出一个论文题目，或者是属于文史的，或者是属于时事，大家回去写了一篇，特地送给当地名人去指点批评"②。陈独秀在读到《时务报》上刊登的有关长江防务的译文后，便自撰并石印出版了《扬子江形势略论》的小册子，表现出强烈的主人翁意识。结社团、组学会蔚然成风。在梁启超的号召下，国人再也不将结社立会视为一种禁忌，他们大胆地设立了各种类型的学会，表现出了现代人应有的合群意识和参与精神。当然，官绅价值观念的这种变化仅仅是初显其端倪，但正是这种端倪成为中国现代政治文化生长的源头之一，而《时务报》可谓其源头活水。

二、社会习俗的变化。社会习俗是特定文化的价值观的外化，在由传统社会向现代社会的过渡时期，传统的习俗必然会受到现代价值观的涤荡，社会习俗也会顺应时代的潮流而发生相应的变化。《时务报》鼓吹强种保国，祛除陋规恶习。"欲强国者，先视其民。一曰众其民，二曰强其民，三曰智其民。今日智民在兴学，强民在戒烟，众民在使男女皆可资国家之用。"③《时务报》同仁将社会习俗的改良与民族的生死存亡相联，实将民族主义注入了习俗改良运动。此间，在改良社会习俗方而成就最突出的就是戒缠足和兴女学。《时务报》馆内附设的上海戒缠足会是全国戒缠足运动的中枢。该会还募捐印刷了二万册《女学歌》和三千册《以识字代缠足浅说》交各地会员散发，制造兴女学和放足的社会舆论。据广学会的《万国公报》称，在上海戒缠会注册的会员多达三十余万之众。

三、文化市场的巨变。鸦片战争以后，随着西方文化商品及印刷技术（石印、铅印）传入，中国传统的文化市场发生了一系列变化。首先，印刷中心由北京移至上海。其次，教会的出版物开始由通商口岸向内地扩散，试图抢占中国的文化市场。再次，新式出版机构及报馆大多由外人操纵。中国人在文化市场中应享有的主权，如同政治、经济的主权一样，在一步步沦丧。这一局面随着《时务报》的崛起发生了巨变。国

① 谭嗣同致汪康年函，《汪康年师友书札》（四），第3266页。

② 包天笑：《钏影楼回忆录》上册，香港大华出版社1971年，第149页。

③ 张之洞：《戒缠足章程叙》，《时务报》第38册。

人自办的报馆及出版机构逐步打破了外人对新学传播的垄断地位。

关于报馆、学会对传播新学的贡献中外学者均给予高度的评价,他们认为新式报刊"开创了中国文化的新阶段"[①]。但他们对同期中国人自办的新式出版机构所出版的新书及影响都有疏漏或阐释不详。这里着重阐明两点:一、在《时务报》的影响下新式出版机构骤增。《时务报》馆本身就是一个兼具出版及发行的综合文化企业。其出版发行的著作、译作有十种(其中梁启超著《西学书目表附读西学书法》发行五千余册),报馆分布各地的一百多处代销点代销报刊有 13 种,书籍 60 余种(见《时务报》上的告白)。这些销售网点拓宽了文化商品的流通渠道,形成一个以《时务报》馆为核心辐射全国的文化市场。国人自办的新式出版机构以上海为最多,影响较大的有康、梁等人集资开办的大同译书局和高凤池、夏瑞芳等人创办的商务印书馆,后者发展成为民国时期最大的出版机构。内地省份新式出版机构亦多,以湖南为例,长沙就有新学书局、经济书局、实学书局、三味书局、维新书局等。此外,还有少数官办的新式出版机构,如京师官书局、天津西学官书局。原有的十余家省级官书局也开始改弦更张,出版西学书籍。二、时务类书籍或丛书风靡全国。《时务报》问世后,出版界刮起了一股强劲的"时务"旋风。有关时务的小册子可谓汗牛充栋,大型时务类丛书也层出不穷。如《时务通考》(24 册)、《西学时务总纂大成》(24 册)、《中外时务策府统宗》(48 册)、《万国时务策学大全》(20 册)、《时务分类与国策》(16 册)、《中外时务策学纂要》(16 册)等。这些大型丛书的出版发行一改过去文化市场为经史子集所充斥的局面,初步形成了满足社会需求的文化新格局。

在中国早期现代化的进程中,《时务报》的崛起具有划时代的历史意义,它不仅基本上改变了数十年来舆论滞后的被动局面,控制了舆论传播的主动权,而且为中国在步入 20 世纪后形成传播媒介与社会变革良性互动的新格局开辟了良好的前景。

《苏报》及"苏报案"(节选)

周佳荣

导言——

本文选自周佳荣《苏报及苏报案:1903 年上海新闻事件》(上海社会科学院出版社,2005 年)。

周佳荣,广东潮阳人,香港浸会大学历史系教授及近代史研究中心主任,著有《新

① 费正清:《剑桥中国晚清史》下册,中国社会科学出版社 1985 年,第 372 页。

民与复兴——近代中国思想论》、《言论界之骄子:梁启超与新民丛报》、《近代日人在华报业活动》等。

《苏报》是清末重要的革命报刊之一,"苏报案"更是轰动一时的大事,二者对于晚清政治和思潮的演变,都有巨大的影响。早期中国近代史论著,大抵能就《苏报》的言论及"苏报案"的经过作概略的叙述,但其中有若干史事尚需作详细考证,《苏报》的历史地位也未曾得到较全面的评价。《苏报及苏报案:1903 年上海新闻事件》一书,通过史料的排比与综合,阐明《苏报》从主张维新转变为鼓吹革命的因由,分析该报激烈言论的出现以至酿成巨案的始末,并以之为线索,探讨了《苏报》在清末革命运动和思想转型期中所起的作用。

第五章 《苏报》的激烈言论及排满革命主张

《苏报》自光绪二十九年五月初六日(1903 年 6 月 1 日)"大改良"开始,成为极端激进的报纸,公然主张反满革命及杀人主义的文字,无日无之,"官场之所媒孽,实始于是日之论说"①。

不过,早在是年春间,《苏报》言论已表现出日趋激烈的倾向,而满汉之间的民族问题,可以说是诱发的主因之一。二月十六日(3 月 14 日)刊出的《异哉满学生异哉汉学生》,评论元旦东京满汉留学生的冲突,谓:"满学生自二百六十年前之远祖,率其游牧种族,占据禹域,食我之毛,践我之土,不思报德,而顾为盗憎主人之计。人之忘恩负义,有如是之甚者耶?"戊戌以后,"汉人知身家性命,终不足托于顽固庸妄之手;仁人志士,求其在我者乃倡为自立革命排满之议。然推知所以致此,则皆满人之顽固者,有以感召之也"。其浓厚之种族感情,已明显可见。但作者同时又指责激进的青年学子自命为国家的主人翁,"然则取一二革命排满之言,腾诸口说,遂可以恢复中国乎?"认为"自有此辈口头禅之革命排满,而革命排满之实际乃无望矣"。对于今后应该采取怎样的途径拯救中国,作者主张慎重考虑,其态度甚至可说是犹豫不决的,如说:"中国之前途,黑暗如漆,革命以兴乎?亦以亡乎?立宪乎?专制乎?民政乎?双立君乎?联邦乎?分治乎?凡此一一绝大之间题,吾恐东西之大政法家穷累年之脑力,有不敢轻下一判断者,今也未尝审顾,未尝踌躇,而辄欲张其赤帜,是欲以神州为尝试之一掷也。"②

此后,《苏报》亦常有肯定汉人地位及责任、劝喻汉人自爱与自强的言论,例如:"其所以致吾种族灭者,其咎不在他人,而在我等也。……我同胞若不愿受亡国之责,不顾为亡国之民,则请造时无待时。"又如:"中国之衰弱至今日而极矣,汉族之受困亦

① 《苏报案纪事》,缺编者姓名及出版时地。台北:国民党史会影印本,第 2 页。

② 《异哉满学生异哉汉学生》,光绪二十九年二月十六日(1903 年 3 月 14 日)《苏报》"论说"。

至今日而极矣，居此艰难拮据之秋而仍待时，吾恐不出数年，而于地球上已变颜色矣，我黄帝子孙可以自知矣。”或者强调：“今日之中国，为我汉族竞争之大舞台也；今日之时势，为我汉族振兴之时势也。”[①]相对地说，实可视为排满思想大起的先兆。

正式倡言革命的言论，则始于四月十七日(5月13日)《敬告守旧诸君》一文，宣称：“居今日而欲救吾同胞，舍革命外无他术。非革命不足以破坏，非破坏不足以建设，故革命实救中国之不二法门也。”从这篇论说，还可看到两个重要的问题：第一，对于革命与维新的界限，仍没有清楚区分，作者承认维新亦有益于国家前途，譬如说：“在诸君中且有自命为维新者，夫维新则甚佳，吾日夜馨香跪祝诸君之维新也，诸君而维新，则吾将为中国前途一贺。”这与五月初六日(6月1日)以后，《康有为》、《驳革命驳议》、《呜呼保皇党》、《康有为与觉罗君之关系》等论文对保皇立宪人士痛下驳击的情形，是有很大差距的。第二，将破坏手段及流血事件视为革命的全部，认为革命与流血是联称，“非以血洗血，则不能改造社会”。但革命的对象及实质为何，尚含糊不清；而革命所应采取的步骤和最终欲达成一个怎样的社会，均无一字触及。[②] 不过，由于历史发展的条件所局限，即使在后来的《苏报》论说中，依然是不能把这些问题加以明白阐述的。

《苏报》中倡议排满革命的论说，可以区分为两类：第一类是以斥责保皇立宪派的方式写成，旨在说明革命为挽救当前国家民族的必然途径，强调排满思想的合理性，并且大力抨击反对革命的论调。大致来说，这类论说较具系统性的理论分析，较能深入地划分革命与改良的歧异。第二类的论说，则是以直接宣扬排满革命的方式出现，旨在增强革命的声势，激起人心，故所用的字句非常露骨，具煽动性，容易引人注目，下面讨论的几篇文章，主要都属这类。

五月间，上海风谣四起，一日数惊，而《苏报》更不放过每一个可以宣传革命排满的机会，凡有关消息，均不厌其烦地予以刊登。显著的一例，是讹传北京大学堂有两名学生因接应东京义勇队被拘，且遭杀害，其实并无此事，只是大学堂学生上书管学，请力阻俄约而已。但张继闻讯，即撰写《祝北京大学堂学生》一文，刊于五月十一日(6月6日)《苏报》中，借此鼓吹“中央革命”的理论，他认为：

由地理上言之，革命有二种，曰中央革命，曰地方革命。何谓中央革命？革命之洪水，以中央政府所在地为起点，而延及于地方者也。何谓地方革命？革命之洪水，以地方为起点，而奔赴中央政府所在地者也。二者之收效同，然其成有难易。……以走马下兰台为中央革命之代表语，则平地登高山可为地方革命之好名辞；由是言之，中央革命也恒易，而地方革命也殊难。

---

① 引文均见《待时与造时辨》(来稿)，光绪二十九年三月十一日(1903年4月8日)《苏报》“论说”。

② 引文见《敬告守旧诸君》，光绪二十九年四月十七日(1903年5月13日)《苏报》“论说”。

作者并以中国的情况引证，谓："数年以来，革命之声，日盛一日，孙文之党，唐林诸烈士，屡兴革命军于南方，前仆后继，流血淋漓，非不伟也，非不壮也。然吾颇疑其举之近于地方革命，西人行之尚有难色者，以程度低下之中国，而遽为之，奚有不扞格也。吾望中央革命军之起久矣。"又说："学生为革命之原动力，而京都之学生尤为中央革命之原动力。"听闻北京大学堂学生"结秘密社，与海内外志士联络，希图革命"，认为是中央革命将兴之征兆，于是呼吁北京学生起来行动，"那拉氏（西太后）不足畏，满洲人不足畏，政府不足畏，莫被政府威吓而敛其动，莫惜诸君之自由血而失全国人之希望"。[①] 此文刊出后，引起社会上论议纷纷，《苏报案纪事》说：

> 而外间遂责《苏报》不应为过激之论以倾陷学生，无论其无之也，即有之，尤不可发觉以败人之事。吾揣《苏报》意，则明知其无而鼓吹之也，若知其有而发觉之，《苏报》亦不欲为耳。[②]

五月十二日（6月7日）开始，《苏报》常取消"论说"一栏，而将若干措辞及内容较为激烈的文章刊于"来稿"栏中，以替代"论说"，并声明"书中词意，本馆不担其责"。大概是因当时风声紧迫，欲借此以避免官场追究。是日及翌日连续登载章士钊所作的《论中国当道者皆革命党》一文，指出中国的革命实乃顽固官僚如荣禄、德寿等所迫成，是故彼等无异为"革命之党魁"，其理由正如酿酒原理一般："酒为米所酿成也，果米自酿成乎？抑有所以酿成之药料乎？试问公等今日之所为，贪戾狠毒，横敛暴征，何在非酿成革命之药料。公等自备此药料，日施此药料，而乃归咎于此米之不应化为酒也，是何言欤。"是以"公等今日之制造革命党，即不啻自为革命党也"。又引俄国虚无党为喻："虚无党之所以盛者，非虚无党之自能盛也，有所以盛之者也。所以盛之者，即在俄国专制政府日捕虚无党而杀之之故。"又说："以公等之制造之手段之能力，难保俄国虚无党之影片，不一放照于支那帝国之民间也。"[③]这种理论，与稍后刊出的《虚无党》一文所说："盖虚无党之性质，由专制政体产出者也。……专制政府者，实制造虚无党之绝好工场也。"[④]实在同出一辙。

是时，邹容所著《革命军》一书出版，使革命言论的阵营，更为壮观。该书共分七章：（一）绪论；（二）革命之原因；（三）革命之教育；（四）革命必剖清人种；（五）革命必先去奴隶根性；（六）革命独立之大义；（七）结论。虽只二万言，却是晚清第一本

① 自然生（张继）：《祝北京大学堂学生》，光绪二十九年五月十一日（1903年6月6日）《苏报》。

② 《苏报案纪事》，第22－23页。

③ 韩天民：《论中国当道者皆革命党》，光绪二十九年五月十二、十三日（1903年6月7、8日）《苏报》"来稿"。张篁溪《苏报案实录》谓此文为章士钊所作，章氏《苏报案始末记叙》中亦自承认；见中国史学会主编《辛亥革命》第1册，上海人民出版社，1957年，第368、388页。

④ 《虚无党》，光绪二十九年五月二十四日（1903年6月19日）《苏报》"论说"。

能够有系统地阐述革命理论的巨著，章炳麟为之作序。五月十四日(6月9日)《苏报》刊出《读革命军》一文说：

卓哉邹氏之《革命军》也，以国民主义为干，以仇满为用。挦扯往事，根据公理，驱以犀利之笔，达以浅直之词，虽顽懦之夫，目睹其事，耳闻其语，则罔不面赤耳热，心跳肺张，作拔剑斫地、奋身入海之状。呜呼！此诚今日国民教育之第一教科书也。①

又在同日"新书介绍"栏中加以介绍：

其宗旨专在驱除满族，光复中国，笔极犀利，文极沉痛，稍有种族思想者，读之当无不拔剑起舞，发冲眉竖。若能以此书普及四万万人之脑海，中国当兴也勃焉，是所望于读《革命军》者。②

这是《苏报》与《革命军》反满反封建专制的共鸣。前者较能道出邹容思想的全貌，后者仅着眼于排满一点，是不能包含《革命军》一书全部内容的。而经此介绍之后，《革命军》更受到广泛的注意。另外，章炳麟的《序革命军》亦为《苏报》所转载，其中值得留意的一点是章氏对"革命"一词的解释，他说："同族相代，谓之革命；异族攘窃，谓之灭亡。改制同族，谓之革命；驱逐异族，谓之光复。今中国既灭亡于逆胡，所当谋者，光复也，非革命云尔。"③其后"光复会"的定名，便是这种思想的反映。

章炳麟的《客民篇》和《序革命军》等文字，张继的《读严拿留学生密谕有愤》，以及五月二十七日(6月22日)刊出的《杀人主义》等，都表现出极强烈的种族情绪，反满态度显露无遗。《杀人主义》一文说："吾闻一世纪必有一新主义出现于世，今吾哓哓号于众曰杀人主义，得非二十世纪之新主义乎?"又强调"今日杀人主义，复仇主义也"；"今有二百六十年四万万同胞不共戴天之大仇敌，公等皆熟视而无睹乎"甚至呼吁："物各有主，冤各有头，百喙同声，群欲冲仇人之胸而甘心焉。数世沉冤，一旦昭雪，将来幸福，试问刀环，杀尽胡儿方罢手，快哉杀人。"④明显具有浓厚的种族复仇主义倾向，属于极端的排满思想。在这时期的《苏报》中，同类的言论实在不少，照《苏报

① 《读革命军》，光绪二十九年五月十四日(1903年6月9日)《苏报》"来稿"。张篁溪前引文谓此为章士钊所作。

② 光绪二十九年五月十四日(1903年6月9日)《苏报》"新书介绍"《革命军》条。张篁溪前引文谓此一书介为章炳麟所作，实不确，盖与《序革命军》一文混淆之故。此书介内容及用语与《读革命军》相近，相信亦章士钊所撰。

③ 章炳麟：《序革命军》，光绪二十九年五月十五日(1903年6月10日)《苏报》"来稿"。

④ 《杀人主义》，光绪二十九年五月二十七日(1903年6月22日)《苏报》"论说"。

案纪事》所说，就是“固持惟一之灭满主义”①。

五月间，《苏报》上大量涌现革命排满文字，实是三数月来急进言论高涨及发展的结果；至此，而暗杀、破坏等暴烈的手段，逐渐成为自觉性的行动。无可怀疑，这是进化论思想及虚无主义思想的冲击所致。具体而言，自严复译赫胥黎的《天演论》于戊戌年（1898 年）印成单行本以后，由是物竞天择、优胜劣败之理，使爱国之士益增对于国家民族的忧惶，而热血青年兴极端的民族主义之想。在《苏报》言论中，亦可清楚看到进化论思想的影响，例如：“天道无常，优胜劣败，往者莫谏，来犹可追。我国人乎，微论其为一人计也，或为一国谋也，殆非善用竞争主义以与外族而周旋也，恐未足以善厥后矣。”②并谓：“吾于是以杀人主义正告我国民曰：生存竞争，强主弱奴之时代，必无异种人侧足之地。”③壬寅（1902 年）及以后的两年间，又有若干著述出现，对俄国虚无党及其暴力主义寄予同情，也成为反抗清朝统治及专制政体的重要理论之一。这现象似最早见于留日学生杂志及《苏报》中，光绪二十九年五月二十四日（1903 年 6 月 19 日）《苏报》上一篇题为《虚无党》的论说，便是代表性的一例。文中所说：

> 虚无党之势力既盛，虽至杀人如麻，血流漂杵，惨酷之气，黯无天日，而此潮流固日增其高度，不远铲除专制，建设新国之域不已，然则旧俄国之寿命殆将为所斩绝，而造出灿烂庄严之新政府无疑矣。吾言及此，吾不得不服其手段，慕其势力，涎其幸福，而重为吾祖国前途悲也。……此潮流必有逾昆仑阿尔泰之山，蓬蓬勃勃以输入支那内部之一日。输入之日何日乎？其吾人逐异种、复主权之日乎？④

实以中国居于与俄国相若的地位，主张向虚无党效法。

此外，尚应一提的是同年三月十四、十五日（4 月 11、12 日），亦即在排满思想大起之前，《苏报》刊载了蔡元培的《释仇满》，别具一格。该文认为仇满乃政治的，而不是种族的。所谓种族之别，一为血液，一为风习；满人血统，久已与汉族混杂，其语言文字风习亦已为汉族所同化，是故“吾国人皆一汉族而已，乌有所谓满洲人者哉”。然而现实之中，满人一词“赫然揭著于吾国，则亦政略上占有特权之一记号焉耳。其特权有三：世袭君主，而又以产少数人专行政官之半额，一也；驻防各省，二也；不治实业，而坐食多数人之所生，三也”。至于“近日纷纷仇满之论，皆政略之争，而非种族之争也”。进而指出：“昔日种族之见，宜若为之消释，而仇满之论，反炽于前日者，则以近日政治思想之发达，而为政略上反动之助力也。盖世界进化已及多数压制少数之

① 《苏报案纪事》，第 127 页。

② 《劝我国人宜善用争》（来稿），光绪二十九年三月二十五日（1903 年 4 月 22 日）《苏报》“论说”。

③ 《杀人主义》，光绪二十九年五月二十七日（1903 年 6 月 22 日）《苏报》“论说”。

④ 《虚无党》，光绪二十九年五月二十四日（1903 年 6 月 19 日）《苏报》“论说”。

时期，风潮所趋，决不使少数特权独留于亚东之社会，此其于政略上所以有仇满之论也。”[①]

据蔡元培的忆述，当时张园演说会，本合革命与排满为一谈；而邹容所作的《革命军》一书，尤持“杀尽胡人”见解，他因不甚赞同，遂有此文之作。[②] 不过，文章发表时邹容尚未返抵上海，蔡氏此处，宜为误记。从文章内容来看，他反对持昔日种族之见以言仇满，实欲规范仇满的界限，指出满汉之间的矛盾是政治上的，而不是种族的，企图平抑逾度的种族情绪。可是，当时注意的人很少，足以证明种族感情已深入急进人士的思想之中，况且他寄望“满人自觉”，并自动地“放弃其特权”，对于刚在展开的反满革命是不切实际的。

自然也有一些文章指出排满只是革命所必需的手段之一，究非终极目标，如《读革命军》说：

> 而今日世袭君主者满人，占贵族之特权者满人，驻防各省以压制奴隶者满人。夫革命之事，亦岂有外乎去世袭君主，排贵族特权，覆一切压制之策者乎。是以排满之见，实正为革命之潜势力，而今日革命者所必不能不经之一途也。居今日而言教育普及，又孰有外于导普通仇满之思想者乎。然使仅仅以仇满为目的，而不输灌以国民主义，则风潮所及，将使人人有自命秦政、朱元璋之志，而侥幸集事，自相奴畜，非酿成第二革命不止。[③]

章士钊谓：“查清末革命史中，内地报纸以放言革命自甘灭亡者，《苏报》实为孤证。”[④]实非夸张之论。综括上文，足见《苏报》对于反满革命言论的宣传，在当时是居于最激进地位的，其无所顾忌的表现也是空前的，既引起了清廷官吏的恐慌，同时也吸引了不少急进青年，使他们在反对腐败的清朝专制统治一点上，产生共鸣。但因当时的革命思想尚在初步发展的阶段，《苏报》上的有关论说缺乏系统性的阐释，甚或宣扬了一些错误的观念，都是无可避免的。

第八章 《苏报》及“苏报案”的影响

《苏报》及“苏报案”对于清末的思想趋演和政治形势，均有颇大的影响。在正式对这问题加以探讨之前，须先澄清下列三点：第一，《苏报》作为一家政论报纸所表现的形态及其作用；第二，《苏报》在当时上海报界中的地位；第三，《苏报》的传播范围和

---

① 《释仇满》(来稿)，光绪二十九年三月十四日、十五日(1903年4月11、12日)《苏报》“论说”。

② 高叔平：《蔡孑民先生传略》，重庆商务印书馆，1943年版，第5页。

③ 《读革命军》，光绪二十九年五月十四日(1903年6月9日)《苏报》“来稿”。

④ 章行严：《苏报案始末记叙》，中国史学会主编《辛亥革命》第1册，第388页。

销数。

《苏报》自陈范承办后，即由一份营业性质的报纸转成为政论性的报纸，理由是陈范自始已有藉清议救国的意愿，因此报上的论说也就多从批评政事、倡议改革着眼，“其宗旨本别异于各报”[①]。在报内可以找到若干文字，反映出《苏报》不时强调报纸的社会责任和地位，既以此勉励同业，亦以自勉，例如说：

报馆者，发表舆论者也。舆论何自起，必起于民气之不平；民气之不平，官场有以激之也。是故舆论者，与官场万不兼容者也。既不兼容，必生冲突，于是业报馆者，以为之监督，曰某事有碍于国民之公利，曰某官不能容于国民，然后官场有所忌惮，或能逐渐改良以成就多数人之幸福，此报馆之天职也。此天职者，即国民隐托之于报馆者也，苟放弃此天职，即不得谓之良报馆。[②]

在一篇题为《论报界》的论说中，更认为“报馆之为物，自文明之眼窥之，当视如国会议院之一部分；自野蛮之眼窥之，或视如叛徒逆党之一部分，或视为茶前酒后之一部分，其所视各随其野蛮程度以为差。夫报馆者，与社会为转移者也。……虽然，以社会之进步为报馆之进步，非报馆之性质也。报馆之性质，乃移人而非移于人者也，乃监督人而非监督于人者也。惟有此性质，是必出其强硬之手段，运其灵敏之思想，无所曲徇，无所瞻顾，对于政府为唯一之政监，对于国民为惟一之向导，然后可以少博其价值，而有国会议院之倾向”。可是当前正居于“报界黑暗、官场婪戾之时代”，官场除了遥制报馆、兼领报馆以抑压其言论之外，又以封禁手段打击报界，“吾将大索天下之所谓健将者，相与鏖战公敌，以放一线光明于昏天黑地之中”[③]。

在清末政治社会中，政论报刊所产生的作用，直接在于揭橥明确的政治主张，为政治变革造成舆论；间接则导入新思想、新知识，具有启蒙及促进社会风气转化的能力。《时务报》、《清议报》、《新民丛报》、《民报》等都是维新人士或革命人士所刻意经营而又具有划时代意义的政论报刊，大致说来，每一杂志的言论主张均围绕着同一的中心主旨，虽然所表现出来的思想虽或稍有不同，例如《新民丛报》曾因梁启超思想起过变化而立论前后有异。但《苏报》因为不是由带有明确政治目标的人士或团体所办，它所显示的形态，便不同于一般的政论报刊，最明显的一点是与社会风气互相激荡，前后立场歧异，所以它影响的范围也随着言论的转换而改变。

在上海的新闻界中，《苏报》的姿态是颇为特别的，所谓“人皆以为善造风潮之报

① 《苏报案纪事》，第1页。

② 《论湖南官报之腐败》，光绪二十九年四月三十日（1903年5月26日）《苏报》“论说”。

③ 《论报界》，光绪二十九年五月初九日（1903年6月4日）《苏报》“论说”。

也，不过无赀扩充势力，不能普及全国，且多不合中国人阅报之脑筋耳"[①]。当时的日报多半是商业性报纸，读者很多是商人，《苏报》则以读书人为对象，故多刊载有关政界、学界方面的情况，并逐渐与其他规模较小的进步性刊物结上连带关系。如报馆代售留日学生出版的《游学译编》，并为之刊登告白，即其一例。陈范女儿陈撷芬于光绪二十八年（1902 年）创办的《女学报》，每月发行一小册，每册约二十页，分为论说、新闻、翻译、教育论等，初出版时随《苏报》附送六期，又常在《苏报》上揭载出版消息。此外，爱国学社蒙学生由光绪二十九年三月初九日（1903 年 4 月 6 日）开始发行《童子世界》日刊，首四天随《苏报》附送，五月初一日（5 月 27 日）起改为旬刊，有关章程亦登诸《苏报》。光绪二十九年（1903 年）间，《苏报》首页设有"上海报界"一栏，列出当时上海出版的报刊二十余种，属于日报类的，有《申报》、《新闻报》、《中外日报》及《同文沪报》，论社会地位，《苏报》仅能居于末席，却是一家言论急激而具有挑战性的报纸，别树一帜；其他的报刊，则大多数是有专门内容的杂志和娱乐性质的小报。

后期《苏报》逐渐引起社会人士的注意，是很明显的事实。据报上版头所载，当时除上海报馆外，尚有二十余分售处，如河南、安徽、江西三省，以至北京、天津、大通、武昌、汉口、安庆、芜湖、成都、南京、镇江、福州、扬州、杭州、绍城、宁波、苏州、松江、无锡、常熟、周浦、日本横滨等，传布地区亦颇广阔。不过，《苏报》究竟每日销数若干，由于缺乏记载，无法得知。光绪二十九年五月初四日（1903 年 5 月 30 日）《苏报》刊登过函件一通，记述江西省内报刊销售的情形说："其各日报，不过纪载时事，惟今年上海之《苏报》改章，专注意于学界，其价值与各学报并立，销数亦为之骤增。"日报中销售最多的是《中外日报》，日销二百八十份；《苏报》二百份，"较去年增四分之三"；《新闻报》七十份，而《申报》销量则日见其减。杂志类中，依次为《新民丛报》二百五十份（较去年增三分之一），《译书汇编》一百二十份，《浙江潮》八十份，《游学译编》五十份，《女学报》及《新小说》同为四十份，《湖北学生界》三十份。[②] 由此可见两事：其一，《苏报》销数骤增的程度；其二，《苏报》的销量并不太多。

因此，要探讨《苏报》言论究竟对于当时的社会实际上起过些什么作用，并不是一个容易的问题，因为思想的影响不能单靠统计数字来推定，何况连确实的数字也没有。大致来说，《苏报》由于前后论旨不同，应该分两期来看，光绪二十九年（1903 年）以前主要属于维新保皇论调，当时国内报刊持此论调者极少，故亦受到一定的注视，《清议报》、《新民丛报》尝转载其论说，可为佐证；但因报纸销路狭窄，影响是不大的。光绪二十九年春开始，报务日渐发达，言论则趋向激烈以至于提出革命排满的主张，受其影响的，主要是激进的知识人士及学堂学生，但牵连则甚广泛。论者曾予指出："《苏报》在革命宣传上所发生的力量，则是不可估计的。此后革命报纸在上海前仆后

① 《苏报案纪事》，第 1 页。

② 《来函述江西报界发达之现状》，光绪二十九年五月初四日（1903 年 5 月 30 日）《苏报》"时事要闻"。

继，不能不说是《苏报》留下的影响。”[①]并不是夸张之论。

就第一点而言，虽然当日《苏报》销量究属不多，未能广泛传播于全国，且报上正式揭示排满言论，前后不及两月；但其爆炸性的言论，所产生的影响是巨大的。如京师大学堂报刊阅览处揭示《苏报》中有关《革命军》的文字，极为轰动，[②]就是明显的例子。“苏报案”发生后的同一年之内，章士钊编《苏报案纪事》，把《苏报》上最主要的二十余篇论说全篇收入；黄藻编《黄帝魂》，除收有《苏报案》一文外，亦选录《苏报》若干篇论说。这两本书在清朝末年是仅次于邹容《革命军》和章炳麟《驳康有为书》的重要革命宣传读物，可见《苏报》虽被封禁，但此后的革命宣传仍多少借助于《苏报》的文字。

就第二点而言，“苏报案”发生后，又有几种报纸出现，作为《苏报》的继续。首先是章士钊、陈独秀、张继、谢小石等于六月十五日（8月7日）起创办《国民日日报》，上距《苏报》被封仅三十二天。社址设在上海新闸新马路梅福里一楼及地下，由谢小石出资，外人高茂尔（A Comall）出面任经理。“发刊未久，风行一时，时人咸称为《苏报》第二”，该报“主张与《苏报》同，而篇幅及取材则较《苏报》为新颖”[③]。上海道袁树勋向南洋大臣江督魏光焘告密，魏令妥筹禁止办法。袁因鉴于《苏报》交涉的困难，乃采“遏其销路”的消极办法，于八月十七日（10月7日）由上海知县汪懋琨发出告示，不准商民购读或寄售《国民日日报》，毕竟没有多大效力。但旋因该报内部发生问题，竟致涉讼，香港《中国日报》总理陈少白觉得同党内讧，有碍大局，特地亲到上海设法调解，讼事始行停止，不过该报的命运，也就此告终了。[④]

此外，因章炳麟的文章学问，素为浙江人所崇拜，故“苏报案”起，章氏入狱，对青年一代思想的影响，至为巨大。金华县志士张恭、刘琨、盛俊等亦创办一旬刊，定名《萃新报》，以开通民智为务。严州知府满洲人锡纶以该报讥刺时政，乃进禀浙抚，谓该报出语狂悖，请封禁以正士习，浙抚遂下封报命令。张恭等事前得杭城同志报告，预将该报门面改易，得免于难。[⑤]

光绪二十九年（1903年）冬，俄人复进兵奉天，举国骚然。当时蔡元培已由青岛返回上海，乃与同志叶瀚、刘光汉、陈竞全、王季同、陈去病、林獬等发起“对俄同志会”。十月二十七日（12月15日）开始发刊《俄事警闻》日报，其内容主要论载中、俄东三省交涉消息，针对俄人的侵略政策及其杀戮暴行，且极留意俄国的历史和现势。出版二月余，殆日俄在东北的冲突表面化，即发觉东北问题不能以俄事一端概括，遂由次年一月十一日（1904年2月15日）起改为《警钟日报》，继续出版。《俄事警闻》

① 亓冰峰：《清末革命与君宪的论争》，中央研究院近代史研究所，1975年，第120－121页。

② 景梅九著，大高岩、波多野太郎译：《留日回顾》，东京：平凡社，1966年，第24页。

③ 冯自由：《上海国民日日报与警钟报》，《革命逸史》第1集，台湾商务印书馆，1969年，第195页。

④ 胡道静：《上海的日报》，上海市通志馆，1935年，第44页。

⑤ 冯自由：《中国革命运动二十六年组织史》，上海商务印书馆，1948年，第73页。

“不直接谈革命，而常译述俄国虚无党历史以间接鼓吹之”。《警钟日报》的内容及作风大致相同，又号称“民党之机关”，故被认为“实继承《苏报》与《国民日日报》之系统”[①]。其后于右任在上海创办的《民呼报》、《民吁报》和《民立报》，“也可以说是同《苏报》走一条道路的报纸”[②]。

至于“苏报案”的影响，则尤其是多方面的。第一，清廷为此案原告，降尊向所属的下级法庭控告平民，实为中国史上朝廷与人民聚讼之始，故此人民对清政府的尊严与外人对清政府之观瞻，皆有莫大影响。当时舆论且以为此案乃二百余年以来满汉两族第一次立于平等的地位。[③] 第二，是对出版事业的影响，正如胡道静在《上海的日报》中所说：

> “苏报案”在历史上的意义很大的。其正面的影响，就是革命派不过牺牲了一个报馆，毕竟予清政府以极锋利的舆论攻击，使它全盛时代辣手段焚书坑儒的威严全消失了。其侧面的影响，是清廷虽以雷霆万钧之力，欲提办章、邹诸人，卒以事出租界，外人为维护其既得之行政权的缘故，卒未使它达到野心的目的；以后的上海言论界出版界多数集中于公共租界，这件事情有莫大的关系。[④]

至于章炳麟、邹容以外，与此案有关的人士，因纷纷觅地暂避，不致受到太大的影响，只有陈范虽逃而受祸最酷，“《苏报》馆产业，被没收，儿子失踪，家破人亡。民国二年(1913年)，梦坡回国，欲运动发回报馆产业而不可得，卒穷死于海上”[⑤]。中国教育会常熟支部负责人之一的殷次伊，与丁初我等创塔后小学，因“苏报案”而愤懑自杀，更是一极端的表现。外人方面受到此案牵连的，便是当时美国驻沪总领事古纳，事后他奉美国政府外部电令调任。而最应留意的，是此案在清末政治思潮的演变过程中，成为划时代的一件大事，对于其后革命运动的进行，更起了极大的作用。论者谓：

> 此案的发生，标志着当时革命的火焰，已凭着舆论的力量，向腐朽的清政府作强烈的喷射，也暴露了清廷以毒辣又很卑劣的手段，多方乞助于帝国主义者，对当时鼓吹革命的知识分子，对上海新闻事业，加以严重的迫害。[⑥]

初兴的革命势力受此巨大挫折，曾经沉寂了一段时期，但“《苏报》之被禁，章、邹之被

① 冯自由：《上海国民日日报与警钟报》，《革命逸史》第1集，第196页。

② 严独鹤：《辛亥革命时期上海新闻界动态》，《辛亥革命回忆录》第4集，中华书局，1963年，第78页。

③ 《咄！汉满两种族大争讼！》，《江苏》第4期(光绪二十九年七月)“本省时评”。

④ 胡道静：《上海的日报》，第42－43页。

⑤ 蒋维乔：《中国教育会之回忆》，《东方杂志》第33卷第1号。

⑥ 严独鹤：《辛亥革命时期上海新闻界动态》，《辛亥革命回忆录》第4集，第78页。

锢，其势固已激荡于天下”[①]。未几而排满革命之声，更遍布全国，遂令此案“为中国前途一大纪念”[②]。换言之，“虽距辛亥革命有八年之久，然而来龙去脉，固自有其渊源”[③]。

第九章 《苏报》在近代史上的地位

鸦片战争以后的中国，由于欧美政治、经济势力的侵入，以及新兴的西方文化的冲击，而引起了巨大的变动。传统的社会文化，在经过长时期的封闭之后，一旦面对着新的形势，一时不但无从调节和适应，更暴露了本身的弱点。亡国灭种的危机，日益加深，不求变革，难以图存；结果，晚清政治思想的发展过程，同时亦是中国人民在艰险的形势下，不断要求政治变革、寻求救国途径的经过。甲午之败，证实了纯粹效法西洋技术皮毛的洋务运动，并不能使中国达到富强的目标。自此，遂有更多爱国人士自觉地参与救国的行列，维新要求与革命行动相继展开，成为推动清末政治变革的两大主流。前者寄望清政府变法维新，实施君主立宪，戊戌变法是其行动达于高峰的表现，此后又演为保皇及立宪运动，均不出改良主义的范围；后者则决心铲除中国的专制政体，建立民主政治，终于成就了辛亥革命，推翻清朝。而他们的主张之得以广泛传播于全国，主要是借着报刊的力量，其原因，一则由于文字是宣传的工具，二则由于清末政治运动的领导者是以知识分子为主体。

民族主义思想在近代中国的变革进程中，具有极大的引导作用，其发扬光大，是决定中国命运的关键要素。由于近代中国知识分子的危机意识，直接是因战败刺激、列强宰割及进化论思想的输入而引起，所以在他们的言论中，有意无意地表现了抗拒帝国主义入侵的民族感情，庚子后数年间尤见其浓烈，拒法、拒俄运动是其表征，一时且有凌越潜伏在清代社会中根深蒂固的反满思想之势。但是，清室将满族利益置于国家利益之上，实际已形成中国对内团结、对外发挥民族主义精神的最大障碍。清政府与外国交涉所现出的软弱无能及妥协态度，深为国人不耻；加上内政腐败和对爱国拒外运动的压制阻挠，更使有志之士，深感其与卖国无异。亡国的厄运既不能靠清政府之手得以消弭，而一切企图挽救国家命运的力量，又不断受到清政府的打击，故此拒外运动，最后均必然地将针对的目标指向清朝，而排满的思想大起，弥漫全国。与其说清末的反满思想，明显的是“反帝国主义的副产品”，则毋宁说这是反帝思想一时盖过了反满思潮，至排满言论起，乃反帝要求所造成的结果，且进一步加速了反满的脚步。

辛亥革命可以说是革命势力在排满的民族主义思想主导之下，从事革命活动所

① 《咄！汉满两种族大争讼！》，《江苏》第4期（光绪二十九年七月）“本省时评”。

② 《苏报案纪事》，第1页。

③ 包天笑：《辛亥革命前后的上海新闻界》，《辛亥革命回忆录》第4集，第86页。

造成的结果,“如无辛亥前十年排满革命的热潮,则恐亦将无辛亥革命”[①]。但有论者认为其方向没有由反满而进一步明确地提出反对帝国主义的纲领及口号,实为革命势力在清政府倒塌后迅速解体的原因之一。[②] 这一现象,无疑是时代潮流的客观形势使然,早在光绪二十九年(1903 年)前后,就已显示了端倪。

章士钊在《疏黄帝魂》一文中,将辛亥前的革命形势分为两期:从 1901 年至 1905 年为“理论鼓吹期”,1906 年至 1910 年为“分途实行期”;而“辛亥以前之革命思潮,就上海而言,应以光绪癸卯(1903 年)夏至翌年甲辰秋此一时期为最高点”,其原因乃是“以‘苏报案’开端,‘万福华案’(枪击王之春失败)结尾,其他宣传诱导,内外质剂,与当时震荡奔放之人心适相应合故”。[③] 又在另一文中指出:“其所以成为高峰,则明明《苏报》为之职志而已;换而言之,凡《苏报》之跃起,之牺牲,乃印合革命局势,不得不然之现象。”[④]由是之故,《苏报》与清末政治思想的趋演,其关系是极深切的,从报上的言论,也可窥见一个时代潮流的面貌。

《苏报》与当时的进步书刊一样,反映了中国的思想界由于与西方思潮广泛接触而形成的各种学说、主义杂陈的现象,自由、平等的思想学说固然普遍,进化论思想以至由无政府主义更进于暴烈的虚无主义思想,也时常显露。这些学说和主义,在早期革命思想的形成过程中,都产生了一定的影响。最明显的一点,便是促进了一个新知识群的崛起,其急进派且迅速走上革命的一途,成为清季革命势力的中坚。

《苏报》言论之可贵,在于富有创导时代风气的作用,具体地说,第一,当时的知识青年在新思想的激荡之下,对迂腐的旧思想及专制的教育制度产生了极大的反感,《苏报》成为他们的代言人,为他们透露了不满现实的心声,并进一步以学生运动的理论鼓吹者的姿态,号召各地的学潮。第二,伴同着拒俄运动的发展,《苏报》更率先高举排满革命的旗帜,成为这时期国内最激烈的报纸。第三,在当时的新党人士之间,由于思想行动的分化日益明显,逐渐激成革命与改良两派对立的局面,《苏报》对保皇立宪人士的言论展开了严厉的驳击,有划清界限之功,两年后革命、君宪两派大规模论争的内容,也大致上围绕着相同的问题。

由于报上文章,出于多人之手,意见未免略有歧异,所以革命排满思想之在《苏报》出现,并不是直线向前的,但大致的趋向则明白可见。且在当时的历史条件限制下,革命思想尚在很幼稚的阶段,除了邹容的《革命军》提出了较具系统性的革命纲领之外,《苏报》中的革命言论实欠全面,例如实行革命的具体手段和步骤、革命最终希望达成一个怎样的社会等等重要问题,仍是模糊不清的,还包含了一些天真谬误的观点,如说:

① 王德昭:《知识分子与辛亥革命》,《香港中文大学中国文化研究所学报》第 4 卷第 1 期,第 125 页。

② 刘大年:《辛亥革命与反满问题》,氏著《中国近代史诸问题》,人民出版社,1965 年,第 144 - 145 页。

③ 见《辛亥革命回忆录》第 1 集,第 217 - 218 页。

④ 章行严:《苏报案始末记叙》,中国史学会主编《辛亥革命》第 1 册,第 389 页。

革命之举，虽事体重大，然诚得数千百铮铮之民党，遍置中外，而有一聪明睿知之大人，率而用之，攘臂一呼，四海响应，推倒政府，驱除异族，及大功告成，天下已定，而后实行其共和主义之政策，恢复我完全无缺之金瓯，则所革者，政治之命耳，而社会之命未始不随之而革也。①

相信少数革命人士即可推动大规模的革命事业，实在近乎空想。单从这段文字，透露了后来辛亥革命的两大弱点：一是缺乏强大的群众基础，因革命人士自始便忽略了这方面的工作；二是专注于政治上的排满革命，以为社会之命自然会随之而革，但事实上并没有这样简单。论者既已指出：上述谬误的思想是很多革命者主张暗杀、主张“中央革命”的出发点②，幻想革命会轻而易举地成功，缺乏彻底进行革命的决心。换言之，清末革命思想的内蕴，在《苏报》时已经定下了雏形。不过，正由于《苏报》所主张的，是极端的排满及破坏主义，煽动力强，也最易为急进人士所接受及引起共鸣，因此在传播排满民族主义思想方面来说，《苏报》的作用是清末革命史上空前的。

革命论与立宪论的激战

李剑农

导言——

本文选自李剑农《中国近百年政治史》(复旦大学出版社，2002 年，初版于 1942 年)，为该书第七章“革命与立宪的对抗运动(上)”之第二节。

李剑农(1880—1963)，湖南邵阳人，1904 年考入湖南中路师范学堂史地科，攻习历史。1906 年加入中国同盟会。1910 年入日本早稻田大学，学习政治经济学。次年停学返国，任《汉口民国日报》编辑。1913 年赴英留学，入伦敦政治经济学院旁听并作自由研究。1916 年回国后，曾担任上海《中华新报》、《太平洋》杂志编辑、太平洋书店编译部主任。1930 年后任武汉大学历史系教授，讲授中国近代政治史、中国经济史及政治学概论。

同盟会的机关报《民报》创刊后，与梁启超主持的《新民丛报》展开激烈论战。就论战的内容而言，两报各有长短，并不能说哪一方是完全正确的。《民报》在鼓吹反满、提倡建立民族的国家时，把满族视为外国，并说自从满族入关和明朝覆灭，中国就

① 《驳革命驳议》，光绪二十九年五月十八日(1903 年 6 月 13 日)《苏报》“来稿”。

② 张枬、王忍之：《辛亥革命前十年间时论选集》第 1 卷，香港三联书店，1962 年，《序言》，第 17 - 18 页。

早已亡国了。这是对国内民族关系的一种错误认识。《新民丛报》宣传"满汉不分"，不免掩盖了满族统治者实行的民族歧视和民族压迫政策，但他们所说的"满人与我不能谓纯粹的异民族"，"满洲决不可谓之国家"，清之代明是中国朝代的更替，"决不可谓以一国家踣一国家"，则显然是正确的。在政治革命方面，《民报》没有理会梁启超关于"民智未开"不利于民主建政的警告，真诚地寄希望于人民，表现了民主主义者的坚定立场，但机智多于剖析，信念多于理念，缺乏民主建政的具体规划和实施方案。而《新民丛报》强调实行民主政治需要有相应的国民素质，则含有合理的内容。又如，《新民丛报》认为中国面临着列强的经济侵略，必须大力发展民族资本，奖励资本家与外资抗衡，而不必节制资本。这种主张也有一定的现实合理性。但从当时读者的反应来看，《民报》在论战中是占了上风的，特别是在留日学生中取得了明显的优势。对于发生如此效果的原因，本文着眼于青年学生心理状态的分析，从受众反应的角度进行了阐释。这种分析方法，对研究报刊的宣传效果颇有启发意义，因为任何一种思想和话语的表达，只有契合了受众的心理，才会得到认同，引发共鸣。在观点市场的竞争中，观点本身并不是唯一的决定性因素。

同盟会正式成立的那天，本已决定接收《二十世纪之支那》为该党机关报，八月二十七日商妥移交。不料第二天，因该杂志揭载《日本政客之经营中国谈》一文，触怒日本政府，被日本政府禁止发行，将所印就的杂志全行没收，并派警吏向该社追求办事的人员。九月中，经党内干部数次会议，决定不用《二十世纪之支那》的原名，改用《民报》两字，表示与前者无关；并且因为将在日本发行的缘故，此后务求避去排外的言论，以免招日人的嫌忌。到十月二十一日，《民报》第一号出版了。

革命党在兴中会时代，已在香港创办了一个《中国报》(从己亥到癸卯)，与保皇党的《岭海报》(在广州)、《商报》(在香港)对抗；在檀香山创办了一个《民生日报》(创于甲辰年)，与该地保皇党的《新中国报》对抗；在旧金山创办了一个《大同报》(创于甲辰年)，与该地保皇党的《文兴报》对抗。这都是在同盟会成立以前，已开革命党与立宪党笔战的端绪。但这些笔战，及于内地青年知识阶级的影响还是很薄弱(除《中国报》在广东附近，对广东方面有些影响外，余则对于内地很少影响)。及同盟会发行《民报》，与梁启超的《新民丛报》对抗，从此革命论与立宪论的战斗日趋激烈。梁启超遇着不能克复的敌人，他在言论界所占"独执牛耳"的地位，渐被革命党推翻了。

《民报》先后主纂的重要人员为汪精卫、陈天华(即著《中国革命史论》的思黄，时或署名过庭)、胡汉民、章炳麟等。陈天华于该报出版后不到一月，因日本文部省颁布取缔留学生规则，留学生尚多不知自检，愤激投海而死。章炳麟于《民报》出版时，尚在沪狱，到丙午年六月底拘狱期满，才由同盟会派员迎赴东京，主持《民报》编纂事务，在第六号的《民报》上才有署名太炎的文字。太炎在当时的社会中，无论新旧方面都早已著名(章为俞曲园弟子，丙申年曾为《时务报》编纂员，此时章尝叩梁启超以康有为之宗旨，梁以变法维新及创立孔教对。章谓变法维新为当世之急务，惟尊孔设教，有煽动教祸之虞，不能轻于附和。戊戌春间，以夏曾佑、钱恂之推荐，被张之洞聘入幕府。张之洞著《劝学篇》方脱稿，上篇教忠，下篇论工艺等事，以示章，章于上篇不置一词，谓下篇尚合时势，张不悦。时梁鼎芬为两湖书院山长，一日询章："闻康祖诒欲作皇帝，信否?"章答谓："只闻康欲作教主，未闻欲作皇帝；其实人有帝王思想，本不足异，惟欲作教主，则未免想入非非。"梁大骇，因语张之洞，谓章某心术不正，乃使人讽其离鄂。这便是章太炎与旧社会关系的历史）。汪精卫、胡汉民两人被国内多数青年知识界的认识，即自《民报》的发行始。精卫在《民报》第一号第一篇《民族的国民》文内，便向梁启超宣战，从此双方的阵容旗鼓，一天一天的严厉，每期的《民报》与《新民丛报》都有对敌的长篇文字。《民报》出版至第二十四号，日本政府受了清政府的运动，把它封禁了。汪精卫于宣统元年，以法国巴黎濮侣街四号为总发行所的名义，继续出版，其实仍在日本印刷，但仅出两期而止。梁启超的《新民丛报》后来也停了版，于庚戌年又改出《国风报》，但革命党早已入于实行时期，言论上的战斗反在休止的状态中。

《民报》与《新民丛报》激战的论点，自然是包括民族、民权、民生所谓"三民主义"的全部，但使当时一般读者最感觉兴味的，还是在关于民族、民权两问题的文字。两报内容的全部，现在还可于各种文集中探得其一二如下表：

《民报》的篇目：

《民族的国民》
《驳新民丛报最近之非革命论》
《希望满清立宪者盍听诸》
《驳革命可以召瓜分说》
《驳革命可以召内乱说》
《杂驳新民丛报》
《辨满人非中国之臣民》
《斥为满洲辩护者之无耻》
《告非难民生主义者》
……

《新民丛报》的篇目：

《开明专制论》
《申论种族革命与政治革命之得失》

《驳某报之土地国有论》

《中国不亡论》

《暴动与外国干涉》

《杂答某报》

《答某报第四号对于本报之驳论》

……

上表所列都是两报针锋相对的论文，其他尚有许多重要篇目不必尽举。至于两方面理论的价值如何，现在毋庸评判；读者若欲参详，可取两方面的文字对看。但就当时多数青年的心理言，《民报》的势力确是在《新民丛报》之上，所以发生如此的效果，大概不外下列几个原因。

一、就文字上说：梁启超的笔端固然“常带感情”，对方汪精卫的笔端却也常为感情所充满；梁若拉出什么“西儒”，什么法理学家、政治学家来做护符，汪也可以拉出同等的护符来；梁看要掉中国书袋，章炳麟的中国书袋比他的还要充实而有光辉。这是在文字上的势力两方可以相角。

二、就青年的心理说：大概青年是喜欢极端新的，喜欢突破现状，反对保守的。《民报》议论在当时恰与此种心理相合，《新民丛报》到了乙巳以后，则与此相反。

三、就两方议论的思想上说：《民报》固守三民主义，前后颇能一贯；《新民丛报》则以前鼓吹破坏，现在反对破坏，因时代而改观。在梁启超以为“报馆所以指导国民者应操此术”，但读者却认这是反复无常，前后矛盾，纵有价值，也不知他的真价值到底在前后的哪一端，因此便减少了读者的信仰。所以有人评论他的思想议论，说它“譬如玻璃碎片，积叠成堆，其色或红或白，不能断定其全体为某种颜色；其形或方或圆，不能断定其全体为某种形状”。他自己也常说“不惜以今日之我与昨日之我挑战”；他说是奉王阳明的良知主义：“吾今日良知所见在此，则依吾今日良知以行；明日良知又有开悟，则依吾明日良知以行；鄙人知服膺此义而已。”不知道“良知”这种物事，是最没有标准的物事，你有你的良知，我有我的良知；既专凭良知，则多数青年的良知，决不能与他的良知一致；或者前日与他一致，今日又不与他一致了，今日与他一致，明日又不与他一致了；因为他的良知可以变更，多数人的良知也是可以变更的。讨论国家政治改革的根本方针，凭着这种“良知”主义，没有不失败的。

四、就两方所指陈的事象说：梁启超所描写革命共和的恶果，如内部必至自生分裂，彼此争权，乱无已时，未尝不与后来的事实有几分相符，但这些事实在当时是未表现出来的事实，一般人看不见的；而《民报》所描写清政府的坏象，改革的敷衍，立宪的虚伪，排汉的险恶，都是当时确凿的事实，人人看见的；不惟革命党人以此向政府进攻，就是梁自己也常持此以攻击政府。青年的恒性大抵是只看见现在的不好，对于将来的不好，一则未必看得定，二则相信将来的不好自有将来的救济的方法，断不肯因为将来的不好，就把现在的不好容忍过去了。

以上面所举的几个原因，立宪论的声势便不如革命论的浩大。但是梁的议论，在他主张立宪的方面虽然减杀了效力，在革命的方面，有时反发生一种反宣传的功用，例如说：

……革命党所持之主义，吾所极不表同情者也。谓其主义可以亡中国也。虽然，吾未尝不哀其志，彼迷信革命之人，固国中多血多泪之男子，先国家之忧乐而后其身者也。多血多泪，先国家之忧乐而后其身之人，斯亦国家之元气，而国之所以立于天地也。其曷为迷信此可以亡国之主义，有激而逼之者也。激而逼之者谁？政府也。以如是之政府，非底于亡国不止。等是亡也，不如自亡之而希冀万一于不亡。此彼等之理想也。其愚可悯，其遇可悲也。使彼等而诚有罪也，则现政府当科首罪，而彼等仅当科从罪。……乃政府全不自省，而惟以淫杀为事，甚且借此为贡媚宦达之捷径，舞文罗织，作瓜蔓钞，捉影捕风，缇骑四出，又极之于其所往，要求外国以破国际法上保护国事犯之公例。如最近长江一带叠次之党狱，与夫要求上海领事引渡其党员，要求日本政府驱逐其党首，类此之事，日有所闻。嘻！是亦不可以已乎……（见《现政府与革命党》）

这是他对于清政府痛恨极了的话，不知不觉替革命党张目；既说“如是之政府，非底于亡国不止。等是亡也，不如自亡之而希冀万一于不亡”，则革命是出于万不得已的了。他又尝说：

……夫鄙人之为此言，诚非有爱于满洲人也。若就感情方面论之，鄙人虽无似，亦一多血多泪之人也。每读《扬州十日记》、《嘉定屠城纪略》，未尝不热心溢涌。故数年前主张排满论，虽师友督责日至，曾不肯即自变其说，至今日而此种思想蟠结胸中，每常酒酣耳热犹时或间发而不能自制。苟使有道焉可以救国，而并可以复仇者，鄙人虽木石，宁能无歆焉。其奈此二者决不能相容，复仇则必出于暴动革命，暴动革命则必继以不完全之共和，不完全之共和则必至于亡国，故两者比较，吾宁含垢忍辱，而必不愿为亡祖国之人也……（见《申论种族革命与政治革命之得失》）

这是他劝人不要排满的话，但是不知不觉承认了种族情感是人人所具，不能消灭的，而所谓“共和必至亡国”，却未必能证实，无异作戒淫小说的人，结果是“警一而劝百”，只有反面的效力，得不到正面的效力。他又尝说：

……以今日论之，号称第二政府之天津，坐镇其间者满人耶？而北京政府诸人，不几于皆为其傀儡耶？（此暗指直督袁世凯，并且这几句话，便是袁世凯的致命伤）两江、两湖、两广之重镇，主之者汉人耶？满人耶？乃至满洲之本土东三省，今抚而治之者汉人耶？满人耶？平心论之，谓今之政权在满人掌握，而汉人不得与闻，决非衷于事实也。……

这是说你们不要排满，现在的政权还是在我们汉人手里。但是革命党看这些握政权的督抚，都不过是满人的奴隶，而满人对于这些督抚，正在疑忌交集，得此指点，越觉得非将他们所握的权柄设法削去不可，于是越发不肯将政权公诸汉人了；排满的效力不曾减杀，排汉的心理到反越加坚强了。诸如此类的议论，《新民丛报》中不胜枚举。所以他天天反对排满革命，鼓吹立宪，革命党固不信他，就是满洲人也不信他。革命的思潮越涨越高，满洲人排汉的事实也越进越显，他的反宣传功用却是不少。总之，当时横梗在朝野两方面心里惟一的重要问题，莫过于满汉问题；这个问题已不是笔墨口舌所能解决。所以陈天华的《绝命书》中说：

……革命之中有置重于民族主义者，有置重于政治问题者。鄙人所主张固重政治而轻民族，观于鄙人所著各书自明。去岁以来，亦渴望满洲变法，融和种界，以御外侮。然至今则主张民族者，则以满汉终不并立；我排彼以言，彼排我以实；我之排彼自近年始，彼之排我二百年如一日；我退则彼进，岂能望彼消释嫌疑，而甘心愿与我共事乎？欲使中国不亡，惟有一刀两断，代满洲执政柄而卵育之……(见《民报》第二号)

这是他看到当时满汉问题的真相的话，我们试看清政府在预备立宪期中所表现的排汉事实，便相信他的话是很不错的了。

清末报律再探(节选)

李斯颐

导言——

本文刊载于《新闻与传播研究》1995年第1期。

李斯颐，1951年出生，河北武清人，中国社会科学院新闻与传播研究所副研究员。

进入20世纪之后，中国民营报刊的独立性和批判意识逐渐增强，与官方对抗的舆论力量迅速成长。为了控制报刊对统治秩序带来的冲击，清政府制颁报律，用法律手段来规制报业。报律的制定和实施，在当时即遭到报界的反对，后来的报史研究者亦多持否定态度。本文则通过律文的分析和司法实践的考察，肯定了报律的正面作用。作者认为，报律对报刊的创办采用登记制加保证金，资格要求并不苛刻。报律颁布之后，报刊的数量呈现出增长趋势。报律在修订过程中，禁载范围和处罚规定也日渐宽松，对侵害名誉权还设立了"专为公益不涉阴私者除外"的限制性条文。在报纸涉嫌诽谤成为被告时，报纸如能举证说明"并非有意挟嫌"或不存在损害事实，即可减免处罚。报界时常依据报律来抵制官员的非法摧残，维护自己的合法权益。

肯定清末报律对报业发展具有一定的积极作用，有助于我们对它作出更加全面的评价。但清政府的立法目的，主要是为了钳制舆论，如《大清报律》第七条规定报刊出版前须经官署审查，所以遭到了报界的激烈反对。清政府也曾试图强行实施报律第七条，因报界坚决抵制，才不得不修订报律，由事先检查改为事后检查。清末的公共舆论趋于活跃，主要是报界争取言论自由、不断突破官方限禁的结果。

对于清末报律①，以往研究者多持否定态度，主要论据可归纳为三：一是因其有不得"诋毁宫廷"等规定，二是预审制，三是超出某些范围后须"照刑律治罪"，因此把报律看作是限制报业发展的苛酷的封建法律。可是，仔细翻览中国近代新闻史就会发现，正是在清末报律颁布之后，我国新闻业进入了 1901 年以来的一个新的发展阶段，每年新创办的报刊达百余种，数量明显超出报律颁布之前。因此，研究者不能不面对这样的问题：尽管作用于新闻业发展的有诸多因素，但是，报律是统治阶级意志在新闻业管理上的集中体现，是关系到新闻业发展的一个重要因素，忽视它的某些积极作用，就无法圆满解释清末报业高潮这一客观存在的历史现象。

律文的分析：新闻自由范围的扩展

新闻事业的发展要受到政治、经济、文化、技术等多种因素影响，其中新闻法规或政策有着直接的制约作用，这种作用集中体现在它所提供的发展新闻事业的法律和政策环境上。严格限制新闻自由的法规不是阻碍新闻业的发展，就是令其出现畸型的结构状态。对清末报律律文进行分析，首先要解决的就是这个问题。那么，什么是新闻自由呢？恩格斯定义为"每个人都可以不经国家事先允许自由无阻地发表自己的意见"②，着眼点是自然人，即公民发表意见的权力；二次大战后一些国际组织提出以创办权、采访权、传递权、报道评论权等作为判断标准，除创办权中含有公民个人权力之外，着眼点主要在法人，即媒介传播新闻、发表意见的权力。二者的权力主体虽然不同，但是关注的问题基本上是一致的。我们不妨先从这几个方面入手展开对清

① 本文使用的"清末报律"这个概念是一泛称，它包括《大清印刷物专律》(1906)、《报章应守规则》(1906)、《报馆暂行条规》(1907)、《大清报律》(19080)以及 1911 年的《钦定报律》等 5 项专门性法规。

② 《马克思恩格斯全集》第 1 卷，第 695 页。

末报律的研究。

创办权　对报纸的创办,《大清印刷物专律》采用的是批准制,行之未久即被《大清报律》中更为宽松的注册登记制加保证金的形式取代。年满 20 岁以上者只要未曾服刑且无精神疾患,在交纳 250－500 元保证金后经注册备案即可开办报纸,资格要求并不苛刻。这里需要分析的是保证金制。一般来说,保证金的作用一在限制创办数量,二在防止不具备物质条件的报纸出现后扰乱报业。19 世纪中叶,保证金制在各国基本废除,仅日本仍然保留。清末报律仿自日本新闻法,保证金制即源出于此。到 20 世纪,保证金制业已绝迹,这是因为报业是耗资巨大的事业,无足够资本就无法立足,保证金的限制已无必要。笔者认为,清末采取保证金制的目的不在限制报纸数量,因为当时是把报纸看作和阅报讲报所、新式学堂等一样的开启民智的手段,作为地方政绩加以提倡和考察的。它的目的主要在于限制不具备物力的报纸,对报业发展规模在总体上的束缚并不明显。从报律颁布后的 1907 年到 1911 年的 5 年间,每年新创办的报刊数量分别为 108、118、115、138 和 206 种,年平均 137 种,是实施"新政"前 6 年年平均创办新报 67.33 种的两倍,[①]这很可以说明问题。

采访权　采访权涉及的是媒介接近信息源,尤其是政府这一重要信息源,即能否让受众尽可能少的权力干预下充分获取信息的问题。清末对采访权没有明确限制,民营报刊通过阁抄、辕抄之类可与官报同步获得谕旨章奏,甚至早于官报传布。在官方动态方面,大至内政外交动向和朝廷命官言行,小至官府往来公文和各类统计报表,日见于各类报章。采访权在清末还呈现出扩大趋势,受到官方鼓励和支持。从 1905 年起,民间报馆开始被允许现场采访大规模军事演习;[②]1907 年,民政部批准在司法审判时为记者添设专席;[③]1909 年各省咨议局成立后均允许记者旁听议员辩论,1911 年资政院首次会议即有记者 20 余人采访。[④] 有些地方还给报社以特殊待遇,如广东巡警总局"欲求民间之信任……受报界之监督",邀请记者每周一次列席巡官会议。[⑤] 这类举措今天看来可能十分平常,但如果与业报者直到 19 世纪后半期还被社会视若无赖文痞的状况相比,其变化之大就有若天壤了。

报道评论权　报道评论权是关乎新闻自由的核心问题。

先看有关报道评论范围的规定。近代以还,"法无禁止即自由"的罪行法定主义基本成为社会共识,从禁载范围就可以看出一部法律所界定的自由度。清末报律的禁载项目可分为两类:一类是至今仍为各国新闻法所恪守的准则,如不得报道或评论

---

① 笔者据史和等编《中国近代报刊名录》统计,福建人民出版社 1991 年版。上述数字中已剔除清政府势力范围之外的国外和海外报刊。

② 《陆军会操战状记要》,载《教育杂志》1905 年第 11 期。

③ 《北京报界全体公禀民政部沥陈艰难情形恳请设法维持》,载《时报》,1907 年 10 月 29 日。

④ 《资政院记事》,载《大公报》1911 年 1 月 9 日。

⑤ 《警局第一次与报界研究警政》,载《大公报》1908 年 3 月 3 日。

尚未定谳的预审案件、非公开审理的案件及外交军事机密，不得毁谤他人或揭露他人隐私等，涉及国家安全、司法独立以及人身权等方面，是无可厚非的。另一类则是直接维护清王朝统治的规定，如不得诋毁宫廷、扰乱政体等，体现了报律的时代性和阶级性，矛头无疑指向反清革命言论，对象是革命派号召暴力推翻清王朝的宣传活动。

有的研究者以此来判断清末报律是否保护新闻自由，这种观点恐怕难以成立。无论哪个时代，无论何种制度，统治阶级都不可能制定允许推翻现行国体和政体的法律，即使在当代这也是国际公认的原则。1962 年联合国在印度召开新闻自由讨论会，结论之一就是，为维护国家安全和免受内乱，国家对新闻自由的某些限制属合理限制。[①] 我们可以说清末报律在政治上是为清政府反动统治服务的，却不宜认为清末有否新闻自由取决于报律是否允许推翻现政府。这是两个不同的问题，应当区分开来。

将报律性质和新闻自由的判断标准区分之后，就可以对所谓"诋毁、扰乱"做具体分析了。暴力革命固然没有可能写入报律，但是如果批评宫廷和评论时政也被纳入"诋毁、扰乱"的范畴，则新闻自由就根本谈不上了。这需要结合实际来看，且以一些被后世视为保守的著名报刊为例，[②]受当时普遍认同的第四权力说影响，各报以监督政府为职志，批评当道的言论比比皆是。外交方面，清政府在东三省交涉、回收路矿权等事件中"丧权辱国"、"献媚外人"都成为抨击对象；内政方面，则着重批判当局的腐败和守旧，"以专制钳制国民"，"以天下为一己之私产"。有的坦然称"本朝以东北一小部落入主中华"；有的甚至直斥"政府之败国殄民，虽罄南山之竹，书不尽其辜"，公开声言革命和改良都是救国，"吾甚敬之"。对于最高统治者，各报时常用"恭读"、"谨注"某月某日谕旨的形式，冷嘲热讽加以批驳，这在有清 200 年间是绝无仅有的。此外，这一时期出现的言论广告中，还偶见绅民对地方官员残逞乡曲的揭露。值得一提的是，当时利用资产阶级政治学说从文化上对封建专制的批判，较之上述言辞更为深刻，如天赋人权、三权分立、自由、平权、男女平等、家族革命等观念的鼓吹，成为清末民主运动的组成部分。较为保守的尚且如此，更遑论那些激进的报刊了。实践表明，只要不直接号召"大哉刀剑、圣哉炸弹"，号召"杀尽满人"，那么，对政治、文化、内政、外交乃至皇室政令的批评，清末报律都不加以限禁。用官方的话来说，就是"苟未禁止，登载与否胥听报馆之自由"。[③]

传递权　传递权涉及媒介能否自由无阻地将信息刊发传递，使之达于受众。传递权受生产力水平制约，但统治阶级提供的传递环境、特权的指定，也是新闻自由的一个重要方面。清末记者传递采得的消息，是通过电报或信件传至报馆；报纸的发

① 转引自王洪钧：《新闻法规》，台湾允晨文化公司 1984 年版，第 24 页。

② 下文主要引自《大公报》、《申报》、《时报》和《东方杂志》等，恕不一一注明出处。

③ 《军机处咨资政院复议修正报律文并单》，载《大公报》1911 年 2 月 19－21 日。

行，在外埠经邮局寄递、本埠通过定点代销或送报上门达于读者。这两个环节中，邮政和电信最为关键。清末邮电事业的迅速发展，为报业提供了较为充分的物质条件，而在政策方面，政府则对民间报馆和官报一视同仁，一次次给以优渥。报律颁布之前，曾有一些地方对报界实行邮电减费，但是并不普遍。1907 年底，北京 8 家日报联名请求邮电减费，引起清廷重视，遂由邮传部分咨各部大臣妥议办法，制订统一规章通行全国，[①]同时在《大清报律》中列为专条（第 37 条），使邮费电讯费减收成为定规。1908 年，原按全价收费的报馆密码电报也减半收费，[②]1909 年又在此基础上减价 20%。[③] 此外，在官方文报系统、铁路运输等方面还提供了一些特殊便利，这里不再列举。

还有一个相关的重要问题，即如何看待《大清报律》第 7 条关于日报须于发行前一日晚 12 点之前送官署"随时查核"的规定。近年来许多著述和工具书都据此认定清末实行的是事前检查制。事前检查制是出版管理预防制中最严厉的一种手段，指报纸付印前对文稿的审查，通常作为战时的特殊措施。早期的新闻史研究者，如姚公鹤、戈公振以及 30 年代的一批新闻史著述中，都没有清末报律采用事前检查制的说法。[④] 报律颁布之时，许多报纸曾逐条加以评论，对第 7 条也没有做出这个结论，个别的只是挖苦官府"以存查之故而报纸不得不阅……官智不得不开"，[⑤]用的是"存查"二字。即使 1911 年资政院讨论报律时，议员们在向民政部和宪政编查馆提出的相当尖刻的质询中，仍然未见原稿审查的提法。如果确曾实行过，那么当时的报刊和距这一时期较近的研究者不可能忽略这种严苛的制度。从清政府的角度看，对这一条文也未做文稿预审的解释，反而称"官署……并无核定报章之责"，只是发行前的"斟定"；[⑥]报律对违反这一条的处分也只是罚款 3 元—30 元，为最轻微的一档，似乎并未重视。事实上，各报于发行前呈送的是印毕的成品。尽管在理论上这也可以使官方有条件审查，但它与事前检查制有着质的不同，报刊在发行前送官署备查后即可发行，无需等待官方对言论报道的审查批准。而在具体操作上，由于报刊数量巨大，清政府又未设置专门的检查机构，无力逐一事前翻检，所以预审也是不可能的。1908 年以后报刊受到各类处分的约 60 起，均在出版之后。要而言之，笔者认为当时并不存在事前检查制。

---

① 《电报总局传递新闻电报减收半价章程十条》，载《政治官报》1907 年 12 月 26 日。

② 《邮传部咨民政部农工商部暨各将军督抚等核订报馆寄报减费章程文》，载《南洋官报》1908 年 9 月 5 日。

③ 《重订收发电报办法及减价章程》，载《大公报》1909 年 4 月 17 - 22 日。

④ 其中相反的描述却很能说明问题。长白山人的《北京报纸小史》有言："光绪末叶数年，出版既不报知官厅，其言论之自由可谓有闻必录，对于政治之得失、内外大员之善恶，皆可尽情指责。"这还是辇毂之下的京师情形，其它地方就可想而知了。

⑤ 《欢迎新报律》，载《大公报》1908 年 2 月 17 日。

⑥ 《民政部奏请修正报律条文折》，载《南洋官报》1909 年 12 月 2 日。

以上主要从新闻自由的角度对清末报律做了简略分析，从律文看，尽管报律要约束报业不得逾越统治阶级许可的范围，特别是压制革命宣传，但是它保护新闻自由的作用更为突出，报纸在创办、采访、信息传递和报道评论等方面享有较大自由，这是清末报业发展的一个必要条件。

立法特点和司法实践的分析：具有近代特征的法规

（一）清末报律的演变

仅仅分析律文与新闻自由之间的关系是不够的，清末报律由多项专门法规沿袭组合而成，解析个中立法特点微妙的差异，有助于我们更加准确地判定其性质。

分析各项法规在立法中形成的差异可以发现：首先，清末报律在其发展过程中日渐宽松。例如，出版管理制度由批准制改为较为和缓的注册登记制；政治性的禁载项目中，早期禁止妄议朝政，后期先后改为不得淆乱国体和政体，对于漫无边际的"朝政"进行了限制；办报人资格限于被剥夺公民权者，而不再是以前那样只要曾被监禁即无资格办报。此外，保证金和各项罚款数额也逐渐减少。

其次，缩小了刑律适用范围和量刑程度，民事化的色彩更加突出。众所周知，我国古代法律体系，即中华法系是刑事化的法律体系，诸法合体，以刑为主，对很多民事案件不是采用赔偿损失、赔礼道歉等民法处罚手段，而是采取限制人身自由或剥夺生命权等刑法手段处置，并且量刑畸重。但作为近代修律活动产物之一的报律，刑法适用范围不断缩小，由早期的未呈报注册、未交纳呈本、毁谤、讪谤等 6 项减至后期的抨击宫廷和政体两项，量刑从最高 10 年减至两年，罚款额由最高 5 000 元降至 200 元，取消了触犯刑律后永远不得业报的规定，并且违律的认定从早期的由行政官员判决改为经司法审判裁定，减少了行政干预的可能性。尤其值得注意的是，后期报律明确规定了不再适用数罪并罚、屡犯加科的刑事处分原则，无疑减轻了业报者违律时承担的责任，这是应当肯定的。有论者以报律中有"照刑律治罪"的规定而认为它压制新闻自由，这种看法恐怕不宜成立。超逾某些范围则需适用刑律，这在当代各国新闻法中也是难免的。报律中有的规定甚至比后世更为宽容，如将泄露国家机密视为民事行为而仅做罚款处理，就有些让人难以理解了。台湾学者认为，清末除反对皇室和改变政权性质须依刑律外，其余均按报律处理的原则是现代观念的反映，[①]这个评价还是较为公允的。

第三，报律加强了对人身权的保护。后期加重处罚的仅 3 项，即报道禁止旁听的诉讼、侵害他人名誉权和著作权。不得报道禁止旁听的诉讼，一般来说是因其涉及国家机密或个人隐私。对于侵害名誉权案件，报律突出了对受贿行为的处理，罚款额是

① 于衡：《大清报律之研究》，台湾中华书局 1985 年版，第 32 页。

罚金中的最高档。更为引人注目的是，报律对侵害名誉权设立了“专为公益不涉阴私者除外”的限制性条文，着实令人惊讶，因为这实际上已触及当代十分重视的隐私权[①]和公众人物的关系问题。在各国早期报业史上，损害名誉常常成为压制言论的借口，19 世纪前期，一些国家的法律中出现了隐私权概念，19 世纪末美国发表了最早研究隐私权的专文，到本世纪“公众人物”的概念产生后，一些发达国家的法学界将二者结合起来，形成这样的观点：公众人物，如政府官员和社会名流等，因其行为或涉及社会公益，或易于成为公众关心的焦点，所以在新闻报道中他们的隐私权范围要小于普通公民，以便社会监督其公务活动，并满足社会对知名人士的兴趣。清末报律的这一条文使得报纸在行使监督批评权时，只要将涉及隐私（阴私）的问题把握在一定的度上，就能以“专为公益”、履行报纸“天职”为由对大政方针和社会问题进行监督批评，而不至动辄被诉以侵害名誉权，这无论从保障社会有序运行还是从政治制衡的理论来看，都是有进步意义的。

除了在上述差异的比较中凸现的这些立法特点外，清末各报律还有不少相同的、一以贯之的保护业报者和公众权利的具体做法。例如，它对失实和诽谤采用了“不告诉者不处理”的原则，使得当事人在涉及名誉权等问题时有了不公之于世的选择权。遇有失实，包括转载失实时，报律详细规定了报纸必须刊登更正与答辩文的时间、版面、篇幅、字号及收费标准，显见保护读者之意。对于新闻诉讼案，它把举证责任放在了被告即报纸身上，从而降低了原告即公众提起诉讼的难度；另一方面，它又将失实和主观故意加以区别，在报纸涉嫌诽谤成为被告时，报纸如能举证说明“并非有意挟嫌”或不存在损害事实，即可减免处罚，从而又为报纸增加了自我保护的可能性。另外，它还在诉讼程序上采用了官员回避制，《大清印刷物专律》规定，当某一政府官员作为原告拟对本属报纸提起刑事诉讼时，如该官员本人有权接触此案审理或官阶高于此案审判官，则不得直接向该案审判官发布有关本案的行政命令，而须向上一级部门提出控告，由上级部门审理。报纸则有权对违反这一规定者向京师印刷总局提出申诉。这种缜密的回避制度显然是为了防止官员滥用权力，保护审理的独立性，其用意已无需多言。从清末报律与新闻自由的关系以及它的种种立法特点看，在保护还是限制新闻自由这两者中，它突出了对新闻自由的保护，在权利和义务何者为本的问题上，它侧重于权利本位。

（二）司法实践中的运用

法律是以国家强制力保证实施的社会行为规范的总和，在实践中，社会是否依从这种规范，执法者如何用掌握的权力监督和处理违法者，都影响到它能否有效地制约和规范社会行为。戈公振尝言，清末报律颁布后“各报延不遵行，外人所设者尤甚”，

① 报律有两处分别提到隐私和阴私，但在概念上是等同使用的，因为当时还不能科学地区分二者的差别。本文在此也将二者做同一概念使用。

这后半句比较准确，前半句却有些绝对化了。据笔者能够搜集到的材料，从报律问世的1906年到1911年6年间，报刊受到罚款20元以上、停刊7日以上处罚的有62起。① 由于有的资料过于简略，我们无法精确地列出分类数据，但是其中可确认为革命派报刊的21起，获咎原因分别为革命言论、失实及披露外交密件等，属于非革命派报刊的也是21起，获咎多因失实和抨击官员。62起案例中，有的标明了所依据的报律条款，有的虽未标明，但从事实与处罚对应看仍本于报律，这样的约占2/3以上。就是说司法实践中报律在多数情况下还是得到了运用。分析这些案例，可见如下特点：

一、清政府竭力用报律统辖报业秩序，与报律修订过程中逐渐宽松的趋势相一致，后期对违律者的处罚也渐趋轻缓；另一方面，一些官员以意为法，不遵守报律的现象同时并存。

清末报律的颁布，特别是《大清报律》颁布后，此前以《大清律例》为依据的各种酷烈的惩罚手段，如杖毙（沈荩）、狱死（卞小吾）、递籍（杭辛斋）、充军（彭翼仲）及长期监禁（张汉杰）等已不再使用。1906年以后，处罚手段多为罚款、停刊数日或封禁报纸，依刑律治罪的案件很少。这一时期被封禁的38家报纸中，有15家是因为宣传革命，其中处置最重的为《京华报》，馆主因转载海外革命派文章被判刑两年；其次为詹大悲，因在《大江报》宣传革命被判刑18个月。在这种较之前期毕竟有所宽缓的情况下，有的报纸或屡罚屡为，如《时敏报》、《公论实报》等；有的或屡仆屡起，不仅租界内的"竖三民"如此，租界外的《国报》、《吉林日报》、《中央大同报》等也都是在被封后立即将报名更换一字，原班人马继续出版。判例中也时见民政部、巡警部和各地审判厅要求按报律执行或改判的，如奉天《大中公报》原被东督封闭，后经审判厅以违报律第10条改为停刊7日，类似的还有《夏报》、《公论实报》等。但是，在报律实行的同时还存在另一种情况。将当时报纸的内容与62起案例比较可以发现，报纸对时政的评议一般较为自由，而对于具体的某一地方官员的批评则相当困难，有时会遭致非法报复。如汕头《晓钟报》因揭露警官聚赌事被军警骚扰，汉口《夏报》总编因报道某管带劣迹被殴，上海《世界繁华报》因载官员宿娼事被封，《湖北日报》因漫画丑化湖广总督陈夔龙遭禁等等。正像当时报界所说，"各报馆与地方官辩驳，均根据法律，虽占优势地位，究亦自觉危险"，②说明由于一些官吏以意为法，视报律若无睹，视报馆若附骨之疽，对他们监督批评是很困难的。

二、因为报律对新闻界具有一定的保护作用，而实践中又存在着封建官吏超越法律权限滥施淫威的现象，所以报界时常求诸报律保护自己的合法权益。各案例中，

---

① 汇自方汉奇等《近代中国新闻事业史事编年》以及清末一些大型报刊中"报界汇志"、"内务汇志"等资料性栏目，下文一些未注明出处的实例也源出于此。

② 见1911年9月5日《大公报》。

很多报馆都竭力援引报律有关条款以图开脱，如《粤东公报》、《天民报》等案；有的使非法摧残报馆的官员受到惩罚，如《夏报》总编和《大中公报》总理被殴案；有的还将类似辩护词的意见书公开刊登，求得声援，如《帝国日报》、《中国报》等案。定案后利用报律得以改判的也时有所见，如《雄风报》和《北方日报》由封禁改为罚款结案等。所以，各地报界曾多次联名公禀请求按报律行事，直到 1911 年，中国报界俱进会还向资政院呈文呼吁执行报律。这也从侧面反映了报律在一定程度上已成为新闻界自我保护的一道屏藩。

三、新闻界的非规范行为，特别是失实，成为报刊涉讼的一个主要原因。清末报业是在短短几年内达于巅峰的，其速度迅猛异常，除少数著名大报外，许多未接触过报纸的士绅学子厕身报业，几乎没有经过新闻学基本常识的熏陶，报业秩序比较混乱。即如当时民间报纸描摹报界自身状况时，就反复使用报品日卑、报德日漓、闭门而造、恫吓敲诈、颠倒是非、求悦市人等语言，问题之严重由此可见一斑。但是，当时因社会新闻失实而被控的似乎不多，像广州《时敏报》因误登海关遭劫被罚款、北京《国风日报》因报道有误被京师女师范学堂控以诽谤的只是少数，更多的则是制造反清的时政新闻，尤以辛亥革命时期为甚（这里暂且称之为有意失实），即时人所谓“脑筋发电”。当时许多报刊刻意编制有关军事、内政的失实新闻，如京陷帝奔、太后自缢、摄政王暴卒等等，在新闻案例中占有不小的比例。诚如章士钊所言：“要之当时凡可以挑拨满汉感情，不择手段，无所不用其极。”①

以上特点说明，司法实践中，清末统治阶级用报律规范新闻业活动，新闻界在涉讼或遇官员恣意妄为时也利用它来保护自身利益，这与报律具有近代资本主义色彩的立法特点不无关系。

历史的分析：对报业发展的促进作用

历史地分析报律，就不能不将它与清末大规模修律活动联系在一起。庚子之变以后，特别是日俄战争后，朝野思变几成共识，总的来说，是企望仿效资本主义国家的一些政治制度，成为君主立宪国家。这种“新政”的一个主要内容就是修改传统的政治和法律制度。清末报律即为修律活动的产物之一。

修律活动始于 1901 年的变法谕，其指导思想即所谓“法积则弊，法弊则更……欲求振作，当议更张”，立足于变更旧制。采用的方法是“参考古今，博稽中外”，特别是“参酌各国法律”，修订旧法，制订新律。清政府派遣大臣出洋考察，任用留学生组建修律机构，聘请外国法学家协助订定法律，并翻译西方国家各类法典和单行法规以为参考，先后制订出宪法、民法、刑法、商法、诉讼法以及大量的司法和行政法规近百部，几乎涉及当时政治、经济和社会生活的各个方面。这些法律和规章的基本框架和主

① 章士钊：《疏黄帝魂》，载《辛亥革命回忆录》第 1 辑。

要内容多仿自资本主义国家，如《刑事诉讼律草案》、《民事诉讼律草案》、《大清商律》、《破产律草案》、《公司注册章程》、《商标注册章程》、《大清著作权律》等，都很难在我国古代封建法律体系中找到类似物。由于内外交困，清政府为维护自身统治地位而竭力采撷西方一些行之有效的法律制度，虽属迫不得已，并且也是屈从于西方列强对中国法律体系的干涉，但毕竟符合历史发展的方向，因为修律活动中产生的法规主要是促进而不是阻碍资本主义生产方式发展的。有的法规也吸收了不少资产阶级政治学说和法律体系中有关自由、平等和个体权力等方面的内容。如 1911 年颁布的《宪法重大信条十九条》，在我国两千多年的封建社会中第一次将皇权限制在宪法范围之内，而把制宪权授予了国会。《钦定宪法大纲》中规定公民有言论、著作，出版、集会、结社等自由；《大清民律草案》对法人和自然人的权力、义务做了明确规定，采用了私有财产不可侵犯、契约自由和过失赔偿等西方民法的基本原则；《大清现行刑律》缩小了旧律中对民事案科刑的范围，采用罪行法定主义和无罪推定原则，并废除了凌迟、枭首、刑讯等酷刑。

这些准则对报律是有制约作用的。在这个大的历史背景之下，已经不可能孤零零地制订出一套严酷的封建报律了。报律问世前清政府处置报纸言论，援引的是清初制订的《大清律例》中“造妖书妖言”条，该条中首者斩立决、从者斩监候、杖一百流三千里等规定，与报律相比反差如此之大，以致二者间已没有什么可比性了。从文化传统的角度看，深受西方政治法律思想影响的沈家本主持修律时，在《删除奴婢律例议》中所提出的“生命固应重，人格尤宜尊”的原则，实际上是中国法观念由封建宗法伦理主义向“尊人格”的资产阶级人道主义过渡的一个标志。反映在报律中，就是对名誉权、著作权、隐私权乃至办报权等权力的保护。不少法制史专著在评价清末法律时常称其脱离现实，仅就报律看，准确地讲应当说是超前，因为它所体现的资产阶级理念超越了当时的封建体制，官吏有法不依就是一个表现。有些具体内容，如审判独立、著作权保护等，尽管在当时还不具备充分实现的社会基础，但是作为定则被后世沿用，也是有其必然性的，因为在 20 世纪初的中国，资产阶级民主主义取代封建专制已成为进步的历史潮流。从这个意义上说，清末报律开拓了我国新闻法律近代化的先河。

无论从实际情况还是前两节的内容分析看，清末报律都是促进而不是阻碍了报业的发展。那么，这种作用机制是如何实现的呢?

首先，它正式肯定了近代报刊的合法性，提高了报刊在社会生活中的地位，促使大批有识之士投身报业，致使报刊数量激增。

我国古代封建统治阶级对民间报刊或是镇压(如宋代小报)，或是采取既不否定也不直接参与的政策(如清代京报)，直到 1851 年有人提出广为刊刻“与内阁衙门无涉”的民间报纸时，还曾遭清廷“识见错谬，不知政体”的申斥。清末报律在我国历史上第一次用法的形式正式肯定了民间的办报活动。19 世纪末叶以前，报刊，尤其是民间报刊在世人心目中的地位十分卑下，业报者被看作无赖文痞、末路文人，读者范围十分狭小，维新运动失败后萌生未久的政论报又遭到沉重打击。进入本世纪初，由于社会发展的需要，加之官方的倡导，报业开始发展起来。犹如商法的颁布表明官方对成立公司和银行的提倡，学务纲要的颁布表明对新学的提倡一样，报律的颁布正式表明了统治阶级对报业的认可与鼓励。官方的态度无疑提高了报纸和报人的社会地位，起到了导向的作用。报律颁布前后报纸数量的对比就可以说明这一点。于是，一时间办报蔚成风尚，上至通都大邑，下至穷乡僻壤，从封疆大吏、社会名流到乡野士绅都纷纷投入其间，报刊数量的增长也就不言而喻了。

其次，规定了报业活动所应遵循的一般规则。对于统治阶级来说，凭一己之愿任意对报刊治罪已非易事，而这对于业报者来说，就是有了明确的活动范围乃至自我保护的依据，增加了安全系数。否则动辄得咎，甚至丢掉身家性命，人们对报业恐怕会避之唯恐不及，清末报业的发展也就无从提起了。这涉及人治与法治的问题。

孟德斯鸿在《论法的精神》中，对什么是法的精神，给后世留下一个十分深奥的解释。其实，法的精神就是法的质的规定性，是由体现在法中的意志表现出来的。当专制意志体现在法中时，法的精神是人治；当民主意志体现在法中时，法的精神是法治。法能够体现什么样的意志，关键在于它所依存的是专制还是民主的制度，而不取决于是否有法律。人治不等于没有法律，因为没有哪个国家没有法律，而人治在封建时代又是普遍存在的。例如古代中国，正是专制的法律用法律化的形式赋予了皇权以超越法律、超越社会普遍意志的特权地位，法律成为人治的工具。换句话说，法治也不等于通过法律治国，因为法治首先是一种体现公平与正义的价值体系，然后才是一种统治方式，其核心在于国家不仅通过法律治国，它本身也必须受法律的约束。否则的话，古代中国也可因法网密织而被看成"法治"社会，这显然有悖于事实。清季虽然不存在民主的体制，但是由于清政府系统引进了大量的西方法律，取古代封建法律体系而代之，浸透其中的体现资本主义上升阶段以来政治学说的法的精神，便不能不影响到司法实践。加上当时社会思潮的强烈影响，封建社会传统的人治方式受到制约，而法治则浸淫滋蔓开来。这样，不仅被统治者，就是统治阶级也要受到行为规范的约束，因为体现法治精神的法律，其天然职能之一就是对权力的约束。正如美国法学家博登海默所说："法律的基本作用之一乃是约束与制约权力，无论是私人权力还是政府权力。在法律统治的地方，权力的自由行使受到了规则的约束，这些规则使掌权者受到一定的行为方式的约束。"[①]从目前材料看，尚未见到清末统治阶级高层次地、整体地违反报律的行为。以意为法迫害报界的，主要是少数中下层官吏。

最后，作为本文结语，笔者需再次提及的是，清末报业高潮的形成是受政治、经济、文化、技术条件等诸多因素影响的。在这多种因素中，以报律为核心的官方新闻

① 埃·博登海默：《法理学——法哲学及其方法》，华夏出版社 1987 年版，第 342 页。

政策起了非常重要的作用。它犹如一道厚重的闸门，启闭的大小直接影响报业之河的流量，这大约也是国外研究近代新闻史总是从新闻制度讲起的原因吧。

研究与思考

＝延伸阅读＝

1. 夏良才:《王韬的近代舆论意识与〈循环日报〉的创办》,《历史研究》1990 年第 2 期。
2. 潘光哲:《〈时务报〉和它的读者》,《历史研究》2005 年第 5 期。
3. 赖光临:《梁启超与近代报业》,台湾商务印书馆,1980 年。
4. 王敏:《苏报案研究》,上海人民出版社,2010 年。
5. 曼华:《同盟会时代〈民报〉始末记》,载中国近代史资料丛刊《辛亥革命》第 2 册,上海人民出版社,1957 年。
6. 亓冰峰:《清末革命与君宪的论争》,台湾"中央研究院"近代史研究所,1966 年。
7. 王学珍:《清末报律颁布前后的报界反应》,载中山大学孙中山研究所编《孙中山与近代中国的改革》,中山大学出版社,1999 年。

＝问题与思考＝

1. 试析王韬的办报理念。
2. 试论报刊传媒在维新运动中的作用。
3. 以《时务报》为例,谈谈清末政论报刊的特点。
4. "苏报案"产生了怎样的影响?
5. 评述《民报》与《新民丛报》的论战。
6. 你对《大清报律》是如何评价的?

第四章 向职业化迈进

导 论

“辛亥革命，大振民权，有冠皇帝大限告终，无冠皇帝纷然并起”。中华民国的成立，开创了民主共和的新时代，新闻事业获得前所未有的自由发展。《临时约法》规定：“人民有言论著作刊行及集会结社之自由。”新闻事业得到国家大法的尊重与保障，新报如雨后春笋蓬勃创兴，全国报刊数量在短短一年内即达到了五百家，比辛亥革命前骤增数倍，呈现出空前繁盛的景象。

在新出版的报刊中，大多数为政党报刊。民国初建，试行政党政治，各派政治力量纷起组党，竞逐国家权力，都以报刊为主要宣传工具。政党中势力较大者，大别分为两派：一派为同盟会，后扩大为国民党；一派为同盟会或国民党的反对派，初有统一、共和、民主三党，后三党又联合为进步党。这两派创办的报刊遍布各地，形成彼此对立的宣传阵营。双方在总统制与内阁制、中央集权与地方分权等问题上各持己见，针锋相对，展开激烈的争论。这些争论，有不少严肃的法理讨论，有助于国人认识共和政治，促进共和政治的进步。但随着党派斗争的不断加剧，报刊上党同伐异的现象也日趋严重，言论主张流于意气之争。往往同一事件，两派报刊的报道必然不同，甚至截然相反，仅从新闻记载即可判定该报所属之党派，新闻的真实程度却无从辨别，而公论尽失。有些报刊纯以谩骂攻击为事，任意制造谣言，互相诋毁，言辞粗鄙，使政党报刊的声誉受到损害。

袁世凯镇压了“二次革命”，国民党报刊几乎全被封禁。为了建立自己的绝对权威，袁世凯对言论机构采取高压政策。1914 年颁布的《报纸条例》和《出版法》，比清末的报律还要严苛。该条例规定年满 30 岁以上才能申请办报，需要缴纳的保证金也增加了数额；官方可以禁止任何关于政务活动的报道，警察机关可以用“妨害治安”等理由任意查封报社，以至逮捕编辑和记者，判处徒刑。除运用法律手段外，袁政府还实行电报检查，控制新闻消息的传递；对法权无法抵及的租界报刊，则禁止邮局递送，不许在租界区外售卖。帝制运动期间，袁世凯或用金钱收买，或用暴力封闭，将反对帝制的舆论摧残殆尽，一时竟使“共和国体下之人民，罔敢拥护共和国体”，人人“心实非之，而口又不敢不是，心口相背，率天下人以假”。真正的民意，不能于报刊言论上求之。这是辛亥革命以来新闻史上最黑暗的一页。

袁世凯因复辟帝制失败而羞愤以死，中央政府德威俱丧，各地督军扩充实力，或联合，或分裂，出现许多军系，各自称雄割据。原来的“大一统”格局不复存在，多种政治势力并峙发展，政党报刊再度活跃起来。北洋政府没有一套意识形态来控制社会，各种新思潮在报刊上广泛传播，五四时期出现了“百家争鸣”的局面。但连年的军阀混战和政治派系之争，使新闻事业难以得到稳定的发展，政党报刊更是随其所属派系的兴衰而载浮载沉。北京的政权像走马灯似的频繁更迭，“一朝天子一朝臣”，每当政局发生变动，就有一批报刊在报摊上消失。因为没有任何一位军阀有力量统驭全局，报刊得以在军阀派系的夹缝中乘间利用，从而享有一定的言论自由，但报人缺少安全法律保障，军阀们不受法律约束，一旦有所触怒，便随意摧残舆论，封报馆、杀记者之案屡见不鲜。

当政治性报纸随着时局的变幻而起伏跌宕的时候，一些商业性报纸自避于政治纷争之外，着力从经营上求发展，走上了企业化道路。史量才在民国元年接办《申报》后，在政治上采取中立的立场，不与任何政党发生关系。他知道政论虽能吸引不少读者，但是容易惹祸，因此《申报》的编辑方针以新闻为本位，注重新闻网的建立，在全国各重要地区都聘有访员（通讯员），及时、广泛地采集新闻，尤其重视对北京政治动态的报道，充分满足读者了解时局变动的需求。在营业方面，积极开拓广告业务，增设广告科，派出外勤人员登门招揽广告，并且代客户精心设计广告，客户纷至沓来，广告收入大大增加。在积累资金的基础上，不断更新技术设备，从外国进口先进的新式印报机，提高竞争实力，发行量由1912年的7千份，到1922年增至5万份，1925年又增加到10万份以上，成为具有相当规模的企业化大报。上海《新闻报》秉持“经济自立”、“无党无偏”的办报方针，完全按照商业原则经营运作，一心在扩大销路、招徕广告上下功夫。为了建立自己的竞争优势，《新闻报》选择以经济新闻为重点，以工商业主、店员与一般中下层市民为主要读者对象。汪汉溪认为上海人口以从事工商业者为最多，为了推销报纸，首先应当适应工商界的需求。根据这一定位，《新闻报》首先在经济新闻方面形成了自己的特色。它最早开设经济新闻专栏，逐日发表商业行情，报道商场动态，市场信息最灵通，大小商店均订阅该报，成为上海惟一的“柜台报”。为争取一般市民阶层的读者，《新闻报》也重视本埠新闻和社会新闻的报道，副刊则以趣味为中心，专门刊载武侠小说和鸳鸯蝴蝶派的作品，很适合普通读者的口味。《新闻报》的日销量在1928年突破15万份，创下了当时国内日报发行的最高纪录。

时局的持续动荡和政治环境的险恶，也驱使一些政治性报纸朝职业化方向转变。天津《大公报》曾是一家有声望的民营报纸，但后来依附于皖系军阀，成为安福系的喉舌。皖系垮台后，《大公报》被禁止邮递，从此奄奄不振，在1925年自动停闭。1926年9月，吴鼎昌、胡政之、张季鸾三人合作接办《大公报》，提出了“不党、不卖、不私、不盲”的办报方针。胡政之和张季鸾此前曾主持过为政党派系做宣传的报纸，都连遭挫折，张季鸾甚至两度入狱。他们接办《大公报》后，不想将自己的报纸与政党派系的命运过于紧密地捆绑在一起，试图在政治、经济上保持独立，彰显新闻媒体的公共性，把报纸本身当作一种专门的事业来经营。

报纸的职业化趋向，推动了新闻报道业务的改进。清末报纸采集新闻，主要依靠报馆之外的访员。充任访员的多为官署衙门里的书役、房吏，一般都是业余兼职，并非专以采访为业。访稿也以官衙中寻常公事为多，或是摭拾一些里巷琐闻，与专业化的采访工作还有一定的距离。进入民国之后，上海的商业性大报致力于新闻网的设置，不断扩充新闻来源。北京是全国的政治中心，也是最重要的新闻发源地，各报都聘请最优秀的人才担任驻京特别访员，如黄远生、邵飘萍、张季鸾、徐凌霄等，都是新闻界第一流的人才。这些特别访员为上海报纸拍发专电、邮寄通讯，完全以采访为职业，专力于新闻的搜求与探访，比一般访员具有更高的专业水准。张季鸾评价邵飘萍，说他的第一功绩，即为提高访员之地位："飘萍每遇外交内政之大事，感觉必早，而探访必工。北京大官，本恶见新闻记者，飘萍独能使之不得不见，见且不得不谈。旁敲侧击，数语已得要领。其有干时忌者，或婉曲披露，或直言攻讦，官僚无如之何也。自官僚渐认识飘萍，遂也渐重视报纸。"特别访员对新闻报道文体的发展也有重要贡献。他们采写的新闻通讯，被称作"特别通讯"或"特约通讯"。以往普通访员的通讯，只要报告确速、文字明顺即可，而特别访员的通讯大都是有系统的，对于某一件新闻的发生和经过，必有详细的叙述，若有时非一篇通讯所能概括，则视其新闻的重要性，而分若干次的记述方告一段落。在叙述事实之外，还对事件或人物进行评析，阐释新闻的背景与趋向，使读者获得更深入的了解。特别通讯也具有一定的文艺性，文笔流畅而生动，足以引起读者之美感。这种通讯体式很受社会欢迎，各地报纸纷纷仿效，遂发展成为一种独立的报道文体。

民初上海还没有专任本埠记者，本埠稿件多由当地的访员供应。各报实行访员公雇制，即访员们同时向多家报纸供稿。访员公雇，报馆可以节省开支，但这种制度也有弊端。从访员这一面看，他们大都缺乏新闻学识，只是各自占据了一个区域或机关，凭借个人关系来探访一些消息，所采新闻多属于火警、盗贼、奸拐之类，记述方法呆板，文词似通非通。由于他们长期盘踞一地而包办新闻，常以披露新闻为要挟而诈取钱财。倘有一件官司，当事人不愿登报的，只要贿赂了访员，他们就可以不把这件案子报告报馆。对于报纸来说，本埠新闻完全依赖公雇访员供应的稿件，造成新闻报道雷同，琐屑无聊的新闻充斥版面。报纸在采访上缺少竞争，不能形成自己的特色，新闻质量难以提高。另外，这些访员是一班与报馆无关的游民，容易发生索贿拆梢之事，编辑也经常受到他们的欺蒙，报纸的声誉因之受损。进入1920年代之后，上海一些大报走上企业化发展道路，经济实力有较大增长，报业市场的竞争也趋于激烈。在这种形势下，各报开始在馆内增设专司采访的外勤记者。《时事新报》首先派人采访会审公廨的公开法庭，打破了由公雇访员包办新闻的局面。《申报》、《新闻报》、《时报》随后也配备专职记者采访本埠新闻，减少对公雇访员的依赖。1925年前后，这几家报社相继在编辑部设立了采访科，组建编内的外勤记者队伍。随着各报自身采访力量的加强，公雇的访员便渐归淘汰了。新闻采集方式的变化和外勤记者的设置，也反映出新闻事业职业化程度的提高。

选　文

五四前后新闻思想的再认识

黄　旦

导言——

本文刊载于《浙江大学学报》2000年第4期。

黄旦，1955年出生，浙江乐清人，复旦大学新闻学院教授，信息与传播研究中心主任，国务院学位委员会第六届新闻传播学科评议组召集人。著有《新闻传播学》、《传者图像：新闻专业主义的建构与消解》等。

在民国报刊的职业化进程中，新闻学研究起了推动、引导的作用。五四前后，出现了我国学者自著的第一批新闻学著作。这些著作不仅开启并创立了中国的新闻学，而且第一次触及和研究了中国报刊的职业化问题。徐宝璜等人把报业组织及其运转作为研究分析的主要对象，旨在从理论上构建一个有别于政党报刊的职业化模式。他们强调报业是一种独立的行业，是社会公共机关；提供新闻是报业的天职，为全社会服务是报业的基本宗旨。这与以往把报刊当作政治工具的办报思想是迥然不同的。本文深入解读徐宝璜等人的新闻学著作，揭示了含蕴其中的职业化理念及历史意义，从而对五四前后中国报刊思想的变迁作出了更加准确的阐释。

五四前后，在中国首次出现了一批我国学者自著的新闻学书籍，比较著名的有：徐宝璜的《新闻学》、邵飘萍的《实际应用新闻学》、戈公振的《中国报学史》、任白涛的《应用新闻学》。蔡元培先生曾对徐宝璜的《新闻学》有过很高评价，称为“破天荒”之作①。蔡先生的“破天荒”是指该书是由中国人自撰的第一本新闻学论著，恰如后来《京报》所言：

《新闻学》以前中国无专门研究新闻之书籍，有之，自先生始。虽仅五六万字，以

① 《新闻学·蔡序》，见徐宝璜《新闻学》，中国人民大学出版社，1994年。

言简赅精当，则无出其右者。在中国新闻学史上，有不可抹灭之价值。无此书，人且不知新闻为学、新闻要学，他无论矣。[①]

这样的看法和评估，得到后来者一致赞同和继承，由此成为目前评价徐宝璜及其新闻学研究的通用框架。这当然没有错，而且完全正确。然而，如果换一种视野，仔细追究一下徐宝璜的基本思想，并且把他的《新闻学》和与之同时的其他新闻学论著联系起来作为一个整体看，那么，这一时期新闻学研究的"破天荒"之举，就不仅仅在于开启并且创立了中国的新闻学，在更深层次上，它还昭示了另一个"破天荒"的意义：第一次触及和研究中国报刊的职业化问题，并形成了中国新闻思想史上第一个关于新闻职业化的思潮。

一

众所周知，中国关于报刊的认识和论述，并不始于徐宝璜们。远的不说，上个世纪末在中国政坛上叱咤风云的梁启超们，就对报刊做过诸多的阐发和论述。然而，梁启超们的报刊实践和理论的中心，是"报馆有益于国事"[②]，恰如梁本人所说，《时务报》之初衷在于"哀号疾呼，以冀天下之一悟，譬犹见火灾而撞钟，睹入井而怵惕"[③]，《清议报》则是要"倡民权"、"衍哲理"、"明朝局"、"厉国耻"[④]。这样的动机和目的，不仅使得报刊为变法维新起到了不可忽视的作用，而且推动并掀起了中国新闻思想史上第一个思潮——报刊是政治宣传喉舌的思潮。

徐宝璜们则全然不同。徐宝璜以为：

新闻学者，以养成良好新闻记者并导新闻事业于正轨为职业者也。斯学昌明，则人类受新闻事业之福愈增其量，是斯学之重要可知矣。[⑤]

邵飘萍对此同样是直言不讳：

以我国之社会，欲以新闻为职业，乃有时较他国为难。盖我国之各方面固未认识

---

① 此段文字见黄天鹏为徐宝璜《新闻学》一书所作的序言。

② 梁启超：《论报馆有益于国事》，引自张之华编《中国新闻事业史文集》，中国人民大学出版社，1999年，第18-20页。

③ 梁启超：《蒙学报·演义报合叙》，引自《中国近代报刊史参考资料》(上)，中国人民大学新闻系，1979年，第289页。

④ 梁启超：《本报第一百册祝辞并论报馆之责任及本馆之经历》，引自张之华编《中国新闻事业史文集》，第36-45页。

⑤ 徐宝璜：《新闻学刊全集序言》，见徐宝璜《新闻学》，第132页。

新闻记者之地位为如何尊严，政府中人殆尤甚也。欲救其弊，知非提倡新闻学不可矣。①

由此不难看出，徐宝璜们的出发点是新闻学和新闻职业的关系。研究新闻学是为指导实践、培养记者，使中国报业能向着职业化方向发展。的确，梁启超的"报馆有益于国事"之呼喊，有着为报纸正名的目的。据悉，其时"每一报社之主笔访员，均为不名誉之职业，不仅官场仇视之，即社会亦以搬弄是非轻薄之"②。梁启超试图通过报刊对于"国事"的重要意义，唤起社会以及办报者自己对于报刊重大使命的认识，重塑报刊的社会形象。徐宝璜们同样有"欲救其弊"、导人正确认识报刊及记者之目的。不过，他们是从职业报业的角度来强调记者的地位及其对于社会的作用的。可见，两者在新闻学研究和理论阐述的背后，深藏着截然有别的基本思路。

在徐宝璜们看来，"人类文明愈进步，则事业愈见其繁复，于是不得不分行业之法"。因此，报纸成为一种职业，乃社会发展之必然。现代社会，人与人交际日益频繁，社会关系至为复杂，社会事实瞬息多变，人们要适应环境，一方面需周知时事，对社会情状了然于胸；另一方面，天下太广，人事极繁，分散四处却又难以尽见尽知，遂就有了报业。不仅如此，新闻业自身同样也是按循此种分业之法，形成了"生产、分配、消费"等等部门，"内部分科组织，阶级繁复而井井有条"③。

按此所见，徐宝璜的《新闻学》把所要研究的新闻纸的诸种问题，具体化解为"编辑、组织、营业"三大部分，就不是偶然的。推其本意，怕正是要探讨并勾勒一个职业报业组织的运转、结构及其主要面貌特征。此时的另一本新闻学专著，即任白涛所写的《应用新闻学》，其大致体例与徐著相同，只是多了一个描述报纸史略的附编。邵飘萍原有一个系列的新闻学书籍写作计划，包括：总论、采集、编辑及广告和发行。从其选题来看，似也未超出徐宝璜的"编辑、组织、营业"之三部分。戈公振的《中国报学史》着重在于对中国报刊历史的总体概括，体例稍有殊异。即便如此，他仍未忘记在最后的总论部分中，从历史到现状，就报纸的组织、内容、编辑、发行等等方面，一一加以略述。这种思路，分明与徐宝璜们类同。难怪戈公振认为，所谓的报学史，实质上就是关于"报纸自身发达之经过，及其对于社会文化之影响的学问"④。

在今天看来，我们可能会觉得这一批新闻学著作在结构上有庞杂之嫌，但是，我们决不能因此而忽视了其中所蕴含的重要信息：即它们对于报业——作为一个职业组织，作了较为全面的描绘、研究和归纳。稍后的潘公弼就曾有过一个演讲，全面地

---

① 邵飘萍：《我国新闻学进步之趋势》，《邵飘萍选集》（下），中国人民大学出版社，1988年，第602页。

② 姚公鹤：《上海报纸小史》，引自杨光辉等编《中国近代报刊发展概况》，新华出版社，1986年，第258-278页。

③ 邵飘萍：《实际应用新闻学》，引自余家宏等编《新闻文存》，中国新闻出版社，1994年，第416页。

④ 戈公振：《中国报学史》，三联书店，1955年，第1页。

阐述作为一个职业化报业组织所应具备的结构和正常运转的基本条件。就结构而言，分为“编辑部、营业部、印刷部”，要使这三个部分配合默契，成为一个统一、协调、健全的组织，尚需五个条件：报馆职员，须能充分地联络、分工和合作；报馆须有一个统一的意识；报馆职员，要尊重个人之个性；报馆中的三大部门，须充分联络；要让报馆成为一个“有机体”组织[①]。这也许是那一时期关于职业报刊组织及其运转的最为具体和详细的文章。如果根据该篇文章的基本思想和观点，回过头再来看徐宝璜、邵飘萍们论著的基本构架及主要精神，就可发现，不仅其内在脉络几乎一致，而且更能充分理解并体会他们的总体思路和命意之所在。

关于该一时期有关报刊职业化的思想和实践，曾引起一个外国学者的注意。他说，民初以后，许多中国报人试图为其自身建立职业化模式时，实际上所构建的只是一种类似观念的东西，这种观念追求的是专业性的客观中立，以便在报业难以避免的党派性和政治性中安身立命。他并且把此种观念的变更追溯到了黄远生。其依据是黄远生在为《庸言》所写的《本报之新生命》一文中，提出“吾曹以后将力变其主观的态度而易为客观”。这显然是要求以事实为主，要综合事实来下判断，而不是恃理想来发挥空论[②]。此段话值得讨论之处似还不少。比如：转变的是否就是客观中立之观念？个中渊源是黄远生还是可以追溯到更远？客观中立作为报刊的一种职业意识形态，于第一次世界大战后在西方逐渐兴盛并得以被普遍承认，中国的国情及其报刊实践与之异殊甚大。现把这个作为衡量中国报刊职业化的惟一标准，是否符合中国报刊发展之实际？更为糟糕的是，这位学者认为，中国报刊的职业化转变仅仅还停留在观念上，而不是在实践中已有所反映和体现。别的不说，单是五四后上海“申、新”二报向现代企业化报业的发展趋势，这在我们任何一本新闻史著作中都早已是历历在目。尽管如此，这位学者把民初之后的新闻思想纳入到职业化层面来进行认识，还是有其可取之处的。这也正是我们的新闻史和新闻思想史著作多年来不够重视或重视得很不够的地方。的确不能否认，在后来的整个发展中，无论是“职业化”的报刊实践，还是“职业化”的报刊思想，都不是也没有成为我国报刊和报刊思想的主流。但我们决不能因此而忽视了它们的存在，也不能忽视它们所曾具有的实践意义和学术意义。

二

徐宝璜对于报业，思想上有一基本之定位。这就是：报纸者，社会之耳目；访员者，又报纸之耳目也。[③] 这一观点深得邵飘萍的赞同。邵飘萍以为，报纸、记者在社

① 潘公弼：《报馆的组织》，见黄天鹏编《新闻学演讲集》，上海现代书局，1931年，第45－53页。

② 特里·纳里莫：《中国新闻业的职业化历程》，《新闻研究资料》第58辑，中国社会科学出版社，1992年。

③ 徐宝璜：《实际应用新闻学·序》，见徐宝璜《新闻学》，第107页。

会中所处的位置，是“社会、国家、世界之耳目”。“人类各种新事实之表现，皆难逃耳目之鉴察；其取作材料，载诸报纸，发为批评，则犹之耳目以新闻见者转达于脑府。无耳目，则脑府顿失其功用……”[①]任白涛也说：“盖报纸者，社会之耳目也。”倘社会没有报纸，就好比是人自己“窒其耳，闭其目”，成为一个“聋聩之社会”。因此，轻视报纸，“殆与不解聋聩之苦痛，而轻蔑自己之耳目也，无以异耳”[②]。诸如此类的说法，很自然使人想起梁启超在《报馆有益于国事》中早就说过的话，“去塞求通，厥道非一，而报馆导其端也。无耳目、无喉舌，是曰废疾。”然而，表述上的相近却掩不住立足点的根本差异。首先，梁启超所针对的是中国政制之“上下不通”、“内外不通”，徐宝璜们则着眼于全社会的信息交流，“报纸之于社会，犹人类维持生命之血”[③]；“世之览者，遂皆能足不出户而知天下可矣”[④]。其次，梁启超式的“耳目”、“喉舌”，一开始所要传达的是“上之举措”、“下之苦患”，后来则是要“主持清议，开发民智”；徐宝璜们自始至终，强调“报告读者以最新而又最有兴味、最有关系之各种消息”，“报纸之价值有无大小，与新闻材料之敏捷丰富真确与否，有最密切之关系”[⑤]。最后，从办报实践和思想轨迹看，康、梁们大致是沿着党报和政治机关报的路线行进，虽然梁启超后来也有过“国报”的想法，徐宝璜们可是始终认为，报纸不是归谁专有，而是属全社会并为全社会服务的，“社会各级人士，无论贫富贵贱，几无不以阅报为每日必要之行事而不能一日或缺”，报纸“几如布帛菽粟而为世人生活上必需之物”[⑥]。

耳目者，不过观察、追寻、打探消息而已。可想而知，由此带来的第一个职业特点，就是要“以真正之新闻，供给社会”[⑦]。用邵飘萍的话来说，要“报告读者以最新而又最有兴味、最有关系之各种消息”[⑧]。人人皆知，梁启超们的报纸是以“言论”胜。据计，仅出 69 期的《时务报》，单是政论文章就发了 133 篇，其中属梁启超个人所撰的有 60 篇。就是这些笔锋常带感情的文章，使“举国趋之，如饮狂泉”。可是，梁启超深信不疑且行之有效的办报模式，遭到了徐宝璜们的否定。戈公振认为，发表言论是杂志的任务。按照这位新闻史学家的考察，报纸与杂志在一般情况下，之所以同时并称，且都归之于定期刊物名义之下，乃在于两者的形式内容及对于社会的作用，有许多相似之处，在社会未进化的时代，两者更是混淆在一起的。然而，随着社会的发展，公众对报纸、杂志的心理需求发生了变化，报纸与杂志的区别日益明显。此种区别，

---

① 邵飘萍：《实际应用新闻学》，《新闻文存》，第 385 页。
② 任白涛：《应用新闻学》，亚东图书馆，1926 年，第 8 页。
③ 戈公振：《中国报学史・自序》。
④ 徐宝璜：《新闻纸与社会需要》，《新闻学》，第 118 页。
⑤ 邵飘萍：《实际应用新闻学》，《新闻文存》，第 385 页。
⑥ 徐宝璜：《新闻纸与社会需要》，《新闻学》，第 120 页。
⑦ 徐宝璜：《新闻学》，第 4 页。
⑧ 邵飘萍：《实际应用新闻学》，《新闻文存》，第 385 页。

不是如人们所说的在于外观的差异：如报纸是折叠的，杂志是装订的；也不是刊期数量的问题，像杂志在一定时间内发行的总次数比报纸少等等。其根本差异在于本质特性，即"原质"上的不同，"报纸以报告新闻为主，而杂志以揭载评论为主"①。由此就不奇怪，戈公振在《中国报学史》中，虽然把《时务报》搁在"民报勃兴"一章中，但却是放在"杂志"一节中加以讨论的。这显然是经过深思熟虑而不是任意为之的。依笔者之见，此地"民报"之含义，是指民办的"定期刊物"，类似于我们今天的"报刊"。而《时务报》之所以是"杂志"，就因为它在"原质"上是以论说为主。这样的分析若不牵强，那么，《时务报》在戈公振眼里，压根就不是报纸。

既然如此，职业化的报业以提供新闻为天职，就不是人为的设定，而是报纸这一"质"的规定性所决定了的。"报纸之元素，新闻而已"②，"构成报纸之最重要的原料厥惟新闻"③。凡此种种，足以说明，没有新闻，也就没有报纸，自然也就不存在报纸这一行业。无怪乎邵飘萍要以"新闻"作为衡量报纸进步与否的唯一标准：

世界新闻事业之趋势，基于"以新闻(News)为本位"之原则，故外交记者之地位有蒸蒸日上之势，虽各国之程度不同，而进步之趋势则一。例如我国之新闻事业，即在今日亦不能不称为幼稚，然在四十年前之《申报》，其中只有文章、诗词或小说等类，新闻不过一二最不相干之趣事，盖重文辞而未重纽斯之朝代也。然嗣后逐渐改进以至于今日，其所谓改进之过程，惟视纽斯增加与否以为断——由是言之，世界无论何国之新闻，即幼稚如我国，发达如欧美，实皆同一渐以纽斯为本位之原则。④

当然，这绝不是说徐宝璜们认为报纸不需要言论。邵飘萍的《京报》之所作所为，已是众所周知。按他自己的说法，《京报》言论题材广泛，"不独政治问题，外交、教育与夫社会上之种种事业"，均在其言论范围之内。"出版不数月"，"在言论上已占相当之地位"⑤。戈公振以为，报纸除了报告新闻，还需揭载评论⑥。徐宝璜不仅强调报纸还是"国民之喉舌"，甚至提出，一部分报纸可以赖罄吐公众情感与愿望而产生和存在，"一面供给世人以发表意见及互相讨论之机会，一面复自行提供意见，以供世人采择，发挥民意，以督责政府与社会"⑦。

问题的关键不是报纸上有没有或要不要言论，而在于他们的一致意见是，就本体

① 戈公振：《中国报学史》，第4页。
② 戈公振：《中国报纸进化之概论》，引自《中国近代报刊史参考资料》(上)，第8页。
③ 邵飘萍：《实际应用新闻学》，《新闻文存》，第385页。
④ 同上。
⑤ 邵飘萍：《京报三年来之回顾》，《邵飘萍选集》(下)，第640页。
⑥ 戈公振：《中国报学史·自序》。
⑦ 徐宝璜：《新闻纸与社会需要》，《新闻学》，第120页。

意义上看，言论不是报纸的“最重要原料”，发表言论更不是报纸第一位的任务。为此，戈公振特意考察了报纸言论的发生机制和过程，最后的结论是：“从报纸发达史上研究，发表意见，决非报纸原质之特色，乃附带而生者也”①。同样，徐宝璜对于言论，也有两个前提加以限制：一是目的出于言论自由，让没有“刊布之机关”的人，能在报刊上公开表露自己的意见，且也必须是“正当之意见”和“公允之评说”；二是对于“内容常至复杂、利害常至隐晦”的事实，由于“世人每不能判定其是非利害”，因而需有人“为之注明指导”。前者意在发表“舆情”，后者在于“评论时事”②，这与梁启超式的放言高论，所谓“报馆者实荟萃全国人之思想言论，或大或小，或精或粗，或庄或谐，或激或随，而一一绍介之于国民。故报馆者，能纳一切，能吐一切，能生一切，能灭一切”③云云，显然不是一回事。

职业化报纸的第二个特征，是它所具有的公共性。既是社会的“耳目”，就自然不属于个人或团体，而是社会的公共机关。任白涛把“公共性”视为报业的第一特质，是报业与其他事业的根本区别。“彼营利的或名誉的事业，只计及少数人之利害荣辱。而新闻事业，则以大多数人之利害荣辱为标准”，报纸是与公众福利有关的事业，“绝对当以公众为本位”。否则，就是“造成一种社会的罪恶者”，是“新闻事业的叛徒”④。徐宝璜则再三告诫：“夙昔执新闻业者，辄以新闻纸为其个人私产，此殊失当。夫吾侪献身于社会时，即当视此身为社会所有，遑论其所执业”。“新闻纸既为社会之公共机关，故其记者亦为社会之公人”。惟有如此，记者“布一消息，定力求正确与完全”，“凡正当之议论且将予各方面平等发表的机会”，记者自己的议论，“亦必诚矣”。不仅如此，徐宝璜还以为，“公共化”是报纸将来发展的必由之路，是报纸进步的征兆⑤。戈公振认为，公共性来自于报纸自身的特色。一是报纸有“公告性”特点，就是把消息完全公开，让所有人都知道；二是报纸又有一般性特点，即其内容要适应多数人的需要。“公告性”是报纸的外观、形式，“一般性”是“公告性”的内容，两者互为作用，使得报纸能够代表多数人，为公众而刊行。所以，报纸的舆论和纪事，均与公告性密切关联。言论理应是国民“公共意志”在报纸上的体现，纪事则不能脱离“公众需要”，因此，“一评论，一纪事，又无往而非关于公众者”。戈公振把上述做法称为记者之“天职”或报纸天职之所在。与徐宝璜把“公共化”视为报纸发展的趋势相类似，戈公振认为“平民化”、“世界化”是报纸未来的方向⑥。邵飘萍论及报纸的“公共性”，更多地与言论独立联系在一起。这也许与他自《汉民日报》正式踏入新闻界开始，不断受到大小军阀

① 戈公振：《中国报学史·自序》。

② 徐宝璜：《新闻学》，第120页。

③ 梁启超：《本报第一百册祝辞并论报馆之责任及本馆之经历》。

④ 任白涛：《应用新闻学》，亚东图书馆，1926年，第5-7页。

⑤ 参见徐宝璜《新闻学》。

⑥ 戈公振：《中国报学史·自序》。

的压制、迫害，对于言论自由有切肤之痛有关。邵飘萍提出，新闻事业作为社会公共机关，一方面，在社会上具有与任何国家机关一样的独立平等之地位，任何人不可加以压制，否则，就是不承认言论机关的独立平等地位，新闻界要对此进行抗议①；另一方面，报纸应发表社会各方面不同的思想言论，以使读者扩充其思想和眼界，得到各种参考依据，言论甚至不必与报纸自身意见完全一致②，即便遭到同行攻讦，也不必马上"以牙还牙"。这不仅是因为"恶声相加"，争论无法平息，更在于有损报纸公共机关之形象，"报馆或通信社乃社会的公共关系，非私人争骂之武器"③。

从任白涛的绝对以公众为本位，到徐宝璜的公共性与报纸的公正、确实和诚信之关系；从戈公振的报纸之公告性、一般性，到邵飘萍的言论平等和独立，说法不一，内中宣达出来的精神却基本一致，即报纸是社会的工具，公众的工具。用戈公振的概括，就是全社会"精神的集合体和联络机关"④。正因为如此，他们认为，作为一个职业的新闻记者，必须具有一定资格。戈公振说："医生、药剂师，因为人命关系，所以要受科学的训练，就是兽医也有如此的规定。但是新闻记者，若是并不曾证明他的知识已经成熟，就交付他一个更宝贵的生命——一个国家或许多国家的生命，这是极不合理的"⑤。同时，徐宝璜们还认为，这种"资格"并非天生的，"必经种种繁复之准备"。其中最主要的一个渠道，就是经过学校，尤其是大学的教育。对于一个以为社会服务为宗旨的职业化报纸而言，此举尤显必要和重要。戈公振明确指出：我们对于新闻记者的大学教育，不仅以为"可以"就够了，且应该以为"必要"。设若我们报纸当作代表一个团体利益看待，或是政党，或是教会，如此，新闻记者只需熟悉此一个团体的情形和流畅的文笔就够了，大学教育可以不必要。但是我们若认为报纸是代表公众的利益，那就一定要受过高等教育的新闻记者才能胜此重任。就是在这样的新闻职业化思想推动下，中国大学的新闻教育终于启动，中国新闻学的学术研究也因之显露端倪并初结成果。套用一位后来者的说法，中国由此开始了"新闻职业化与科学化"⑥。

三

然而，在当时的中国社会环境下，要走职业化报纸的道路谈何容易。对此，徐宝璜的态度是含含糊糊的："新闻纸为社会产品之一，故亦受社会之支配"。言外之意，社会环境良恶如何，自对报纸发展会有重大影响。戈公振是一针见血，矛头直指军阀

① 邵飘萍：《从新闻学上批评院秘厅对新闻界之态度》，《邵飘萍选集》(下)，第134页。

② 邵飘萍：《附刊上言论之完全自由》，《邵飘萍选集》(下)，第170－171页。

③ 邵飘萍：《愚今始一言之》，《邵飘萍选集》(下)，第352页。

④ 戈公振：《新闻学泛论》，黄天鹏编《新闻学演讲集》，第3－4页。

⑤ 戈公振：《新闻学》，商务印书馆，1930年，第29－30页。

⑥ 吴贯因：《新闻职业化与科学化》，见黄天鹏编《新闻学名论集》，上海联合书店，1930年，第97页。

统治：报刊经洪宪复辟之祸，受年年军人利诱威胁之蹂躏。邵飘萍则是全面总结，举其荦荦大者为四：一是教育不普及；二是交通不便利；三是政治不良；四是实业不发达。实业不发达，报纸的经济支撑缺少扎实基础；政治不良，报纸的自由度大受影响。至于教育和交通，会直接牵涉报纸的销售和发行，而这又与报纸经济息息相关。所以如归纳一下，上述种种实际上反映了两个大问题：一是报刊言论能否自由；二是报业经济能否自立。

关于言论自由，梁启超就已提出过，但他们大多是从政治体制、社会文明的角度予以论述的，更多的是出于新思想的输入和启蒙。武昌起义后，先后成立的各地革命政府，也纷纷出台法律、法规，试图确立、保障言论自由之地位。可是，由于缺乏相应的经济和民主政治之基础，这一自由很快被蜂拥而立的政党所利用，成为相互攻讦的手段。待到袁世凯上台，封压报纸，抓捕报人，几成家常便饭，所谓的"自由"云云，早已是面目全非，名存实亡。正因如此，徐宝璜们对于言论自由，是作为报纸能否存在、能否根据自己的职业特点正常进行运作的外在环境即"生存环境"来看待的。所以他们认为，言论自由成为"报界切肤之问题，此问题不解决，则报纸绝无发展之机会"①。"倘政治不良，言论莫克自由，处处受恶势力钳制与压迫，不是封闭报馆，便是逮捕记者，轻则下狱，重则枪毙，人人都感到'邦无道危行言逊'的恐怖，谁还肯大放厥词呢?"中国新闻事业发展不快，职业化进展缓慢，都是因为种上了这个因——政治不良②。

经济是报业之命脉，按徐宝璜们的观点，没有经济独立，所谓的职业化就是一句空话。因此，职业化的报业首先要商业化。徐宝璜曾痛心地说，中国报业上焉者为机关报，以全部售于一人或一派；下焉者，则是甲盛迎甲，乙盛迎乙，依靠下贱之卖身投靠，以求"戋戋糊口之费"，中国报业"鲜有能知商业化之意义"③。戈公振则以为，只有报纸成了商业，才会需要报馆组织④。此即是说，报馆的职业化，与其商业化程度相关。邵飘萍的观点也类似，他认为一个合格报纸必须具备三个条件：首先是用纸张印刷，其次必须是定期出版。这两点都属平常，较为特殊的是第三点，叫印刷不待人定。这就有些费解。按邵自己解释，像皮鞋、衣服等物，都经过了为自己做(即仅为满足自己穿衣所需)，为某些特定人做，然后进入是为任何人做，此时就成为了任人购买而无需预定的商品。报纸也是如此，只有变成不为特定人所办，并成为人人可买的商品时，才是完善的，才真正称得上是报纸⑤。任人所买还是特定人的特权，实际上就是报纸为谁服务的问题。美国有学者认为，为"公众服务"是衡量新闻媒介和其他行

① 戈公振：《中国报学史》，第354页。

② 徐宝璜：《中国新闻业不发达之原因及其事业之要点》，见黄天鹏编《新闻学名论集》，第45－45页。

③ 徐宝璜：《新闻事业之将来》，徐宝璜《新闻学》，第129页。

④ 戈公振：《新闻学》，第38页。

⑤ 邵飘萍：《我国新闻学进步之趋势》，《邵飘萍选集》(下)，第600页。

业职业化程度的主要标准[①]。若考虑到徐宝璜们的观点大多来自于西方,那么,邵飘萍的表述显然与此一脉相承。这也就难怪徐宝璜、戈公振、邵飘萍都把"商业化"或以"营业本位"的报纸,看成是报纸发展的规律和趋势了。

徐宝璜们提倡报业"商业化",本意是通过经济独立推动报业之独立,使之成为不依靠一人一派的社会公共机关。然而,民国后一些报纸的"商业化"带来的,却是卑劣低下、惟利是图的庸俗化。如邵飘萍的《京报》那样的报纸,实在是凤毛麟角。事实上,"商业化"对于报业,怕也是一把双刃剑,它对于"职业化"有促进的一面,但不能善用之,也有相当的反作用。这也正是目前世界性的大难题。徐宝璜们对此倒是头脑清醒,于是把所有希望寄托在用"公共性"来制约上。一面是徐宝璜式的循循善诱,从道德上予以正面引导:报纸系"私人独立经营或集资经营之物,而非社会之公有,自亦不能无私之一面",但报纸毕竟是社会之公器,理应以社会之利益为利益,因而必须考虑"如何方能公私兼顾,复不能以私而害公也"[②]。另一方面,则是戈公振式的报馆公有化之措施。先是由团体报来取代私人办报,然后是达到报纸的公有化,以此,"将报纸由私人的机关,变为公共的机关,实行报纸的公有化"[③]。戈公振的设想,后来似得到了成舍我的热烈响应,并做了更为具体的构想:第一,报纸国有,由国家经营;第二,许可私人经营,但不劳而获大资本家,则应排除在外;第三,社会应成立一机关,监督报纸的言论及对政治、社会的批评;第四,总编辑之进退,也由这一团体所决定,而该团体成员由社会民众团体所推选[④]。

四

余家宏先生对于徐宝璜的《新闻学》曾有这样的评价:"这本书反映了我国进步知识分子的反封建的民主主义思想,是五四运动前夕,我国学术界接受了资本主义的'德赛二先生'前的产物,其中很多观点是针对袁世凯和北洋政府的。"[⑤]关于五四前后的新闻思想,同样可以作如是观。

辛亥革命之后,中国的新闻业曾有过短暂的繁荣,旋即因以袁世凯为首的大小军阀摧残,落入了低潮。军阀们你方唱罢我登台,首当其冲遭受厄运的就是报纸。为躲避和生存,也有的为争权和夺利,报纸或噤口结舌,或参与党派、自找靠山。梁启超式的政论报纸不复存在,人们了解新闻的需求,则因局势动荡而愈加迫切。可是报纸的总体状况令人失望和担忧。有人做过如下的概括:一是"议论与事实不相分离,好逞

① Hallin D. C. Commercialism and Professionalization, In James Cumdn & Michael Gurevitch(eds) "Mass Media and Society", London, NewYork: A Member of the Headline Group, 1996. 243 - 264.

② 徐宝璜:《新闻纸与社会需要》,《新闻学》,第 126 页。

③ 戈公振:《报纸的将来》,黄天鹏编《新闻学演讲集》,第 62 页。

④ 成舍我:《中国报纸之将来》,《新闻学研究》,燕京大学新闻系,1932 年,第 7 - 8 页。

⑤ 余家宏等编:《新闻文存》,第 374 - 375 页。

不衷事实、不着边际之空论，复不知注意新闻之采访”；二是“一方面虽受政府之压迫钳制，而不能得言论之自由，一方面却具有无上之威权，可以任意污蔑人之名誉”；三是“主观之议论多，客观之议论少，又常以主观之主张，武断客观之舆论，以主观之见解，混淆客观之事实”；四是“因经济鲜能独立，不得不与某一方面发生某种关系”，于是以“少数人之利益”，“抹杀多数人甚至一般之利益”，“丧失主张公道之勇气”[①]。此种概括，虽无大错，其重点似还在于那些政治性报纸。实际上，当时还有一类报纸属于戈公振所称的“自好者流”，如不喜党派，以求经济之独立的商业化报纸，但却惟“利”是求，连报纸的基本职业精神都不能守持。捏造专电传假新闻，等而下之者更是内容低下，诲淫诲盗，恰如有人对当时北京报纸所做的概括：剪子、糨糊、红墨，成为报纸的“新闻胆”或“报之素”，剪剪贴贴，“三者之妙用神，斯办报之能事毕矣”。“十而八九者，形式与精神均不成为一种报纸”[②]。如果以此再来看徐宝璜、邵飘萍们的那些具体观点，比如以传播新闻为天职，社会的公共机关，要具高尚的品性等，就全然明白其矛头之所向。

关于五四与该时期新闻思想的关系，这里不可能做出全面的评价，只能粗粗提两点：首先，五四彻底的反传统、反封建、反专制的精神，促使徐宝璜们重新认识、批判中国政治及与之密切关联的新闻业。其次，五四所高喊的“科学、民主、自由”，所提倡的个人解放、人道主义及言论思想自由、自由政治等，为徐宝璜们研究并创立新闻职业化思想提供了理论武器。恰如任白涛所言，五四运动的勃发，“频频造成与吾书以新生命——易稿——之机会”[③]。因此，徐宝璜们关于报纸与政治的关系，关于报纸与社会、与人生，关于报纸独立等，怕也都有五四这场席卷中国文化、思想、政治、道德等等各个方面的伟大运动的影子。

梁启超说：“凡‘思’非皆能成‘潮’，能成‘潮’者，则‘思’必有相当之价值，而又适合于其时代之要求者也”[④]。五四前后的新闻职业化思潮，也正是学者所思和时代要求的结合物。正因如此，当时代要求发生转换时，其所思并成潮者，无疑也要发生变化。恰如五四运动很快从文化层次的“思想启蒙”，转到了社会政治层次的“救亡”一样，徐宝璜们的职业化新闻思想，也很快就被以李大钊、陈独秀为代表的报刊是阶级斗争工具的呼喊所掩盖。然而，我们决不能因此而忽视这一思潮的存在。因为职业化新闻思想，是五四新文化大潮中的一股水流，也是新文化运动所不可分离的一个重要部分。颇为遗憾的是，我们以往的新闻学者们几乎把所有的注意力，都投注到该时期的报刊实践和思想如何推动新文化运动的作用上，至多还注

---

① 吴天生：《中国之新闻学》，黄天鹏编《新闻学论文集》，光华书局，1930年，第19-20页。

② 戊午编译社：《北京新闻界之因果录》，杨光辉等编《中国近代报刊发展概况》，第167页。

③ 任白涛：《应用新闻学》，第3页。

④ 梁启超：《清代学术概论》，东方出版社，1996年，第1页。

意到徐宝璜们对于新闻学研究的开创性意义上，五四运动中的报刊和一些新闻思想之所以还被人记起，就是因为它们曾经是新文化运动和革命的载体。但却很少有人想到，它们本身也就是新文化运动，因此也就很少有人想到，五四时期的报刊实践和思想的重要性，不仅仅在于它们为新文化运动做了什么，更在于它们为新文化运动增添了什么，为中国已有的新闻实践和新闻思想添加了或确立了哪些新的"因子"。同时，这些新的因素在我们整个新闻思想史上具有何种之地位，对于我们今天仍还具有何种之意义。正是基于此，笔者不揣浅陋，写出此文，一是对五四运动及其前后的新闻学先驱们略表纪念；二是希望能抛砖引玉，唤起诸位学者对这一时期新闻思想的重视和深入研究。

新记《大公报》的"四不"方针

吴廷俊

导言——

本文选自吴廷俊《新记大公报史稿》(武汉出版社，1994 年)，为该书的第四章。

吴廷俊，1945 年出生于湖北天门，1969 年毕业于武汉大学中文系，现为华中科技大学新闻与信息传播学院教授，中国新闻史学会副会长。

1931 年 5 月，《大公报》出满 1 万号时，发表了许多名人的贺辞。胡适的贺辞是"后生可畏"。他认为《大公报》自 1926 年续刊后，超越了那些历史比它更长的报纸，不但从天津的一家地方报变成了全国性的舆论机关，并且安然当得起"中国最好的报纸"的荣誉。对于《大公报》成功的原因，胡适认为它做到了两项最低限度的职责：第一是登载确实的消息，第二是发表负责任的评论。这两项都是每一家报馆应该尽的职责，但因为中国的报纸都不敢做，或不肯做，或不能做，而《大公报》居然肯努力去做，并且有不小的成功，所以，它就一跳而享大名了。胡适的这番话说得十分中肯。《大公报》之所以取得成功，首先就在于它把报纸本身作为事业来做，秉持"不党、不卖、不私、不盲"的办报理念，在复杂纷乱的政治环境中保持了相对独立的言论立场。

一、为本社同人之志趣

吴鼎昌、胡政之、张季鸾 1926 年 9 月 1 日以新记公司的名义续刊《大公报》一举成功，不仅使一张关闭了的报纸起死回生，而且在短短两年时间，就基奠津门，走向华北，企业获得发展，信誉得以确立，成为北方的舆论重镇，这已成为不容争议的事实。

然而，对新记《大公报》成功（既包括两年的创业，又包括今后的大发展）的原因，历来为新闻史学家们争论不休。一般人都说，《大公报》续刊成功靠的是“吴鼎昌的资金，胡政之的组织，张季鸾的文章”。也有人说，《大公报》续刊成功的原因是“有一个配搭得好的领导集体”：吴鼎昌有钱而工于谋略，胡政之、张季鸾都为新闻全才，然胡更擅长管理，而张则精于文章，三人搭班子，吴管决策，胡掌经营，张主笔政。还有人说，新记《大公报》成功的原因是“吴、胡、张勤勤恳恳的工作态度和顽强的事业心”。这些说法都有一定的道理，但都没有说到根本上。资金重要、组织重要、文章重要、工作态度和事业心也很重要，但报纸的办报方针更重要。新记《大公报》成功的根本原因在于它提出了一个“不党、不卖、不私、不盲”的办报方针。正如新记《大公报》第二代领班人王芸生、曹谷冰所说的：新记公司经营的《大公报》“所以能够在经济上发展企业，在政治上传播影响，并且经过战时辗转播迁成为一家全国性的大报，它是有一套办法的。”而“一套办法”中，首先，它有一些“带迷惑性的方针”①。所谓“迷惑性的方针”，就是指“四不”方针。

吴鼎昌、胡政之、张季鸾是十分看重这个办报方针的。《大公报》续刊出版之前，《国闻周报》刊登的《大公报》续刊启事，对此作了大肆宣传。《大公报》续刊的第一天，1926年9月1日，张季鸾便发表《本社同人之志趣》，又专门地、郑重其事地提出并逐条释述了这个“四不”方针：

“第一不党。党非可鄙之辞。各国皆有党，亦皆有党报。不党云者，特声明本社对于中国各党阀派系，一切无联带关系已耳。惟不党非中立之意，亦非敌视党系之谓，今者土崩瓦解，国且不国，吾人安有中立袖手之余地？而各党系皆中国之人，吾人既不党，故原则上等视各党，纯以公民之地位发表意见，此外无成见，无背景。凡其行为利于国者，吾人拥护之，其害国者，纠弹之。勉附清议之末，以彰是非之公，区区之愿，在于是矣。”照张季鸾的解释，“不党”包括4层含义：(1) 声明《大公报》与各党阀派系没有任何联系，今后也不发生任何联系；(2) 面对各党阀派系及其斗争，《大公报》不中立、不回避、不袖手旁观，而要发表意见，表明态度，但同支持者不与之结亲，同反对者不与之结仇；(3) 对待各党阀派系一视同仁，无亲无疏，发言不带成见，以国家利益为标准，一时一事，是是而非非；(4) 站在纯公民地位上发表意见，力争反映舆论，代表民意，以明是非于天下。

“第二不卖。欲言论独立，贵经济自存，故吾人声明不以言论作交易。换言之，不受一切带有政治性质之金钱补助，且不接收政治方面之入股投资是也。是以吾人之言论，或不免囿于知识及感情，而断不为金钱所左右。”所谓“不卖”，就是不以言论作

① 王芸生、曹谷冰：《1926至1949年的旧大公报》，《文史资料选辑》第25辑，第44页。

交易。“不卖”的实质，是保证言论独立，不为金钱所左右；“不卖”的具体做法是不收政治性质的外股，不受带政治性的资助，使报纸的言论与实际政治不发生直接联系。

“第三不私。本社同人，除愿忠于报纸固有之职务外，并无私图。易言之，对于报纸并无私用，愿向全国开放，使为公众喉舌。”《大公报》的“不私”，就是不以报纸谋私利，不使报纸为私人所操纵、所利用；《大公报》要成为全国民众发表意见的喉舌。

“第四不盲。不盲者，非自诩其明，乃自勉之词。夫随声附和是谓盲从；一知半解，是谓盲信；感情冲动，不事详求，是谓盲动；评诋激烈，昧于事实，是谓盲争。吾人诚不明，而不愿自陷于盲。”张季鸾认为“不盲”就是对问题独立思考，对事理洞悉透彻，遇事变头脑冷静，辨是非实事求是，达到不盲从、不盲信、不盲动、不盲争。张季鸾又认为，“不盲”是一种最高境界，《大公报》提出“不盲”，并非自诩清明，已经能完全做到这一点，而只是一种“自勉之词”，力争做到。

张季鸾在这篇《本社同人之志趣》的社评最后说：“以上四者，为吾人志趣之大凡。”“吾人”者，吴鼎昌、胡政之、张季鸾及《大公报》同人之统称也。这就是说，“四不”非某人头脑中所固有的东西，而是他们三人经过反复商讨而得出的结论，是他们投身报业十余年经验、教训的总结。

吴鼎昌、胡政之、张季鸾三个合作接办《大公报》时，都已年届不惑，吴 42 岁，张 38 岁，胡最小，37 岁。尤其是胡政之、张季鸾在报海挣扎 10 多年，尽管他们使出了全身的本领，事业则多以失败告终，原因虽然是多方面的，但主要一条是，他们投身的都是资产阶级政党新闻事业，这些政党新闻机构缺乏应有的独立性，大都是随着政党的兴衰而兴衰。在政治风浪中，个人的力量是微不足道的，何况是只有一支秃笔的报人呢？

张季鸾 1911 年回国后，曾先后在同盟会（国民党）系统的报纸上海《民立报》、北京《民立报》、上海《民信日报》任编辑、总编辑，但多变的政治风云使这些与资产阶级党派利益紧紧相关的报纸连连关闭，张季鸾此期间在报界虽已崭露头角，但终无回天之力。1916 年以后，他又先后出任政学会机关报北京《中华新报》、上海《中华新报》总编辑，此时，张季鸾在报界已颇有些名望，然或是政治上受迫害，或是政党政学会自身在政治上的失势，其机关报也终究被查封，或者自行停刊。

胡政之 1913 年进入共和党机关报《大共和日报》，1916 年任安福系机关报《大公报》经理兼主笔，1921 年又出任以安福系为主体的皖、奉、孙临时联盟的宣传机关“国闻通讯社”总编辑。虽然他是新闻多面手，编辑、经营都很精通，但终究不能挽救资产阶级政党报纸的没落命运。

吴鼎昌从日本留学归来后，沉浮于财、政两界，多年的政治风云使他既懂得了掌握一份报纸对于赢得政治资本的重要性，又懂得办好一份有影响、有地位的报纸需具备的一些必要条件。他在总结了民国以来报界受挫的情况后说：“一般的报馆办不好，主要因为资本不足，滥拉政治关系，拿津贴，政局一有波动，报就垮了。”所以，他早就打算“拿五万元开一个报馆，准备赔光，不拉政治关系，不收外股。请一位总经理和一位总编辑，每人月薪三百元，预备好这两个人三年薪水，叫他们不兼其他职务，不拿其他的钱。”[①]这可以说是“四不”方针的最初设想，新记《大公报》的续刊，基本上是按这个思路办的：吴筹措5万元，以胡政之为经理，张季鸾为总编辑，每人月薪300元，相约专心办报，不兼他职。故张季鸾对吴鼎昌的见解也表示钦佩，在纪念《国闻周刊》创刊10周年时，他说“达诠（注：吴鼎昌字）于新闻事业，见解独卓，兴趣亦厚，以为须有独立资本，集中人才，全力为之，方可成功。”[②]其实，对中国报界的毛病，张季鸾、胡政之通过自己亲身经历，更有自己的看法。早在1923年，张在《新闻报三十周年纪念祝词》中就曾指出：“……且中国报界之沦落苦矣。自怀党见，而拥护其党者，品犹为上；其次，依资本为转移；最下者，朝秦暮楚，割售零卖，并无言论，遑言独立；并无主张，遑言是非。”胡政之则说得极为明确：“中国素来做报的方法有两种：一种是商业性的，与政治没有联系，且以不问政治为标榜，专以生意经上打算；另一种是政治性的，自然与政治有了联系，为某党某派作宣传工作，但是做报的人并不将报纸本身当作一种事业，等到宣传的目的达到了以后，报纸也就跟着衰歇了。”[③]由于见解相同，故他们三人在商讨续刊《大公报》的办报方针时，就很容易统一意见。所以说“四不”不是某一个人的思想，而是吴、胡、张三人的共同主张，不是某一个人妙笔生花的产物，而是他们共同研究的结果，一句话，是“本社同人之志趣”。

吴鼎昌、胡政之、张季鸾提出“四不”办报方针，是为了“标榜”，还是为了贯彻执行呢？“标”者，显示、表明也。“标榜”，其本意有“揭示”、“公开表明”之义。从这个意义上讲，吴、胡、张提出“四不”办报方针，既是为了“标榜”，又是为了贯彻执行。那么，新记《大公报》在续刊出版过程中，对“四不”办报方针贯彻执行得怎么样？且慢作结论，先看史实。

首先看内部管理。

关于“不党”。据王芸生、曹谷冰讲，新记《大公报》社内部有一个不成文的规定：凡有党籍的人（包括国民党员和共产党员）概不录用，连国民党中央政治学校和中央大学的毕业生也不录用，也禁止本社成员加入任何党派和政治组织。张季鸾一生为新闻记者，一生没有加入任何党派，一生没有做过官。早在日本留学时，当同乡好友井勿幕征询他是否有意加入同盟会时，他断然表示没有这个想法，说：“我是一个文弱先生，立志要当好一个新闻记者，以文章报国。我认为，做记者的人最好要超然于党派之外，这样，说话可以不受约束，宣传一种主张，也易于发挥自己的才能，更容易为

① 王芸生、曹谷冰：《1926至1949年的旧大公报》，《文史资料选辑》第25辑，第8页。

② 张季鸾：《国闻周报十周年纪念感言》，1934年12月10日《国闻周报》。

③ 1949年4月15日《大公报》上海版。

广大读者所接受。”[1]胡政之亦如此，他一生以办报为职业，尤其是1926年以后，一门心思只想使《大公报》的事业获得发展。吴鼎昌1935年底参加蒋介石的“人才内阁”，当上国民政府的实业部长时，还登报辞去社长职务，以昭示《大公报》的“不党”形象。此后，他在名义上与《大公报》毫无关系，实际上也尽量不干预社务，尽管《大公报》的重大事变，胡、张都报告于他，他仅表示“知道了”就完了，很少表明自己有什么意见。当然，报社内部的一些地下共产党员，隐蔽了党籍身份，则另当别论。有些共产党员的身份虽然被胡政之觉察到了，由于他们工作好，对报社事业的发展作出了贡献，胡政之也假装不知，不予闻问。虽然这样，《大公报》社内部始终没有共产党的地下组织。而对于有其他党籍和帮派的人，甚至有这种嫌疑的人，那就毫不客气，予以开除或想办法除名。比如30年代初期，天津馆的外勤课主任张逊之，不仅是国民党特务，而且还是帮会头子，混到了“开山门、收徒弟”的地位（外勤记者李树芬就是张的门徒之一）。此人社会关系十分复杂，弄不好，很可能会出乱子。胡政之在南下创办上海版之前，果断而巧妙地辞退了李树芬，逼走了张逊之。

关于“不卖”和“不私”。早在新记公司成立之初，吴、胡、张“约定五事”，其中第一、二条规定，不向任何方面募款，不担任任何有俸给的公职，后来《大公报职员任用及考核规则》也规定：“创办人及专在本社服务不兼社外有给职务者为社员。”《大公报同人公约》又规定：“本社职员不兼任何社外有给职务，并不得经营抵触本社利益或影响社誉之业务。”关于“不得兼职”这一点，据王芸生、曹谷冰讲，还有个补充解释：即不包括被选为人民代表或在学校兼课，所以张季鸾、胡政之得兼任国民参政员，张琴南得兼任燕京大学新闻系教授。他们还讲，这项规定得到了相当认真的贯彻：曹谷冰曾经谢绝过重庆市参议员的提名，王芸生曾经谢绝过陈诚要他兼任政治部宣传处长的邀请。据说，胡政之在1948年还曾拒绝过出任政府行政院长的试探性邀请。关于不得经营抵触本社利益或影响社誉之业务的规定，也得到相当认真地贯彻。1944年桂林撤退时，有人假借搬运大公报桂林馆器材的车辆运私货，做生意，被发觉后，经理部几个主任级职员被开除，编辑部也曾经开除过一个接受国民党地方官员实物津贴的特派员。

新记《大公报》在几十年的历史中，一直坚持不收外股，不受带有政治性的资助。1939年，重庆馆遭敌机炸毁，处境十分困难，当时重庆各报联合向国家银行贷款，惟有《大公报》没有参加。1943年2月，桂林各报联合电请国民党中央转饬国家银行给予信用贷款，《大公报》桂林版发表声明，说不参加。有人说，1945年初，胡政之直接向蒋介石密函申请，用400万法币按官价标准购买了20万美元外汇，这实际是索贿，是胡政之与蒋介石做的“一笔大交易”。这算不算是一笔带有政治性的交易，算不算是《大公报》接受了国民党的资助和津贴？据长期在《大公报》经理部工作的袁光中分

① 徐铸成：《报人张季鸾先生传》，三联书店1986年版，第36页。

析："大公报是一家私人经营的报纸，资金来源都是民族资本，从未接受任何政治集团的津贴和资助，在抗战胜利前夕，为发展战后大公报事业，按当时官定牌价购买到20万美元用来购置印刷设备，以填补在抗战时期转辗搬迁时的设备损失，这纯属商业行为，完全不是接受国民党的津贴或资助。"①虽然购买官价外汇是一种不等价交换，《大公报》从蒋介石那里得到了一个不小的好处，但与接受津贴或资助是有区别的。

新记《大公报》1926年续刊时，股本是吴鼎昌一人筹措的5万元，股东名单分别为：吴鼎昌、盐业银行、中南银行、大陆银行、久大公司、永利公司、经济研究会以及范旭东、张伯苓、周作民。至1948年香港版复刊时，大公报新记公司共有资本6亿元，共6万股，分属48位股东。其中，金钱股东除吴鼎昌外，只有李国钦和王宽诚两人。李国钦是旅美爱国华侨，1945年6月胡政之在美国定购新式印报机等设备，所持20万美元不够，于是接受了李人股美金5万元。王宽诚，港人，1948年3月，胡政之到香港复刊港版，赔累甚巨，于是接受王入股美金2万元。48位股东中，胡政之、张季鸾为劳力股，曹谷冰等27人为劳绩股，根本不参与分红。另外，股东最大者为吴鼎昌，9 750股，其次为胡政之7 500股，其次为张季鸾5 000股。社外股东最大者李国钦也只有5 000股，因此，不存在社外股东左右报纸言论的问题。故1941年《大公报》荣获美国米苏里新闻奖时，胡政之、张季鸾对美国广播致辞说，由于我们多年实行不接受投资，不作政治活动，所以确保独立的言论。"我们对全国任何个人或党派并无说好或说坏的义务。除良心命令以外，精神上不受任何约束。我们在私的意义上，并不是任何人的机关报，在公的意义上，则全国任何人，甚至全世界任何人，只要在正义的范围，都可以把《大公报》看做自己的机关报使用。"②

关于"不盲"。新记《大公报》的言论或纪事，都是"大公报人"用自己的脑子思考，用自己的手写出来的。续刊之初，社评由吴、胡、张三人"承包"。"约定五事"说得很清楚，言论由三人组成委员会共同研究，决定主张，分头执笔，意见有分歧时，以多数决之，三人意见各不相同，服从张季鸾。抗战初期到中期，社评仍由张季鸾主持。1941年9月张逝世后，报社正式成立社评委员会，社评由各委员分头撰写，最后由王芸生定夺。据社评委员李纯青先生讲："不论新闻采访或评论，我不知有一事一字来自《大公报》以外的指示、暗示或操纵。我问《大公报》旧同事，皆如此说。"③

再看版面上的言论、纪事。

诚然，新记《大公报》是一张资产阶级性很鲜明的报纸，在对待两极对立的政党——国民党与共产党的问题上，表现出明显的"扬国抑共"的立场与态度。但是，新记《大公报》又是一张"敢言"的资产阶级报纸，因而在资产阶级内部，是相当认真贯彻

① 袁光中：《大公报的经营管理》，《大公报人忆旧》，中国文史出版社1991年版，第21页。

② 《自由与正义胜利万岁！》，1941年5月15日《大公报》重庆版。

③ 《大公报人忆旧》，第306页。

"四不"方针的。在南北政府的决战中，在新军阀混战中，《大公报》基本上能以超然态度、以纯国民的地位来评说得失、议论功过；对待国民党政府内的官员，无论何派何系，更是站在国家利益、民族利益的立场上，揭露其腐败者，抨击其作恶者。

综上所述，可以得出这样的结论：新记《大公报》提出的"四不"办报方针，在办报实践中，基本上得到了相当认真地贯彻。明确地提出"四不"办报方针，认真地贯彻"四不"办报方针，是新记《大公报》成功的根本原因。

二、为报界成熟之标志

吴鼎昌、胡政之、张季鸾提出"四不"办报方针，不仅在实践上使《大公报》获得了举世公认的成功，而且在理论上也有重大意义。

"四不"办报方针既是吴、胡、张自身报刊活动的总结，也是《大公报》刊行经验、教训的总结，更是中国近代报刊发展历程的总结。

《大公报》1902 年创刊到 1925 年 11 月停刊，历时 23 年，经过两个时期，出现过两种景象，即英敛之时期的繁荣与王郅隆时期的衰败。

同样是一家资产阶级报纸，为什么两个时期出现两个不相同的景象呢？原因当然是多方面的，但主要的一条是体制问题。英敛之时期的《大公报》是资产阶级自由报刊，而王郅隆时期的《大公报》是资产阶级政党报刊。作为资产阶级自由报刊的《大公报》在反对封建专制统治的斗争中，蓬勃发展并形成了自己鲜明的特色；而作为资产阶级政党报刊的《大公报》在党派斗争中，充当安福系的喉舌，因而随着安福系的失势而停刊。1920 年 7 月直皖战争爆发，皖系失败之后，8 月 13 日《大公报》一度宣告停刊后，曾经进行过一次改革。这次改革主要进行了 3 项工作：(1) 王郅隆发表声明，提退股本，与《大公报》脱离关系；(2) 笔政由胡政之主持换成雷行主持；(3) 报纸宣布以"不党"为宗旨进行出版。《大公报》的这次改革，当时着实热闹了一阵。8 月 20 日《大公报》复刊，刊登《本报启事》说："本报现经改组，所有以前种种关系已完全消灭。自今日起重行出版，抱定不党之宗旨，发为至公之言论，记载务求详实，内容力谋精良。"这则启事连续刊登 12 天。同日刊登的雷行写的《本报今后之主张》首先说："古籍所云，从前种种，譬如昨日死，此后种种，譬如今日生。"在谈到今后主张时，雷行列布了四条：(一) 对于政治。假若报纸不谈政事，尽是豆棚闲话，尚复成何舆论？报纸对于政治，宜具有一种鉴别之眼光。本报今天一空成见，对于政治之评判，一以行政之善不善为标准。(二) 对于社会。本报今后，当尽力于社会教育、福利事业的发展。(三) 对于外交。本报对于外交之记载，尤当鉴定平衡，各无偏徇。(四) 对于同业。本报以后对于同业，惟注意于群策群力，互资进步，绝不留丝毫旧嫌，以作文化之障碍。另外，京津各新闻单位的贺辞颇多，对《大公报》的此次改革，称赞有加。如北方通信社贺辞说："贵报改组，仍名大公。周而复始，如日升东。不曲不阿，启聩振聋。董狐之笔，与史争雄。洛阳纸贵，吾道斯隆。"

《大公报》的这次改革虽然因产权没有根本改变而归于失败，但是至少有以下三方面的意义：第一，通过正、反两方面的经验教训，《大公报》自身已经认识到，充当党阀派系的喉舌，对于一张正直的报纸来说是没有出路的；第二，中国资产阶级新闻界从《大公报》的改组中看到了希望，受到了鼓舞，认识到报纸应该挣脱政党的控制，以董狐之笔，以不曲不阿之精神办报，才能使中国报业兴隆起来；第三，《大公报》首次提出了“不党”的办报宗旨，表明要以公正之立场，评判政事，反映舆论，一扫成见，公而无私。这可算是新记《大公报》“四不”办报方针的先导。冰冻三尺，非一日之寒。如果说新记公司的“四不”方针翻开了《大公报》史的全新的一页的话，那么，这个全新的办报方针的形成则是6年前那次改革的继续和深入。

“四不”方针的形成不仅是《大公报》发展的里程碑，而且是中国近代资产阶级报界走向成熟的标志。

中国资产阶级近代报纸是肩负着政治使命来到人世间的。在辛亥革命时期，革命党人创办的报纸在推翻封建统治的斗争中发挥了枪炮不可替代的作用。然而，民国成立后，在政党政治的气候下，各种各样的政党如雨后春笋，为了政党争夺议会和政府机构中权力的需要，五花八门的政党报纸应运而生。这些政党报纸与民国前的政党报纸有着质的不同，完全成了政党争权夺利的舆论工具，除唇枪舌剑的无聊争论之外，还经常伴以人身攻击，互揭阴私，互相谩骂，甚至发展成为殴人毁报的武斗。这些行径使得曾经在反对封建统治斗争中叱咤风云的资产阶级政党报纸威信扫地，同时，也给革命事业造成了重大损失，加速了革命成果得而复失的过程。在袁世凯对新闻事业摧残之后，中国报界更是进入到一个“堕落时期”。当时，除了袁世凯的“御用报纸”外，还出现了一大批奴才报纸。所谓的奴才报纸，是既不依真理事实，亦无宗旨主张，暮楚朝秦，惟以津贴为向背的报纸，今天张军阀给钱，就替张军阀说好话；明日李军阀给钱，就为李军阀唱赞歌。仅有的几份正义报纸倍受迫害。而一般商业性报纸，如《申报》、《新闻报》，则抱着“惹不起，躲得起”的态度，提出“经济独立”、“无偏无党”的消极的八字办报方针，远离政治、远离是非，靠念生意经求生存、图发展。然而，年轻的中国的民族资产阶级经济基础太薄弱，资本主义在中国发展太慢，商业性报纸不可能创办得很多！再者，具有沉重的时代使命感和爱国责任感的中国知识分子，看重报纸、创刊出版报纸，其目的多在言论报国，而不在办报营利。

在一边是封建专制势力依旧逞凶、一边是政党报纸急剧堕落的情况下，许多正义的文化报人苦于出路难寻，而独有新记《大公报》提出“四不”办报方针，说出了这些报人想说不能说、不敢说的话，在当时报界，确有振聋发聩的作用，“为中国报界辟了一条新路径”。新记《大公报》的“四不”办报方针，不仅从根本上否定了为党派私利争吵不休的堕落的资产阶级政党报纸，否定了以金钱为向背的奴才报纸，同时也以其具体的、积极的内涵区别于商业性报纸的“经济独立”、“无偏无党”的八字办报方针。所以“四不”方针的提出，不仅在实践中促进了中国新闻事业的发展，而且是中国资产阶级新闻理论的一个重大发展，是中国报界走向成熟的标志。

企业化大报的形成

秦绍德

导言——

本文节选自秦绍德《上海近代报刊史论》(复旦大学出版社，1993年)，为该书第五章“资产阶级商业报纸的发展道路”之第二节。

秦绍德，1947年出生，上海人，复旦大学新闻学院教授，中国新闻史学会副会长，上海市社联第六届委员会主席。

中国近代报纸最先走上企业化道路的，是上海的《申报》和《新闻报》。考察这两家报纸的兴盛过程，可以寻绎我国报纸企业化的发展轨迹。本文结合辛亥革命后的历史背景，对申、新两报积累发展资金、扩大再生产的具体措施作了详细的考察，根据两报发行量的增长幅度和赢利水平，参照两报规模经营形成的状况，推断两报在1920年代中期完成了企业化的过程。本文还分析了两报在企业化发展中形成的办报特点：一是不遗余力地加强新闻报道，以新闻的优势争取更多的读者，扩大发行量；二是言论远离政治，保持“不偏不倚”的观察姿态；三是设立多种专刊、增刊、专栏，朝更加综合化的方向发展。作者认为，报纸企业化是现代报纸发展的必由之路。先进通讯手段的采用，高效印刷机械的运行，规模的进一步扩大，都必须有资金的支撑。只有进行企业化经营，才能获取报业发展所必需的资本。

辛亥革命以后，尤其是第一次世界大战爆发以后，上海少数几家资产阶级商业报纸，开始了企业化的进程。

报纸企业化是资本主义近代报纸发展过程中的普遍现象。19世纪30年代起，欧美国家廉价报纸的盛行，就是资本主义报纸走向企业化的开始。廉价报纸是工业革命的产物。工业革命给报纸的发展带来了充足的资金、先进的技术和广阔的市场。更重要的是，资本主义的生产关系渗入了报纸生产、流通过程。报纸成了一种赢利企业。经营报业，成为资本主义产业的一个部分。

所谓报纸企业化，就是按照商品生产和流通的规律来经营报纸，并使其达到一定的规模，成为有相当资本的现代化的企业。企业化报纸是商业报纸发展的结果，但无论是经营思想，还是设备规模，都比商业报纸大大进步了。对社会，它着眼于尽可能占领更大的读者消费市场；在内部，它从提高报纸生产效益出发，实现如同企业一样的科学管理。

报纸企业化在中国,没有成为一种普遍现象,而首先只是发生在沿海城市上海等地的少数几家报纸身上。这是因为资本主义生产关系微弱的缘故。近代中国的资本主义生产关系发生在一个半殖民地半封建的社会内,没有经过如同西方那样的工业革命,民族资本的力量十分弱小。这种基本状况不可能为报纸普遍的企业化提供必要的物质基础和社会条件。

报纸企业化过程发生在辛亥革命后的上海,却是有着若干背景条件的。第一,1914 年第一次世界大战爆发,帝国主义列强自顾不暇,中国民族资本迅速发展,发展的中心地在上海。从 1912 至 1927 年,上海新开办的华资工厂达 491 家,新开业的华资银行达 85 家。工商业和金融业的发展为报纸企业化提供了资金来源(如广告)和设备技术条件。第二,世界大战爆发,国际风云多变,国内袁世凯倒台前后北洋军阀混战,政局动荡,这都大大刺激了人们对新闻的需求。上海是中外信息交流的窗口,各国通讯社都向上海发稿,一大批外报在上海出版。发行满足人们新闻需求的大报,不仅十分必要,而且有了可能。第三,上海原来就存在着若干有基础的商业报纸。这些报纸历史悠久,有一定的社会影响,在外国人主持时期仿效外国商业报纸的做法,基本上形成了自己的经营方式。这些报纸向企业化的方向发展,条件要比其他报纸成熟得多。

上海发展成为企业化大报的典型,是《申报》和《新闻报》。考察它们的发展过程,或许可以探寻到我国报纸企业化的轨迹。《申报》和《新闻报》大体上走着相似的道路,甚至具体的经营方式、所采取的措施也都相同或相近。

扩展广告业务,积累发展基金,是申新两报企业化的起点。报纸是一种特殊商品,资金投入和人力开销同产品的商业价格不成比例。为了广泛发行,报纸只能保持低廉的售价。依靠报纸本身的销售,报馆不仅难以收回成本,而且往往出现亏损。销得越多,亏损越大。事业发展需要资金,资金的主要来源只能是广告。作为商业报纸,申新两报从创刊起就着意经营广告,依靠广告收入才维持了长久的出版历史。但由于国内资本主义工商业不发达,广告客户少,许多人还不懂得广告的作用,申新两报的广告只能维持在一个低水平上。辛亥以后上海民族工商业的迅速发展,为申新两报扩展广告业务创造了良好的环境条件。史量才接办《申报》以后,抓住这一机会,首先致力于发展广告。他聘用对广告学素有研究的张竹平主持经理部的工作。张竹平走马上任,在《申报》馆内创设广告推广科,一面派出外勤人员到处招揽广告,改变了过去等客上门的做法;一面改进广告设计,代客绘制广告图案,撰写文字说明。这些做法当时都属创新,后来上海出现专门招揽推广、代客设计广告的广告公司,都受这些做法的影响。经过一番努力,《申报》上刊载的广告篇幅大大增加。1910 年以前，广告占版面的十分之五六，1910 年以后扩充到十分之六七①。由于每日出版的报纸由三张半增至四张半、五张（节假日达六七张），广告刊载的实际条数增加得还要多。《新闻报》的广告业务扩展不亚于《申报》。《新闻报》一向与商界联系密切，随着上海商业和市面日益繁荣，《新闻报》的广告也与日俱增。为应付这种局面，《新闻报》在原有的广告科之外还特地设立广告准备科，该科不仅担负着将每日要刊登的广告分类编排的任务，而且有权根据广告的多少决定当天出版几个版面的报纸。《新闻报》每天张数的多少不取决于新闻，而取决于广告②。《新闻报》的广告数量超过上海任何一家报纸，广告成了它的特色，以致不少人称《新闻报》为“广告报”。

要招揽更多的广告客户，就必须扩大发行。报纸发行量越大，越能吸引广告的刊登。广告和发行是报业起飞不可缺一的两个轮子。申新两报在扩展广告业务的同时，都在改进发行上下了功夫。如果说各有侧重的话，《申报》在外埠发行上获得了成功，而《新闻报》的优势在本市。《申报》利用自己在各地设立的分馆和分销处，广泛征求机关团体和个人订户。当时已有火车，《申报》发行科根据火车时刻精心设计邮政线路。发向外地的报纸先印刷，尽早捆齐送上车，使邻近上海的若干城市，能读到当天的《申报》。经过努力，外地的长期订户即达一万多户，后来销数接近 15 万份时，外地销数差不多占一半，达七八万份之多。《申报》成了畅销全国的报纸。《新闻报》牢牢占据着本市发行的阵地，为使上海读者能在早晨上班前读到报纸，改变了过去在报馆集中向报贩批发的习惯，独创分区送报的办法。这个办法是，将上海市区分成北区、西北区、中西区、西南区、东南区五片，每区租用一家电影院为发报点，清晨用卡车将报纸送往发报点，在那里向报贩批发，这样大大缩短了发行时间。对外地的发行，《新闻报》也不甘落后，积极发展各地乃至边远省份的分销处，一度达到 500 余处。

发行的改进，广告的扩展，使申新两报获得了很大的盈利，积累了发展基金。盈利究竟有多少？这在当时是经营者的秘密，今天更难以作精确的统计。据当时人回忆的蛛丝马迹，我们可探得一个大概。《申报》自扭亏为盈以后，最初每年可获一二十万元的盈余，最多一年可达 30 万元③。《新闻报》的广告刊费收入 1922 年达到近百万元，扣去董事分红及各项开支，大约也有几十万元④。获得如此丰厚的盈利，在我国报界确属了不起的成绩。它的意义还在于，为我国报界树立了报纸通过自身的经营而盈利的榜样。

---

① 李嵩生：《本报之沿革》，《最近之五十年》。马荫良、储玉坤的《史量才接办申报初期史料》说：“1915 年 4 月，《申报》刊登广告的面积已超过其刊载新闻的面积”，不对。早在辛亥前《申报》广告面积早已超过新闻。按实际版面计算，李嵩生的说法是正确的。

② 汪仲韦：《又竞争又联合的“新”、“申”两报》，《新闻研究资料》第 15 辑，中国展望出版社 1982 年版。

③ 马荫良等：《史量才接办申报初期史料》，《新闻研究资料》第 5 辑，新华出版社 1981 年版。

④ 汪汉溪：《新闻事业困难之原因》，《新闻报三十年纪念册》。又据陶菊隐回忆，汪汉溪曾吹嘘，《新闻报》销数十万份，广告收入每月近十万元。二者似可印证。

除了广告收入以外，申新两报还通过其他一些途径积累资金。如《申报》的囤积纸张。第一次大战期间，日本趁英德法忙于欧战，伺机打入我国市场，低价倾销新闻卷筒纸。《申报》看准机会大量购进。后来市场短缺，纸价上涨，《申报》因此大赚其钱。又如《新闻报》通过负债借贷方式积累资金。为了扩大再生产，单靠营业积累资金是有限的。汪汉溪经常以房屋、印刷机器、存货栈单等向银行抵押借贷资金，用以发展事业。他谙于此道，以自己的信用和社会关系取得多家银行的信任和帮助，用借贷的压力刺激报馆营业的改进，在资金流通的良性循环中使《新闻报》的资本由小到大，逐渐积累起来。申新两报的这些做法并不新鲜，其实是工商业资本家在资本积累中的惯常做法。但这说明了资本主义工商企业的经营方式开始被引进申新两报，申新两报已经不是那种一个主编几支笔的旧式报纸，正在逐步成为拥有一定资本的企业型报纸。

在初步积累资金的基础上，扩大再生产，形成有竞争能力的规模经营，是申新两报企业化过程的又一做法。十多年间，申新两报都建起了新的馆舍，引进了先进的机器设备。1917 年前后，史量才不顾资金紧缺、债务沉重的境况，毅然决定兴建新的馆舍。1918 年 10 月新馆落成，高五层，房间百余间，当时可算是气宇雄伟的大厦，费银 70 余万两。同年，不惜以高价购进每小时能印报 3 万余份的美国最新式印报机。1919、1922 年又添购了三台新式印报机。这样，《申报》的印报能力可达到 10 万份报纸在两小时内印完。馆内的铸字机、纸版机、铅版机以及制铜版锌版设备一一得到更新。《新闻报》扩大再生产的过程也同《申报》相仿，只是时间上拖得更长一些，不及《申报》迅速。1909 年《新闻报》就在汉口路上建成砖木结构的五层馆舍，1924 年以后又兴建钢筋混凝土的新馆，并将旧屋翻造，与新馆连成一片，蔚为壮观。1914 年，《新闻报》购进两层轮转印报机一架，每小时可印报 7 千份，这是中国报纸首次使用轮转机。1920 年和 1924 年以后又购进印报机四架，并经过改装，使自动换纸、数报、折报、套色配套成龙。1922 年冬《新闻报》装置了自己的无线电台，专收国内外新闻。无线电台当时在国外也尚使用不久。

申新两报建造新馆，固然不是为了以壮观瞻，但显示了经营者的雄心和魄力，在社会上树起了威望和信任，有利于吸引更多的读者和广告客户。申新两报引进的设备，当时在国外也属先进水平，这些设备的运用，大大增强了竞争能力。规模经营的形式，标志着申新两报发展为现代化的大报。

适应报纸经营的要求，申新两报内部建立起一套完整的管理机构，不再是过去年代那种“斗室翼然，微灯永夜，二三同人，于以抵掌”旧式文人办报时的小家子气象，而是一个有着严密分工、机构众多的出版组织。最显著的一个特点是，报纸的生产部门（印刷部）和经营部门（营业部）的地位上升，与编辑部并驾齐驱，同隶属于一个经理（即总理）之下。这说明了在这样的报纸中，善于经营已和精心编报同等重要，是办好报纸不可缺少的一环。这正是企业化的重要特征。由于机构合理，便于管理，申新两报的内部机构组成后来为许多新办报纸效仿。不过视报纸大小，机构略有删并，人员有多有少罢了。

经过多年的奋斗，申新两报终于成为企业化大报。要精确地说明这一过程基本完成的时间，是一件很困难的事。然而我们从一些间接的情况可以大体推断，在 20 年代中期，《申报》和《新闻报》基本上完成了企业化的过程。

按照报纸生产的一般规律，报纸成本中的大部分开支(如固定资产折旧，人员薪金总务费用等，约占三分之二或更多一些)是固定不变的，并不随发行量的增加而增加。把这部分开支平均分配到每份报纸上，则发行量越大，成本越低。因此，报纸发行量有一个赢利界限。超过这个界限，每份报纸亏损是微不足道的。而广告收入不仅可以弥补亏损，还能随发行量的增加而带来更多的利润。报纸发行数在达到赢利界限后，就会急剧上升。

申新两报大致发行到 2 万份左右开始进入赢利阶段。达到这一发行量的年份《新闻报》略早一些，约在 1914 年，《申报》约在 1916 年。此后，由于利润的刺激，两报的发行量猛增，在短短的十年间增长了 6 倍，1926 年达到 14 万份，以后几年又增加到 15 万份。这是旧中国报纸发行量的最高数，远远把其他报纸甩到后面[①]。达到这一水平之后，增长速度减缓或持平了，这是因为每份报纸的亏损虽然减少，但发行量越大，油墨纸张等基本开支就越可观，达到一定界限反使利润收益下降。由此可见，申新两报发行量猛增的阶段，也是赢利增长最迅速的时期。1926 年以后，两报将发行量维持在所能赢利的最高水平上。参照两报规模经营形成的情况可以大致推断，20 年代中期两报已经完成了企业化的过程。

在企业化的过程中，申新两报逐渐形成了自己的办报特点。归纳起来主要有以下几条：

(一) 不遗余力地加强新闻报道，以新闻的优势争取更多的读者，扩大发行量。

首先是电讯的大量采用。早在辛亥革命前，我国报纸已经广泛采用电讯，但由于电报费用昂贵，多数报纸财力有限，直接拍发的电讯稿还是数量不多的，一份电讯稿往往各报抄录转载，甚至还有为了宣传的需要假编电讯的事情出现。电讯的大量采用还是在这个时期的企业化大报中。《申报》每天拍发的电讯，平均有四五十条之多，拍发地几乎遍及全国主要城市，如北京、天津、奉天、汉口、青岛、重庆、广州、香港等。企业化大报所以能大量采用电讯，是因为有相对雄厚的财力。为了提高发行量，不惜工本大量拍发电讯。电讯越多，发行量越大，报纸就能赢利。报纸越赢利，就越有能力多用电讯。这样形成了对报纸十分有利的良性循环。申新两报电讯的日益增加就是在这种情况下发生的。当时新闻界就有人评论说："就专电而论，最多的当然要推

① 据国民党中宣部 1931 年 8 月统计，国内大报销数 15 万份以上为《申报》、《新闻报》，3 万 5 千份以上的报纸是《时事新报》、《时报》、《大公报》、《益世报》，其他都远远低于 3 万份。

申新两报了。……两报对于各地的专电都肯花钱。”①

其次是通讯的大量刊载，尤其是北京通讯成了申新两报新闻栏的重头戏。北京通讯实际上主要是政治新闻。在各种新闻中政治新闻最能吸引读者，刺激发行量。政治新闻所报道的各种政治力量的消长和斗争，关系国家的命运和前途，牵动人心。政治新闻所描述的政治舞台上的长短剧，以及形形色色政治人物的沉浮，引起读者的极大趣味。辛亥以后军阀势力的连年混战，各种政党的纵横捭阖、钩心斗角，为报纸提供了大量政治新闻，而政治中心北京恰恰也是政治新闻的发源地。根据这一特点，申新两报都不惜以重金在北京聘请特约记者，撰写政治通讯，《申报》有黄远生和邵飘萍，《新闻报》则有刘少少和张季鸾。《申报》从1914年5月初起开始发表黄远生的通讯，直至1915年12月黄远生在美国旧金山遇刺后，还刊登他的遗作《游美随纪》，前后共有190多篇。邵飘萍的通讯恰好同黄远生衔接。1915年9月，在东京寓居的邵飘萍以“东京通讯社”的名义开始为《申报》撰写日本通讯，1916年上半年他从日本回国，担任《申报》要闻版编辑达半年之久，同年7月底他离沪赴京，正式为《申报》撰写“北京特别通信”，直至1919年3月因自办《京报》，无暇顾及，中止了为《申报》的服务。三年多他在《申报》发表的新闻通讯达250篇。黄远生和邵飘萍的通讯之所以深受读者欢迎，因为他们的通讯报道了北京政界许多鲜为人知的内幕，同时分析、揭示了时局的发展趋势，颇有见地。他们的通讯使得《申报》的新闻版大放光彩，为《申报》争取了读者。而《申报》又为他们的通讯提供了发表的天地，他们个人风格的成熟的代表作，基本上都是在《申报》上发表的。除了北京政治通讯之外，申新两报还刊载了大量的国外通讯和旅行通讯，如署名“抱一”(即黄炎培)的旅行通讯就一度很受欢迎。

翔实丰富的新闻，使企业化大报在新闻报道方面取得了权威的地位。一般财力有限的报纸无论在新闻的数量上、时效上，还是在新闻的深度上，都无法与之匹敌。上海乃至全国各地的读者，欲了解国内外重大事件的来龙去脉，都不能不首先读一读申新两报的记载。

(二) 言论远离政治，保持“不偏不倚”的观察姿态。

与新闻报道相比，申新两报的言论(主要指时评)相形见绌。它既没有语焉惊人、激动人心的佳作，也没有传颂一时的名篇。《申报》主笔陈冷和《新闻报》主笔李浩然十几年如一日地以平稳的旁观者的笔调，发表着对时局的意见。有人因此认为申新两报是“重新闻轻言论”，他们的时评都是一些“言之无物，不着边际”的文章。这种评价对于申新两报的言论缺乏深入的观察。事实上，申新两报对于时评是认真、用心做的，并非是敷衍的。之所以形成这种格调，是环境条件和办报宗旨综合作用的结果。

要说申新两报的时评没有自己的倾向，那实在是冤枉了它。在一些重大事件和重要问题上，申新两报的时评尽量跟上时代的潮流。不过，这种表现取比较平缓的态

① 胡仲持：《上海的新闻界》，《新闻学论文集》，大光书店1935年版，第203-204页。

度，而不取激烈的态度。例如，在袁世凯复辟帝制的问题上，《申报》的时评始终反对复辟帝制。在复辟思潮刚一抬头时，《申报》就发表题为《帝之一字》的短评，指出“盖帝决非民国所应有，有帝决不能尚有民国也。今日既称民国，则帝之一字安能相容哉？”[①]当“筹安会”的复辟活动十分活跃的时候，《申报》又以“本报启事”的方式表明自己的态度：“此次筹安会之变更国体论，值此外患无已之时，国乱稍定之日，共和政体之下，无端自扰。有共和一日，实难赞同一日。特此布闻。”[②]言词虽然不激烈，界线划得很清楚。又如，在整个五四运动中，《申报》大体上也表现了爱国的立场。它发表时评同情爱国学生，认定罢市的举动“实足以代表全国人民之意”，主张不承认卖国密约和驱除签订密约之国贼“二者均不可废”[③]。但《申报》的时评不是慷慨激昂的、鼓动式的。当时有人怀疑《申报》对于运动的态度，陈冷特地发表《我之论凋》的时评加以申明，时评说：“我之论调诚有过于和平之处，然而和平者措词命意固未尝有所忌讳也……我不称之曰国贼，不名之曰惩办，而我时有罢免段徐曹等之言。”[④]从陈冷的声明可以看到，平缓的时评并不等于没有立场和倾向。这正是研究申新两报政治态度应当注意到的。

申新两报还有不少时评仿佛远离时局，在探讨某种哲理，因此被人称之为“格言式时评”。其实，这类时评也并非无的放矢。往往在局势尚不明朗，或环境不许可的时候，作者以这类时评隐喻某种现象，或揭露某种势力。1915 年岁末 1916 年年初，一向声称对帝制并无兴趣的袁世凯，终于现出原形，不顾民众的反对决定恢复帝制，并改民国年号为洪宪元年，勒令各报纸更改。在袁氏势力的淫威下，《申报》除了将“洪宪元年”排成小字以示抵制外，还在时评中以隐晦的主题讥讽、抨击复辟行为。下面这篇时评题为《态度》，是典型的“格言式时评”：

方今时势，岂能以态度窥测人哉？表与里相反，行与言相违。苟欲窥测之，与其用正比例，不如用反比例之为当也。

何谓反比例？如曰决不如是，即如是之谓也；如曰赞成，即不能之谓也：如曰幸福，即祸害之谓也。

是故方今之世而曰其态度如何如何者，其去态度也远矣。[⑤]

这篇时评好似在谈处事入世的哲学，其实矛头所指，路人皆知。这类“王顾左右而言他”的时评，可以在读者中得到共鸣，却使当事者无可奈何，抓不住把柄。这确是

① 《申报》1914 年 11 月 21 日。
② 《申报》1915 年 9 月 3 日。
③ 《申报》1919 年 5 月 22 日。
④ 《申报》1919 年 5 月 30 日。
⑤ 《申报》1916 年 1 月 18 日。

一种表明报纸态度，又不招致横祸的巧妙方法。

当然，申新两报也有不少时评是敷衍时局的。特别在军阀势力之间爆发战争，局势混沌的时候，申新两报的时评往往含糊不清，不知所云。1924年9月，直系军阀和奉系军阀之间爆发战争，《申报》发表题为《张吴之战》的时评评述战局，说："战局既发展至于各处，则今后最后之胜负成败，当就全局所有之大势以决，而不以一时一隅定之。一时一隅胜而大势负，则不得不负；一时一隅败而大势成，则亦不得不胜。"[①]讲了半天，既不说明整个战争的态度，也不表示对战争各方前途的预测，说了等于没说。像这一类时评，在申新两报，是极难撰写，煞费苦心的，而读者也最不欢迎。

综上所述，企业化大报的言论形成这样一种"不偏不倚"的观察家姿态，一方面是环境所迫，在军阀势力犬牙交错、连年混战的情形下，言论不能放开，不能表示出明显的偏袒；另一方面则为办报宗旨所决定，企业化报纸不像政论报纸那样，无须靠精彩的政论征服人心，也不像政党报纸那样，不必为宣传一党的理论主张竭尽全力。为了保证报纸长久稳定地赢利，就需要将言论限定在一定的界限内，不作惊人之语，也不作激昂的鼓动，以免招灾生祸。应当承认，这一特点使得企业化大报在新闻报道方面可以保持明显的优势，而在思想上不能充任舆论的先导。如果要说弱点和短处的话，这确是企业化报纸的弱点和短处。

（三）设立多种专刊、增刊、专栏，朝更加综合化的方向发展。

在1919年之前，申新两报都只有一个文艺副刊（《自由谈》和《快活林》）。1919年以后，创办了一系列专刊、增刊和专栏，五花八门，适应着各种读者的需要。有些是知识性的，如《申报》的"常识增刊"，内容主要介绍道德、法律、卫生、经济方面的常识。这个增刊面向中下层市民，文字通俗，形式多样（有格言、杂评、小说等），可读性趣味性很强。而"星期增刊"则以国际问题为主，每期必有"一周间世界问题经过"，综述一周内世界大事，另有专家学者介绍若干国际问题的来龙去脉，加以评论。这个增刊实际上是日常国际报道的补充和延伸，弥补每日电讯和通讯的不足。有些是广告性的，如《申报》的"本埠增刊"。出版这个增刊完全是"为便利本埠商业各界之委登广告"，广告占据版面的十分之七八，剩余十分之二三经常刊登电影、戏曲介绍，实际上是变相广告。"本埠增刊"每日四版，单独印刷，专向本地读者发行，并不另收报资，广告费也比正版便宜，因此深受广告客户和读者欢迎。还有一些增刊则融广告与知识于一炉，《申报汽车增刊》就是如此。这个增刊主要为汽车推销商服务，可是不单纯刊登广告，大量的内容是介绍我国各地汽车使用情况，欧美各种汽车性能，汽车使用、保养常识等，在汽车工业不发达的我国，起到了普及汽车常识的作用。像这样特色的增刊，在全国报界还很少见。

企业化报纸办各种增刊、专刊和专栏，主要是为了扩大读者群，刺激发行量。读

① 《申报》1924年9月19日。

者的需要和兴趣各不相同，报纸每增加一个专栏、增刊，就又抓住了一部分读者。为了争夺读者，申新两报之间一度出现了办增刊、专刊的竞争，你有什么，我也办什么。经过一番竞争，各自占据了部分读者阵地，各自形成了增刊、专栏特色。《申报》偏重于知识界、教育界，而《新闻报》的优势则在经济界、商业界。如《申报》的“教育与人生”周刊，在报道文化教育消息，研讨中国教育的实际问题方面，在教育界有相当影响。而《新闻报》的“经济新闻”专栏，是全国报纸的同类专栏中办得最好的一个。这个专栏不仅有国际贸易和各国经济的动态报道，还聘请经济学家对商情和市场动态进行分析报告，对经济学理论方面的问题加以阐发，消息敏捷，材料殷实，有新闻、评论，还有调查报告，统计图表。从实际从事商业活动的人士，到研究经济学问题的学者，都重视阅读这个专栏。

众多增刊、专刊、专栏在版面上的出现，使企业化报纸的面貌发生了很大的变化。报纸不再是只报告新闻、发表言论的媒介，而且是传播各种知识、理论的文化载体。当然这些专栏、增刊又不同于独立的杂志，它们和报纸的新闻性紧密结合，实际上是新闻报道和言论的延伸和补充。这种变化使得报纸的内容更加广泛，内涵更加深化，可读性大大增强，从而读者群也就扩大了。整个报纸如同一桌筵席，就看编辑者是否懂得新闻烹调艺术，烧制出适合各种人口味的佳肴来。这种变化也迫使报馆内部人员结构发生变动，单靠访员、“师爷”已编不出一张好的报纸，还需聘请各行各业的专家来参加报纸的工作。这种变化究竟是好事还是坏事？有人仅仅解释为，由于环境恶劣，新闻言论不易发展，才出现专栏、增刊。事实上这是现代报业发展的必然趋势。正是众多专栏、增刊的涌现，才使企业化报纸真正成为现代意义上的综合性大报。

申新两报的企业化过程在我国报刊史上具有重要的意义。近代报刊发展到今天，先进通讯手段的采用，高效印刷机械的运行，规模的进一步扩大，都必须有资金的支撑。同人集资，政党津贴，都无法使报刊维持一个长的时期，更难以使现代化的综合性大报长久出版下去。只有进行企业化经营，才能获取报业发展所必需的资本。为什么中国报刊史上一些曾为舆论先导，办得有声有色的报刊寿命都不长，而像申新两报这样思想上舆论上并没有多大号召力的报纸，却延续了长久的历史？原因就在于企业化经营使它们不仅保证了生存的条件，而且具备了发展的经济基础。没有这一点，事业的发展，业务的改革，都无从谈起。报纸企业化是现代报纸发展的必由之路。

关于邵飘萍之死

姚福申

导言——

本文刊载于《新闻研究资料》第22辑(中国社会科学出版社,1983年)。

姚福申,1936年出生,浙江宁波人,复旦大学新闻学院教授。著有《中国编辑史》、《中国报纸副刊学》等。

传媒向职业化发展有赖于两个重要条件,一是经济上能够独立,二是有一定的自由空间。由于所处环境的差异,民国初期传媒的职业化进程是很不平衡的。北京是全国的政治中心,报纸数量最多,但因为工商业不够发达,广告收入有限,报馆经济难以自立,往往接受军阀、政客的津贴资助,无法保持客观中立的专业立场。北京政局蜕嬗无常,各派势力或分或合,变幻不定,依违其间的报人时常被派系斗争的漩涡所吞噬。

奉系军阀在1926年占据北京后,杀害了著名记者邵飘萍,罪名为"宣传赤化"。有些论著据此认为邵氏"因宣传马克思主义而走上断头台"。本文对这一说法提出了质疑。作者查阅了当年的《京报》,发现它并没有明显的"赤化"色彩。有资料显示,邵飘萍也曾与一些军阀派系发生过金钱关系。作者认为,奉系杀害邵飘萍的真正原因,是出于个人恩怨,特别是当奉系与冯玉祥的国民军拼杀时,邵飘萍支持冯玉祥,在报纸上声讨奉系,张作霖对他衔恨甚深,必欲杀之而后快。作者进而指出,评价历史人物应坚持实事求是的原则,"为尊者讳"不是历史唯物主义的态度,它无助于认真总结经验和教训,反而把内涵丰富的历史人物概念化了。

我国著名的新闻记者邵飘萍,是在1926年4月冯玉祥所部国民军退出北京后,惨遭奉系军阀杀害的。奉军督战执法处在处决邵飘萍时,宣布其罪状为"勾结赤俄,宣传赤化"。他是否确"因宣传马克思主义而走上断头台"？历来说法不一。本文打算以事实为依据,对《京报》的政治态度和邵飘萍被杀的前因后果,作一番粗浅的探讨。

"宣传赤化"辨

邵飘萍所办的《京报》一贯支持冯玉祥,对张作霖及其主子日本帝国主义时加挞伐,因而在国民军被直奉联军战败撤离北京时,当晚即逃入东交民巷。奉军进驻北京后,街上便出现传单,指控邵氏"赤化布党"。此时,邵飘萍虽已避入使馆区,仍通过其夫人汤修慧在《京报》上刊出《飘萍启事》,声明自己无党无派,所谓"赤化布党”纯属诬陷。在白色恐怖之下，仇人的挟嫌报复和本人的矢口否认，都很难作为是否“宣传赤化”的凭证。当时张作霖明文规定：“宣传共产，鼓吹赤化，不分首从，一律处死刑”，邵飘萍不仅不随冯玉祥军队撤离，竟然仍想通过关系在北京办报，以致最终被奉系军阀诱捕杀害，可见他确实不认为自己在做“宣传赤化”的工作。

就旁观者而言，几乎都在为邵氏因“宣传赤化”处死而叫屈。一个与邵飘萍素无交往的人，署名“吴钩”，在上海《时报》上发表评论道：“夫邵与冯、鹿、加拉罕至相稔，自不能讳。然《京报》是否宣传共产，则幸尚可覆按而求之。夫所谓‘缩小中央，整理地方’者，岂赤化欤？……严格言之，杀邵者，固必另有原因。”与邵氏持敌对立场的北京《大同晚报》，在大肆攻击之余，也认为“说邵飘萍赤化，真是太冤枉”。

邵飘萍究竟是否在报上宣传马列主义，最好的办法是查考一下第一手资料——当时的《京报》。

为了澄清事实，我翻阅了邵氏被害前三个月间的《京报》。《京报》的国际新闻中，介绍苏联发展经济方面的消息颇多，每隔一、二天总有“莫斯科电讯”刊出。然而，它有个明显的特点，消息中不加评论，也不使用带有政治色彩的字眼，斯大林在联共(布)第十四次代表大会上的政治报告，《京报》在 1926 年 1 月 13 日摘要刊出，删去了所有宣传共产主义的文字，题为《苏联经济现状及其将来政策》，仅仅留下一些经济发展方面的统计数字。这一天同一版的稍下地位上，刊载着《美国去年钢产额之激增》一文，也是着眼于数据，不加褒贬。《京报》对苏美两篇报道的态度，无论从表达方式、编排地位还是篇幅大小上看，可谓不分轩轾。如果邵飘萍确是“宣传赤化”，绝不可能把斯大林的政治报告与美国一篇普通的经济新闻等量齐观。

《京报》并不回避某些不利于苏联的消息，如刊登《新疆商民拒用俄钞》、《杨增新拒绝苏联查勘伊犁河》等报道(见 1926 年 1 月 20 日与 3 月 20 日《京报》)。不仅如此，《京报》还公开表示对苏联采取的某些措施持怀疑甚至反对的态度。1926 年 1 月 31 日《京报》刊出一则新闻，标题是：

昨日之反对日俄出兵东省大会

通过三议案……对日俄同时警告……竟有捣乱分子起而反对……秩序大乱……结果受伤四人

这是一次国家主义者的反苏集会，抗议苏军进入北满。《京报》出于爱国主义情绪，受到国家主义派的迷惑。但受骗总是暂时的，以后对这类消息的报道，态度迥然不同。如 1926 年 3 月 11 日刊出同类消息，标题如下：

昨日之反俄讲演会

△毒打到会群众　△会场秩序大乱

《京报》在报道中揭露了国家主义派的阴谋："不外乎事件真象未明以前，造成反俄空气，以转移国人反抗帝国主义之目标。"从上述事例中，我们看到《京报》认识上的进步，并且清楚地感到，它的宣传思想是爱国主义，与苏联友好，是因为两国人民有着反帝的共同目标。

《京报》的宣传思想更加清晰地体现在报道纪念列宁逝世二周年大会上。这篇报道虽然也援引一些共产党人如赵世炎等的发言摘要，但从标题中可以一眼看出，《京报》是借纪念列宁逝世，宣传孙中山的三大政策：

天津列宁逝世二周纪念大会

△四十余团体发起　△大发挥中山主义

这篇报道强调的是："唤起民众并联合世界革命势力，以推翻军阀和帝国主义，这是中山的遗训，也就是列宁的遗训。"(见 1926 年 1 月 26 日《京报》)。

综上所述，《京报》反帝反军阀的态度十分坚决，同情并努力为被压迫人民讲话。它如实报道苏联的成就和共产党人的集会活动，对苏联即便有暂时的误解，在事实面前也很快冰释，始终认定苏联是反帝统一战线的可靠同盟军。《京报》是一张进步的报纸，然而它的宣传方针并没有超出孙中山先生"联苏、联共、扶助农工"三大政策的范围。邵飘萍是《京报》的灵魂，《京报》的宣传思想反映了邵氏的政治态度。可以认为，他是坚持孙中山革命三民主义的爱国报人，倘说他宣传的是马列主义，那是缺乏根据的。

1920 年，邵飘萍曾写过两本介绍社会主义思潮和苏联十月革命前后概况的小册子。需要注意的是，客观介绍与宣传两者不应混淆，更不能把数年前曾撰写过介绍马列主义的小册子，牵强附会地归结为被杀害的原因。左派国民党人朱执信，早在清末民初就曾以"蛰伸"为笔名写过一些介绍马克思主义的文章，能说他宣传马克思主义吗？把邵飘萍说成是"中国因宣传马列主义而走上断头台的第一人"，显然是不恰当的。

被杀的前因后果

邵飘萍既不是因"宣传赤化"而死，那么究竟因何见杀的呢？

邵氏生前的亲密合作者潘公弼，在他被害不久，于上海《时事新报》上发表过一篇悼念文章，曾涉及这一问题："邵君所以同情于国民军，非愚所知。然同情于国民军者，罪勿至于死，则谓邵君为报纸而结怨于小人而死可也！"潘公弼虽然点了一下问题的实质，但《时事新报》在北京驻有记者，他不敢过分得罪奉系，因而欲语还休。龚德柏于邵氏死后19年写过一篇文章，题为《邵飘萍之死》，发表在《新闻天地》1945年第4期上，对其死因有较为详细的叙述，现摘录于下：

> 十四年(1925年)十一月，国民军与奉派破裂，奉军大将郭松龄倒戈，浩浩荡荡杀奔奉天而去。《京报》又为郭军宣传，将张作霖相片与郭松龄相片并列，于张作霖相片上，冠以"红胡子军阀"；于郭松龄相片上冠以"东三省救主"之形容词，在前线散发。奉派见其动摇军心，乃派人向邵交涉，谓："张雨霆对你曾帮大忙，你为何对张太不客气？"邵答："他系帮邵飘萍个人的忙，《京报》的言论，是与邵飘萍无关系的。"张作霖听了这话，非常痛恨，故奉军入北京后，只杀邵飘萍，而对《京报》亦不查封。

龚德柏是个十足道地的反动报人，对他的话，我们当然不能轻信。然而，邵氏被害时，他是北京报界的活跃人物之一，对其中内情应该说是清楚的，我们也不能简单地因人废言。他所说的情况，有待于旁证材料来核实。

邵飘萍并非完人，潘公弼的文章在肯定了他对报界的杰出贡献后，也不得不说："邵君为人，不矜细行，故亦颇遭非议"。上面提到的《飘萍启事》中，也绰绰约约地承认了一些："不该说章士钊自己嫖赌，不配言整顿学风(鄙人若为教育总长，亦不配言整顿学风)。"言下之意，他也有嫖赌的"细行"。

尽管邵飘萍告诫他的学生说：嫖赌场所无任何重要新闻可得，且有害身心，损及职务之尊严，大可不必入此漩涡。但是，他自己却经常出入赌台，手面阔绰，一掷千金；他的小妾松弟原系名妓，重金聘自青楼。据1926年5月4日长沙《大公报》披露："邵氏平日最好排场，其实私债积欠甚深。闻其临死之日，京报馆会计处只余七十一元。"可见单靠办报收入，邵飘萍是不够开支的，他不能不接受某些达官贵人的"馈赠"。"馈赠"，表面上看是朋友的资助，甚至还可美其名曰对报业的支持，其实却是不折不扣的贿赂。邵飘萍是当时首屈一指的名记者，对舆论有极大的影响。身居高位而又营私舞弊的人，不能不花些钱财结交这些名记者，免得将丑事张扬出去，影响自己的前程。

安福系(段派)的财政总长李思浩，新中国成立后回忆当时与邵飘萍经济往来时说："邵飘萍与段派没有什么关系，但因为他是当时的名记者，大家都怕他，也不能不应酬。经常的津贴是没有的，记得两次送给他成笔的钱，数目相当大，每次总达好几千吧，究竟多少，现在已记不清了"(见《文史资料选辑》1978年第2辑《李思浩生前谈从政始末》)。这段回忆当然是绝对可靠的材料，邵飘萍接受皖系军阀的钱是确定无疑的。他是否也接受过奉系军阀的钱呢？我们虽然拿不出直接的证据，但从邵氏被杀前夕，张学良拒绝报界营救邵氏的代表时说"余与飘萍私交亦不恶"，足见邵飘萍与奉系军阀也是有交往的。龚德柏所说的内幕情况，不可能全属子虚乌有。

值得注意的是，邵飘萍虽然接受了皖系军阀的钱，在关键时刻并没有为段祺瑞政府效劳。尤其在“五四运动”和“三一八惨案”发生后，邵飘萍义愤填膺，公然在报上提出，要求组织特别法庭，将段等逮捕讯问。因而段政府对他恨之入骨，曾两次将邵列入通缉名单中，仅因及时逃避，才幸免于难。他接受了军阀的钱，但在所办的《京报》上却连篇累牍地攻击帝国主义和反动军阀，企图通过舆论来制服反动政府。他这样做，一方面固然出于爱国心和正义感，另一方面，他也清楚，一旦卖身投靠军阀政府，马上就会身败名裂。这种做法，不仅带有幻想的成分，而且是危险的，势必加深手执屠刀的军阀对他的恼恨。张作霖和吴佩孚在奉直联军攻下天津时，竟开会商定，进入北京后，一定要将邵飘萍杀掉，可见军阀们对他衔恨之深。邵飘萍虽侥幸逃脱了皖系军阀的缉捕，却逃不掉奉系军阀的魔爪，这在当时是势所必然的。张作霖要杀邵飘萍，可是真正的原因上不得台面，只好扣上“宣传赤化”的罪名，送他上了断头台。反正在奉系军阀眼里，冯玉祥已经“赤化”，邵飘萍支持冯玉祥，讲他“宣传赤化”也说得过去。

题外余沛

以往在评价历史人物时，常常存在一种绝对化的倾向。一说某某人好，那就一切都好，把反映这个人阴暗面的史实都作为不真实的材料删除了；反之也一样。某些文章对邵飘萍的评价，似乎也存在这样的偏颇。

历史人物必然有其局限性，应该立足于客观事实，作出公允的评价。既不要苛求前人，也不应加以神化，“为尊者讳”的态度不是历史唯物主义的态度，它无助于认真总结历史的经验和教训，反而把内涵丰富的历史人物概念化了。邵飘萍对近代新闻事业，无论在理论上还是实践上都有过卓越的贡献，尤其他政治思想上的进步，当时一些名记者如黄远生、刘少少、徐彬彬等，是难以与之匹敌的。但他毕竟是个资产阶级报人，不可能没有时代和阶级的印记，应该看到这种白璧之瑕是当时历史条件下的产物，不必求全责备。邵飘萍不畏强暴，敢于站在正义一边，鼓动被压迫人民向黑暗势力抗争，至死不坠其青云之志，不愧为一位倾向革命的爱国报人。

研究与思考

=延伸阅读=

1. 王润泽：《北洋政府时期的新闻业及其现代化》，中国人民大学出版社，2010 年。
2. 陈力丹：《论中国新闻学的启蒙和创立》，《现代传播》1996 年第 3 期。

3. 贾晓慧:《论〈大公报〉的报业观》,《史学月刊》2002 年第 8 期。
4. 马荫良、储玉坤:《史量才接办〈申报〉初期史料》,《新闻研究资料》第 5 辑,新华出版社,1980 年。
5. 陶菊隐:《〈新闻报〉发家史》,《文史资料选辑》第 4 辑,中华书局,1960 年。
6. 散木:《乱世飘萍——邵飘萍和他的时代》,南方日报出版社,2006 年。

=问题与思考=

1. 徐宝璜说“新闻为多数阅者所注意之最近事实”,你对这个定义是如何理解的?

2.《大公报》“四不”方针的提出在中国近代新闻史上有何意义?

3. 企业化大报为什么首先在上海出现?

4. 评述《申报》在企业化过程中采取的编辑政策。

5. 搜集有关邵飘萍评价的史料,并结合邵氏当时所处环境进行分析。

第五章 党治下的传媒

导 论

1928年，国民党在完成北伐，形式上统一了全国之后，宣布进入“训政”时期，建立起“以党治国”的政治体制。“以党治国”即所谓“党治”，即由国民党独占国家政权，不允许其他党派合法存在，并且要求每个国民都必须服从国民党的领导。为了维持一党专政的集权统治，国民党对人民和社会控制甚严。在新闻传播领域，国民党一方面构建庞大的党营媒介体系，掌控话语主导权；一方面剥夺人民的言论出版自由，对民营媒介实行严厉管制，排除异议者经营的空间。

国民党管理新闻事业的最高机构是中央宣传部。1928年3月，国民党中央常务委员会通过《中央执行委员会宣传部组织条例》，正式确立了中宣部的架构。该部设有普通宣传、特种宣传、国际宣传、征审、出版、总务六科，附设有中央图书馆、中央日报社以及中央通讯社三个单位。八个月后，中宣部又重新改组，增加了指导科，负责指导各级党部的宣传工作，审查党内外所有报纸杂志。九一八事变后，为了加强对新闻舆论的控制，中宣部增设新闻科，随后又扩大为新闻事业处，统筹管理有关新闻媒介相关事宜，主要的工作包括：指导、规划党营新闻机构各项业务的开展；征集、审查所有报纸及通讯社稿；负责登记一般报社及通讯社，调查全国新闻事业状况。中宣部不仅指导党营媒体的运作与言论方向，而且以党的角色代替了国家机关的职能，将党外的所有民营媒体都纳入其控管范围之内。

国民党利用手中掌握的政经资源，大力扶持中央通讯社的发展，使其成为国内最大的新闻供稿机构。民营通讯社因受财力限制，一般只在本埠采集、发布新闻，没有能力建立全国性的通讯网。中央社在政府的经费支持下，不断扩大编制，增添设备，形成了一家独大的经营规模。国民党授权中央社统一发布官方新闻，并且特许中央社自设无线电新闻电台。中央社可以通过自己的电台迅速收集国内新闻，迅速向各地报纸发稿。在抗战爆发前，中央社已在上海、北平、天津、汉口、南昌、西安、成都、广州、香港等设立了分社，并在其他主要城市设置办事处，建立了遍及全国的电讯网。这种依仗国家权力所得到的优越通讯条件，是一般民营通讯社无法企及的。自1933年起，中央社先后与路透社、哈瓦斯社、合众社、海通社订立合约，收回外国通讯社在华发稿权。合约规定，这些国际通讯社今后不再向中国报纸直接发稿，其新闻电讯由中央社代发。此举切断了国内报纸从外国通讯社取得新闻的渠道，只能接受经中央社删改过滤的新闻。中央社不仅垄断了官方消息的发布，而且垄断了国际资讯的主要来源，从而在相当程度上控制了国内外新闻的报道权。

除了扶持中央通讯社以控制新闻来源，国民党还在全国建立自己的党报网，从中央到地方的党、政、军部门出版了大量报刊，对民众进行意识形态的宣传。1928年，国民党中央常会制定《设置党报条例》和《指导党报条例》，强调“为发扬本党主义，使民众了解本党政策政纲及领导舆论”，要广泛设置党报。党报的范围包括“由中央及各级党部主持者”、“由本党党员所主办而受党部津贴者”、“完全由本党党员所主持者”。党报的管理考核由中宣部特设“指导党报委员会”负责。党报享有津贴以及采访新闻的特别便利，也有“阐扬本党主张和政策，并辟除纠正一切反动谬误的主张和政策”的义务，必须完全服从所属各级党部之命令。如果违反了上述规定，将分别给予警告、撤换负责人、取消津贴直至停刊、查禁的处罚。根据条例中在首都设一中心党报的规定，1928年初在上海创刊的《中央日报》迁往南京出版，成为党报龙头。中央日报社在1932年又增设《中央夜报》和《中央时事周报》，在抗战前夕还创办了庐山版。地方性的党报则分为两类：一类是中央直接管辖的党报，另一类是由省、市、县各级党部管辖的党报。例如在北平，既有国民党河北省党部的《民国日报》，也有直属中央的《华北日报》。此外，各级政府还出版政府机关报，军方也有军报发行。国民党的官方报刊至抗战前已达到600家以上，占全国报刊总数的40%。如此庞大的官报系统，在近代新闻史上是前所未有的。

对新兴的广播媒体，国民党也特别重视，把它视为比报刊更有力的宣传工具。1928年，国民党在南京设立中央广播电台，开始兴办广播宣传网。中央台的发射功率最初为500瓦，后来扩大到75千瓦，音波可达全国及东亚各地，成为当时亚洲最大的广播电台。国民党的地方广播电台分三个体系：直属中央广播事业管理处的有南京台、河北台、西安台、长沙台、福州台；隶属国民政府交通部的有北平台、成都台、上海台；此外则是国民党地方党部与各级政府所办的地方台。据1937年统计，国民党官办广播电台有23座，形成了以中央台为中心的广播宣传网。为了增强官方电台的宣传效力，中央广播事业管理处在1936年制定了《指导全国广播电台播送节目办法》，明令全国所有公、私营电台在规定的时间一律转播中央台的“简明新闻”、“时事述评”、“名人演讲”等节目，没有转播设备的民营电台，到时暂停播音。官方认为有必要时，还可随时通知各电台转播特别重要的节目。

在构建党营媒介体系的同时，国民党在政治及法律制度上设计了管控民营媒体的架构，通过制颁法规、新闻检查、查禁搜缴等手段钳制出版自由，强行规定可以登载哪些内容，不可以登载哪些内容，强迫民营媒体在言论上与国民党保持一致。

1929年颁布《宣传品审查条例》，规定国民党要审查“党内外之报纸及通讯稿”，各级党部对“凡不属本党而与党政有关之各种宣传品”，都要“随时察查征集”，并加审查。该条例明定各种宣传品的审查标准是：“一、总理遗教；二、本党主义；三、本党政纲政策；四、本党决议案；五、本党现行法令；六、其他一切经中央认可之党务政治记载。”同时认定宣传共产主义、国家主义、无政府主义及反对国民党的主义、政纲、政策及决议案的刊物为反动宣传品，会得到查禁、查封或究办的处分。同年颁布的《日报登记办法》和《出版条例原则》规定，报纸、杂志申请登记必须经过各级党部的审核，不符合审核标准的不予登记，禁止出版。1930年，国民政府颁布《出版法》，将国民党的新闻管制措施用立法手段固定下来。该法明定出版品不得记载：“一、意图破坏中国国民党或破坏三民主义者；二、意图颠覆国民政府或损害中华民国利益者；三、意图破坏公共秩序者；四、妨害善良风俗者。”“战时或遇有变乱及其他特殊必要时，得依国民政府命令之所定，禁止或限制出版品关于军事或外交事项之登载。”这些限制条文，语意含混，如“意图破坏”、“意图颠覆”等词，并没有明确的标准和范围，这就为执法者留下了较大的解释空间，当局可以任意查禁对其不利的消息和评论。

国民党不仅对出版后的报刊实行审查追惩，而且对报纸、通讯社的新闻稿件实施更为严厉的事先检查。国民党在取得政权之初，就曾在一些地方设立过新闻检查机构。因报界一再抵制，新闻检查时断时续。九一八事变后，随着全国各界反对国民党不抵抗政策，要求抗日的呼声日益高涨，国民党面临着空前的政治危机。为了维护其统治，国民党加强了对舆论工具的控制，新闻检查逐渐常态化，检查范围也不断扩大。国民党先后颁布《重要都市新闻检查办法》、《新闻检查标准》、《各省市新闻检查所新闻检查规程》，并于中央执行委员会之下设立中央检查新闻处，掌理全国各地新闻检查事宜，形成了一整套检查制度。国民党规定：凡日报、晚报、小报、通讯社稿及其增刊、特刊、号外等，于发行前均须将全部新闻稿件送检查所检查，否则一概不准出版。各报社刊载新闻，须以中央通讯社消息为准，凡不符合者则扣留或删改。对不服从检查的报纸，分别给予警告、有期停刊、无期停刊等处罚。除新闻检查外，国民党对图书杂志也进行原稿审查。1934年，国民党中宣部成立了图书杂志审查委员会，公布《图书杂志审查办法》，规定图书杂志须于付印前将稿本呈送该审查委员会审查。被审查稿件合格者，发给审查证；如有不妥之处，令饬删改；如全部文字违反宣传品审查标准，则禁止出版。

国民党发动“国民革命”时，曾在其宣言和政纲中承诺：“人民有集会、结社、言论、出版、居住、信仰之完全自由权。”然而一旦取得政权，国民党却实行专制统治，肆意剥夺人民的民主权利。国民党对新闻事业的钳制与压迫，远远超过了清政府和北洋政府。正如时人所言：“国民党执政以还，摧残言论，压迫报界，成为一时风气，方法之巧，干涉之酷，军阀时代绝对不能梦见。”对于国民党的媒介管制政策，新闻界一直表示强烈的不满。国民党因民族救亡运动的兴起而日益强化的新闻检查制度，更是激起了新闻界的群体抗争。1935年12月，上海新闻记者公会电请国民党中央和国民政府取消新闻检查制度，七十多名记者联合发表了《为争取言论自由宣言》。宣言严正宣告：“在整个国家、整个中华民族的存亡关头，我们决不忍再看我们辛勤耕耘的新闻纸再做掩饰人民耳目、欺骗人民的烟幕弹，更不忍抹杀最近各地轰轰烈烈爱国运动的事实披露。我们认为，言论自由、记载自由、出版自由，是中国国民应有的权利。我们应该自己起来争取我们所应有的自由。”宣言主张：“一、反对新闻检查制度的继续存在！二、检查制度虽不立刻撤销，一个自己认为还算是舆论机关的报纸，绝对不受检查！”平津新闻学会在成立宣言中，也强烈要求国民党“切实开放言禁，使报纸对于救国大计、施政得失，得尽量贡献其坦白质直的意见，所有现行之新闻检查，及一切与此目的相反之特别法规，均应全部废止，不得再行沿用。”

1933 年，报人刘煜生被杀事件发生后，全国新闻界一致愤起，对国民党摧残舆论发出了强烈的抗议。刘煜生是镇江《江声日报》经理兼主笔，因揭露地方弊政而触犯当道。江苏省政府主席顾祝同下令将其逮捕，罪名是“宣传共产主义”、“鼓动阶级斗争”。刘煜生未经审判却被拘禁了长达五个月之久。国民政府监察院得知该案后，派员调查案情，提出了弹劾顾祝同的提案。监察院的干涉反而激怒了顾祝同，他悍然下令将刘煜生处死，于 1933 年 1 月 21 日执行枪决。这一暴行，激起了全国公愤，新闻界的反应尤为强烈。上海新闻记者公会成立了刘煜生案专门委员会，赴镇江调查事件真相，搜集《江声日报》所刊的被顾祝同指为“宣传共产”的稿件。2 月 8 日，上海新闻记者公会向国民党中央党部和国民政府递交了调查报告，并将《江声日报》的稿件在沪报上全文刊出。上海各报社 239 位记者发表联合宣言，指出顾祝同加给刘煜生的罪名是很牵强的，该报稿件中对乡村凋敝和农民贫困生活的描写不能说是反动的，顾祝同断章周纳、草菅人命、摧残人权，必须受到国法的制裁。南京新闻记者协会发表宣言说：“似此任加人罪，何殊军阀暴行，若不依法声讨，严惩重罚，不特新闻记者人人自危，即全国人民亦时时恐怖，国家纪纲破坏无余，社会秩序岂有宁日。务希全国各界一致愤起，共作不平之鸣。”北平新闻界举行追悼刘煜生大会，声讨顾祝同的罪行，电请中央将其撤职查办。天津、武汉、广州、青岛、济南、杭州、郑州、徐州、芜湖、南昌、蚌埠、长沙、香港、太原、汕头等地新闻界都纷纷举行集会，发表宣言，通电全国，强烈要求政府严惩顾祝同，并采取切实措施保障新闻记者的人身安全。在强大的舆论压力下，国民党当局改组了江苏省政府，解除顾祝同的省政府主席职务。1933 年 9 月 1 日，国民政府发出《保护新闻事业人员》的通令，称“人民有发表言论及刊行著作之自由，非依法律不得限制。对于新闻事业人员，应切实保护”。1934 年 8 月，杭州新闻记者公会向新闻界发出倡议，公定 9 月 1 日为记者节。这年 9 月 1 日，杭州、北平、南京等地新闻界举行了庆祝活动，并要求政府“实行去年 9 月 1 日的命令，保障记者安全，维护言论自由”。此后，每年 9 月 1 日，新闻界都要在这一天开展争取自由、保障人权的活动。当 1945 年的记者节到来时，国统区新闻界发动了一场“拒检运动”。民营报刊、通讯社采取一致行动，宣布自负言论报道之责，不再将稿件送交任何机关检查，终于迫使国民党当局废止了新闻检查制度。

选　文

国民党与报界:《申报》个案研究(1927—1934)

[澳]T.纳拉莫尔

导言——

本文选自《国外中国近代史研究》第23辑(中国社会科学出版社,1993年),原载(澳)费约翰(John Fitzgerald)主编《国民党与中国社会(1923—1937)》·专题论文集(The Nationalists and Chinese Society,1923—1937. A Symposium,墨尔本大学出版社,1989年)。

T.纳拉莫尔(Terry Narramore),澳大利亚塔斯马尼亚大学(University of Tasmania)人文学院讲师。

史量才在民国元年接办《申报》,着力在经营上求发展,与各种政治势力保持距离。国民党取得政权之初,《申报》既不迎合,亦不反对。九一八事变之后,《申报》的言论态度发生了明显的变化。它对国民党的不抵抗政策发出严厉的抨击,并且提出了开放政权、实行民主的政治要求,因此受到国民党的强力打压。本文认为,《申报》反映了民族资产阶级中进步的政治派别的观点,它致力于壮大这种政治势力并建立自由民主政权的基础。虽然史量才与上海资产阶级中很有影响的人士关系密切,但在表达自己的政治愿望方面超过了他们。当国民党的禁邮手段威胁到《申报》的生存时,史量才被迫向当局作出了妥协。就政治立场而言,史量才从未被国民党拉过去以支持他们,但也不准备为爱国运动牺牲自己的报业。他处在报业大王与爱国者,或者处在社会实践家与政治活动家之间的政治地带上。

关于国民党暗杀史量才的原因,学术界一般认为是由于《申报》的言论触怒了蒋介石。本文也认为主要是政治方面的原因:史量才发表了抨击"剿匪"战争的时评,他与宋庆龄和其他对政府有敌意的知识分子交往,并且在《自由谈》上发表左翼作家的文章。但作者又指出,禁止邮递被证明是控制《申报》的政治观点的有效方法。当《申报》成为左翼知识分子的论坛时,国民党一再对它施加压力,迫使史量才调整了《申报》的编辑方向。鉴于国民党采用高压手段获得成功,史量才的被暗杀似乎便是在没有正当理由情况下动用暴力的结果。

民国时期的报界和它的英美同行相比,从未达到后者所具有的那种政治影响,甚至和日本同行也无法相提并论。从1912至1949年这一时期，中国报纸的发行量实际上从未超过15万份。此外，由于中国报纸评论和报道的内容超出议会制政府的范围，故而不能自认为，选民那种不可思议的影响力已在它们的读者身上体现出来。不过，报纸是“散发最广的出版物”，它们是定期报道有关政治、经济和文化消息的为数不多的来源之一。它们足以成为中国政治舞台的重要因素，虽然其影响并非决定性的。

最大的商业报纸成功地使自己获得了独立的财政基础。史量才这位《申报》业主从1915年起完全控制《申报》以后，便一直注意把握该报的方向。只要条件许可，史量才便力求其报业蓬勃发展而不受政治的约束。[①] 但是，我们不要把这种经济独立同维护客观政治现实混为一谈。报纸通常都声称它们反映公众的观点，《申报》也不例外，它认为，“报纸亦无异于社会一架收音机，传达公正舆论，诉说民众痛苦。”[②]然而，在中国，日报印刷业的发展，同其他地方一样，与现代资产阶级的崛起密切相关。《申报》从1915到1919年度过了其繁荣岁月，这一时期近似所谓的中国资产阶级的“黄金时代”。《申报》主要适合上海商业与商界的利益和需要。史量才本人在上海资产阶级当中逐渐为自己谋得一席之地。他把他的势力扩展到《申报》以外：兴办一家出版公司，开办中南银行和棉纺厂，而且在30年代初期，他还担任上海许多市民组织的领导职务。史量才固然不是典型的工业资本家，但他无疑是上海资产阶级的一员，我们必须从这层关系来认识他对《申报》的控制。

在本文中，我想着重考察《申报》在国民党统治时期所表明的政治主张，从这一侧面来了解上海资产阶级的政治活动。但这并不是说，《申报》的观点仅仅是某些难以准确界定的“资产阶级主张”的反映。尽管人们对上海资产阶级的政治价值观了解甚少，但可以看到它并没有构成一个单一的、协调一致的阶级，而且它似乎深受政治发展不充分之苦。史量才的《申报》的经营者的身份使得他与资产阶级的其他阶层有所不同，即他在中国思想界中占有特殊的地位。正是他控制的这个行业具有显示和传播政治主张的潜力。在整个20年代，史量才并不想利用这种特殊地位。但是，由于国民党上台及日本对华军事威胁的逐渐升级，《申报》开始站出来发表政见。鉴于此，我认为《申报》反映了资产阶级中进步的政治派别的观点，它致力于壮大这种政治势力并建立自由民主政权的基础。此外，它又与知识分子群体结盟。《申报》通过进行大量的文化传播和平民教育活动发起了一场小规模的运动，以扩大它的社会影响力。《申报》终于成为一个推动政治及社会变革的自封的代理人，并且发挥了一种与民国时期的独立政党或文化社团不同的作用。

国民党政权是设法限制和控制《申报》以及整个出版业的影响的主要政治力量，

① 见马荫良、储玉坤：《史量才接办申报初期史料》，载《新闻研究资料》第5期，1980年。

② 《今后本报努力的工作》，《申报》1932年11月30日。

它采取了一系列手段。首先,国民党拥有它自己的报纸及出版机构;其次,国民政府制定了一系列法规,建立了一批审查机构以严厉限制批评性的意见;最后,它不时采取强制性手段,对胆敢冒犯党国的报纸、记者或编辑施加压力。它有时还会雇用杀手,作为压制反对者意见的一种手段。史量才在 1934 年 11 月被戴笠军统特务枪杀,成为这种惯用伎俩的牺牲品。[①] 虽然如此,但我仍要强调,国民党在蓄意镇压作为上海资产阶级一员的史量才的过程中,对《申报》的处置并不是前后一贯的。很显然,他们的行动意在堵住反对其特定政策的反对派的嘴。

从国家统一到民族危机(1927—1931)

史量才主办的《申报》,在大多数情况下在政治上是缺乏勇气的。在 1927 年 3 至 4 月国民党试图控制上海的战斗中,《申报》主笔保持沉默。尽管它对"四·一二"政变的报道比较详细,甚至提到了青帮参与对工人纠察队的袭击,但它没有主动发表任何评论。

然而,国民党在上海的优势使得《申报》及其他报界同仁发生了变化。报纸的许多栏目都是发表国民政府和国民党两方面的新闻的。这类"新闻"报道本身反映了某个政治问题的某些方面。报界发表的许多政治新闻,实际上不过是把地方政治组织提供的东西公之于众而已。据一位观察家说,有些报社就像登广告一样发布这些消息,以显示他们并不"赞同这类新闻"。而且,刊登这类广告的报社是极少获得报酬的。[②] 这种妥协显然体现了上海报界与新的国民政府之间的关系。尽管报纸像登广告那样发布国民党的消息,以此种温和的方式表达它们的反抗,但是它们仍不得不继续刊登这类新闻。

显示报界与国民党之间紧张关系的第一个标志,是《申报》在上海的最大竞争对手《新闻报》刊登了国民政府向上海资本家提出贷款要求的一系列新闻。于是一道禁令限制了《新闻报》在租界内的发行,而上海所有的主要日报都是在这里出版的。《申报》在国民党当局统治初期则没有受到责难。

就国民党而言,它建立了一套自己的新闻出版机构。上海的《民国日报》在被孙传芳的卫戍部队关闭后,于 1927 年 3 月复刊。1928 年 1 月,《中央日报》在上海创刊,次年移至南京发行。这些国民党的喉舌的发行量较低,从未超过 2 万份,这意味着它并未构成对商业报纸的挑战。影响较大的是 1924 年在广东创立的国民政府的中央通讯社,后来它随国民党迁至汉口,随后又设在南京。中央通讯社在 1932 年得

① 现在似乎已经肯定,史量才系被军统暗杀。见魏大铭:《评述戴雨农先生的事功》,载《传记文学》第 38 卷第 2 期,1981 年 1 月;沈醉:《杨杏佛、史量才被暗杀的经过》,载《文史资料选辑》第 37 辑,1963 年;钱芝生:《史量才被暗杀真相》,载《文史资料选辑》第 18 辑,1961 年。

② R·布里顿(Roswell S. Britton)《中国的新闻界》(Chinese News Interests),载《太平洋事务季刊》第 7 卷第 2 册,1934 年 6 月。

到了迅速的发展，以致后来中国报纸几乎一半的新闻专电都由它提供。而且，报纸经营者奉命以这些新闻专电为自己报道的榜样。换言之，中央通讯社成为政府的宣传机器的重要组成部分。

在国民党统治初期并没有具体的出版法规，一般以禁止“反革命”活动的法规为依据来进行审查或禁止出版物的发行。但新闻检查所在主要的城市中都已建立起来。上海的新闻检查所是由国民党市党部、淞沪警备司令部、社会局及南京政府各派一名代表组成的。对新闻出版业的更加明确而具体的管理始于1930年12月《出版法》的公布。这项命令要求所有报纸和期刊必须到政府注册，但也许更重要的是，法令中名目繁多的条款给政府在确定什么东西构成“对民国利益的危害”时提供了任意决定之权。实际上，审查程序本身规定得很含糊，政府最终总是保留检查或禁止“反动”出版物的权力的。例如，1929年9月有报道说，国民党中央执行委员会将废除出版检查机构，但是，报纸注册手续仍予保留。政府认为，采取这个办法通常可作为办报资格的限制措施。在国民党与阎锡山、冯玉祥部队的大战结束之后，从1930年冬至1931年初一度出现类似“中止”新闻检查的现象。报纸还像往常那样出版，但它们依然担心会遭到政府的检查。此外，必须指出，1927年1月公共租界会审公廨将权力移交给中国当局，这意味着租界不再是中国报界的避难所。

国民党在上海的地方机构采用暗中控制报纸的手段。陈德徵，上海国民党最激进的活动分子，派遣他信得过的助手徐天放去《新闻报》编辑部工作。据说这两人负责创办了《新闻报》的副刊《学海》。[①] 我们暂且不说处在《新闻报》地位的任何报纸是否也会欢迎国民党员加入它们的行列，但国家当局侵犯社会上纯属私人活动领域的行为本身就是一件值得注意的事。《新闻报》仍作为一个美国人的企业注册，但它不能或不愿抵制国民党的这种干涉。《申报》对国民政府不明确发表意见，它显然避免了这种潜在的压力。

直到1928年“济南惨案”发生，《申报》才转而同情国民党的事业。中国军队与日本军队之间的小规模冲突发展成为城市范围的战斗，促使《申报》全力支持北伐的目标。《申报》在5月5日的时评中指出：“凡有可以消除北伐之阻碍者，无论若何痛苦必忍受之。”[②]这篇文章强调，中国人民必须团结忍耐，实际上这已接近蒋介石的主张。蒋介石要求民众必须无私，并“悉听政府之指示”，而《申报》则说“准备最后一步”，意思是人民要作最坏的打算，并且不给日本军队以可乘之机，以便使政府有足够的时间来确定应付危机的方法。[③]《申报》及上海其他主要报纸在发表官方对事件的看法方面急切地希望与政府合作，于是上海各日报的代表同意成立一个“临时联合办

---

① 黄天鹏：《上海新闻杂话》，载《新闻学刊全集》，上海光华书店，1930年，第430页。

② 见《申报》1928年5月5日时评(除特别标明外，本文言及《申报》处均指其“时评”)。

③ 《申报》，1928年5月12—14日。

事处”，要求政府在报道“济南惨案”真相和处理此事件的计划方面予以指导。换言之，报界通过这个办事处在抗日宣传的斗争中寻求与政府合作。北伐及在它推动下的民族主义的发展，显然使《申报》异常欣快，它开始振作精神，投身于实现国家统一和巩固中央政府的事业中去。黄天鹏，一位当代杰出的记者，居然将《新闻报》和《申报》比作“党的半个喉舌”。[①] 对《申报》来说，至少在“济南事件”期间其言论是适度、得体的。如果说，这反映国民党政权与《申报》之间的关系处于蜜月阶段，那么这个阶段是短暂的。

1929年1月，史量才试图控制《申报》的最大竞争对手《新闻报》。接管《新闻报》的过程可以被看作是《申报》、上海商界与国民党市党部之间关系的缩影。《新闻报》65％的股份属于美国人福开森，他控制该报已有20多年。福开森考虑到中国民族主义的高涨，准备卖掉股份后回国。史量才派董显光去协商购买福开森的股份。

当《新闻报》的职员得知这笔交易时，群起抵制。不久，一大批上海商界和政界名流卷入了这场纠纷。《新闻报》发表文章谴责对它的接管，声称它正在为保持《新闻报》的言论独立而战。[②] 于是，国民党市党部在《新闻报》事件上从幕后施加了压力。《新闻报》发表了上海特别市执委会的支持性声明，声明把福开森的新股东说成是“反动分子”。[③] 曾经对《新闻报》怀有兴趣的陈德徵，也在党报《民国日报》上发表了上海特别市执委会的声明。[④] 另外，许多商人组织也支持《新闻报》，其中包括“全国商会联合会”，南京和苏州的商会，南京、苏州、无锡的报界以及6个国民党的地方党部。[⑤] 虞洽卿主动提出负责《新闻报》的抵制运动，但在为总经理汪伯奇兑现5万元支票后，便不再参与此事了。律师们应召试图协商一个解决的办法。有消息说，青帮头目杜月笙也参与此协商，结果他自己也设法获得了一些股份。[⑥] 控制《新闻报》的这一特殊的斗争持续了一个多月。史量才及《申报》所招来的反对是如此之大，以至他最后不得不作出让步，将一部分股份让给上海两位银行家——叶琢堂和秦润卿，自己留50％的股本。报纸的编辑和管理人员未作变动。[⑦]

虽然这些事件的内幕一直不清楚，但报界的政治活动的一些显著特征却由于这一接管事件而显露出来。首先，在理论上对史量才与《申报》攻击得最为激烈的是陈德徵。陈与国民党上海市党部的某些部门指责史量才，说他是一个资本家，企图建立

① 黄天鹏前引著作，第429页。

② 《本馆全体同仁紧要宣言》，载《新闻报》，1929年1月14日。

③ 《上海特别市执委会致本馆函》，载《新闻报》，1929年1月14日。

④ 陈德徵：《托拉斯》，《民国日报》，1929年1月14日。

⑤ 见1929年1月16—24日《新闻报》上的通告。

⑥ 徐铸成：《杜月笙传》，浙江人民出版社，1982年，第77页。我无法证实徐铸成的说法，但杜月笙在史量才被害后成为《申报》董事会成员的事实也许表明杜月笙拥有该报的一些股份。

⑦ 汪仲韦：《我与新闻报的关系》，载《新闻研究资料》第12期，1982年。

新闻"托拉斯"。耐人寻味的是由于这个指责，陈德徵本人后来也成了政府努力解散党的民众运动的目标。1930年，他由于热衷于运用国民党的教义而被捕，据说这是虞洽卿促成的。但在1929年史量才接管《新闻报》时，南京中央政府并没有采取任何行动以影响事情的发展。其次，各类商界团体对《新闻报》职员的支持以及虞洽卿的行动表明上海资产阶级自身有时也四分五裂，或至少表明史量才没有被上海资产阶级的主流所接纳。最后，史量才接管《申报》，背后有强大的银行界给他撑腰。史量才本人是中南银行的董事长，这家银行为"北四行"之一（北四行指金城、盐业、中南和大陆银行）。史量才能得到"北四行"的两位知名人士——金城银行的吴蕴斋与钱新之的财政上的支持，钱是"北四行"的上海代表，1928年曾任财政部次长。由于现代报业是高度资本化的行业，因此，它们的资金通常基本上来源于银行或商界投资，特别是在那些因报纸发行处于低水平以致必须通过其销售及广告来增加收入的自我更新能力受到限制的国家里更是如此。我们应该注意到，由于法西斯主义在意大利及德国的发展，报纸依靠银行及工业界提供资本，这就使得编辑政策具有倾向性，以致最后逐渐地倾向于独裁政权。虽然史量才能够自营《申报》而不必对银行界负责，但他购买《新闻报》之举实际上已向一些与蒋介石关系密切的上海的保守的资本家打开了大门。史量才被暗杀后，这个集团在《申报》董事会中便占有支配地位。[①]

《申报》在经营管理上的一些变化可追溯到这一时期。1929年，《申报》的时评撰写人陈冷（陈景韩）和总经理张竹平被免职，他们的职务分别由张蕴和和马荫良（史量才的远亲）接替。陈景韩撰写的大部分时评没有什么政治特色，张竹平对《申报》的竞争者《时事新报》却相当感兴趣（1932年他终于控制了该报），这正合史量才之意。戈公振也许是中国最著名的新闻记者，同年受雇于《申报》。他提倡民众新闻，1930年3月开始负责《申报》画报副刊。

直到1931年，《申报》的面貌才发生了重大的变化。这年春，黄炎培和陶行知开始为《申报》工作。黄炎培从1905年起就与史量才交往，当时他们是江苏学务总会的同事。黄炎培和陶行知都是平民教育的积极倡导者。20世纪20年代后期，陶行知在南京乡下创办了一些实验性的乡村学校。他们两人，特别是陶行知，推动了《申报》的很多改革。当然，日本入侵东三省是促进《申报》进行改革的主要因素，但是，早在1931年9月1日，《申报》就已显露出它所具有的社会意识的某些特征。是日，《申报》在为即将到来的1932年该报创刊60周年作准备的一份声明中表明了其新主张，这就是要采取"积极之行动"，要传播"新知识"。它还恳请政府"虚怀以采纳舆论"。[②]这清楚地表明，《申报》对国家大事将不再保持沉默。但真正促使《申报》采取行动的是"九·一八"日本入侵沈阳。战争爆发后，《申报》挺身而出，似乎它在领导一场讨伐

① 新的董事会成员有史咏赓（史量才之子）、马荫良、王晓籁、钱新之、杜月笙、张啸林、黄炎培和胡笔江。

② 《本报60周年纪念年宣言》，《申报》，1931年9月1日。

战争。9月23日的"时评"认为,等待"国联"的调解来平息冲突,那将会令人失望,中国唯一的希望就是进行"自卫之背城战"。[①] 从这时起,《申报》和史量才积极地反对蒋介石的"不抵抗"政策,而且后来发展到反对国民党政权本身。

9月22日,史量才参加了"抗日救国委员会"。参加上海的爱国运动本身标志着他开始参与政治,而且对领导市民的工作更是普遍感兴趣。9月26日,"抗日救国委员会"组织了抗日群众集会,与会者超过20万,史量才在会上发表了声明,要求政府派军队到东三省抗击日军。[②] 接着,《申报》发表了陶行知对国民党政府的抗日态度进行间接抨击的文章。陶行知用的是笔名,文章刊登在《申报》副刊《自由谈》上。他的《假好人》一诗写道:"假军队""忍看山河碎。他自有本事:会杀亲姐妹。"[③]文章的寓意是不难领会的。

没过多久,国民党对此作出了反应,它阻止发表这类评论。在《申报》发表了理解和同情上海爱国学生运动的报道后,12月11日,上海国民党市党部下令禁止邮递《申报》,上海其它主要报纸也受到类似威胁。"上海日报公会"(史量才是该会的一个主要人物)召集了紧急会议,决定向中央政府及上海市政府提出抗议,他们要求政府当局尊重新闻出版自由,停止越权审查。他们徒劳地搬出了1931年6月颁布的保证出版自由的《训政时期约法》。虽然报社利用自己的栏目刊登他们的要求和呼吁,但这种基于宪法赋予出版自由的法律总是受到这样一种限制,即国民党当局有权断定何为危害"民国利益"。在这个时期内,只有12月11日发行的《申报》受到禁止邮递的影响。

《申报》继续对政府进行批评,并未因受到威胁而停止。12月中旬,南京政府处于严重的混乱之中,蒋介石再度辞去领导职务。《申报》利用这个时机,直接抨击蒋介石及其政府。12月15日的"时评"写道:"吾人认为正以蒋氏之引起""新旧交替,此一时期,此一阶段,乃最为严重,最为吃紧,我举国人民与执政之国民党,从兹亟应以新生命之精神,努力于国是之更张。"4天以后,陶行知谴责蒋介石任命顾祝同、鲁涤平及熊式辉等3位将领为省政府主席。陶行知指出:"中国全国民政几乎全是掌在武人的手里。"[④]《申报》期待着由孙科领导的新政府来扭转这一局面。他们呼吁召开国民党四届一中全会来讨论"整顿军事"问题。《申报》认为,国家80%的经费都用在军事上。[⑤] 这是自北伐结束以来上海资产阶级各阶层普遍抱怨的事情。他们认为,随着南京国民政府的成立,已没有必要维持如此高的军费。这将继续成为国民政府与上海资产阶级之间关系的一个棘手问题。总之,《申报》断言,国民政府深受"军人政

① 《申报》,1931年9月23日。

② 《申报》"本埠新闻",1931年9月27日。

③ 陶行知:《假好人》,载《申报·自由谈》,1931年9月25日。

④ 陶行知:《这是什么意思?》,载《申报·自由谈》,1931年12月19日。

⑤ 《申报·自由谈》,1931年12月23日。

治、官僚政治之害”，这是它管理国家方面存在种种问题的根本原因。《申报》还指出，相反，政府需要的是管理国家的能力，而不是暴力。实行“专家政治”，这是当时在开明的知识分子当中颇为流行的一个政治话题。[①]

12月20日，《申报》发表了宋庆龄的声明，《申报》因此又向前迈出了一步。宋庆龄的文章是对其以前的同事邓演达被处死一事作出的反应。她把蒋介石的统治说成是“个人之独裁”，“藉反共之名，行反动之实”。她号召所有那些“深信中国之真正革命者”，不要被“反动势力之恐怖残杀”吓倒。[②]考虑到这一声明的分量，对于史量才因要求“上海日报公会”的同仁们让该会所有报纸都发表宋庆龄的声明而遇到麻烦一事，就不会感到惊讶了。最后，持不同意见的只有国民党党报《民国日报》。有一种观点认为，国民党决定暗杀史量才的原因之一是他宣传了宋庆龄的声明。[③]

总之，《申报》的观点代表了一度比较稳重的保守派对国民党政权的强烈谴责。至1931年底，迅速卷入上海政治活动中心的所有报界人士聚集在一起。史量才获得了财政独立，并且发现了一种社会良心。他把他周围反对蒋介石穷兵黩武的政府的知识分子聚集在一起，并向他们宣传具有广泛基础的自由价值观，诸如平民教育和人尽其才的政府。日本侵略东北对《申报》来说是一个转折点，它促使《申报》更加毫无保留地阐明自己的观点，而日本对上海的不宣而战则进一步强化了《申报》的观点。

《申报》与上海的爱国主义政治活动(1932—1934)

在整个1932年中，史量才自始至终积极投身于上海爱国运动的一系列政治活动。他以《申报》为论坛，在短时期里向政府当局发出明显的挑战。他能够动员上海的主要资本家来支持上海的防卫和维护上海的经济稳定。但史量才超出了他的绝大多数同事，他和《申报》向政府提出了政治要求，并抨击了政府的某些特定政策。此外，史量才还在《申报》上公开报道反对国民党政权的知识分子和政治团体的活动。虽然政府进行了反击和不许《申报》发表“时评”，但史量才只是略为调整《申报》的方向，使其政治锋芒不那么外露而已。

史量才对上海“一·二八”的不宣而战所作出的反应，体现了他对地方事务的日益增强的责任感。当1月28日的轰炸发生后，《申报》明确地指出，对日本军队的侵略保持忍耐和克制的时代已经结束：“我国至此，万难再忍，自不能不起而作正当之防卫。”[④]陶行知写了一篇时评，指出，上海的这场战役事实上关系到整个中国人民的生死存亡。他建议立即采取以下4个步骤：第一，第19路军作为国民的军队，在物质上

① 《申报》1931年12月10、24日关于“专家政治”和”军人政治，官僚政治”的文章。

② 《宋庆龄之宣言》，载《申报》1931年12月20日。

③ 恽逸群：《答申报史编写组》，载《新闻研究资料》第5辑，1980年；陆诒：《史量才与申报》，载《上海文史资料选辑》第47辑，1984年。

④ 《申报》，1932年1月29日。

应给予积极的支持；第二，所有参加19路军或具有19路军同样精神的军队的国民，将成为保卫整个国家之基础；第三，政府应公布行动计划和保证前方战士获得全力支持；最后，救济难民。[①] 虽然蒋介石的确给了19路军以某些援助，19路军自己也得到了报界舆论的公开声援，但他们仍然是单独抗击敌人的。

史量才转向组织对19路军的支援和集中人力物力保卫上海的工作。他决定成立"上海市民地方维持会"。1月31日，他在同行和有关人士的一次聚会上建议成立这个组织，结果他被推举为会长，黄炎培为秘书长。维持会成立的消息在第二天的《申报》上正式公布。[②] 这个维持会最明显的特点是其成员中有上海最有影响的资本家。这一长串名单上有虞洽卿、王晓籁、徐寄庼、秦润卿、张啸林、杜月笙、钱新之、穆藕初以及吴蕴斋。在这些有影响的人物当中，许多人比史量才更加接近政府，而促使他们联合起来的是，他们都有一个援助19路军和尽可能地使上海拥有一个能够照常进行商业活动的环境的愿望。换言之，他们响应史的倡议是出于对保护上海经济的关心，因为这与他们利害攸关。

史量才及"上海市民地方维持会"对上海的关注很明显地表现在其行动上。史量才开始运用《申报》来团结"维持会"方针的支持者。从2月16日起，《申报》就不断号召大家为19路军捐款和为难民提供救济。到3月4日，银行及商界为上述理由募集的款项已超过38万元。1932年底，《申报》刊登了关于"上海市民地方维持会"的最后一个报道，指出，捐款已上升到93万元，其中绝大部分已交给19路军。[③] "维持会"的中心机构还负责协调在救济难民上所作的各种努力。史量才帮助宋庆龄和杨杏佛在华界的交通大学内建立医院。他们三位与"维持会"的成员协商后，制定了对付日本侵略军增兵的系统计划。据说，他们将所拟定的战略行动计划交给了上海市长吴铁城，由他转呈蒋介石。显然，蒋介石对这些计划未予重视。

此外，史量才还急切想维持上海的秩序，恢复其经济活动。这场战争给城市带来了可怕的破坏，特别是闸北以及苏州河以北的其他地区尤为严重。《申报》的版面设计使人们对这场战斗的残酷性有所了解。2月初，报纸的整个新闻版面全部刊登有关这场战争的报道。上海商业已经瘫痪，在战争爆发的第二天银行就关门了，商人举行全市性罢市以示抗议。这似乎意味着一场金融危机即将来临。事实上，上海的商业活动已停顿了好几天。2月3日，《申报》的"时评"呼吁加强"计划性"、"组织性"以及"维护社会秩序"。要求所有商人开市，"罢市3天已足以表示我们一致抗日悲壮激越的情绪"。同时，为使金融稳定，要求银行开市。《申报》认为，日本侵略军正在进行

① 《申报》，1932年1月31日。

② 《申报》"本埠新闻"，1932年2月1日；马荫良：《坚持抗战，反对内战：史量才在1932年》，载《上海文史资料选辑》第47辑，1983年，第78－80页。

③ 《上海市民地方维持会办理救国捐会计结束报告》，《申报》，1932年12月29日。

精心策划的“恐惧”战役，其目的在于破坏上海这个中国经济中心。[①] 恐慌应当避免，因为“一经扰乱，则人心必慌，慌则提存挤现一齐拥起，金融即可破产。上海金融一倒，则沿沪杭京沪之金融一齐牵动”。基于上述原因，《申报》认为，与对东北的侵略比较，对上海的袭击是“一场更大的灾难”。

《申报》发表以上时评的部分原因是，当时出现了银行储户试图将款转入外国银行的风潮。史量才作为“上海市民地方维持会”会长，企图将上海银行界和商界的有关代表人物召集起来，组成一个特别委员会以帮助整个金融界渡过难关。这个委员会筹集了7 000万两以上白银来支撑不稳定的上海金融界。《申报》的新闻专栏还反映了要求上海保持平静和稳定的呼声。2月2日，“本埠新闻”专栏发表了题为“维持金融办法，林康侯请各界安心”的新闻，以及稳定人心的头条标题“本埠民食无虞，存米足支二月”。

然而，在许多方面，史量才及《申报》自告奋勇地充当上海的保护者。史量才能够调动上海最有影响的资本家，以及像杜月笙那样有势力的经纪人来支持他的事业。这些上海知名人士利用了令中央政府头疼的政治混乱及上海当局暂时停止行使其权力的时机。1月30日，国民政府离开南京，迁往洛阳这个安全地区。对于聚集在史量才周围的人来说，这为他们在这种危急关头行使某些管理上海的权力开辟了道路。《申报》认为，中央政府理应更加积极地行动，但在当时的情况下，那些聚集在“地方维持会”旗帜下的人们，把组织对上海的防卫和维护上海这个商业及金融中心视为己任。从1931年9月起困扰这个城市的普遍危机，使那些反对蒋介石统治的团体获得了实现其政治要求的大好时机。这也适用于史量才及上海其他人，他们由于战争的缘故而在政治上变得更加活跃。在以后的数月中，史量才与《申报》进一步加紧对国民党政权的抨击。

面对来自反对派的日益增长的政治压力，中央政府在1931年11月宣布将召开“国难会议”，其代表将在超党派基础上选举产生。史量才本人被选为代表，他对会议的预定议程颇为不满。此会原定于1932年4月举行。在这之前，史量才曾多次会见上海代表，形成了要求扩大会议议程的提议。这些提议涉及以下内容：收复东北；在6个月内结束一党统治和建立宪政政府；容许其它政党自由存在和成立“国难政府”。负责组织这次会议的汪精卫拒绝了这些建议，同时声明会议只限于讨论“绥靖、救灾、御侮”等问题。史量才和上海代表于是决定暗中抵制会议的组织者，他们给蒋介石发去一封电报，声称他们将联名抵制这个会议。[②]

史量才集中了《申报》的所有力量来抨击、谴责这次会议。《申报》说，这次会议

---

① 《申报》，1932年2月7日。

② 见马荫良前引文，第83－84页。

“不过为敷衍人民之一种手段”。[①] 由于这种反抗,“国难会议”成为众所周知的一个灾堆。仅有三分之一的当选代表参加,其中绝大多数是国民党员。《申报》总结道:“国难会议”帮政府撒弥天之大谎,以蒙蔽人民之耳目,故斯会之盖棺定论。”[②]政府的目的在于提供一个讲坛,以削弱反对派的呼声,但最终却适得其反,成为人们的笑柄。

由于“国难会议”主要是汪精卫主持的,故对此会议的一切抨击并没有损害蒋介石本人的地位。但《申报》对“国难会议”的态度表明,他们对中央政府总体上的不满正日益加深。《申报》从最初的反对军国主义政府发展到现在的要求实行民主、自由的政策。在3月举行的国民党四届二中全会期间,《申报》有如下评论:“……大都认为国民党已无力单独救国,而应取消一党专政,公开政权……固已不必待人民之要求,当自动停止训政,实行宪政。”一旦其它政党组建起来,它们定能一起工作,并组成一个麦克唐纳式的“混合内阁”。[③] 总之,《申报》已经开始否定独裁或训政的必要性。国民政府“既以国民之保姆自任,但吾人认为保姆必本身健全,而后可以求婴孩之健全”。[④]

虽然这些评论痛斥了国民党的统治,但唯一令人瞩目的是,它是出自《申报》这家上海报界最有影响的报纸。《申报》既不是最早批评政府的,也不是第一家公开陈述异议的报纸。其他报纸和各阶层知识分子都曾表达过类似观点,有的人早在1929年就已大胆地陈述己见,他们都急切地盼望建立某种类型的国家议会。[⑤] 反对派利用国民党召开四届二中全会的时机施加压力,希望说服政府实行更加开放的策略。即便在“国难会议”失败后,一些批评家仍企图继续对政府施加这种压力。最后,《申报》将自己的注意力转向别的方面,即转向蒋介石优先考虑的“剿匪”问题。

关于“剿匪”问题的论战的前奏曲,是不太明朗的市民反内战运动,这一运动到5月底已日趋猛烈。这场运动基本上是由资本家组织的,他们再次寻求减少军费开支的办法。不久,“废止内战大同盟”成立,它的很多成员来自史量才的“地方维持会”。虽然史量才也是其成员,但这场运动的幕后策划者却是吴鼎昌。吴鼎昌利用他自己的新闻工具——《大公报》和《国闻周报》来宣传他的事业。关于内战的任何讨论都不可避免地提高了共产党在政治舞台上的地位,事实上很难说清楚“反内战”是否就是“反围剿”的委婉提法。许多资本家似乎已对蒋介石的费用浩大的反共军事策略丧失了忍耐力。6月间,蒋介石准备在江西发动第四次“围剿”,为此须将每月的军费由1 300万元增加到1 800万元。上海一些银行家同意购买更多的政府发行的债券,但

① 《申报》,1932年4月1日。

② 《申报》,1932年4月15日。

③ 《申报》,1932年3月5、4、10日。

④ 《申报》,1932年4月6日。

⑤ 这一时期,自由知识分子、青年党、国社党以及像《大公报》、《国闻周报》这样的出版物,都提出了许多政治要求。

要求财政部长宋子文首先就新债券筹措的资金将不用在反共战争上作出保证。也许是考虑到对他的“剿匪”策略的批评日益增多，蒋宣布将在第四次围剿中采取一个新的“七分政治、三分军事”的战略。换言之，国民党企图通过政治改革来博得农民阶层对它的忠诚。但这在当时是最有争议的问题之一。8月，“废战同盟”在上海集会，在讨论“剿匪”战争是否构成内战问题时，同盟出现分裂，最终导致解散。

《申报》在反对政府的“剿匪”战争问题上并没有保持沉默。在史量才、杨杏佛、陶行知、黄炎培及《申报》的编辑们举行了一系列会议后，《申报》于6月底至7月初发表了3篇抨击“剿匪”战争的时评。这些时评的中心论点是，政府的行动并不是剿匪，而是在间接地“造匪”。《申报》认为，土匪增多源自鸦片继续种植、税收负担增加、地方官吏腐败以及农村军队骚扰。至于所谓的“匪”，《申报》认为，这是一些由于受“政治之压迫与生计之驱使”才被迫采取激烈行动的“良民”。此外，政府“剿匪”部队的行径使得民众更加害怕的是这些政府军，而不是“匪”。[①] 尽管这些文章对中国共产主义的认识过于简单化，但重要的是文章的观点直接构成了对蒋介石心目中占有特殊地位的政策的攻击。《申报》指出，政府一方面心甘情愿满足日本的要求，另一方面却对国内那些“铤而走险之人”发动大规模的战争，这两者形成鲜明的对比。《申报》同意采取政治解决办法，认为这是必不可少的，而这与《大公报》以及政府的主张实际上没有什么不同。但《申报》认为政府的政策是失败的，并且怀疑政府是否有能力取得成功。

国民党很快便对《申报》这些时评进行反击。上海国民党市党部、上海市政府及上海警备司令部一起向中央政府报告，说史量才滥用权力。蒋介石亲自下令禁止邮递《申报》。命令从7月16日起执行。《申报》全体工作人员并不知道禁令之事，当史量才获悉所发生的事时，已过去好几天了。当史量才向杜月笙和钱新之(他们两人都是史量才在“地方维持会”时的同事，与蒋介石保持着密切的联系)请教时，他们劝史量才忍耐和与蒋介石和解。但是，史量才决定派他的驻南京特派记者秦墨哂去见蒋介石，试探他对这个禁令的态度。最后，杨永泰通知秦墨哂，说国民党要求《申报》须作以下三个改变，禁令方能解除。第一是改变时评的调子；第二是陶行知、黄炎培和陈彬龢(犯上的时评作者)必须离开《申报》；第三是同意国民党派员指导。史量才只接受前两个条件。8月21日，《申报》恢复邮递。[②]

国民党在这场小规模战斗中获得了胜利，而《申报》坦率的时评实际上也到此结束。国民党获得这一成功的手法相当简单：中央政府通过对《申报》邮递范围的有力限制控制了《申报》的收入来源。政府找到了限制新闻企业单位的政治愿望的策略。从这时起，《申报》对国民党政府的直接抨击有所克制。

---

① 《申报》，1932年6月30日，7月2、4日。

② 马荫良前引文，第86页。钱芝生前引文，第154－159页。

然而，史量才并未对政治丧失兴趣。"地方维持会"在淞沪抗战结束后解散，但6月7日，也就是"地方维持会"解散后的第4天，史量才当选为"上海市地方协会"会长。该协会实际上与"地方维持会"一样，代表上海资本家名流。"协会"声明它将致力于上海市民的福利事业和上海企业的发展。尽管"上海市地方协会"没有什么真正的政治影响，但它成了史量才决意在上海政界保持一席之地的标志。直到1932年底，国民政府仍然给史量才一些头衔，也许是为了博得史量才的欢心。史量才成为"上海临时参议会"议长；他还接受了有关战争善后救济、经济复兴及文化教育等许多委员会的任命。有消息称，史量才对这些官方职务并不热心，有时甚至不愿出席会议。而他继续心甘情愿利用《申报》支持政治事业、谴责官方的政治路线的做法看来证实了上述说法。①

有关"中国民权保障同盟"之事便是一例。该同盟于1932—1933年冬由一些揭露国民政府虐待政治犯的知识分子组成。宋庆龄、杨杏佛和蔡元培是其领导人。其成员包括鲁迅、邹韬奋、胡适和林语堂。虽然史量才没有加入"同盟"，但他颇赞同其宗旨，并且准备在《申报》上发表有关其活动的报道。在这里，我们可以引证"同盟"得到《申报》支持的两次运动。一次是镇江记者刘煜生事件。刘于1932年7月未经审判便被江苏省政府主席顾祝同扣押，1933年1月21日被处死。在这前一天，监察院有人提出，顾祝同有非法逮捕之嫌。为了替自己辩护，顾祝同说刘煜生是共产党。在《申报》的帮助下，"同盟"动员了200多名地方记者向政府递交抗议书。《申报》发表了记者们递交国民党当局的声明，并就此事发表了一篇时评。② 然而，顾祝同安然无恙地度过这场风波本身显示了这些反应的软弱无力。

另一次是"同盟"与《申报》联合起来，试图让政府释放共产党员廖承志和罗登贤，他们两位是3月底在上海与其他一些人同时被捕的。当国民党将对他们进行审理时，《申报》刊登了"同盟"发表的声明，声明指出当局只根据传闻而将他们逮捕，他们并没有任何犯罪嫌疑。"同盟"声明，人民必须有"反帝的自由"，并要求政府释放所有政治犯。③ 廖承志，遭暗杀的前国民党领袖廖仲恺之子，比起与他同时被捕的难友来要幸运得多，因为他的母亲何香凝能够保证他出狱。而罗登贤后来则在南京被处死。即使有报界支持，但要求公理和法律性的呼声在影响国民党政府方面再次显得毫无效力。更糟的是，由于"同盟"盟员杨杏佛在6月16日被暗杀，"民权保障同盟"这个本来就松散的组织彻底解散了。一些时事评论员认为，杨杏佛的被暗杀，部分原因是国民党企图以此警告宋庆龄，让她停止政治活动。也许史量才也得出了类似的

① 马荫良前引文，第87页。

② 《申报》，1933年2月4日。

③ 《申报》"本埠新闻"，1933年3月31日。

结论。[①]

1933年,国民党对共产党以及所谓"左翼"知识分子、学生和工人的镇压,比1927年以来任何一年都更加残酷。在这种气氛中,政治斗争常常只能在文化战线上展开。《申报》时评的言辞变得软弱,但《申报》此刻却以很大的热情开展文化方面的斗争。1932年11月30日发表的12点改革计划体现了《申报》的意图,而该计划是建立在《申报》所谓的"实际做的精神"的基础上的。总之,《申报》决心使自己成为上海社会的文化发展和平民教育的中心。[②]

《申报》副刊《自由谈》,首先显示了改革的迹象。陶行知在1932年8月被迫离去以前,已在《自由谈》上极巧妙地抨击了国民党的政策。同年11月,黎烈文开始主编《自由谈》。黎烈文在上海文学界小有名气,他决心把《自由谈》办成"新文艺"的论坛。黎烈文不断呼吁作家们提供"描写真实生活的作品或寓意深刻的随笔和短文"。[③] 事实上,这是向"左翼"作家发出的一个信号:《自由谈》将成为他们发表作品的园地。黎烈文的行动引起了巨大的反响:在这以后的18个月中,中国最出色的"左翼"作家都向《自由谈》投稿,他们当中有鲁迅、茅盾、郁达夫、老舍和叶圣陶。鲁迅是投稿最多的作家之一。不过,他最初对《申报》发表进步人士的新政见的诚意保持沉默,这也许表明"左翼"作家们对《申报》还不太重视。鲁迅在《自由谈》上发表的第一篇杂文中故意使用挑衅性的语调以试探黎烈文的勇气。这篇名叫《"逃"的合理化》的杂文刊登在1933年1月30日的《自由谈》上,黎烈文提醒读者要特别注意这两位陌生的作者,他们的名字叫"何家干"和"玄",分别是鲁迅和茅盾的笔名。茅盾后来回忆道,这件事使他们两人都感到很惊讶,促使他们大力支持黎烈文对《自由谈》的改革。鲁迅与黎烈文建立了亲密的友谊,鲁迅先后在《自由谈》上发表了140多篇文章,其中大约有12篇实际上是瞿秋白写的,但用的是鲁迅的笔名。

1933年3月,国民党的报纸开始向黎烈文的《自由谈》发起攻击。《社会新闻》谴责黎烈文将《自由谈》交给"左联"的"赤色"分子,潘公展的《微言》也加入了这场攻击战。5月,改组后的"上海新闻检查局"撤下了鲁迅将在《自由谈》上发表的5篇文章,上海国民党市党部同时也要求史量才解雇黎烈文,由更合适的人来接替他。虽然史量才拒绝这样做,但他要主编张蕴和以后要更加仔细地审阅《自由谈》上的文章。在这种压力下,黎烈文最后被迫声明改变编辑方针。5月25日他写道:"这年头,说话难,摇笔杆尤难……编者谨掬一瓣心香,吁请海内文豪,从兹多谈风月,少发牢骚……"[④]鲁迅并没有停止在《自由谈》上发表文章,但他和其他作者不得不用一连串

① 钱芝生前引文,第160页;沈醉前引文,第165-169页;魏大铭前引文,第45-49页。沈醉和魏大铭似乎都认为暗杀杨杏佛和史量才的计划实质上是有联系的。因此,暗杀他们的决定可能基于相似原因。

② 《今后本报努力的工作》,《申报》,1932年11月30日。

③ 《编辑室启事》,《申报·自由谈》,1932年12月12日。

④ 《编辑部启事》,《申报·自由谈》1933年5月25日。

不同的笔名，并且运用更加复杂的文学手法来加以掩饰。总之，从这时起，《自由谈》很少发表政治性文章。然而，也许是《自由谈》依旧刊登鲁迅文章的缘故，黎烈文仍不得不对付来自国民党地方党部方面的压力。外面一直在谣传黎烈文将被解雇，所以1934年5月当史量才最终要求黎烈文辞职时，人们都不感到惊讶。这次，国民党当局再次揣摩到史量才的政治决心的局限性，因此，它能够通过暗中施加压力来达到其目的。

在文化领域的其它方面，《申报》看上去像一个乐善好施的教育机构。史量才认为，文化是人类进步的关键所在，报纸有责任将文化传播到民众中去，过去存在的偏见是认为文化"只同学者有关系"。[①] 为了将"智识"至少传授给一部分民众，《申报》在1933年3月开设了一所流通图书馆，在该馆注册的一万名借书者中，75%是工人、店员、政府官员、学生或无业青年。[②] 同月开办了几所学校。从1932年12月起，《申报》还创办了一个名叫《业余周刊》的副刊，并应读者要求开办了一所业余学校，不久又建了一所女子学校。《申报》同时还雇请自己的职员及上海一些著名记者开办一所新闻学校。《申报》并聘请了一些"左翼"作家来管理这些平民教育事业，他们当中有李公朴、艾思奇和柳湜。

《申报》以其适度的方式发展成为一支推动社会变革的力量，并且凭借自身的能力成为一个政治性机构。尽管《申报》的平民教育计划的作用有限，但它们反映了报纸想使其价值观为人们所广泛认识的愿望。《申报》放弃了说服政府从事这一事业的希望，因而只能运用自己的财力小规模地实现自己的目标。然而，随着史量才在1934年11月13日被暗杀，《申报》这一努力的脆弱性就明显地暴露出来了。史量才的死使《申报》在政治上再次变得谨慎，它的许多副刊及平民教育设施在第二年即被关闭。在国民党看来，刺杀史量才是非常有效的。《申报》不再像过去那样提出很有影响力的批评了。

结　论

我在本文中勾勒了《申报》对国民党崛起执掌政权以及对1931年以后危机的反应。一方面，我试图着重表明，《申报》的观点反映了作为进步资产阶级一员的史量才的社会地位。最初，《申报》像上海资产阶级的其他机构一样，极其关切北伐战争的成功，并希望建立一个强大的中央政府。虽然在1929年《申报》与上海国民党之间已产生矛盾，但直到"九一八"事变爆发，它才开始大胆地反对国民党的统治。可以肯定，这个阶段出现的爱国运动并非为了保护资产阶级的某一部分，而且就这个问题而言，《申报》完全可以声称它反映的是民众的观点。但史量才以及他主办的报纸的爱国主

① 史量才:《申报流通图书馆一周年纪念册》"导言"，申报馆，1934年。

② 《申报流通图书馆第二年工作报告》，申报馆，1935年。

义具有两个主要特点：第一，它致力于动员上海资产阶级支援上海的防卫工作和维护上海的财政基础和经济稳定；第二，对民族危机的意识促使《申报》要求实行广泛的自由、民主的政策。《申报》认为，只有这样，中国才能唤起广大民众为民族生存而战。此外，当事实证明表明自己的政治要求将会带来经济损失后，《申报》便转向在上海"民众"当中传播文化和普及教育的事业。

此外，我论述了国民党政权为了控制和操纵《申报》的社会政治立场而运用的一些策略。国民党政权通过其独裁的统治制度强制推行严厉的审查制度，并能够依据拥有任意妄为的极大自由的法律来采取行动。中央政府有它自己的新闻出版机构，但它有时也把手伸到一些商业性报纸（如《新闻报》）的编辑部里去，尽管《申报》在短期内曾被认为是反政府的消息来源。然而由于史量才最终是将《申报》作为一个商业企业来管理的，他对禁止报纸邮递就变得相当敏感。这证明禁止邮递是控制《申报》的政治观点的有效方法。后来，当《申报》成为"左翼"知识分子的论坛时，国民党上海市党部便一再对它施加压力，迫使史量才改变《申报》的方向。鉴于国民党采用高压手段获得成功，史量才的被暗杀似乎便是没有正当理由情况下动用暴力的结果。

从《申报》这个时期的经历可以得出两个基本结论：第一，很清楚，虽然史量才与上海资产阶级中很有影响的人士关系密切，但在表达自己的政治愿望方面他超过了他们。那些加入史量才的"地方维持会"的成员乐意为保护自己的经济利益而行动，许多人参与了要求削减军费开支的运动，但他们并不准备要求获得政治权力，认为建立立宪政府这类事情是意识形态方面的事，应当留给知识分子和报界去考虑。从某种意义上讲，这仅仅反映整个中国资产阶级政治上的软弱。上海资产阶级绝不可能恢复辛亥革命以后所拥有的政治上的自治。史量才组织"地方维持会"的做法，在某种程度上是受辛亥革命时期江苏独立运动所表现出来的地方自治精神影响的结果。但当史量才为了政治变革而向政府施加压力时，他的"地方维持会"的同事们并没有追随他。由于上海资产阶级的这些人保持沉默，史量才的地位变得相当脆弱。在政治领域，《申报》看上去像一个松动的头。由于史量才被暗杀，这颗头最终掉了下来。

第二，《申报》遭到国民党政权的压制并不是由于史量才的社会地位，而是由于它在政治上反对蒋介石的国民政府。1929 年，当史量才开始接管《新闻报》时，陈德徵当场攻击这一举动，说史量才是一个企图建立新闻业"托拉斯"的资本家。这是国民党方面把史量才看作资本家而进行思想上攻击的唯一的一次。但陈德徵最终成了政府企图解散国民党的民众运动的牺牲品。当《申报》的报道或时评抨击蒋介石的剿共不抗日的政策后，国民党政府对它采取强制性的禁止邮递的手段。国民党暗杀史量才的主要原因似乎也在政治方面：史量才发表了攻击"剿匪"战争的时评，他与宋庆龄和其他对政府有敌意的知识分子交往，并且在《自由谈》上发表"左翼"作家的文章。

史量才是资本家和知识分子圈子里的人，但他对这两个圈子都不熟悉。他不是任何商会成员，而且在接管《新闻报》的过程中，他发现自己面临着众多商界人士的反对。虽然他向某些政治团体提供过支持，但他没有加入任何政治组织。就政治立场而言，他从未被国民政府拉过去以支持他们，但也不准备为爱国运动事业牺牲自己的报业。他处在报业大王与爱国者，或者处在社会实践家与政治活动家之间的政治地带上。

胡适与《独立评论》

傅长禄

导言——

本文刊载于《史学集刊》1990 年第 3 期。

傅长禄，1937 年生，吉林大学历史系副教授，著有《中国现代文化史略》等。

九一八事变后，民族危机日益加深，言论界在政治态度上出现明显的分化。有人对国民党政府的批评转趋激烈，站到了当局的对立面；也有人从政权的批评者，转为体制内的诤言者。1929 年，胡适、罗隆基等主编的《新月》杂志曾发起"人权运动"，抨击国民党一党专政，反对"训政"，维护自由，要求尽快落实"宪政"，结果遭到当局的压制和打击。胡适本人被戴上"反党义"、"诋毁党义"的帽子，罗隆基还因批评国民党训政时期的约法而一度遭拘捕，《新月》杂志也受到查禁。1932 年《独立评论》创刊后，胡适一反以往抨击蒋介石的姿态，转向拥蒋和维持国民党政府的统治。胡适以"为国家做一个诤臣，为政府做一个诤友"自命，提出了"收拾人心"、"公开政权"和拥蒋为领袖的"政制改革"的三条大路，企图以"独立言论"来影响国民党当局，改良国民党政权。本文认为，胡适和他主编的《独立评论》是具有两重性的。胡适的政治主张，是要在当时的中国以蒋介石为领袖，以国民党政府为社会重心，实际上是维护国民党的统一，帮助处于内外交困的国民党政府。但另一方面，胡适要求国民党放弃党治，公开政权，主张建立民意机关，监督国民党政府，限制蒋介石的权限，又带有资产阶级民主主义色彩。《独立评论》以"独立精神"为信条，确也保持了一定的独立性，宣传了一些有悖于国民党"党纲"、"教义"的主张，发表了一些比较公允的对民族和国家有益的看法。

九一八事变后的第八个月，胡适等人创办了一个时事政论性刊物——《独立评论》。该刊前后五年，出版 200 余期，发表文章千余篇，发行遍及国统区。《独立评论》标榜"独立精神"，就当时时事、政治、经济以及外交等方面的重要问题发表了大量评论，在当时有较大的影响。九一八事变后，中国资产阶级及其知识分子在政治态度上出现了重大变化，该刊对胡适此时的政治态度有系统的、真实的记录。本文着重就胡适与《独立评论》政治倾向的两重性作一历史的考察。

一

《独立评论》周刊1932年5月10日创办于北平。当时正值日本帝国主义发动"九·一八"事变和"一·二八"事变，侵占我国东北，觊觎关内。实行不抵抗政策的国民党当局，在外交和内政上陷于被动局面。国难当头，激起了各界声势浩大的抗日民主救亡运动，也极大地震动了知识界。各类知识分子关注国家的命运前途，参政议政的意识比以往更为强烈。胡适写道："在这个最严重的国难时期，我们只能用笔墨报国，这本来是很无聊的事。但我们也不因此轻视我们的工作。"①《独立评论》正是在日本帝国主义加紧侵略中国、民族危机日益加深的形势下，由一些著名的学者教授创办的。

胡适在谈及《独立评论》创刊的经过和宗旨时说："我们八九个朋友在这几个月之中，常常聚会讨论国家和社会的问题，有时候辩论很激烈，有时候议论居然一致。我们却不期望有完全一致的主张，只期望各人根据自己的知识，用公平的态度，来研究中国当前的问题。"他又说：我们发起这个刊物，"是想把我们几个人的意见随时公布出来，做一个引子，引起社会上的注意和讨论。"②胡适说的"八九个朋友"和后来讲的"十一个社员"，是指《独立评论》的发起人和骨干，即蒋廷黻、丁文江、傅斯年、翁文灏、任鸿隽、吴景超等学者名流。他们多数是北京大学、清华大学的教授，也有的是国立中央研究院的研究员、地质研究所的所长。其中大多留学欧美，有较深厚的业务专长，又受过资产阶级民主的熏陶，向往资本主义的民主、自由，期望中国成为一个现代国家。所以，他们对当时蒋介石的独裁专制和国民党政界的腐败昏聩表示不满。然而他们又自知无力成为"社会重心"，因此对国民党蒋介石及其政权寄以希望，表示"用笔墨报国"，企图以他们的"独立言论"来影响国民党当局，按他们的意志来改良国民党政权。

《独立评论》是由胡适等人自行集资筹办并维持发行的，它没有政府和企业的投资，也没有专职的编辑人员。胡适等十余名社员都有其固定职业，他们每人每月各认捐本人收入的5%作为刊物基金，并"忙里偷闲来作文字"。在该周刊发行的前四年，共登载文章1 071篇，其中社员所作483篇，约占45%。特别是最初几年，社员更承担着主要的撰写任务，如丁文江在两年之中发表35篇之多，蒋廷黻在二年半的时间里发表了近40篇。这千余篇(包括社外人士撰稿)"不取稿费的文字"，在国统区舆论机关中绝无仅有，不能不说是《独立评论》撰稿人对国事的关心。

《独立评论》是集体创办的，胡适是该刊公认的实际主编。胡适除了出国一段暂

① 胡适：《独立评论一周年》，《独立评论》第50号，1933年5月21日。

② 胡适：《独立评论引言》，《独立评论》第1号，1932年5月21日。

短的时间外，五年之中一直承担着该刊的主编工作。他不仅经常地发表政评时论，而且在每期都写有或长或短的“编辑后记”，简要介绍主要作者的身份、文章要旨，时而借题发挥，加点个人的见解。有时胡适还就某些文章的观点，专门撰文详加评论。胡适曾通过《独立评论》多次开展问题的讨论，诸如政制改革、整治贪污、结束训政、乡村建设以及中国现代化等问题。讨论之中确实存在意见分歧，例如在政制改革问题上，胡适主张民主政治，而蒋廷黻则主张贤人专制政治，只要符合《独立评论》的要求，胡适便任其发表。

胡适为《独立评论》规定了办刊方针与原则，即标榜“不偏不倚”的“独立的精神”。他在《独立评论》的“引言”中这样写道：“我们叫这刊物作《独立评论》，因为我们都希望永远保持一点独立的精神。不倚傍任何党派，不迷信任何成见，用负责的言论来发表我们各人思考的结果，这是独立的精神。”[①]在《独立评论》创刊一周年时，胡适为“独立精神”作了进一步地说明，他说：“我们希望提倡一点‘独立的精神”，因为“我们深深的感觉现实中国的最大需要是一些能独立思想，肯独立讲话，敢独立作事的人。”他将“独立精神”具体为：第一“成见不能束缚”；第二“时髦不能引诱”。他认为当时许多人之所以不能独立，是因为不能用思考与事实去打破成见，或者不能抵御时髦的引诱。“有时候一种成见成为时髦的风气，或成为时髦的党纲信条，就更不容易打破了”。胡适申明“不说时髦话，不唱时髦的调子”，“深信只有事实能给我们真理，只有真理才能使我们独立。”[②]按照胡适的解释，“独立的精神”是不偏倚党派，不迷信成见，不赶时髦，即要保持一种知识分子的超然态度。事实上，在当时国民党坚持一党专政和国共两党斗争激烈的情况下，胡适与《独立评论》没有也不可能保持完全真正的“独立”。但是也应该看到，胡适等办《独立评论》以“独立精神”为信条，确也保持了一定的独立性，宣传了一些有悖于国民党“党纲”、“教义”的主张，反映了一定的自由主义色彩。也正因为如此，胡适与《独立评论》的言论很博得一部分人尤其是一些知识分子的共鸣。

二

九一八事变后，胡适的参政意识与日俱增。他通过主编《独立评论》周刊，对国民党的内政、外交等方面频频地贡献意见、发表议论。

《独立评论》出刊时期，正是我国外交上的多事之秋。胡适在抗日救亡问题上，漠视中国民众的力量，寄希望于国联，主张与日谋妥协。九一八事变后，胡适在《独立评论》上连篇累牍地宣传：“中国目前外交的方针应当是：不可放弃国际与国联，也不必与日本冲突或决裂。”胡适对由列强操纵的国联抱以重望，他说：“我们将来必须依靠

① 胡适：《独立评论引言》，《独立评论》第 1 号，1932 年 5 月 21 日。
② 胡适：《独立评论一周年》，《独立评论》第 50 号，1933 年 5 月 21 日。

一个比较近于理性的国际组织，使强者不轻易侵暴弱者，使弱者也可以抬头讲理，安稳过活"，把国联视为扶弱抑强的救世主。并说"我们必须有这种信心，然后可以决定我们的外交政策。"[①]胡适把依靠国联看作外交政策的一块基石。1932 年 10 月，国联李顿调查团报告书发表后，胡适立即以《一个代表世界公论的报告》为题，在《独立评论》上对报告书倍加赞扬。他说：读了李顿报告书，"不能不佩服李顿调查团的团员和专家的审慎的考查，他们公平的判断，和他们为国际谋和平的热心。他们这七个月的辛勤工作，是值得我们的感谢和敬礼的。"[②]胡适还置国人强烈反对于不顾，赞同李顿报告书中关于"满洲自治"的条款，说国联调查团想像中的东三省自治政府，不过是联省政府之下的一个自治省，看不出有什么可以反对的理由。"一·二八"事变后，国民党政府屈服于日本帝国主义压力，与日方签订了断送上海一二八抗战成果的《淞沪协定》，遭到国内舆论的谴责。胡适此时却在《独立评论》上著文，为国民党当局辩护，称淞沪协定是"中国停战代表失败中的成功"，说这次外交经过，表现了国民党政府的"积极态度，可算是政府的一大进步。"[③]他还建议国民党政府接受日本政府提出的条件，与日本交涉东三省的善后问题。总之，胡适在《独立评论》上发表的关于外交方面的言论，实际上是迎合并支持了国民党当局实行的对日不抵抗政策，是无"独立"可言的。

在内政问题上，胡适在《独立评论》上反复宣传"建国"和"改制"的主张。他认为中国当时的主要问题是"建国"，是"救治病根"。九一八事变一周年时，胡适在《独立评论》上发表《惨痛的回忆与反省》一文，纵谈中国社会的病根问题。他说"我们的大病源，依我看来，是我们的老祖宗造孽太深，祸延至我们今日。"胡适在列举了中国社会的"三大害"（鸦片、小脚、八股）、"五鬼"（贫、病、愚昧、贪污、纷乱）和"三个亡国性主义"（仪文主义、贯道主义、亲故主义）"病根"之后，指出"所谓民族自救运动，其实只是要救治这些根本病痛。这些病根不除掉，什么打倒帝国主义，什么民族复兴，都是废话。"[④]这里胡适把中国社会弊病、社会问题与产生社会问题的根源混淆甚至颠倒，重谈捉拿五个小鬼、放纵二个大妖（指帝国主义和封建势力）的陈词。

此时，胡适还提出一个"社会重心论"。他认为"救治病根"的"大困难"是当时中国没有一个社会重心，并羞答答地主张应该以国民党为社会重心。胡适说："病根太深，是我们的困难。但是我们还有一层很大的困难，使一切疗治的工作都无从下手。"而这个"大困难就是我们的社会没有重心。"他说 1924 年以后，经过改组后的国民党成为一个簇新的社会重心。但南京政府成立后的几年，国民党"因为缺乏活的领袖，缺乏远大的政治眼光与计划，能唱高调而不能做实事，能破坏而不能建设，能钳制人

① 胡适：《世界新形势里的中国外交方针》，《独立评论》第 78 号，1933 年 11 月 26 日。
② 胡适：《一个代表世界公论的报告》，《独立评论》第 21 号，1932 年 10 月 9 日。
③ 胡适：《上海战事的结束》，《独立评论》第 1 号，1932 年 5 月 21 日。
④ 胡适：《惨痛的回忆与反省》，《独立评论》第 18 号，1932 年 9 月 18 日。

民而不能收拾人心"，"又渐渐失去做社会重心的资格了。"[①]胡适把它看做是件"不幸"的事，并期望通过"自觉的讨论"从中产生出社会重心来。

从上述思想出发，胡适后来在《独立评论》上发表《政制改革的大路》等文章，具体、系统地阐述了他的政见，提出了"收拾人心"、"公开政权"和拥蒋为领袖的"政制改革"的三条大路。

胡适的"政制大路"之一，是先要国民党收拾全国人心。胡适针对国民党内长期存在派争、失却人心的状况指出："今日的真问题是收拾全国的人心。""政制改革的下手方法是要把眼光放大些，着眼要在全国人心的团结，而不是党内三五人的团结。"他认为能团结全国人心了，那三五人（指国民党的一些领袖）也不会永远高蹈东海之滨的。

胡适"改制大路"之二，是要求国民党放弃党治，开放政权。胡适说："我是不赞成政党政治的。我不相信民主政治必须经过政党政治的一个阶段。……可是我的意见总觉得为公道计，为收拾全国人心计，国民党应该公开政权，容许全国人民自由组织政治团体。"针对有人说因目前找不到一个政党能和国民党抗衡，所以不能开放政权，胡适指出："在最近期间，国民党的政权是很稳固，不怕新兴的政党起来夺取的。但因为开放之后，政权有被人取代之可能，国民党的政权也许比现在干的更高明一点"。他认为国民党党治的腐败，大半是由于没有合法的政敌的监督，"树立一个或多个竞争的政党是改良国民党自身的最好办法。"[②]

关于放弃党治和开放政权问题，是胡适在《独立评论》上谈得最多的话题之一。对此，胡适还提出一些具体的建议。早在 1932 年 9 月，他曾提出一个由学术、商人、职业团体组成的"建国大同盟"的方案，希望"组织一个可以监督政府、指导政府、援助政府的干政团体。"[③]1933 年初，胡适就国民参政会如何组织发表意见，主张不应该由政府延聘代表，应该全部由选举产生，建立"一个能监督同时也能赞助政权的参政会"。[④] 1934 年，胡适鉴于国民党政权"各省与中央之间维系实在是很弱"的事实，提议实行"国会制"。[⑤] 胡适为国民党当局还不曾感觉它的需要而失望。

胡适"政制改革"的第三条"大路"，是确认蒋介石为领袖。他一反以往抨击蒋介石的姿态，在《独立评论》上不惜笔墨溢美蒋介石，说蒋"在今日确有做一国领袖的资格"，"他不是自私的，不是为一党一派人谋利益的。"蒋"成为全国公认的领袖，是个事实的问题。"[⑥]同时，胡适也提出要对蒋的权力加以限定，他说蒋介石"应该认清他的

① 胡适：《惨痛的回忆与反省》，《独立评论》第 18 号，1932 年 9 月 18 日。
② 胡适：《政制改革的大路》，《独立评论》第 163 号，1935 年 8 月 11 日。
③ 胡适：《中国政治出路的讨论》《独立评论》第 17 号，1932 年 9 月 11 日。
④ 胡适：《国民参政会应该如何组织》，《独立评论》第 34 号，1933 年 1 月 8 日。
⑤ 胡适：《政治统一的意义》，《独立评论》第 123 号，1934 年 10 月 21 日。
⑥ 胡适：《政制改革的大路》，《独立评论》第 163 号，1935 年 8 月 11 日。

'官守',明定他的权限,不可用军事最高长官的命令来干预他的'官守'以外的政事。"蒋介石在"参与国家的大政方针"时,"应该自处于备政府咨询的地位,而不当取直接干预的方式。"[①]如同资本主义国家的元首那样。

关于法治问题,胡适在《独立评论》时期继续宣传法治,主张保障人权,但反对释放政治犯。1933年1月,中国民权保障同盟北平分会建立,胡适被推举为主席。分会成立伊始,便就记者刘煜生遭迫害事件拍发电报给国民党中央,要求撤惩肇事者。胡适还在《独立评论》上公开批评国民党当局"制法不守法",他说我们读了报上的新闻、广告等,总不免微微苦笑,自己反问:"有了新宪法,能执行吗?""现今不是已有一部'训政时期约法'吗?有了和没有有什么不同呢?"[②]胡适还主张废止国民党的"危害民国紧急治罪法"等法西斯法律。但胡适是要以国民党的现有法律(如《约法》等)为基础,保障人权,正如他自己所说:"站在法律的立场,监督政府尊重法律"。[③] 所以他反对民权保障同盟关于释放政治犯的主张,攻击同盟要求释放政治犯"不是保障民权,这是对一个政府要求革命的自由权",是"与虎谋皮"。居然站在国民党政府的立场上讲话。

综观胡适的政治主张,是要在当时的中国以蒋介石为领袖,以国民党政府为社会重心,实际上是维护国民党的统一,帮助处于内外交困的国民党政府,这是胡适此时政治主张的主导方面。然而另一方面,胡适要求国民党放弃党治,公开政权,主张建立民意机关,监督国民党政府,限制蒋介石的权限,又带有资产阶级民主主义色彩,仍属于资产阶级改良主义的范畴。

三

胡适在《独立评论》时期的政治思想倾向的主导方面是由反蒋到拥蒋,公开站在维护国民党统治的立场上,这是他在原有改良主义立场上的倒退,是他从《努力》周刊时期主张"好政府"主义以及《新月》时期倡导"人权与法治"上的一种倒退。

众所周知,九一八事变后,一些资产阶级代表人物在国难当头的刺激下,与时俱进,政治态度趋向抗日民主。为什么在这个时候胡适却向后倒退了呢?

胡适在政治倾向上的倒退从根本上来说是由于他代表资产阶级右翼,但与国民党当局的高压与拉拢政策分不开的。实际上胡适的倒退早在1930年便开始了。胡适和"人权派"强烈鼓吹"人权"、"法治",尽管一再申明是"为国民党计",但毕竟是揭露了国民党统治中某些侧面,所以受到来自当局的压制和打击。胡适本人被戴上"反党义"、"诋毁党义"的帽子,另一位骨干成员还因批评国民党训政时期的约法而一度

---

① 胡适:《政制改革的大路》,《独立评论》第163号,1935年8月11日。

② 胡适:《制法不如守法》,《独立评论》第50号,1933年5月8日。

③ 《中国民权保障同盟》第106页,中国社会科学出版社,1979年。

遭拘捕，胡适等主编的《新月》杂志也受到当局的查禁。正是这样情况下，胡适于1930年4月发表了《我们走那条路》一文，提出了根本否定反帝反封建革命的所谓“五鬼闹中华”的论调，把《新月》的编辑方向由侧重反独裁专制转向着重反对政治革命。

胡适作为人权派的首领，是尝到了反动当局压力的滋味的。九一八事变后，当有人(如清华大学教授蒋廷黻)热心创办刊物时，胡适便没有原来创办《努力》和《新月》那种积极性了，而较为勉强和被动。胡适在回顾这段情况时说：“最初我们一班朋友在九一八事变之后，时时聚餐，谈论国家问题，后来有人发起办一个刊物。在君和我都有过创办《努力周报》的经验，知道这件事不是容易的，所以都不很热心。后来因为一些朋友的热心主张，我们也赞成了。”①国外有的学者对此也有所记述，说胡适和丁文江“是对这个新的新闻事业(指办《独立评论》)的可取性最表示怀疑的人。胡适警告说，前途困难重重，政府可能实施新闻检查，而且，一份杂志不可能产生什么具体效果。然而，胡适和丁文江还是被说服了。”②正是出于对当局高压政策的担忧，胡适和《独立评论》才持谨慎态度，并转而主要站在维护当局的立场上。

胡适在政治倾向上倒退的另一个因素，是九一八事变前后蒋介石作出某些开放言论的姿态，特别是九一八事变后，蒋介石为摆脱政治上的被动局面，召见一些国民党外的学者名流“垂询国事”，使胡适逐渐地改变了对蒋介石和国民党当局的态度。胡适后来在《独立评论》上著文溢美蒋介石，说蒋“长进了，气度变阔大了，态度变和平了”，“能相当的容纳异己者的要求，尊重异己者的看法。”③在国民党要人的笼络面前，胡适还明确地表示要做国民党的“诤友”和“诤臣”。1933年初，汪精卫任行政院长组阁时，曾多次致函胡适，称赞胡适的学识眼光“极真极远，无所不烛”，拟聘胡适担任驻德公使、教育部长等职务。胡适为此“十分感动”，引为“最荣幸的事”。胡适虽然婉言谢绝应聘，但在致汪精卫函中表示“留在政府之外，为国家做一个诤臣，为政府做一个诤友”。④ 胡适的态度表明从此投靠了敌对的营垒。

从观念上来分析，胡适身上存在着的民族悲观主义也是他政治上倒退的一个原因。1934年，胡适曾在《独立评论》上连续三论“信心与反省”，认为中国“百事不如人”，应该“闭门思过”。当年一名叫“寿生”的青年投书《独立评论》，批评该刊的文章“一天比一天消极”，主张“我们要有信心”。然而胡适见信后，却颇不以为然，反倒宣传什么中国“今日的大患在于全国人不知耻。所不知耻者，只是因为不曾反省。”他劝告人们在大敌当前的时候，先去“闭门思过”。⑤ 胡适“事事不如人”的中西观，使他看

① 胡适:《编辑后记》,《独立评论》第188号,1936年2月16日。

② 夏绿蒂·弗恩夫人:《丁文江——科学与中国新文化》第178页,湖南科技出版社,1980年。

③ 胡适:《政制改革的大路》,《独立评论》第163号,1935年8月11日。

④ 《胡适来往书信选》中,第208页,中华书局,1979年。

⑤ 胡适:《论信心与反省》,《独立评论》第103-107号。

不到中华民族传统的优良一面，看不到民众中蕴藏着的伟力，所以在对外问题上他寄希望于国联，支持国民党政府的对日妥协政策。

《独立评论》时期的胡适，在政治上倒退这是一个无可怀疑的事实。在我们指出并分析他倒退及其根源的同时，也还应该看到，即使在此时，胡适和他主编的《独立评论》仍是具有两重性的。除本文前面所指出的事实外，胡适作为一个学者，自恃清高，自诩"持平"，加之受过中西高深的教育，也发表了一些比较公允的对民族和国家有益的看法，其中特别是对鲁迅的评价和对"中国本位文化论"的批评。

1934年国民党当局发起所谓"文化建设运动"。翌年1月，陶希圣等十人联名发表《中国本位的文化建设宣言》，着重抨击向欧美和苏俄学习，说它是"轻视了中国空间时间的特殊性"，被"悬在半空中"，以隐晦的手法维护中国封建的道德文化和旧秩序。"本位文化宣言"发表后，引起政治思想界的一场大讨论。主编《独立评论》的胡适，从其"全盘西化论"（后改称"充分世界化"）和反对封建复古主义的立场出发，于1935年3月发表了《试评中国本位的文化建设》一文，一针见血地指出陶希圣等人的"宣言"，"是'中学为体西学为用'的最新式的化装表现"。胡适用历史事实说明，每一次大震动，顽固派总是要维护那个"中国本位"，国民党顽固派人物何键、陈济棠、戴传贤等人的复古心肠也是如此。胡适说，陶希圣等人的宣言"正是今日一般反动空气的一种最时髦的表现，时髦的人当然不肯老老实实的主张复古，所以他们的保守心理都托庇于折衷调和的烟幕之下"，而妄谈折衷，正"适足为顽固派添一种时髦的烟幕弹。"①比较深刻地揭示了"本位文化宣言"在时髦外衣掩饰下的复古实质。尽管胡适所执的是"全盘西化论"，有失偏颇，但他对"本位文化论"的评论，是对当时中国封建法西斯主义思想的否定。

胡适反对在《独立评论》上攻击鲁迅，是他政治思想两重性的又一例证。众所周知，胡适和鲁迅都是五四新文化运动的倡导者，两人很早便有交往。但后来因政见不同，发生裂痕；鲁迅以其犀利的笔锋，批判过胡适的反动政治倾向，但胡适对鲁迅还是敬重的。虽然鲁迅先生逝世时，《独立评论》未发表追悼的文字，但胡适反对有人想利用《独立评论》发表批判鲁迅的文章。1936年11月，女作家苏雪林给胡适和蔡元培写了一封长信，肆意诬蔑、谩骂鲁迅，还想在《独立评论》上公开发表攻击鲁迅的文章，声言"决意""向鲁党挑战"。胡适在给苏雪林回信中，明确表示不赞成对鲁迅进行人身攻击，并比较公正地对鲁迅作了一定的评价，他说"凡论一人，总须持平，爱而知恶，恶而知其美，方是持平。鲁迅自有他的长处。如他的早年文学作品，如他的小说史研究，皆是上等工作。"②还提议为鲁迅洗刷在小说史研究上的一桩冤案。

综观《独立评论》时期胡适的言论，可以看出，他的政治态度是趋向拥蒋和维持国

① 《中国本位文化建设讨论集》第237－240页，建设出版社，1936年。

② 《胡适来往书信选》中，第329－330页，中华书局，1979年。

民党政府统治的，成为国民党政权的“诤友”、“诤臣”和“过河的卒子”，这显然是他在原有改良主义立场上的倒退，它反映了旧中国半殖民地半封建社会中的右翼知识分子的必然趋势。胡适主编的《独立评论》也为国民党当局所允许。然而胡适作为一个学者，在投靠国民党政权的时候，仍然没有完全放弃其改良主义的立场，依然主张“民主宪政”、“保障人权”、“专家政治”、实现“现代化”等，所以他毕竟同陶希圣等国民党学阀是不同的。由胡适主编的《独立评论》，并非胡适个人政见的纪录，而代表了一批学者名流的见解，其中也不乏建设性的主张，诸如翁文灏等学者的一些利国利民的文字，是应该具体分析的。

《新华日报》的反检查斗争

向纯武

导言——

本文选自《新华日报的回忆·续集》(四川人民出版社，1983年)。

向纯武，1942年出生，四川南江人，四川大学文学与新闻学院教授。

1946年初，中共中央宣传部长陆定一到重庆参加政治协商会议时，《新民报》记者浦熙修曾经问他：“有人以为中国记者不如英美记者，你的意见如何?”陆定一回答说：“我不以为然。中国记者是并不逊于别国记者的。英美记者固然有他们的长处，但是中国记者，能在重重压迫之下把人民所要知道的真实消息透露给人民，这种经验，这种本领，则远非英美记者所能及。譬如一棵树，生在平坦的地上，长得很高很直，是容易的；如果在石头缝里弯弯曲曲生长起来，虽然样子矮小，却确是不容易。”《新华日报》与国民党新闻检查的斗争，为陆定一的这番话提供了最好的注脚。

在抗日战争中，《新华日报》出版了近八年。《新华日报》的历史，既是代表中国共产党和人民大众讲真话、传播真理的历史，也是千方百计突破国民党新闻检查的历史。为了应付错综复杂的客观环境和各种微妙关系，《新华日报》运用了多样化的反检斗争手段，而毛泽东的革命的两面政策和有理、有利、有节的斗争原则及针锋相对的办法，便是最好的对策。

坚持有理有利有节的原则

“有理、有利、有节”，是抗日民族统一战线时期，共产党同国民党顽固派斗争的原则。《新华日报》始终把它作为反检斗争的策略思想和指导原则，做到既敢于斗争，又善于斗争，把原则的坚定性和策略的灵活性很好地结合起来。

《新华日报》处于被迫害的地位，所以必须站在自卫的立场上，坚持向国民党当局据理力争，迫使对方不敢轻易加害于自己。在宣传方针上，《新华日报》始终坚持维护团结抗日的大局，对于国民党表示抗日和有益于社会的法律、命令、政策、主张，均通过报纸宣传，促其实施；对于顽固派的一切反共投降的言论和行动，则针锋相对地作坚决的斗争。国民党为了推行战时新闻检查制度，颁布了一系列的法规条例。《新华日报》在周恩来的指导下，巧妙地利用这些法规条例中有利于我争取言论自由的内容，以子之矛攻子之盾，打击国民党反动派。这从社长潘梓年等给国民党有关部门的大量函件可以看出。1941 年潘梓年在给国民党中宣部的多次函文中都指出：本报"不独为《出版法》及一般法令所允许，而实因两党团结抗战为政治所保障。惟三年以来，本报所遭受编排、发行之障碍，均非法律、政治所能容忍。但以抗战第一、团结第一，本报每于无可容忍之时，除依法呈请制止和保护外，莫不委曲求全，以维大局。乃我欲求全，而人则亟图破坏。言论方面检扣删改，超出检政，日必数起。"这是从法、理两个方面开展的说理斗争。从法来说，《新华日报》是依照《出版法》为国民党政府承认立案的合法报纸；从理来讲，《新华日报》是因两党团结抗战为政治所保障的共产党报纸。于理于法，《新华日报》都不应该受到迫害。因此，《新华日报》斗争时理直气壮，态度非常强硬。1939 年重庆各报联合版期间，《新华日报》于 7 月 7、8、9 日连续出了三天"七七抗战二周年纪念特刊"，战时新闻检查局予《新华日报》以"严重警告"的处分。《新华日报》在给国民党中宣部的函文中，凭据事实，逐一辩驳，对予"严重警告"的处分，表示"碍难接受"。同年 10 月，《新华日报》因刊登《目前国内外形势与参政会第四次大会的成绩》一文，遭到"没收报纸"的处分。社长潘梓年、总编辑吴克坚在给战时新闻检查局局长的长函中，首先指出《新华日报》为合法报纸，对国际及国内重要问题，"为争取抗战胜利计，为中国人民利益计，为表明中国共产党之政治主张计，自未便随波逐流，人云亦云，无视事实，抹煞真理"。接着就战时新闻检查局所指摘各点，分别作了陈述与答辩，据理坚持，并指出宪兵警察扣报无理。最后不仅"对摧残抗战正确舆论特表示抗议"，而且提出了若干条强硬要求。由于《新华日报》处于有理的地位，斗争的结果，国民党方面也不得不作出某种让步的表示。

《新华日报》是中国共产党和人民大众的舆论机关，它必须忠实地捍卫党和人民的根本利益。为了使报纸在遭受国民党检查时不致丧失党和人民的原则立场，《新华日报》必须坚持我党独立自主的原则，特别是在重大原则问题上，不妥协，不退让，针锋相对，必要时不惜冒停刊的危险，全力突破国民党的新闻检查。《新华日报》在许多重大原则问题上都坚持了这一原则，从而获得了反检斗争的一个又一个重大胜利。1941 年 1 月上旬，国民党反动派悍然发动了震惊中外的"皖南事变"。当《新华日报》1 月 11 日晚上得到这一消息后，第二天就把国民党反动派袭击新四军的事件在报纸上首次透露。1 月 17 日，国民党反动派以军事委员会的名义发布反动通令与谈话，颠倒是非，血口喷人地污蔑新四军"叛变"，宣布撤销新四军番号，并下令继续向我新四军进攻。《新华日报》以违检刊登周恩来题诗的方式，向国民党统治区广大人民揭露了"皖南事变"的真相。而国民党当局胁迫除《新华日报》以外的所有重庆报纸都登了国民党军委会的通令和谈话，国民党《中央日报》等报纸还配发了社论，但是《新华日报》刊登周恩来的题诗，粉碎了反动派的千万谎言。这是《新华日报》反检斗争的一次重大胜利。

为了抗议国民党当局对新四军的处置，共产党七名参政员拒绝出席国民党召集的参政会。3月10日，《新华日报》在表达自己意见的任何文字部被检扣的情况下，毅然采取抗检的办法，出版一大张《新华日报》增刊，用大字将《中共七参政员不出席参政会之全部文献》公开发表，包括毛泽东等七参政员致参政会秘书处电报和周恩来信函等七件。这些文献不仅痛斥了国民党宣布新四军为"叛军"的乱命，而且无情地揭露了国民党法西斯新闻政策的罪恶。在《临时解决办法十二条》中，义正词严地要求国民党"立即停止对《新华日报》的一切迫害"。在《二月份政治迫害事件》中，更把国民党摧残《新华日报》的种种事实和盘托出："《新华日报》自2月起，由于中央特种会报有'只准印不准卖'之规定，其所遭遇，有过于报馆之被封闭。盖《新华日报》名虽受合法保护，但其文稿则被扣被删，几无法发表意见；其广告则因商家受国民党部警告，多不敢续登；其订户则因受特务机关恐吓，多不敢续订；其报贩因受警宪捕拿，多不敢代售。似此环境，与封闭何异？而其痛苦，则又甚于封闭。"像这种痛快淋漓的文字，只有抗检才能公之于世。《新华日报》坚持斗争，扩大了反检的胜利成果。

《新华日报》的抗检斗争，并不是无止境地搞下去，在一般情况下，在非重大原则问题上，不冒停刊的风险，以坚持报纸长期出版。《新华日报》是国共两党合作关系存在的一个象征。我们的目的是要"拖住蒋介石国民党，不让他投降"，使他继续留在抗日民族统一战线里面。《新华日报》这种有节制的态度，正是服从于抗日民族统一战线的大局，同时也使自己在反检斗争中，始终处于主动的地位。在第一次反共高潮中，国民党军委会办公厅于1940年2月订出《新华日报违检案件处理步骤方案》，规定《新华日报》违检严重警告三次"即予以一日至七日之定期停刊处分"；复刊后"可继续循环执行"，至必要时始将"永久停刊处分呈准执行"；永久停刊后，"注销其登记并缴销登记证"。还规定，"该报永久停刊后，得准许其另办一报纸，但须另换名称，依法申请登记"。这个方案虽经部分实施，但由于《新华日报》实行有节制的斗争策略，它怎么也没能"循环"下去，不用说永久停刊，连处以定期停刊都很困难。在第二次反共高潮中，《新华日报》再次处于严重的封锁和迫害之下，在这种形势下，为了坚持出报，从1941年1月份起不发社论，2月份起缩小篇幅，新闻检查局副局长李中襄给蒋介石的报告中，竟以为该报"态度转消极，处处表示弱者被压迫状态"。岂知正是在这种表面的"消极"状态下，预伏着大规模的反检行动。1945年1月下旬，当《新华日报》连续违检刊出《周恩来昨日抵渝，对记者发表重要谈话》和《中国民主同盟发表对时局宣言》后，立即就转入“休战”状态。当国民党的新闻检查机关感觉“该报两周以来尚称稳妥，遵检情形亦尚无不当”时，《新华日报》却又“违检”刊登《陪都妇女界发表对时局的主张》，转入新的斗争回合了。如此有张有弛，抗检和休战结合，致使国民党新闻检查机关晕头转向，穷于应付。

反检斗争的几种主要方法

一、合法斗争与非法斗争相结合

表面上，《新华日报》的出版得到国民党当局的承认和批准，是一张合法的报纸，但实际上因为《新华日报》是共产党的机关报，在国民党当局的心目中又是一张非法的报纸。这种合法与非法反映了国民党的窘迫状态和矛盾心情。不让《新华日报》出版，不行；让它出版不加限制，也不行。这是国民党在《新华日报》问题上遇到的两难。《新华日报》始终抓住了国民党“两难”的这一特点，开展合法与非法的斗争。

《新华日报》既是一张合法的报纸，就要得到一张合法报纸的待遇：第一，报纸应该受到法的保护，政府当局不能随意查封。为此，《新华日报》曾于 1938 年 7 月和 1944 年 12 月前后两次聘请张国恩、沈钧儒、吴昱恒、陆鸿仪、沙千里等五人为常年法律顾问。第二，报纸在受到非法压迫时，有要求政府当局依法制止、保护的权利。如“皖南事变”时期《新华日报》曾致函国民党重庆卫戍总司令部，强烈抗议流氓把头邓发清等唆使暴徒殴打报童、抢报纸的罪恶行径，有关当局不得不在表面上作出“严切制止”和“予以保护”的批示。第三，报纸在接受检查时，应该一视同仁，如在重庆各报联合版期间，《新华日报》曾向国民党中宣部提出质问：“此次重庆特刊增加篇幅，原为中宣部与联合版所允许，各报既可增加，何独对《新华日报》采取歧视？”

对合法权利的要求，就是对非法压迫的反抗。这种要求、反抗的本身，在《新华日报》是合法，在国民党当局又是一种非法。这是矛盾对立着的两个方面。《新华日报》的反检斗争就是在这种矛盾对立着的运动中进行的。按照国民党新闻检查法规的要求，“遵检”为合法，“抗检”为非法。而《新华日报》对策是，有时“先奏后斩”，有时“先斩后奏”，有时则干脆“斩而不奏”。一方面把我的稿子送给你检查，另一方面又不完全按照你的意见办；一方面我遵照你的删改，另一方面把删去的地方标示出来；一方面遵检不登某篇文章，另一方面要告诉读者被检扣了什么文章；一方面接受你的处分，另一方面必须把受处分的原委公诸于世；一方面同意铲版，另一方面却手下留情，仅作象征性的叉划，使内容仍能可辨。总之，既遵检也抗检，使合法斗争与非法斗争相结合。

二、公开斗争与荫蔽斗争相结合

抗日战争时期，我们党在国统区的方针是“荫蔽精干，长期埋伏，积蓄力量，以待时机，反对急性和暴露”。这一方针，为《新华日报》在反检斗争中开展荫蔽斗争，提供了理论政策上的根据。国民党的新闻检查机关既是公开的业务机关，也是特务秘密活动、收集情报的机关。对于这样的机关，既要和它公开作斗争，也要派人打进去，掌握其秘密活动的规律，才能获得反检斗争的主动权。1940 年初，战时新闻检查局改组的时候，我们党就通过关系，把自己的党员派了进去。潘沃权就是其中的代表人物。他不仅获得国民党的信任，而且一直荫蔽到抗战胜利后新闻检查机关撤销。进去的主要任务，是掌握国民党新闻检查机关的工作动态，了解其对《新华日报》所采取的钳制措施，随时给党组织提供情报，并利用自己的工作岗位，尽量给《新华日报》以便利，实行“小扣大放”。在国民党的有关档案里，我们看到重庆新闻检查处复审红批过的一张 1943 年 12 月 30 日的《新华日报》，在四个版的文章上，检查员裘、钱、孙等部分别批注着“未送检”、“部分更改”、“部分遵删”等字样，唯独潘沃权批注着“遵删”二字。

《新华日报》的荫蔽斗争表现在多个方面。为了保护作者，《新华日报》常常将国民党开明人士的言论公开发表，无党派进步人士的稿件化名发表，《友声》专栏的文章就有用代号“HI”发表的。《新华日报》宁愿自己遭损失，也不让作者和读者的生命受到威胁。1940 年 6 月 10 日，《新华日报》信箱以“大辛”的笔名违检刊出一篇文章，戳到了蒋介石的痛处，国民党中宣部命令查报“大辛其人住址及其真实姓名”，重庆新闻检查所“遵即去函查询，并亲赴该社调查”，遭到严词拒绝。招数失灵以后，他们又约社长潘梓年和总编辑吴克坚到该所面谈，仍然得不到任何东西，只好把蒋介石搬出来，说什么“委座将召见此人，请即查实以书面作答，毋得隐蔽。”但是，得到的回答却是：“信箱一则所述确系事实，乃作者亲身经历，此可作负责答复者。至作者，如委员长定时召见，敝报亦可负责随时通知其按时到达。”检查老爷们又碰了个大钉子。由于《新华日报》采取了一系列保护作者和读者的措施，广大群众更加信任《新华日报》。

为了冲破国民党的新闻封锁，《新华日报》还常将被检扣的重要稿件，印成单页传单随报秘密发行，或印成小册子单独秘密发行。为了顺利通过国民党的邮电检查关，常常使用某商号的信封或《中央日报》等报纸作封面，加以伪装。1940 年 7 月 21 日，周恩来指示《新华日报》将被国民党新闻检查机关扣留的《中共中央关于抗战三周年对时局的宣言》和毛泽东为纪念抗战三周年撰写的论文《团结到底》印成单页，秘密散发。有时则把公开抗检与秘密发行相结合。1941 年 7 月 20 日，《新华日报》拟发表十八集团军驻渝代表《关于十八集团军行动真相》的谈话，被重庆新闻检查所扣压。当日，《新华日报》除“开天窗”以示抗议外，又将这一谈话与《十八集团军新四军捷报》等印成传单，随报秘密散发。公开的渠道被堵塞，就通过秘密的渠道与读者见面。既揭露了国民党的检查制度，又达到了宣传的目的。在“皖南事变”中，《新华日报》遭受非法迫害，在公开致函国民党当局的同时，又秘密将《反对非法窒死新华日报》、《我们对于无理检查的声诉》两种传单随报寄往全国各地。据国民党云南省党部报告，昭通县就曾收到过这两种传单。可见《新华日报》反检斗争影响之深远。

三、善于利用各种矛盾

国民党内部上下之间、部门之间矛盾百出。《新华日报》在反检斗争中,主要利用了两种矛盾:一种是国民党宪警机关与新闻检查机关之间的矛盾,一种是新闻检查机关内部局所上下之间的矛盾。

国民党的新闻检查机关是《新华日报》反检斗争的直接对手。这种机关所以能够在报社面前要威风,全仗势着宪警机关的武力,当他们之间发生狗咬狗的纷争时,就出现了可以利用的空隙。1941 年 7 月 23 日早晨,重庆新闻检查所职员周德清到化龙桥抽查《新华日报》时,顺道与驻扎在该地的宪兵排长郭振东晤谈,郭说"奉令自本月二十一日起,对重庆新闻检查所之商请协助不能照办。"这一说不打紧,却在国民党新闻检查机关和中宣部里激起了一场轩然大波。重庆新闻检查所首先埋怨说:"本所扣押违检报纸,端赖军警协助,且《新华日报》之狡猾,非用武力决难就范。过去因宪兵不能指挥如意,已倍感困难,今后将袖手旁观,则本所如何达成任务?"接着是战时新闻检查局发出怨声:"本局虽有检扣之权,然而无军警之配备,故对违检出版报纸实无实施扣押之力。宪兵司令部此次变更宗旨,不知何所依据。设若《新华日报》日内仍有重大违检事实,究应如何处理之?"甚至连堂堂国民党中宣部也毫无办法,也跟着怨叹起来了:"化龙桥宪兵队郭排长若将不能协助新检所扣押《新华日报》真实原因明白道出,本案处理本至易易。兹该排长仅称奉令云云,令之内容及其关键何在,均属无由得悉。"甚至怀疑是《新华日报》"近来极力向宪警方面之上层暨下层人员奔走说项,以致生此恶果",说:"果如上述,则该宪兵排长之行径,与渝所新检人员执行扣押处分时措置是否咸宜,与宪警联系是否尽善,均为至堪注意之事。"这段公案闹到总参谋长何应钦那里,由何给宪兵司令贺国光打过招呼后,才算了结。正当两家闹得不亦乐乎的时候,《新华日报》违检刊出了说明"十八集团军行动真象"的一组《朱总司令鱼电》。

《新华日报》也利用过国民党新闻检查机关内部局、所上下之间的矛盾。1939 年 7 月,《新华日报》出版"七七抗战二周年纪念特刊"期间,当派人到新闻检查所将稿件送审时,检查人员却因空袭警报而逃避一空。《新华日报》利用这个时机,一连发出了几篇未经审查的重要稿件。新闻检查局发现后,要以"违检"的借口,给《新华日报》"严重警告"处分。《新华日报》致函国民党中宣部,不接受这一处分,说:"不知检查所为何于警报解除后仍不检查","此种责任在检查所而不在《新华日报》"。新闻检查局派人调查此事,新闻检查所长钟贡勋恼羞成怒,暴跳如雷,说"新检局应信任新检所,既不信任新检所之报告仍予调查,径可撤我新闻检查所所长职务。"局、所相争,导致了该所的改组,钟贡勋成了这起事件的牺牲品。

四、善于分析检查"行情"

在和检查机关及检查人员的长期接触中，《新华日报》逐渐掌握了一些带规律性的问题，比如在哪种政治气候下哪种稿件容易通过，哪些人检查稿件比较马虎容易通过，几种稿件搭配送检哪种容易通过，等等，这些都是检查的"行情"。根据这些"行情"进行分析，然后确定送什么稿件去检以及如何送检的问题。1943年底，当毛泽东《在延安文艺座谈会上的讲话》传到重庆以后，《新华日报》按照当时的检查"行情"分析，全文送检势必通不过，就决定采用"化整为零"的战术，把主要部分"化"作三篇文章，然后分作几次跟别的稿件掺杂在一起送检，又根据平时副刊稿件被检扣的一些规律，把文艺评论跟词句较激烈的政论短评搭配送检。这样精心安排的结果，三篇文章都被盖上"检讫"的图章，然后再"化零为整"，刊登出来。战时新闻检查局曾在自己的一份"工作报告"中说："近一年来，该报已不敢明目张胆刊载整篇不妥言论，只得改变策略，一方面隐晦其所欲宣传者，一方面将不妥言论分散于多数稿件之内，冀避免检查人员注意。"就是指的这种情况。

五、在暴检方式上下功夫

为了使被删扣的每一篇稿件都发挥作用，都成为射向国民党新闻检查制度的子弹，《新华日报》还特别在"暴检"方式上下功夫。国民党战时新闻检查法规明文规定，"各报社对删免稿件之地位不设法补足，于稿件之文字内故留空白，或另标记易致猜疑者"，"均属违检"，均得惩罚。但是，《新华日报》版面上的空白、标记等，从来就没有中断过。《新华日报》先是把被删的地方注以"被删"、"被略"的字样，国民党新闻检查机关很讨厌这个"被"字，认为容易引起读者对他们的恶感，不让登。于是《新华日报》就改为"中略"或"略"来标明。这样也不行。他们说："于某一删减之处，皆附有'略'字，至易引起读者之猜疑，尤易予我广大工友界以不良之影响"，是"含有极大毒素之暗示"，通知《新华日报》"嗣后排印稿件，如遇有删涂之处，如不须抬头，语句仍应连接不现痕迹，并不得附以'略'字，或其它足以表示原文被删之符号。"但是，《新华日报》并没有按他们的那一套去做，从1940年11月底开始，仅仅把"被略"或"略"改成了"……"而已。"……"也不让打后，从1941年开始，《新华日报》又改为打"××"，或者"××"和其它标记并用。以后又干脆注明：被略多少字或段。1943年夏天，国民党下达通令，概不准用。《新华日报》只得改变策略，从这年8月下旬开始一律使用"遵检"二字，然而还是不行，又是三令五申，又是忠告警告，甚至于扣报，非做到删扣得没有一点痕迹不可。但是这怎么行呢？《新华日报》毕竟是《新华日报》，"遵检"不让登，就什么也不登，留下一小块一小块的空白，这"无言"更胜于有言。

"开天窗"是一种特殊的"暴检"方式，就是把被扣、被删的文字在报纸版面上留下一块块或大或小的空白，仅仅刊出大小标题，让读者去品味。因为这些空白形同我国南方四合院中通光透气的天窗，新闻界就给它取了这么个意味深长的名字。国民党当局最怕报纸出现空白，“开天窗”也就成了《新华日报》暴检的一种手段。特别是重要文章被扣留下的大块空白，国民党的检查官见了瞠目，读者们心领神会。1940年1月6日，《新华日报》第一版社论栏，第一次拟刊登代论《论冬季出击的胜利》，重庆新闻检查所以“系军事论文”应由军令部军事新闻组审查为托词扣留。第二次拟转载该报华北版《起来，扑灭汉奸！》一稿，又以“经核其内容，又有未妥，不能露布”为理由免登。《新华日报》“来不及写第三次稿”，就在社论位置刊了“抗战第一！胜利第一！”八个大字，并在末尾附注两行说明性的小字，把稿件多次被扣的真实情况告诉读者。这是《新华日报》以最大篇幅“开天窗”来抗议和暴露国民党的新闻检查制度。1941年里，《新华日报》曾经开过好几块大的“天窗”，对于揭露反动派的专制横暴和对言论自由的摧残，都产生了很好的效果。从1944年开始，《新华日报》采取登载“编辑部启事”的办法，将其检扣行径一一公布，或者干脆违检刊出，勒令铲版时就“略事铲划”，“以示遵检”，“照常付印”。总之，《新华日报》通过“开天窗”、标符号，登启事等各种手段，无情地暴露国民党战时新闻检查制度的罪恶。到了抗战胜利前夕，《新华日报》根本就不理睬国民党的新闻检查，拒绝了检查机关“监印”报纸的无理要求，有关争取民主，反对内战的新闻、言论也一律不再送检，使国民党新闻检查机关“苦于无计对付”。

结成广泛的统一战线，摧毁了战时新闻检查制度

国民党的战时新闻检查制度，并不因为《新华日报》是重点检查对象，就放松对于其他报纸的检查，曾提出要对青年党机关报《新中国日报》以及成都《华西日报》、昆明《云南日报》等地方报纸严加检查。由于国民党的战时新闻检查制度是普遍行使的制度，就成了禁锢一切报纸的枷锁，任何报纸要想求得生存和发展，都需要从这种枷锁里面挣脱出来。因此，《新华日报》有团结其他报纸结成广泛的反检统一战线的客观基础。《新华日报》根据我党提出的发展进步势力、争取中间势力、孤立顽固势力的方针，在新闻界广泛地交朋友，在不同程度上和不同范围内同其他报纸的新闻工作人员建立联系和合作。党的地下组织也派了不少党员到这些报纸去做工作，有的党员甚至还担任负责职务。这给《新华日报》造成了在新闻界进行统一战线工作的有利条件。

早在武汉出版时期，《新华日报》就注意了团结其他报纸，共同反对国民党的新闻检查制度。1938年9月1日是当时的“记者节”，中国青年新闻记者学会在武汉开会纪念。大会主席和《新华日报》总编辑吴克坚都针对国民党的新闻检查制度发言，提出“把消极束缚言论出版自由的限制，予以减少或取消”。在这次会上，甚至《扫荡报》、《大公报》的负责人都表达了检查不应妨碍抗战的意见。到了重庆以后，《新华日报》利用各种场合和机会，继续作扩大统一战线的工作。周恩来也一再勉励《新华日报》：“只有团结一切可能团结的力量，结成最广泛的统一战线，最大限度地孤立顽固

派，才能有效地冲破新闻封锁和种种压制，做好党报工作。”并不断提醒：“团结工作首先要从新闻同业中做起，要多多争取友军。”经过《新华日报》的不断努力，《新民报》、《国民公报》、《新蜀报》、《商务日报》等，在抵制和反对国民党的新闻检查方面都能较好地配合。正如熊复所说：“在反对国民党的新闻检查、要求新闻自由这个问题上，除《中央日报》、《扫荡报》、后期的《新蜀报》外，其他各报的立场同《新华日报》是基本一致的。”当国民党要各报逐日将原稿送检时，《新华日报》每次总是准备很多稿件送去检查，其他报纸也把各种形式的稿件，准备用的和不准备用的，成批地送去，都让他检查一番，弄得检查官不看不行，看也不行。随后狡猾的检查机关改为检查校样，要各报每天打两份清样送去。检查官认为可以刊登的，在校样上逐条打个“检讫”图章，免登和删登的用笔勾画，要求填补别的稿子。编辑们却说：报纸版面已拼好，无从抽换。只有挖去，任它空白。这种“天窗”不仅《新华日报》开，其他报纸也开。以重庆《新民晚报》为例，有时每个版都开有“天窗”。《新华日报》抗检刊登文章揭露国民党新闻检查制度的罪恶，其他报纸也跟着仿效。如《新民报》就采取抗检的办法，不仅对新闻检查官进行辛辣的讽刺，而且对新闻检查机关发起直接的抨击。这说明《新华日报》的反检斗争不是孤立的，它的反检统一战线工作是有成效的。《新华日报》的反检统一战线工作有一个特点，就是希望其他报纸做的事，自己首先做出榜样，用榜样来带动和影响其他的报纸；需要共同采取行动时，也总是以平等协商的态度出现，而不是以组织者的身分自居。这是获得成功的重要原因。《新华日报》的反检统战工作不仅仅限于进步和中间报刊，为孤立国民党的新闻检查机关，对国民党的反动报刊，也不是绝对排斥的态度，而是采取团结争取的方针，或者团结它的一个副刊，或者团结它的某些编辑记者，化消极因素为积极因素，以便共同对付国民党的反动的新闻检查制度。

《新华日报》还把新闻界统一战线的工作扩大到国际新闻界。它忠实地执行党中央的方针政策，高举起作为共产党党报的旗帜，始终坚持国际主义的原则。它曾经比较系统地介绍苏联社会主义建设的成就，报道各国共产党、工人党、各国工人运动和民族解放斗争的情况。各国共产党机关报、进步刊物和电台，有时也转载或播送《新华日报》的言论和新闻。因此，它的反检斗争始终得到当时的苏联《真理报》、英美《工人日报》、法国《人道报》等各国进步报纸的同情和声援。《新华日报》也常刊登他们声援的贺信或电报。1944 年初，《新华日报》相继刊出英美记者一致“抗议无理检扣新闻”的消息和英美当局关于“反对检查政治新闻”的谈话。接着，又促成中外记者参观团访问延安，发表《纽约时报》记者爱金生的文章，欢迎美国报纸编辑协会代表团访问报社，发表英美政界人物关于新闻自由的讲话，把英美当局和外国记者对国民党新闻检查制度的责难和愤懑一一揭载于报端，使国民党陷于非常孤立的境地。正如国民党人所说，他们的新闻检查，“遭遇到外国记者接连好几次的反抗风波，到了抗战快要结束的最后阶段，外国记者的抗争达到了高潮”。甚至美国人办的《大美晚报》重庆版,也采取了反检行动。

抗日战争一结束,中国新闻界的反检斗争达到了高潮。在《新华日报》的推动下,重庆、成都等地新闻界的拒检运动迅猛发展,反检统一战线空前扩大,国民党战时新闻检查的堤防土崩瓦解,终于在1945年10月1日宣布废除新闻检查制度。

战后国民党新闻机构的企业化尝试(1945—1949)

高郁雅

导言——

本文刊载于《辅仁历史学报》第16期(2005年7月)。

高郁雅,台湾大学历史研究所博士,辅仁大学历史学系副教授。著有《北方报纸舆论对北伐之反应——以天津〈大公报〉、北京〈晨报〉为代表的探讨》、《国民党的新闻宣传与战后中国政局的变动(1945—1949)》等。

国民党取得政权后,建立了全国性的新闻事业网。党营媒体以政治宣传为重心,不以读者兴趣为首要诉求,发行量自不能扩展。《中央日报》的销数与民营大报差距甚大,只及《申报》、《新闻报》的十分之一。党报销路不畅却能长期生存,主要是有经费补助的缘故。党营媒体宣传经费庞大,负担十分沉重,且给人依党而养的负面评价。抗战胜利后,国民党表示要结束一党训政,实行宪政,党营新闻机构依赖国库补助的经营模式自须调整,故在营运上实施企业化改革。本文考察了战后国民党新闻机构企业化的实行过程,并对企业化实施后的利弊得失进行了分析。作者认为,虽然不少党报改组为普通公司,但党报的企业化基本上是一种由上往下之人为改制,宣示意味大于实质。在许多地方,受党补助的情况依旧,只不过换一种补助的名义而已。在业务运作中,"企业化"与"党报"常常难以两全,坚持熔于一炉的结果,往往是营利的目的不能实现,宣传的目的亦难达成。国民党新闻机构的企业化改革不够彻底,徒增营运型态的复杂性,在政治宣传上也没有实现预期的成效。由是观之,只要为党宣传的基本目标不变,党报组织形式的改变其实没有多大的意义。

一、前言

为了因应时代环境改变,近来国民党党营新闻事业纷纷走向民营。事实上,党营事业的民营化早已有之,以新闻机构而言,抗战结束后即有此举,当时称之为"企业化"。

企业化是民营新闻机构生存获利的秘诀。近代外人来华创办的报纸，伴随工商业的发展而存在，这些报纸注重营利，以公司组织作企业经营，业务较为发达。故民国成立后许多国人自办的报纸纷纷走上企业化，例如上海《申报》、《新闻报》及天津《大公报》等，为其长久经营奠下良好基础。

国民党的新闻机构却以另一种方式存在。《中央日报》身为国民党的最高党报，重心摆在政治宣传，新闻反成其次；不以读者兴趣为首要诉求，发行量自不能扩展。一般民营报纸依靠广告、发行收入维持，销量不佳即会倒闭；《中央日报》销售不佳但却能生存，主要是有党部经费补助的缘故。从训政到抗战，国民党一党专政，党库与国库关系暧昧，党营新闻机构的经费来源较无问题；但抗战胜利后国家即将步入宪政，党营新闻机构依赖补助的经营模式自须调整，故有企业化的提出。

企业化是国民党新闻机构战后营运上的一大变化，本文准备处理与此有关的种种问题，讨论上分为几个层次：第一，从早期党报的经费来源，分析战后企业化提出的背景；第二，观察党报企业化的实际过程，并检讨企业化实施后的利弊得失；第三，企业化后中央宣传部的角色定位如何调整，改隶行政院的过程中又产生怎样的问题；第四，中央通讯社与中央广播电台的企业化如何进行，为何较党报显得更加迟疑；第五，企业化的尝试与失败具有怎样的意义，对战后国民党的新闻宣传又有何影响。

国民党的报纸种类很多，有中央直辖党报、地方党报、党员主办的报纸、军报四类。因篇幅有限，本文对党报的探讨以《中央日报》及其分版分社为主，其余暂不赘述。《中央日报》直属于中央宣传部，是国民党报发展的重心。除了《中央日报》，再加上中央通讯社与中央广播电台，成为战后国民党新闻宣传的基本结构。

需要特别理清的是，本文所称的“企业化”，系当时国民党新闻机构对此项改组的称呼，偏重政治意涵，并非从经济学的严谨定义出发。

二、早期党营新闻机构的经费来源

国民党新闻机构领有经费援助，实际上是南京国民政府成立后才形成的制度，在此之前国民党的新闻宣传经费并不充裕，各种设备亦甚简陋。北伐成功前国民党犹处在野，革命经费多赖于各界捐款，既不定期又不定量，常有捉襟见肘的窘况。党中央虽重视新闻宣传，但仍未有开办或维持几家报纸的想法，因即便有此考量，亦苦无确切可靠的经济来源。当时的党报是孙中山个人派令下之产物，没有完善的预算制度，经费时断时续，不易长久维持。这种党报还不算是党营，而是由负责报馆者，以其个人活动能力、东挪西借组织起来的。例如民初上海的《民国日报》，党部虽也有补助，但所占比例不高。[①]《民国日报》财力有限，报馆员工待遇不佳，经理、编辑只拿五

① 朱宗良：《民国初年之上海报业》，李瞻编《中国新闻史》，台湾学生书局 1979 年版，第 353 页。

十元月薪，不足的由办报者自己想办法，有的在校兼课，有的鬻文为生，该报主笔叶楚伧就靠卖小说补贴生活。[①] 报馆最初设在三茅阁桥流莺地区，1923 年才搬到报馆的集散地望平街。《民国日报》资金缺乏，“馆员欠薪不必说了，即连印报的纸头，也有时无钱购买，甚至挨到半夜当东西买纸头，才得出版。”[②]当时上海各大报竞争激烈，多派记者常驻北京天津，以专电招徕读者。《民国日报》无力聘请，邵力子乃常去大报编辑部或记者流连的鸦片馆闲谈，顺便偷看些电讯回来，报界朋友传为笑谈。[③]“有一回，路透社约电讯稿加价了，《民国日报》实在付不起，无可奈何，只好割爱不用”。[④]

北伐成功后国民党从在野身份转为执政角色，且是一党专政下的执政党，党的各项事业迅速发展，新闻宣传也水涨船高。《中央日报》是国民党中宣部直接主办的报纸，根据《设置党报条例》《指导党报条例》规定，党报明文接受党部的经济补助。[⑤] 初期《中央日报》的经费补助尚不成熟，各种款项时有拖欠。自程沧波接任社长，《中央日报》改为社长制后，用人多采专任，经费按时发放，才逐渐站稳脚步。经费支援让国民党报有恃无恐，宣传人员挥别过去艰困的生活，全力充实报纸内容，发电、发报配备齐全，顺利收录中央社电讯，资源较民营报丰足许多。[⑥]

党报目的在为党宣传，又恃有党费津贴，故营利非其首要考量。《中央日报》创刊初期每月的经常费支出 10 067 元，除广告、发行的收入 2 000 元外，其余全靠党部补贴，占总额的 80%。《河北民国日报》每月所需的 5 000 元，《汉口民国日报》的 6 000 元，也是靠党中央或省政府设法补助。[⑦] 1933 年后党报营业渐有好转，《中央日报》每月的中央津贴为 8 000 元，本身营业收入增至 15 000 元，扣除 21 000 余元的支出，还有 2 000 元盈余；《武汉日报》每月来自中央及地方的党政补助 4 500 元，本身营业收入 6 000 元，也有 2 000 元的盈余。党报虽出现盈余，然扣除补助仍都处于亏损状态。[⑧] 且由于身为执政党的直属党报，新闻言论处处受限，尽管资源无缺，发行日增，但一直未有突破性发展，成为当地的第一大报。

---

① 根据戈公振 1926 年撰写的《中国报学史》，当时一般民营报馆的薪资状况如下：总经理月薪 300 元左右，总编辑 150—300 元，一般编辑 80 元，普通访员 60 元，一般职员 30 元，工人 20—50 元。《民国日报》的经理、编辑月薪 50 元，的确较一般水平低许多。见戈公振《中国报学史》，台湾学生书局 1964 年版，第 327 - 328 页。

② 胡道静：《新闻史上的新时代》，世界书局 1946 年版，第 63 页。

③ 徐铸成：《邵力子与民国日报》，《报海旧闻》，上海人民出版社 1981 年版，第 27 页。

④ 曹聚仁：《民国日报二杰——叶楚伧与邵力子》，曹雷、曹宪镛编《上海春秋》，上海人民出版社 1997 年版，第 106 - 107 页。

⑤ 党报的定义有三：1. 中央及国内外各党部主持，2. 党员主办，3. 受党部津贴。见《设置党报条例》、《指导党报条例》，《中央党务月刊》第 3 期，1928 年 12 月，中国国民党党史馆（以下简称党史馆）藏，档号：P005.4505/5591。

⑥ 见黄梁梦：《新闻记者的故事》，联合书局 1931 年版，第 82 页；张静庐：《中国的新闻记者与新闻纸》下编，光华书局 1930 年版，第 40 页；黄叶陀：《解放前南靖的报纸》，《南靖文史资料》第 5 辑，1986 年，第 105 页。

⑦ 黄天鹏：《中国新闻事业》，联合书店 1930 年 9 月版，第 142、149 页。

⑧ 王凌霄：《国民党新闻政策之研究(1928—1945)》，国民党党史馆 1996 年版，第 91 - 92 页。

中央通讯社的情况也是如此。早期的中央社在南京洪武路寿康里,不过是两栋一楼一底的弄堂房子,近三十名员工,没有先进电讯设备,新闻靠翻译外国通讯社的稿件,加上党政公报,自己只采访本市新闻,每日早早发稿,发行份数不多,免费奉送京沪各报,有时还得宴请同业才能提高刊登机会。1929 年中央社开始收取稿费,该社在南京虽有 200 份的发行量,外省市也达 200 多份,但扣掉免费的直属分社、直辖党报、海外党部,只有 10 家自费订户,每月只能收到稿费 500 元,其余仍赖党部津贴。[①] 1932 年萧同兹担任社长后网罗人才自建造电台,逐步收回外国通讯社的发稿权,业务才日渐发展。至 1935 年,中央社每日已有四种广播,供全国大小不同的报馆使用,收费订户增至 159 家。[②]

即使稿费收入日增,但通讯社的采访成本十分高昂,中央社仍主赖党政机关的补助。该社经费有三个来源:第一是中央党部,根据《中央通讯社组织规程》第四条:"本社经费以电讯稿收入充之,不足时由中央执行委员会给予津贴"的规定,[③]中央社直属于中宣部,经费由中宣部按编制预算进行开支。各分社依本身的业务计划、人员配备、器材购置等状况编造预算报到报社,总社将总预算呈报中央党部核准后,按月向中央党部领取,各分社及派外人员的经费,则由总社领来寄发。第二是军事部门的补助,因中央社的分社或随军记者许多是蒋介石配合剿共派人设立的,但中央社按经费开支,不能负担此类添置机构,故蒋介石下令各地"行管"、"行辕"、"公署"等军事部门,需对中央社进行补助。如中央社成都分社自开办始,每月由成都行辕补助 1 000 元。第三是行政机关的补助费,上述中央社成都分社每月亦由四川省政府补助 1 500元。[④]

党营新闻机构之所以依赖补助维持,是本身发行太少收入不足的缘故。战前《中央日报》的发行份数有多种说法,黄天鹏在 1931 年出版的《中国新闻事业》说《中央日报》每日只销数千份,但国民党党史馆出版的《中国国民党年鉴》则称 1928 年《中央日报》已有 20 000 份销量。[⑤] 报纸发行量本难估计,各种数据易受立场左右,未必据实发表。且当时国人消费能力、市场大小与今日不同,要了解一份报纸的地位,最好与同时其他报纸相互比较。根据 1933 年《申报年鉴》的记载,当时重要报纸的发行情况如下表:[⑥]

---

① 王凌霄:《国民党新闻政策之研究(1928—1945)》,第 83 页。

② The Council of International Affairs, ed, The Chinese Year Book, 1937 issue (Shanghai: The Commercial Press Limited, 1937), p. 1098.

③ 《中央社组织规程》,《中央党务月刊》第 90 期,1936 年 1 月。

④ 左东枢:《我所知道的国民党中央通讯社》,谷长岭、俞家庆编《中国新闻事业史参考资料》,中央广播电视大学出版社 1987 年版,第 391 - 392 页。

⑤ 王凌霄:《国民党新闻政策之研究(1928—1945)》,第 111 页。

⑥ 《申报年鉴(1933)》,申报年鉴社 1933 年版,第 26 页。

1933 年主要报纸发行数量表

报名	每日销量	报名	每日销量
申报	150 000	中央日报	15 000
新闻报	150 000	广州民国日报	15 000
时事新报	50 000	武汉日报	7 000
大公报	35 000	华北日报	6 000
益世报	35 000	杭州国民日报	5 000

由上表可知,《中央日报》与当时重要民营报纸的发行量差距甚大,比起全国发行量最多的上海《申报》、《新闻报》,《中央日报》竟只及其销数的十分之一。地方党报的情况也差不多,根据统计,1937 年从中央到地方,国民党的各种党报每日共有 23 万份的销路,只占全国总报份的 6.6%。且订户中三分之一以上为免费的党政机关,实际收入比发行量更少,自然亟需党部的津贴。

虽然党补助党管新闻机构十分合理,但在当时一党专政的训政体制下,党营新闻机构的经费实际上由国库支付,对此舆论界时有微词,民营新闻机构更是抱怨万分。抗战爆发后民营报纸的营运环境更差,国民党却因身为全国抗日重心,经费较为充裕,反获得空前发展的机会。党报能在战争中持续进步,除财力雄厚、政治得力外,握有中央通讯社及中央广播电台这两项宣传利器也是原因之一。通讯社与广播耗资甚巨,战时民办不易,《中央日报》却得中央通讯社、中央广播电台的配合,党营新闻体系大为扩展。自东南沿海都市迁至后方的报馆群居于陪都重庆,由于国土大半陷于日本,各报发行量均较战前缩减。《中央日报》的发行量虽仍未居重庆众报首位,但与民营报纸的差距已较战前拉近许多。张十方认为 1940 年重庆最畅销的是《大公报》,每日发行 12 000 份;《时事新报》与《新民报》次之,7 000—8 000 份;党派色彩浓厚的《中央日报》、《扫荡报》、《新华日报》,在 6 000—7 000 份之间。① 励刚的估计较高,《大公报》30 000 份,《扫荡报》18 000 份,《中央日报》则有 10 000 份。②

随着政府撤退西南,《中央日报》分版分社陆续成立,然而数量上的增长并不意味着影响力的增加。党报以党员及公务员为主要对象,常属赠阅性质,收支相抵仍是入不敷出。与中央直属党报一样,地方党报也依赖党部津贴维持,以广西壮族自治区为例,1943 年《广西日报》每月接受津贴 5 000 元,广告与发行每月收入约 10 000元,党部津贴即占全部收入的三分之一。③ 如此增社增版、及发行量的增加收入不见得会增加,在战时物资缺乏的情况下,日益膨胀的党报发行反加重党的负

① 张十方:《行都的报纸》,《战时记者》第 2 卷第 6、7、8 期合刊,1940 年 4 月。

② 励刚:《参观重庆五报馆漫记》,《战时记者》第 2 卷第 12 期,1940 年 8 月。

③ 仕学:《桂林的新闻事业》,《战时记者》第 3 卷第 6 期,1941 年 2 月。

担。由抗战最后一年(1945)中宣部的年度经费预算数目表,可看出企业化实施前党部宣传经费的沉重:①

1945 年度中宣部经费预算表

科目	全年预算数	科目	全年预算数
宣传部本部	12 747 108	重庆中央日报社	4 287 528
国际宣传处	24 204 060	成都中央日报社	351 000
国际宣传处代办新闻学院	4 089 600	福建中央日报及福州分社	418 320
文化运动委员会	2 432 628	贵阳中央日报社	297 180
党报社论委员会	87 360	昆明中央日报社	336 960
各地书刊供应处	9 547 200	湖南中央日报社	327 600
中央周刊社	1 450 176	广西中央日报社	190 008
特别宣传费	511 056	安徽中央日报社	776 160
战地宣传费	3 494 436	东南日报社	196 560
战时特别宣传费	1 135 680	恩施武汉日报社	794 316
党报维持费	808 080	甘肃民国日报社	65 520
西北各报扩充费	1 688 400	青海民国日报社	327 600
新闻检查费	45 600	西康民国日报社	301 392
国内新闻事业奖励金	826 548	西京日报及南郑分社	573 300
电影摄影场	1 797 552	梅县中山日报社	180 180
三民主义研究会	820 800	韶关中山日报社	350 532
三民主义丛书编撰委员会	3 502 404	中央通讯社及各地分社	52 792 536
广播指导委员会及广播事业发展处暨各地电台			92 010 544

三、党报企业化的过程与得失

为了新闻宣传,国民党不得不办党报,但办报向来是件赔钱的事,为了减轻党的经济负担,就要让党报开始赚钱,于是有了企业化的构想。报纸企业化,简言之就是将报纸当商品而非宣传品来经营,人力物资的取用制度化,经营策略的调整市场化,如此报社自负盈亏,消极上可做到自给自足,积极上甚至可进而养党。中国近代报业源自欧美资本主义社会,民营报纸多以企业方式经营,因重视市场取向及读者兴趣,

① 《中宣部及所属各单位 1945 年度经费预算数目表》,1945 年 3 月,党史馆藏,档号:6.3/5.6－5。

故广告、发行所得足以应付报馆开销，甚至可大赚其钱。因为营运自主，才可不需政治势力的补助；报纸不靠外来援助，新闻言论才可自由；新闻言论自由，读者对报纸才会产生兴趣，报纸也才会有市场，这是一种良性循环。企业化前的党报却正好相反，《中央日报》身负重任，政治宣传重于新闻真实，结果失去市场的自然支持；报纸打不开销路，发行、广告无法支持报馆开销，只得依赖党部的经费援助。补助不但成党部的沉重负担，且易引来社会非议，给人靠党而养的印象，更会失去读者信心。增版、赠阅徒然增加报馆支出，党报越扶持越差，成为恶性循环。

南京《中央日报》就是一个例子。曾任该报营业部主任黎世芬回忆，当时京沪地区的报纸发行操在报贩头手中，不和他们维持良好关系，卖不出一份报纸；但"即使我们和广告公司说尽了好话，也不会给我们广告，因为他们挑剔我们报纸销路太少了，他们不承认我们的销路，还口口声声地说，《中央日报》是送人的，是不要钱的，所以广告是些政府公告，没有人要登广告。"①

为了解决这种困境，党报也高唱企业化，根据战时在中宣部新闻事业处管理科、负责党报业务的凌遇选回忆，企业化的构想战时即开始酝酿。当时计划在战后配合工商业的复兴发展，在收复区的都市成立各地《中央日报》，建立一个自给自足的报团。② 中央社社长萧同兹表示新闻虽为文化商品，但经营原则与一般商品并无二致：

士大夫耻言利，我国读书人都嫌恶听利之一字，办报纸不过遂文章报国之愿而已，何必孜孜图利。殊不知报社企业化，增加报纸独立经营的地位，摆脱外来的干预和影响，非但丝毫不贬损文章报国的心愿，独立自由，放手办报，只有更增加文章报国的勇气。相反的，如果不善经营，不按企业化经营，自由竞争立不住足，报社倒闭了，纵有文章报国的雄心万丈，也就失去了依托。③

另外从体制上来说，企业化也是时势所趋。战后国家即将迈入宪政，"不能再以国库开支党费，党报不但应自立，且应进而养党。"④抗战结束前夕党报企业化的构想已成定案，1945 年 5 月 17 日国民党第六次全国代表大会通过关于宣传问题之决议案，第二项第四点即表示将"实行国内外党报企业化，以巩固本党新闻事业之基础。"⑤六全大会后中宣部着手拟定党报企业化计划纲要，由新闻事业处管理科科长

① 《酒、咖啡、冰淇淋和黎世芬》，《中广五十年纪念集》，空中杂志社 1978 年版，第 337 - 338 页。

② 凌遇选：《由见习记者到特派员》，《中央日报与我》，中央日报社 1978 年版，第 106 页。

③ 萧同兹：《新闻事业、新闻记者与新闻教育》，萧同兹文化基金会筹备处编印《在兹集》，1974 年版，第 279 -280 页。

④ 《该部 1946 年工作计划、预算和军事委员会战时新闻检查局工作计划》，中央宣传部 1946 年度工作计划及经费表，中央宣传部档案，南京中国第二历史档案馆（以下简称二档馆）藏，档号：718：62。

⑤ 《河北半月刊》第 1 期，1946 年 2 月。

凌遇选负责。6月召开党报会议,决定各报一律改变组织设立中国报业公司,为党营报纸之总机构。[①] 战后党报企业化进入具体程序,经过一年多的立法讨论后开始实施。国民党六届三中全会检讨二中全会决议之工作报告时,中宣部即表示:"各报之企业化计划,亦已大致就绪,一俟董监事产生,资金增定,即可正式改组为成立公司。"[②]

1947年春国民党报实行企业化,各地《中央日报》先后成立董监事会。南京《中央日报》首先完成改组,5月30日召开第一届第一次股东大会,通过《南京中央日报社有限公司章程》。[③] 其他党报也陆续改组,先后完成公司组织的报馆计有南京、上海、重庆、成都、贵阳、昆明、福州、厦门、海口、沈阳、长春等地的《中央日报》,与北平《华北日报》、《天津国民日报》、成都《中兴日报》、《西康国民日报》、广州《中山日报》、梅县《中山日报》、西安《西京日报》、《江西国民日报》等二十余家报社,均依公司法改组以企业方式经营。[④]

企业化的经营管理是民营报纸成功之秘诀,战后党营新闻机构加入这股潮流,表面过程虽十分顺利,实质改变却不如预期。《中央日报》自创立以来一直是国民党所属的新闻宣传"机构",从来就不是自立生存、市场取向的"公司"。适应战后宪政体制、减少党部经费负担、改善报纸专业形象,虽成为党报企业化的动力,但只要为党宣传的基本目标不变,党报的组织形式其实没有多大意义。战后党报的企业化基本上是一种由上往下之人为改制,宣示意味大于实质。上海《中央日报》1947年5月在上海丽都花园饭店召开创立会,会中选出彭学沛、杜月笙、束云章、徐国懋、徐学禹、王启宇、赵棣华、方治、许孝炎、吴开先、李焕之、吴任沧、刘攻芸、萧同兹、徐柏园、端木恺、虞文、冯有真、李秋生、程玉西、沈公谦21人为董事,吴铁城、陈立夫、陈松年、王世杰、叶秀峰、许采丞、荣鸿元7人为监察人,社长为冯有真,董事长彭学沛,吴铁城任常驻监察人,杜月笙、赵棣华、许孝炎、吴开先、端木恺、冯有真为常任董事。[⑤] 观察该公司改组的章程,与一般公司类似,并无明显党国色彩;然细看选出的理监、董事名单,则几乎清一色是国民党要人,改变的幅度不大。

党报企业化有时还另有目的。改组董事会是报社权力重组的时机,常会引来党内派系的竞逐。国民党新闻事业基本上掌握在CC系手中,该派系也利用党报改变经营形态的机会加强对其之控制。国民党甘肃省党部为拒绝三青团插手报馆事务,

---

① 《该部42、45、46年度工作检讨和政绩比较表》,中央宣传部档案,二档馆藏,档号:718:123。

② 《六届三中全会中央宣传部工作报告》,1947年,党史馆藏,档号:6.2/62.4。

③ 《南京中央日报社股份有限公司章程》,1947年5月30日通过,1940年10月6日修正,党史馆藏,档号:546/62.1。

④ 沈锜:《三十年来的中国新闻事业》,1951年5月,党史馆藏,档号:546/72.4。

⑤ 袁义勤:《上海中央日报始末》,《新闻研究资料》第30辑,中国社会科学出版社,1985年4月,第143－144页。

乃促使《甘肃民国日报》企业化，将CC系的人马安插到董监事会中。[①]

企业化后的党报是否真的不再接受党部补助，则是另一个耐人寻味的问题。照理说党报一经企业化，即应依照普通公司的形式经营，自负盈亏，不再接受党部的经济援助。然检视战后国民党报企业化的过程，却发现一开始党方对企业化的认知即不完全。首先，尽管企业化的决策抗战结束前已经确定，但战后党报的复员就未率先响应，依旧得到许多经济支援。《正报》战后无力复员，乃上书陈述战时与敌伪文化斗争之辛苦，陈布雷代为请见蒋介石而得一百万元补助，顺利复版杭州。[②] 战时《中央日报》社长胡健中战后转办《东南日报》，也透过陈立夫、陈果夫的关系向中国银行以官价购得外汇美金50万元，20万元作为《中央日报》还都复员后的基金，30万元作为筹办上海《东南日报》的经费。[③]

其次，或许是明瞭企业化后党部再行补助非常困难，企业化实行伊始，党部就常先将大笔经费一次拨给党报。这种补助常以"开办费"、"事业基金"的名义发给，例如《香港国民日报》企业化时即向国营金融机构筹募港币50万元，作为自给自足的基金。[④] 1945年中宣部"党报企业化经营设立报业公司"的开办费预算即高达20 000 000元，事业基金亦有100 000 000元，"各直辖党报，包括长春、沈阳两报及北平英文时事日报共十九家，均已拨给资金，完成准备程序，即将举办成立会。"[⑤]中央并拨外汇向美订购新式卷筒机十套，分给业务较发达之报社充实流动资金及印刷设备，以立于不败之地。[⑥]

南京《中央日报》是战后第一个实施企业化的党营新闻机构。1946年初中央举行全会时，马星野即建议南京《中央日报》自动停领津贴，开始向原本赠阅的党政机关收取报费，刊登公告也收取广告费。当时陈立夫就表示"党报赚钱，盖未之前闻"，但若真能做到自给自足并进而养党，也是党营新闻机构经营的新方向。陈立夫虽赞同企业化，却又与陈布雷、陈果夫商量，为使企业化基础永久奠立，乃大力促成中央银行批准该报购结外汇30万美元，以便更新设备预储用纸。[⑦]《中央日报》亦"曾以所有

---

① 刘呈芝、苏耀江：《解放前的甘肃国民日报》，《甘肃文史资料选辑》第23辑，1985年，第172页。

② 穆逸群：《中央日报的廿二年》，谷长岭、俞家庆编《中国新闻事业史参考资料》，中央广播电视大学出版社1987年版，第372页。

③ 吴望伋：《追忆二三事——哀悼陈布雷先生》，《中央日报》1948年11月20日。

④ 蒋君章：《布雷先生最后主持的一个小机构——为纪念先生逝世二十周年而作》，《传记文学》第13卷第6期，1968年12月。

⑤ 《该部42、45、46年度工作检讨和政绩比较表》。

⑥ 《该部1946年工作计划、预算和军事委员会战时新闻检查局工作计划》，中央宣传部1946年度工作计划及经费表，中央宣传部档案，二档馆藏，档号：718：62。

⑦ 马星野之后即用此外汇的半数向美购买高斯轮转印报机一部，该机运至上海时徐蚌会战正烈，乃原箱运至台湾，供《中央日报》迁台复刊之用；见.陈立夫：《创造在艰困之中》，《中央日报与我》，中央日报社1978年版，第1页。

器材为抵押,向中中交农四行联合总处洽借一亿二千万元,不必专赖中央拨款,可算是走向企业化的起步。"①

从 1946 年 2 月国民党《保定、石门、唐山三地报纸接办计划》中可看出当局既独立又补助的矛盾心态:"接收专员应督导各报社,设法完成自给自足","目前即以保、石、唐三地报社为基础,组设河北省文化事业企业公司","各地方本党同志,凡热心文化事业者,均得入股,作为股东",但"各地报社接收伊始,一时恐难自强自足,在事实上于半年以内,需由省党部补助并扶持之","目前应控制一部分物资,如报纸、油墨、铅字之类,最好大量采购储备。"②经费补助与企业化同时办理,不免令人怀疑企业化只是搪塞战后新闻环境的借口,实际上不过是改变津贴的办法,受党援助的经营型态并无多大改变。

尽管来台后曾任《中央日报》社长的阮毅成认为企业化实行两年后,半数以上的党报均能自给自足,部分党报尚有盈余缴解中央,③但战后主持广西《中央日报》的徐咏平却认为企业化的成果要视各报主客观条件而定,不能一概而论。企业化的优点是各报各显神通,自力更生拼命发展,缺点是各报实力悬殊,穷者愈穷,富者愈富,富有的党报待遇好,穷的党报待遇差,后者人才易为前者吸收,更受了影响。"首先实施者为京、沪、平、津、汉五大都市的党报,他们实力雄厚,营业甚佳,接收的产物又多,其实早已企业化了。只有后方的报纸,数年来设备未尝补充,人才大半东去,市面转瞬萧条,有中央的补助而能维持已感不易,而今要独立经营,如婴儿断乳,自然困难。""京、沪、平、津、汉称为五强,样样得心应手,西南七家报纸无钱在京派专人,只好联合起来在京设办事处,拍专电,接洽公事,自称'小七联'。前者有优越感,后者难免有自卑感。"徐咏平主持的广西《中央日报》就属于后者,1948 年 3 月完成企业化手续,白崇禧担任董事长,"其实换汤不换药,仍是社长负责。"④沈阳《中央日报》创刊于党报实施企业化之时,毫无编制预算,第一年只有党方陆续拨给的七百多万元,开办费已用去四百万,报馆冬季用煤更需三百万,剩下不多的出报维持费,则靠器材抵押零星借贷支持。⑤ 企业化后的党报为求营利,"社长如老板,主笔如客卿,编采似伙计,心不同而力不协",社内气氛大受影响。"中央通讯社为求企业化,出售密电码,而所得有限,无力付款的报社,遂抄收外国广播甚至新华社电讯。"⑥"中共花大把钞票用在宣传上,我们要党报人员缩紧裤带,号召戡乱,如今看来,当时在宣传战线也棋输一

① 凌遇选:《由见习记者到特派员》,第 108 页。
② 《保定石门唐山三地报纸接办计划》,1946 年 2 月,党史馆藏,档号:6.2/68.3-17。
③ 董显光等著:《新闻学论集》,中华文化出版事业委员会 1955 年版,第 176 页。
④ 徐咏平:《我的记者生涯》,台湾学生书局 1973 年版,第 22-23 页。
⑤ 陈嘉骥:《漫谈东北的中央日报》,《报学》第 5 卷第 2 期,1974 年 1 月。
⑥ 徐咏平:《陈布雷先生传》,正中书局 1977 年版,第 220 页。

着了。”①

四、宣传主管机关的改隶问题

战后国民党新闻机构营运转向企业化的同时，主管这些新闻媒体的机关应否随之改变，则是伴随而生的问题。从训政到抗战，党、国之间界线难定，不管党营非党营，全国新闻事业的相关业务向由国民党中宣部负责掌理。抗战结束后国家即将进入宪政体制，中宣部能否再管理民营机构逐渐引起争论。抗战尚未结束时即有人提出疑问，认为应理清党、国主管新闻业务的权责，分别设立机关不再混为一谈。抗战胜利前夕，国民党召开第六次全国代表大会勾勒战后国家发展蓝图，1945 年 5 月 17 日六全大会通过关于宣传问题之决议案，第三项即表示战后党、国分别成立主管新闻宣传的机关，“政府应设情报部，办理有关政府之宣传业务，本党之宣传部仍旧设置，专办本党之宣传及文化事业。”②之后一中全会讨论中央执行委员会组织方案时，国民党拟设置宣传委员会，原宣传部所掌国家宣传重责，移至政府另设宣传部或情报局负责办理，党、国主管新闻的权责于是分开。③

蒋介石乃饬秘书长吴铁城与陈布雷研讨该改隶办法草案。6 月 20 日，中宣部假中央党部开会审核《宣传部改隶行政院实施办法草案》，陈布雷、吴铁城邀集王世杰、张厉生、潘公展、许孝炎、张道藩等人讨论，将该草案酌予补充修正。实施办法共有十条，大意为：宣传部改隶行政院，下设总务、普通宣传、新闻、出版、艺术宣传 5 个司，国际宣传、广播事业 2 个局，及编审室、人事处；党中央另成立宣传委员会，行政院宣传部正副部长为其当然委员；原属党营之各党报、中央通讯社等文化单位仍属党营，但宪政实施前为统一指导起见，暂时还是由行政院宣传部监督指挥。④

改隶办法在中宣部修改后交付立法院审议，不料却遭到立法委员的质疑。1945 年 8 月 15 日立法院召开第四届第 282 次会议时，多数委员认为，主张改隶之时(六全大会召开期间)国家尚在战争中，因而有许多不适和平时期的条文，现在战争已经结束，应重新加以考虑。且草案内许多机构分界不清，如出版司与内政部，艺术宣传司与教育部，新闻司与社会部，国际宣传局与外交部，权限容易混淆，更应仔细厘清。国防最高委员会第 174 次常会讨论后亦对成立宣传部持保留态度，而提出下列三点意见：

① 徐咏平：《我的记者生涯》，第 24 页。

② 《河北半月刊》第 1 期，1946 年 2 月 16 日。

③ 陈存恭：《中国国民党六全大会中委会及中常会初探》，《国父建党革命一百周年学术讨论集》第四集，近代中国出版社 1995 年版，第 127 页。

④ 《宣传部改隶行政院实施办法要点》，附中央秘书处呈总裁文，1945 年 6 月 22 日，党史馆藏，档号：6.3/5.6－1。

1. 欧美各国对于宣传机构所发布之文件向不重视，甚或持厌恶态度，故在平时均未设立此项机构，有之惟德意等法西斯国家而已，英美战时虽亦曾设，但战后即撤，……但我国忽决设立，恐未必有效果，而予友邦不良印象；

2. 宣达国家政令，不可不有一机构专司，美则总统每周举行一次白宫招待新闻记者会，英国人民则可随时往下议院旁听，国家一切要人民明瞭，此外无所用其宣达。我国为顺利宣达，可于行政院内设立一单位负责，并由各院部会随时提供资料，相互联系，亦有同效；

3. 若非要设，名称亦要斟酌，"宣传"二字，似不可再用，其与内政、外交两部执掌亦需明分。

因国防最高委员会多数委员对"宣传"两字十分敏感，国民党中央秘书处乃决定宣传部暂不改隶，蒋介石亦作出暂缓改隶的批示。①

卡在"宣传"二字，中宣部的改隶方案未能通过，为了解决宪政时期党、国间宣传权责不清的现象，宣传部长彭学沛及该部皮尔顾问研商后对蒋介石呈文，建议可采折衷方案：

窃以宪政实施后，党部不便兼辨政府宣传业务，为宣达政令起见，自有另设机构之必要，惟专设一部，规制过大，易咎各党派争夺之心，似不如于行政院内设一局，或处，较为妥当。行政院设立宣传机构后，本党宣传部即着重发扬本党主义、政纲政策，指导各地党报及其他宣传事业，并指导各级党部宣传方针。②

1947 年 3 月六届三中全会提案讨论此折衷方案，经主席团决定，行政院下设新闻局。③ 4 月 17 日国民政府扩大改组，行政院新闻局正式成立，由董显光出任为第一任局长。④ 该局主要下分三处，第一处管理国内宣传，第二处负责国际宣传，第三处掌理宣扬政令政绩之书刊与资料。⑤

行政院成立新闻局，虽标志党、政间新闻主管机关的分离，然而事实上新闻局是从国民党中宣部国际宣传处而来，新闻局虽下分三处，实际重心只在第二处国际宣传

① 《宣传部改隶行政院实施办法案》，附宣传部组织法，1945 年 7 月 10 日，国防最高委员会档案，党史馆藏，档号：003/3170。

② 《吴秘书长铁城、陈部长立夫呈蒋总裁》，1947 年 3 月 13 日，大溪档案，国史馆藏。

③ 《中央宣传部改为宣传委员会并在行政院设新闻局案》，1947 年 3 月，党史馆藏，档号：6.2/57.34；《行政院设新闻局》，1947 年 4 月，国防最高委员会档案，党史馆藏，档号：003/3995。

④ 1948 年 12 月 22 日行政院改组时董显光请辞局长之职，由沈昌焕继任。1949 年 4 月行政院缩紧编制，该局乃宣告撤销。

⑤ 新闻局统计室编印：《新闻局一年来业务统计概要》，1948 年 6 月 1 日。

上，此外并不负担国内其他新闻事业的管理。[1] 抗战时期对外宣称由中宣部国际宣传处负责，董显光出任处长，战后董显光去职赴美，由曾虚白继任处长。因战后国共对立日趋严重，1947 年 4 月出任行政院长的张群认为国事困难起因于对美宣传不良，在得蒋介石的首肯后，邀请董显光回国主持宣传大业。张将原来党属宣传部之下、由董显光手创之国际宣传处移到政府所属的行政院之下，扩大组织编制改为新闻局，实际上仍由原班人马继续负责，"只是国际宣传处旧机构的改组"。[2] 新闻局副局长曾虚白就坦言该局对国内宣传并无影响力：

> 新闻局既由国际宣传处原班人马来接任业务，其重心还在国际宣传，国内宣传的业务仍由党中央宣传部肩负全责，新闻局除召集本国记者参加第二处召集的每周一次的记者招待会外，实无任何重要业务可言。[3]

企业化衍生的宣传部改隶问题最终流于形式。因行政院新闻局由国际宣传处演变而来，故实际上仅负责对外新闻宣传的工作，对内新闻宣传仍掌握在国民党中宣部的手中。新闻局的成立不仅达不到行宪后的党政分离，还使得新闻主管机构叠床架屋权责不清。由定位模糊的宣传部主导，战后国民党新闻机构的企业化始终无法落实。

五、中央通讯社、中央广播电台的企业化

由于经营成本较高，中央通讯社与中央广播电台之企业化比党报困难，较无具体成果。抗战胜利后中央社原计划在政府的短期财力扶持下，转成中国新闻事业共有的企业组织，然实际过程不如党报顺利。"胜利以后，全国大都市的党报，都已有了相当基础，业务发达，收入可观，实行企业化，大都没有困难。而且所有的公民营报纸，全都有配纸的方便，但这无助于解决中央社的问题，因为中央社用纸有限。……中央社改组的重大困难，在稿费收入太微，业务开支太大，经费来源无着，事业无法独立。"[4]"全部稿费，不及支出十分之一"。[5] 收入不抵支出，又走回依赖党部的老路，言论依旧受限。

中央广播电台企业化的阻力更多，广播器材耗资甚至，1928 年该台开办之初，购买机器即用去官银 19 000 两，正式播音后因收讯欠佳，次年建立电台扩充电力，

---

① 沈剑虹：《五年新闻局长的回忆》，《传记文学》第 50 卷第 3 期，1987 年 3 月。

② 董显光：《董显光自传——一个中国农夫的自述》，台湾新生报社 1974 年版，第 148 页。

③ 曾虚白：《曾虚白自传》，联经出版事业公司 1990 年版，第 353、403、412 - 414 页。

④ 萧同兹：《追念陈布雷先生》，董显光等著《新闻学论集》，中华文化出版事业委员会 1955 年版，第 214 页。

⑤ 中央通讯社编辑部编：《编辑通讯》第 203 号，1946 年 5 月，中央通讯社档案，二档馆藏，档号：656：295。

所需的130万银元巨款，都是由党部设法筹措。[①] 战后国家步入宪政，党营广播事业即将企业化，陈果夫对此大为担心。中宣部改隶办法草案讨论当中，1945年6月7日陈果夫对蒋介石密呈一份《对于广播事业前途之意见》，表示党营事业划归政府之原则虽已为定见，但广播一项性质特殊，与其他党营事业不同，必须特别加以考虑。陈果夫从党势推测、党方经济、历史观点、国际联络、政治部门、广播前途等方面详述，认为广播事业不应划归政府，"宜专设独立部门，或仍隶本党，或以特种广播公司性质，密属于党，作为民营，均由政府按供应节目之性质分担，补给经费，专给特权，俾资发展。俟其本身能媲美于列强，再议更张。"[②]相较于南京《中央日报》马星野的自动停领津贴率先企业化，高成本的广播事业对党依赖心理更深，显出独立经营的迟疑。

该文上呈后蒋介石面谕陈布雷，将广播事业指导委员会存废问题交秘书长吴铁城与中宣部改隶政府实施办法并案研究。陈果夫于是在6月1日致函吴铁城，对广播事业管理委员会应否继续存在之问题，提出他的三点考虑：

1. 本会内部组织人事、经费及业务并入中央广播事业管理处，本会则仍隶本党，由职等指导之，其政府关系部门亦照旧参加，以资联系；

2. 如广播事业改组公司，仍属于党(密)，则本会似可改组类于董(或理)事会，由关系部分推定其首、次长任董事，而由钧座指定董事长；

3. 如广播事业划出党部，则本会可单独改组，作为本党运用广播参加意见之机构，以期把握要点。[③]

陈果夫不断强调广播是宣传利器，党部一定要切实主导利用；若考虑宪政现实必须有所回避，至少背地里党方仍应暗中掌握，可用改组董监事会的方式派相关人士入主，以达到实际操纵的目的。

6月20日中宣部假中央党部开会审核《宣传部改隶行政院实施办法草案》，关于陈果夫所上之广播隶属问题，因为考虑宪政即将实行，依旧决定照前项草案，划归行政院宣传部直辖，经费列入国家总预算，并由宣传部设广播事业管理委员会负设计指

---

① 大电台第一期15万元来自于华侨爱国捐，第二、三期由中央特别保留的事业基金内支付，江东门机房等建筑费则在党务经常费内勾支，历次中央委员全体会议和第四次全国代表大会结余款项、华侨爱国捐和各级党部征收的所得捐利息，则拨充购地筑路及内部设备之用。最后尚欠35万元，陈果夫不得已乃写英文信给当时财政部长宋子文设法解决。

② 《对于广播事业前途之意见》，附陈果夫呈蒋总裁文一件、中央秘书处便签一张，1945年6月7日，党史馆藏，档号：6.3/5.6-2。

③ 《关于广播事业指导会存在改组问题意见》，附呈总裁文、蒋中正致吴铁城函，1945年6月12日，党史馆藏，档号：6.3/5.6-3。

导之责，[①]10月中常会根据中宣部所拟原则，亦认为广播事业宜采英国办法由国家经营。[②] 但陈果夫并不死心，1946年2月又和孔祥熙、居正等人向国防最高委员会陈情，建议改组中央党部广播事业处为中国广播股份有限公司，[③]最后这项提议获得各方同意。草拟中国广播特种有限公司章程时，由于各方意见颇多，结果陈果夫放弃特种公司性质，改采普通公司和政府签订合约的方式进行。12月公司章程通过，选出董事及监察人，陈果夫为免树大招风，推请戴季陶担任董事长。1947年1月中央党部广播事业处改组为中国广播股份有限公司，行政院与之订约，委托代办传布政令的工作，期限五年，政府每月补助国币20亿元，约当美金20万元。公司成立后董事长戴季陶因病未克到职，一切业务仍由原中央党部广播事业处人员负责，改变的实际幅度并不大。[④]

六、结论

战后国家进入宪政体制，言论自由呼声高亢，各种民营媒体蓬勃发展。抗战期间国民党独霸新闻资源的时空不再，自需调整党营新闻机构的组织形态，以迎战民营媒体，争食舆论大饼。随着中共问题的深化，战后新闻界弥漫一股左倾风潮，宣传环境日趋艰难，国民党试图力挽狂澜，企业化就是其中一项改革。国民党原先的构想是：党营新闻机构宣传经费庞大，党的负担十分沉重，且给人依党而养的负面评价，以致不敌市场取向的民营报纸；若能将党营新闻机构企业化，不但改变民众对党报的印象，且大大减轻党的经费负担，甚至大赚其钱进而养党。

战后党报的企业化进入实行阶段，许多党报顺利改组为普通公司，但由本文的分析可知，这些企业化的努力时常流于表面，在许多地方，受党补助的情况依旧，只不过换一种补助的名义而已。党营新闻机构对既得利益怀抱眷恋，庞大的人员设备需要经费维持，更显出对自谋其力的迟疑。由于成本高昂，这种抗拒在中央通讯社及中央广播电台中更为明显。

国民党本身对党营新闻机构的定位也是一大问题。因为停留在由上而下的新闻宣传认知，对党营新闻机构的主导意愿无法轻易放弃；也因对党营媒体迎战民营媒体缺乏信心，自然害怕停发经费将失去竞争力。这种心态表现在企业化实施后党的持续经费提供上，亦表现在中央宣传部改隶行政院的争论中。

抗战期间曾任《中央日报》社长的陶百川回忆接办《中央日报》时，曾向当时中宣

① 《宣传部改隶行政院实施办法要点》。

② 《六届第12次中常会议事日程》，1945年10月15日，党史馆藏，档号：6.3/22.2；《拟定管理广播事业原则》，附中央秘书处复中宣部函稿一件，1945年9月29日，出处同上，档号：6.3/22.3。

③ 《中国广播股份有限公司条例案》，1946年2月，国防最高委员会档案，党史馆藏，档号：003/3721。

④ 吴道一：《培植中国广播事业之果公》，《陈果夫先生百年诞辰纪念集》，国民党党史馆1991年版，第296-298页。

部长叶楚伧和《国民日报》董事长吴铁城请示办报方针，吴铁城教他营业方面要事业化、企业化，编辑方面叶楚伧则毫不迟疑地指示："照着一个党报去办，要摆开堂堂之阵，竖起振振之旗，不必伪装，不必虚饰！"①但对新闻机构而言，"企业化"与"党报"常是难以两全的课题，坚持熔于一炉的结果，往往是营利的目的不能完成，宣传的目的亦难维持。战后国民党的新闻机构虽有企业化的尝试，但改革不够彻底，徒增营运形态的复杂性，对新闻宣传产生一定的影响。

研究与思考

＝延伸阅读＝

1. 蔡铭泽:《中国国民党党报历史研究》,团结出版社,1998年。
2. 向芬:《国民党新闻传播制度研究》,中国社会科学出版社,2012年。
3. 陈昌凤:《从民生报停刊看国民党南京政府控制下的民营报业》,《新闻研究资料》,1993年3月。
4. 曹立新:《在统制与自由之间:战时重庆新闻史研究(1937—1945)》,广西师范大学出版社,2012年。
5. 韩辛茹:《新华日报史(1938—1947)》,重庆出版社,1990年。
6. 高郁雅:《国民党的新闻宣传与战后中国政局的变动(1945—1949)》,台湾大学出版委员会,2005年。

＝问题与思考＝

1. 试论国民党训政时期新闻政策的基本特点。
2. 九一八事变后，《申报》的言论态度发生了怎样的变化？
3. 如何认识《独立评论》的"独立精神"？
4. 分析《新华日报》应对新闻检查的策略与技巧。
5. 国民党的新闻机构为何在战后实行企业化营运？你对党媒企业化持何种观点？

① 陶百川:《最长的一年》,《六十年来的中央日报》,中央日报社1988年版,第37页。

第六章　新中国的新闻事业

新中国成立以来新闻事业发展的历史轨迹(代导论)

黄　瑚

本文刊载于《新闻记者》2009 年第 10 期。

黄瑚，1955 年出生于上海，复旦大学新闻学院教授，中国新闻史学会副会长。著有《中国近代新闻法制史论》、《中国新闻事业发展史》等。

一

1949 年新中国成立后，中国共产党立即开始着手建设社会主义性质的新闻事业。

新中国成立伊始，党和国家迅即对中国共产党在革命战争中发展起来的新闻媒体进行调整与充实，建立起一个以北京为中心的社会主义性质的公营新闻媒体网。包括以中共中央机关报《人民日报》为中心、以各级党委机关报为主体的公营报刊网；由新华通讯社和 1952 年 9 月 14 日创建的中国新闻社组成的国家通讯社网；以 1949 年 12 月 5 日成立的中央人民广播电台为中心的人民广播电台网。对于私营新闻媒体，党和政府自 1950 年起采用公私合营手段进行社会主义改造，至 1953 年基本完成。

在新的历史条件下，1950 年 3 至 4 月间召开的第一次全国新闻工作会议确立了联系实际、联系群众、批评与自我批评的新闻工作方针。据此，新闻媒体在形式上实行"采编合一"制度和编委会领导下的总编辑负责制，在内容上逐步确立以经济、政治和思想文化三大报道为主体，其中又以经济报道为中心的新闻报道模式。

1956 年，针对新闻工作存在的教条主义和党八股等严重问题，新闻界掀起了一场以《人民日报》改版为中心的新闻工作改革，毛泽东提出的"百花齐放，百家争鸣"的方针是这次新闻工作改革的指导思想。7 月 1 日，《人民日报》改版并发表社论《致读者》，将改版重点归纳为扩大报道范围、开展自由讨论和改进文风三个方面。8 月，中共中央批转《人民日报》编委会的改版报告，新闻工作改革由此全面展开。

新中国成立初期，苏联新闻工作经验被大量引进到中国新闻界，成为中共党报理论发展的重要思想渊源。在总结中共党报工作经验的基础上，毛泽东、刘少奇、周恩来以及杰出的党报工作者胡乔木、范长江、邓拓等提出了不少新的理论观点，强调新闻工作必须坚持无产阶级党性原则、遵循科学原则和方法、坚持新闻的真实性原则、做"人民的公仆"。此外,《新民报》老报人赵超构总结其在社会主义时期办晚报的经验,提出了包括"短、广、软"方针在内的有关怎样办好社会主义市民报的观点。复旦大学新闻学系系主任王中在其撰写的《新闻学原理大纲》中提出了党报的两重性、社会需要、读者需要、按经济区域办报等新观点。

二

1957 年后,中国进入全面建设社会主义时期。随着国民经济的发展,特别是"大跃进"期间,新闻媒体发展步子加快,出现了超前发展的态势。

报刊数与报刊发行量逐年增加,全国邮发报纸总数 1957 年为 1 325 种、1958 年为 1 776 种。报刊品种开始增多,报业结构也出现了新的变化。党报系统增添了《红旗》杂志等党中央及各级党委的理论机关刊物、党的县委机关报等新品种,晚报、体育报、企业报、农民报、摄影报等各类报刊大批问世。广播事业的发展,表现在一大批中等城市的人民广播电台的创建。在"大跃进"的热潮中,电视事业诞生了,中央电视台的前身——北京电视台以及上海电视台、哈尔滨电视台、天津电视台在 1958 年先后建成,至 1961 年已发展到 19 家。新华通讯社明确提出要成为"消息总汇",并加强与人民日报社的合作,其各地分社与当地的人民日报记者站合并。

在宣传报道上,反右派和"大跃进"是 50 年代后期的基本主题。反右期间,毛泽东提出了"政治家办报"的思想,要求各省委、直辖市委、自治区党委第一书记等党的各级领导干部要特别注意报纸和刊物,并告诫"记者的头脑要冷静,要独立思考,不要人云亦云。"1958 年"大跃进"运动兴起后,新闻媒体为之推波助澜,在工农业生产"卫星"报道中出现了大批假新闻、假照片,以及"异想就能天开"、"人有多大胆,地有多大产"等狂热口号,毛泽东和中共中央及时觉察到这些问题,并多次强调新闻报道的真实性问题,要求新闻媒体如实、公开地报道灾情,"假话一定不可讲"。

60 年代初,国民经济因陷入困境而进行了全面调整,新闻媒体由大发展转入大收缩。报纸大批停办、合并,数量一时锐减,全国报纸种数至 1963 年减至 289 种。广播事业也出现收缩态势,地方电台减少至 84 座,电视台只保留北京、天津、上海、广州和沈阳 5 座,广播电视播出时间也有所减少。之后,随着经济形势的好转,新闻事业由收缩再次转入发展,报纸种数至 1965 年回升至 343 家,新华通讯社国外分社至 1966 年发展到 51 个,中央人民广播电台至 1965 年播出 4 套节目,电视台至 1966 年底恢复到 13 座。

在国民经济陷入困境之时,毛泽东于 1961 年前后号召大兴调查研究之风,实事求是、联系实际、联系群众的优良传统与作风得到恢复与发扬,新闻工作者深入基层、深入群众进行调查研究,采写了雷锋、大庆和焦裕禄等一大批有血有肉的社会主义建设先进人物与集体的典型报道。同时,新闻媒体还积极发挥传承文化、传递知识和提供娱乐等多种功能。1960 年底,《人民日报》决定部分改版,增强报纸的知识性、艺术性和趣味性。《北京晚报》的“燕山夜话”、《前线》杂志的“三家村札记”、《人民日报》的“长短录”等一批高质量的杂文专栏应运而生。

1962 年党的八届十中全会后，“以阶级斗争为纲”逐步成为全党工作的指导思想，毛泽东还特别强调舆论战线的阶级斗争问题。之后，新闻媒体开始成为当时的文化批判运动的主要阵地。1964 年 11 月 10 日，《文汇报》发表姚文元的《评新编历史剧〈海瑞罢官〉》，点燃了“文革”的导火线。

三

1966 年 5 月，“文化大革命”爆发，新闻事业遭到空前劫难，绝大多数报刊被迫停刊，残存的少数报刊蜕变为林彪、“四人帮”篡党夺权的宣传喉舌。至 1968 年底，全国报纸总数仅 42 种，全国性报纸仅 4 种。各地广播电台根据党中央的决定，自 1967 年初开始一律实行军事管制，地方电台停止编播本地节目，只转播中央人民广播电台的节目。电视台除北京、上海、广州外一律停播。

在新闻宣传上，新闻媒体被异化为林彪、“四人帮”篡党夺权的政治工具，新闻宣传报道的主题，不是“横扫一切”、“造反有理”，就是“大树特树”领袖权威。新闻作品被彻底政治化，新闻故意失实乃至编造“事实”以为其篡党夺权服务，千篇一律，千报一面。

1971 年 9 月林彪集团被粉碎后，周恩来、邓小平先后主持中央日常工作，新闻战线的正义力量日益增强，并开始同邪恶势力展开较量。1972 年 10 月，《人民日报》发表《无政府主义是假马克思主义骗子的反革命工具》等文章，批判历史上的无政府主义和现实中的极左思潮。1973 年下半年后，“四人帮”利用“批孔”之机，指使《人民日报》等新闻媒体发表了大量批“宰相”、批“折衷主义”，实为攻击周恩来的文章。1975 年邓小平主持中央日常工作并对各行各业的混乱局面进行全面整顿时，新闻媒体作了积极报道。但是，“四人帮”却指使新闻媒体批判“走资派还在走”，提出“反经验主义”。1975 年 8 月起开展“评《水浒》”运动，11 月后又掀起“反击右倾翻案风”。在制造篡党夺权舆论上，“四人帮”操纵了一批写作班子，其中署名“梁效”的北京大学、清华大学写作组为各地写作班子所仿效，形成“小报抄大报，全国抄梁效”的局面。

“文革”后期，新闻事业也有所发展，报纸数在 1971 年恢复到 195 种。彩色电视节目在 1973 年开始试播。中央人民广播电台的调频广播于 1974 年正式开播。

1976 年 9 月 9 日毛泽东逝世后，“四人帮”在悼念毛泽东的报道中想方设法地突出江青，为其篡党夺权制造舆论，为此还伪造了所谓的“按既定方针办”的“临终遗嘱”。10 月 6 日，中共中央采取断然措施，粉碎“四人帮”，结束了长达 10 年之久的“文化大革命”。

四

1976 年 10 月“文革”结束后，新闻事业拨乱反正，真理标准问题讨论为新闻体制的改革与新闻事业的大发展奠定了坚实的理论基础。1978 年底，中国进入了改革开放的新时代，新闻传播观念的更新、新闻体制的改革以及与之相应的新闻宣传报道方式的创新，使新闻事业得到长足发展。

“文革”结束后，新闻战线拨乱反正，报纸等各类新闻媒体断然停办具有“文革”色彩的栏目和节目，“文革”期间停办的报刊、电台、电视台及其报道栏目陆续复办或复刊。1978 年改革开放后出现了大办新闻媒体及其报道栏目的热潮。

在报纸出版方面，全国报纸总数 1978 年仅为 186 种，1982 年达 928 种，1992 年又猛增至 1 666 种。经济类报纸是率先崛起的报业新品种。1983 年，我国首家经济类综合性大报《经济日报》在北京创刊。为了贴近群众生活，各报纷纷创办周末刊、周末报。自 20 世纪 80 年代中期起，晚报开始走向繁荣。就报业结构而言，1982 年时各级党报为 359 家，各类晚报、科技报、企业报、行业报等也高达 320 家，形成了以各级党委机关报为主体，经济报、体育报、晚报等其他各类报纸百花齐放的新格局。

在广播电视方面，1976 年 7 月 1 日，北京电视台和全国各省级电视台联合试办《新闻联播》，至 1978 年 1 月 1 日起正式开设《全国电视新闻台联播》节目(简称《新闻联播》)。1978 年 5 月 1 日，北京电视台改名为中央电视台(CCTV)。至 1980 年，全国广播电台为 106 座，电视台为 38 座。1983 年后，党和国家确立了中央、省(直辖市、自治区)、有条件的省辖市(地、州、盟)和县(旗)“四级办广播，四级办电视，四级混合覆盖”的方针。至 1992 年，广播电台为 812 座，电视台为 586 座。

为顺应改革历史大潮，国家财政部于 1978 年批准了人民日报社等 8 家新闻媒体试行企业化管理的报告。1979 年后，根据财政部转批《关于报社试行企业基金的管理办法》的精神，所有新闻媒体都走上了“事业单位、企业化管理”的道路，商业广告开始在新闻媒体上出现，不少报刊还开始试探自办发行之路，并开展多种经营活动。1988 年，新闻出版署与国家工商行政管理局联合发布《关于报社、期刊社、出版社开展有偿服务和经营活动的暂行办法》，第一次以行政规章的法律形式确认了新闻媒体从事多种经营活动的合法性。1978 年后，新闻事业开始走向世界。5 月 1 日，中央人民广播电台对国外广播部(对外称“Radio Peking”)改组为中华人民共和国国际广播电台。同年，向海外华人、华侨提供新闻信息服务的中国新闻社恢复建制；1981 年 6 月 1 日，新中国第一份国家级英文日报《中国日报》在北京创刊；1983 年 1 月，新华通讯社提出在 90 年代逐步建成世界性通讯社；1985 年 7 月 1 日，《人民日报》海外版在北京创刊。

“文革”结束后，新闻工作优良传统作风得到恢复与发扬，并在 1978 年间掀起了一场关于真理标准问题的大讨论，明确反对“两个凡是”的错误理念。最先发表阐述真理标准问题文章的是《人民日报》，如1978年1月9日邵华泽的《文风和认识路线》等，影响最大的则是1978年5月11日《光明日报》以特约评论员名义发表的《实践是检验真理的唯一标准》和6月24日《解放军报》发表的特约评论员文章《马克思主义的一个基本原则》。

改革开放后，新闻界人士大胆解放思想，勇于探索新闻工作的客观规律，认识到新闻学是一门探索新闻和新闻事业规律的科学，新闻事业有其自身特点和内在运动规律，不仅仅是"阶级斗争工具论"而已。此外，新闻价值、新闻自由，以及新闻与宣传的关系、新闻的指导性与服务性、新闻文风等问题也都经讨论后基本达成共识。1982年12月4日通过并公布施行的《宪法》在第22条中为我国新闻传播活动确立了"为人民服务、为社会主义服务"的基本原则。1987年10月，中共"十三大"报告提出了"开展舆论监督"、"重大的事情要让人民知道、重大的问题要经人民讨论"等全新观点。当时，片面强调新闻自由以及倡导私人办报和民间办报等错误观点与思潮也一度出现，但都为党中央所及时察觉与纠正。1979年3月邓小平提出了四项基本原则，为探讨与研究社会主义新闻学提供了一杆标尺。1989年春夏之交的政治风波平息后，江泽民、李瑞环分别发表重要讲话，强调新闻宣传必须与党中央保持一致，必须旗帜鲜明地反对资产阶级自由化，必须贯彻以正面宣传为主的报道方针。

随着新闻体制的改革与新闻理念的更新，新闻宣传报道的面貌也焕然一新。新闻媒体普遍加大了新闻信息量，强调新闻报道以新为主，以短为上。依据广播电视的自身特性，中央人民广播电台于1982年设置《快讯》节目，传播"刚刚发生"和"正在发生"的新闻；不少电视台自1988年起开播"整点新闻"（每逢整点播出新闻），提高新闻时效性。顺应以经济建设为中心的新形势的需要，经济报道开始成为新闻宣传报道的主旋律。政治新闻报道的开放程度日益提高，利用新闻媒体宣传个人崇拜的现象逐渐消除。电视充分发挥自身优势，自1985年全国人大六届三次会议起对人大开幕式进行现场直播，为举世所瞩目。1991年春，邓小平在上海发表一系列谈话，上海的《解放日报》据此精神发表了署名"皇甫平"的4篇评论，提出了市场经济的新思路。1992年春，邓小平在南方视察并发表重要讲话，《深圳特区报》先是发表8篇用邓小平原话作标题的"猴年新春评论"，后又发表长篇通讯《东方风来满眼春》，报道与传达邓小平的考察活动和谈话的重要精神。

五

1992年党的"十四大"召开后，随着社会主义市场经济体制的建立，新闻体制改革进一步深入，新闻事业得到空前发展。

先看报业的改革与发展。报纸种数进一步增多，还出现了报纸扩版、增刊的热潮。90年代中期，都市报大批出现，成都《华西都市报》的创办更引发了全国范围的都市报风潮，进而在南京等地区引发报业行销大战。1996年1月15日，广州日报报业集团成立，标志着报业走上了集团化发展道路。1998年后，广州的南方日报与羊城晚报、北京的中央级报纸光明日报与经济日报、上海的文汇新民联合报业集团先后成立，集团化成为报业发展之大势。至2007年底，报纸总数为1 938种，总印数为437.99亿份，总印张为1 700.76亿印张。2009年，全国报业集团已发展到49家。

再看广播电视业的改革与发展。1993年前后，上海的东方广播电台、东方电视台先后问世，率先打破由一家广播电台、一家电视台垄断一地广播电视业的局面，激活了广播电视业的竞争机制。此外，广播电台还根据自身特性走上了一条“窄播”之路，出现了新闻台、交通台、文艺台、音乐台、儿童台、信息台等大批专业台和系列台。1999年后，广播电视业一度走上了集团化的道路，但2004年底国家广电总局决定不再批准组建事业性质的广电集团，允许组建事业性质的广播电视台或总台。至2007年底，全国广播电视播出机构为2 587座，共开办了3 760套节目(其中，广播节目2 477套、电视节目1 283套)，广播电视人口覆盖率分别达到95.4%和96.6%。电视的影响力开始超过报纸，其广告额居报纸、广播、电视三大新闻媒体之首。

随着新闻改革的不断深化，新闻媒体开始采用资本运营(又称媒体的资本运作)手段，以实现最大限度增值的目标。2002年，党的“十六大”报告第一次将文化分成文化事业和文化产业，文化体制改革被提上了议事日程。2006年1月，中共中央、国务院发布《关于深化文化体制改革的若干意见》，提出了文化体制改革的具体目标与任务，强调要重塑国有文化市场主体，开展国有文化事业单位的转企改制工作。

1992年后，新闻事业走向世界的步子进一步加大。1992年10月1日，中央电视台国际频道(CCTV-4)开播；2000年9月25日，中央电视台英语电视频道(CCTV-9)正式开播。2004年10月1日，由中央电视台中国国际电视总公司与美国艾科斯塔公司合作的中文“长城卫星电视平台”在美国正式开播。此外，地方新闻媒体也开始走向世界。1996年11月，上海新民晚报创办美国版，为第一份跨出国门的地方性报纸，该报目前已在世界各地创办了28份海外版。2002年1月1日，上海的东方卫视在日本落地，为国内第一家在日本落地播出的省级电视频道。

随着计算机与网络技术的发展，互联网、手机、数字电视、移动电视、IP电视(网络电视)等新媒体问世并迅速发展，并出现了媒体融合的趋势。互联网：新闻媒体自1995年起纷纷上网建站。1997年1月1日，人民日报创建网络版，2000年8月21日后改建为人民网。2000年3月7日，北京的千龙新闻网络联盟宣告成立；5月28日，上海东方网宣告成立。手机：2003年后，手机开始成为继报纸、广播、电视和网络之后出现的“第五媒体”，其主要形式包括手机报、手机广播、手机电视等，并具有媒体融合的特性。数字电视：2001年，北京、上海、深圳3个数字电视试验区先后建立，至今已增加到19个。2008年5月1日，中央电视台高清实验频道正式播出。移动电视：2002年，上海正式推出以公交车辆为主要载体的移动电视商用系统及其相关服务，是中国第一个、全球第二个普及移动电视的城市。IP电视(网络电视)：2005年5

月，上海文广新闻传媒集团获得了国家广电总局发放的第一张 IP 电视业务经营牌照。

1992 年后，中国特色的社会主义新闻学理论进一步发展。1994 年，江泽民提出了"四个人"工程："必须以科学的理论武装人，以正确的舆论引导人，以高尚的精神塑造人，以优秀的作品鼓舞人。"2007 年 10 月，胡锦涛在中共"十七大"报告中明确提出"保障人民的知情权、参与权、表达权、监督权"等重要新闻观点。

选　文

五十年代初的上海报业转制：从民办到党管（节选）

张济顺

导言——

本文刊载于《炎黄春秋》2012 年第 4 期、第 10 期（原文出注一百余条，详引档案史料，限于篇幅不录）。

张济顺，1949 年生，上海市人，华东师范大学历史学教授，上海市社联副主席。著有《中国知识分子的美国观(1943—1953)》等。

本文选取 1949 年至 1953 年上海私营报业改造为研究路径，以《文汇报》为核心案例，重点描述新政权与一群文化人建立新认同的复杂过程。试图透过文化体制急剧转型的表层，去揭示上海的文化人和知识者如何应对这场急风暴雨的变革，进而探讨中华人民共和国早期国家与都市社会如何构建新的权力关系。

在中华人民共和国的最初年代里，中共新政权对上海大众文化进行全面改造。实行计划体制和确立国家意识形态的统帅地位，是改造的两大目标。实现这两大目标的关键，则是将大批文化市场的自由职业者纳入国家计划之下的单位，使之按照党和政府的要求，办报、出书，写戏、演戏，拍片、映片，从而成为国家意识形态系统中的"螺丝钉"。

这是一场政治运动与文化改造相同步、相纠缠、相交织的国家与社会的博弈。国家权力主导下的计划文化体制改革，只用了不到四年时间便摧枯拉朽般地取代了上海文化消费市场，但新政权对上海文化人的掌控，却不像延安时期改造从上海投奔革命的"亭子间文人"那样得心应手。知识分子思想改造运动虽然因袭了中共革命时期的政治传统，但战略考虑和策略选择上都发生了一些重要的变化。上海文化消费领域里的各种类型、不同层次的文化人也不都是消极被动挨批，更不如通常理解的那样，都是违心的检查和服从，真诚的呼应和能动的抵制同样呈现在这一过程之中。

扶助与控制：新格局中的旧报业

还在西柏坡谋划新中国大政方针之时，中共已经将建国后新闻事业的各项原则基本定夺。新闻事业的新格局是共产党领导的中央行政计划主导的国营媒体网络。就其功能而言，则是执政党及其国家意识形态的宣传工具。新的报业格局是各级党委主管的党报为统领的国营报业体系。这一设计的核心理念是阶级斗争工具论，即认为新闻事业是“一定的阶级、党派与社会团体进行阶级斗争的一种工具，不是生产事业”，与都市大众文化市场的消费品绝不能同日而语。形成这一格局虽然需要时日，需要部署，但从一开始中共就秉承“全党办报”之传统，紧紧抓住三大要素：自上而下的党管报纸的机构和制度的建立，党报及其权威地位的确立，民营报业的控制与改造，以此推动报业国营化、报纸政治化的进程。

严密的新闻管理机构和严格的新闻审查及纪律规定，是党管报纸的组织及制度保证。中央人民政府成立后，政务院文化教育委员会所属的新闻总署即成为掌管全国新闻事业的行政权威机构。但中共中央同时强调，政府文教委及其所属机构必须“在党（通过政府党组）的领导和党外民主人士的参与下负起管理全国文化教育行政的任务”，有关重大问题仍需按照此前相关的中央文件规定，“经过党的系统，向中央报告和请示”。关于新闻出版的审查和纪律，中共中央下达了明确指示。规定各地党报社论、涉及政治性和政策性的编者按语及答读者问，“必须由党委的一个或几个负责人阅正批准后，才能发表。凡该级党委所不能负责答复的问题，应请示上级党委或新华总社，而不应轻率答复”；各地新华社要求向全国广播的稿件，新华总社有“必要的增删或修改之权”，“凡要求新华总社向全国广播全文的重要言论，在新华总社广播以前，不得先在地方发表”。

党报建设迅速推进。人民共和国成立前夕，中共决定建立从中央到地方的党报系统，以此为全国报纸的示范和引领。1948年6月至8月，中共中央两次就党报问题发出指示，要求各级党委的负责人切实担负起领导党报的责任，确保党报“主要是为工人和农民服务”的方向，并逐步积累“在城市办报的经验”。

在建立国营报业的总目标牵引下，中共对民营报纸作了统筹考虑。总的指导原则是根据报纸的政治态度，区别对待。1948年11月8日，中共中央发出《关于新解放城市中中外报刊通讯社的处理办法》，明确“对于私营报纸、刊物与通讯社，一般地不能采取对私营工商业同样的政策，除对极少数真正鼓励群众革命热情的进步报纸刊物，应扶助其复刊发行以外，对其他私营的报纸刊物与通讯社，均不应采取鼓励政策”，但要区别对待旧有报刊中“有反动的政治背景的”和“少数中间性的和进步的”，既不能“毫无限制的放任”，也不能“不分青红皂白，轻率地一律取消”。这个文件还点名上海《申报》、《新闻报》，是“有明显而确实的反动政治背景，又曾进行系统的反动宣传，反对共产党、人民解放军与人民政府，拥护国民党反动统治”的报纸，指示“应予没收”。

遵照中央的部署和政策，人民解放军一进驻大上海，中共的党、政、军领导机关就着手上海报业破旧立新的工作。

新闻出版的领导和组织机构从1949年5月底起相继建立。由上海市军管会主任陈毅亲自挂帅的文化教育管理委员会下属的新闻出版处，负责接管新闻机构和报刊的登记工作。新闻出版工作的领导责任由中共中央华东局宣传部和上海市委宣传部担负，两部分别设置的新闻出版处为职能部门，管理各报的编辑业务。华东军政委员会成立新闻出版局，上海市人民政府下设新闻出版处，行使对各报的经营管理权。1950年6月至7月间，鉴于非公营报业的中共党员人数甚少，除《新闻日报》外，其余各报均无法成立党支部，上海市委组织部、宣传部便根据党章规定，酝酿在“群众性的同业公会”——上海市新闻协会中建立党组，“指定在各报社担任负责工作、能起作用的党员”为其成员。7月19日，新闻协会党组正式成立，由市委宣传部派出的及指定的各报10名党员组成，军管会文教委员会秘书长、解放日报社副社长陈虞孙为书记。这个党组在私营报业乃至上海新闻界的作用举足轻重。

上海党报备受重视。经中共中央决定，延安时代党中央机关报报名《解放日报》给予上海。1949年5月28日，中共中央华东局和上海市委机关报《解放日报》创刊，华东局和上海市委为解放日报社配备了强大的领导阵容，由中共党内的资深办报人范长江、恽逸群、魏克明、陈虞孙、陈祥生等组成社务委员会和编辑委员会，全盘接收了《申报》原有的场馆和设备，并沿袭了《申报》的管理制度。华东局还特设党报委员会，凸显党报地位，加强党对报纸的领导。强有力的政治保证和民国第一大报的硬件条件打底，《解放日报》一问世就显现出上海第一大报的势头。

在上海报业立新的同时，号称全国新闻中心的旧报业迅速瓦解。市军管会和人民政府的报告显示，上海解放仅两月，实行军管和接管的“报馆通讯社20个”，“停止了国民党反动派办的报纸和过去作为反动喉舌的报纸，刊行了人民的报纸，实行了两家报纸的改组，扶助了过去在国民党时代受压迫而停刊的进步报纸的复刊”。国民党党政军各系统官办以及官僚资本独资举办的《中央日报》、《时事新报》等14家报刊，被市军管会接管后停刊。官商合股的《申报》、《新闻报》被接管后，受到不同对待。前者彻底终结，以《解放日报》全新开始；后者改组为公私合营《新闻日报》，进入新的报业体系。43家中国人办的民营报纸按军管会要求前往登记，获准登记的只有14家，未获批准的或自行停业，或陆续由军管部门接管。外商外侨的报纸也先后退出上海。英商《字林西报》、美商《大美晚报》因取敌视立场受到军管会警告于1951年先告停刊，其余外报也坚持未久，到1953年全部销声匿迹。

在新旧报业的激烈变动中，《文汇报》、《大公报》、《新民报》晚刊等几家上海民营大报以及《亦报》等几家民营小报获得了继续生存的权利和空间。

从1948年到1949年，为筹备新政协和开国大典，中共热情邀请和精心安排数百民主人士、知识精英和文化名人从香港启程，取道东北、华北、山东解放区到北平，与他们进行广泛接触和交流，这就是中华人民共和国建国史上著名的“知北游”。《大公报》的王芸生、《文汇报》的徐铸成、《新民报》的赵超构等上海报界名流均受到邀请。1949年3月至5月，徐铸成利用北上之机会，数次就《文汇报》回上海复刊一事与中共有关领导商议，并得到中共中央统战部部长李维汉和负责新闻出版接管工作的范长江明确首肯。大公、新民两报也获得建国后继续办报的指示。徐铸成与一部分上海知名报人得中共中央允诺，于5月初随人民解放军南下。6月21日，《文汇报》在上海正式复刊。在此前后，《大公报》、《新民报》晚刊获准继续出刊。

上海民营大报的复刊或继续出刊，得到了新政权在物质上的大力支持，《文汇报》尤是。资金短缺、设备简陋、空间狭小，是《文汇报》复刊的几大障碍。报社向市军管会文化教育管理委员会的复刊求援立即得到应允，文管会指示其下属新闻出版处“给予纸张和印刷方面的资助”，后又由中共华东局和上海市委机关报《解放日报》“借给大量纸张、油墨等，并协助解决房屋、机器等方面的困难”。复刊后的相当一段时间内，《文汇报》一直亏损经营，步履维艰，人民政府批准《文汇报》向国外订购1 000吨白报纸来周转资金，以出售进口纸购买国产纸赚取差价的方式，来维持报馆日常开支。此间，文汇与大公等5家报社联名敦请享受优惠水电费、减免房捐、核减邮政运费以及免征营业税等项，市军管会均予一段时间内的准许，以救燃眉之急。为缓解《文汇报》高达54亿元以上的亏损，华东新闻出版局、市新闻出版处与之签订协议，从1950年9月起至1951年2月，由政府拨给补助费人民币8亿元，并商请银行给予贷款10亿元。

在扶助民营大报的同时，新执政者一刻也没有忘记行使对上海民营报纸的领导责任。而最为紧要的，便是民营报纸的准确定位定性和办报行为的纪律整饬。

遏制民营报纸的全国大报发展态势，形成综合性第一大报《解放日报》为统领的专业报纸分工合作的上海报业新格局，是领导者们用心用力最多的事。

1949年以后继续生存的文汇、大公、新民三家民营大报，在民国时期的上海报界都曾名噪多时。它们的实力虽不及《申报》和《新闻报》，但就其在民间舆论界的影响以及大众传播的辐射力而论，都称得上全国性的大报。而在上海土生土长并一直沿用创刊报名至今的，《文汇报》是其中之唯一。其主办人和经营者在民营报业中也颇为独特：“它不是由一个或几个资本家创办的，也没有任何政党作后台”，“它是由少数并无多少资财的中小职员偶然凑合兴办的”，自1938年创刊始，就以其鲜明的民间立场和抗日主张受到广泛欢迎，在孤岛上海“发行曾近六万，擢为上海各报的首次”。1939年5月和1947年5月，《文汇报》先后遭日伪迫害和国民党政府查封，两度停刊，它不但没有因此一蹶不振，反而在民间舆论界声名大振。凭借如此的历史底蕴和社会声誉步入共产党执政的时代，《文汇报》自然不甘于局限在上海，成为一张地方报纸。还在复刊准备期间，徐铸成就“抱着一肚皮‘雄才大略’，想在北京搞一个《文汇报》，以后至少全国有三个《文汇报》”，“成为新闻界的巨头”。《大公报》、《新民报》本来就是一报数地数版，王芸生、赵超构更是踌躇满志，准备大展宏图。然而，全国大报的憧憬很快变得迷茫。“知北游”途中，曾在《文汇报》任职的中共地下党员、时任新政协筹备会副秘书长的宦乡对徐铸成耐心讲解党的新闻工作方针，对其大报计划婉言劝弃，使他意识到“这个计划不能实现”。

民营报纸的定位很快被提到各级新闻领导机关掌门人的议事日程。1950 年春的全国新闻工作会议后，上海报业的各领导机关根据会议精神，研究各民营大报的分工问题，力图进一步转变各报根深蒂固的大报观念，定格在专业性的报纸上。拟议中的意见虽不一致，报纸调整方案也有几套，但相关领导达成了两点共识：一是“上海的报纸太多，群众不需要那么多种的报纸”；二是民营报纸须重新定位，“调整集中办好一两张报纸”。关于《文汇报》，也有过多种考虑，最终没有离开以教育界为对象的专业性报纸的定位，全国性综合大报的地位将成为昔日辉煌。

去掉民营帽子，换上私营帽子，是新闻领导者对民营报纸性质的重新认定。一字之差的改性，既是民营报纸在报业新格局中准确定位的需要，也为民营报纸的改造敷设前提和依据，新执政者对此毫不含糊。复刊第一天的《文汇报》就刊登了相关消息，在市军管会文教管理委员会召开的第一次新闻出版界座谈会上，文管会副主任范长江明确阐述：“在国民党反动统治时期，有些私营的文化出版事业中，是曾在不同程度上代表人民的，是应当称为‘民’营，或属于‘民间’的，但在人民政权下，政权的本身是代表人民的，这里只有公营和私营之分，不再是‘官方’与‘民间’的区别”。由民改私的性质认定，不仅动摇了《文汇报》“人民报纸”的自我认同，强化了它的资本和阶级属性，而且预示着作为国家文化权力的公营报纸将在上海舆论空间占据绝对的主导地位，而私营报纸的唯一出路，就是尽早地脱掉“资帽”，加入公营的行列。

用党的新闻纪律和规范约束私营报业，破除抢新闻、抢市场、争独家、自主办报、张扬个性等在旧报业内通行无阻的行规和理念，也是新执政者一开始就十分关注的问题。

上海市军管会不仅要求各报不折不扣地执行中央下达的新闻审查的各项纪律和操作规范，而且对私营报纸的纪律要求进一步加码，规定“对于国际新闻和评论，对全国、全市重大的政治新闻，均须以新华社的稿件为准”，“不得解释中共及政府的法令政策”。私营报纸稍一不慎，就会受到批评。徐铸成对此一直耿耿于怀。他举例说：“在长沙解放之日，我们已在无线电中收到确讯，而翌日刊出，即被指为抢新闻，是资产阶级办报作风，因新华社尚未正式公告也。再如《论人民民主专政》发布之日，要闻编辑郑心永按所列问题，作分题以醒眉目，亦被指为离经叛道。如此重要文件，只能作经典郑重排版，安可自由处理！”

新闻总署对上海民营报纸的监控也十分到位，向上的请示报告制度很快就建立起来。1950年6月，《文汇报》等接到胡乔木署长函示，要求各报社长、总编辑自6月份起，“于每月初旬向本署作上一个月报纸工作情况和问题的简要报告。在6月初旬的报告应以‘改进报纸工作决定’的执行情况为主要题目之一。务希准时交到”。9月，市人民政府新闻出版处又要求《文汇报》编辑部自当月起，“将工作报告分寄新闻总署、华东新闻出版局及本处”，并将8月报告退回按新要求重寄。

经过定位、改性和纪律整饬，党管报纸的上海报业新格局已见雏形。但这只完成了制度变革的第一步，还未触动私营报业的所有制，也未从根本改变上海报纸的市场消费主导的权力结构，更未触及私营报业从业者灵魂深处的“小资产阶级的王国”。随着新政权和私营报业共处关系日久，人的改造问题日显紧迫。

迟疑的决策

1952年8月21日，上海新闻界开始了为期两个月思想改造学习运动。参加者仅限于《新闻日报》、《大公报》、《文汇报》、《新民报》、《亦报》五个单位的编辑、经理两部门工作人员共566人，其中编辑部门人员356人。除公私合营的《新闻日报》外，其余各报均为私营报纸。可以说，这就是一次上海私营报业的思想改造运动。

上海私营报业思想改造的直接导因，是上海各报的调整和分工问题。中共新政权一直将建立《解放日报》引领下的各专业报纸分工合作的新格局，视为实现党对私营报纸领导的关键之举，并与上海新闻界思想改造运动的直接目标、口径分寸、启动时机等一系列重要决策密切关联。然而，此项工作的进展并不理想。领导机关虽一致认为此举“从领导新闻工作方面来说非常必要”，但对调整的方案意见不一，几易其稿，迟迟不能定夺。关于调整工作的时机如何把握，领导们的看法也不尽相同。究其原因，除了私营报纸“旧的办报思想”作祟外，上海各报的业务经营困境也是当政者不能不权衡再三的因素。

据1951年9月至12月的统计，私营的《文汇报》、《大公报》、《新民报》3报均有亏损，“发行既无起色，广告又每况愈下，更严重地威胁了自给自足的方针”。《文汇报》的经营危机更为严重，1952年5月的统计显示，《文汇报》“每月亏耗在2亿元以上”，估计“两三个月后也要搁浅”。7月，该报致函《解放日报》称，其两年前所借的24.5亿元人民币，还欠1.4497亿元尚未还清，要求《解放日报》理解其“资金短拙暂仍无法归还”的困难。如此小数的借款尚无力还清，足见《文汇报》当时的窘境。

对于在经营危机之下能否进行私营报纸的分工调整问题，上海新闻工作的几位领导人意见相左。1951年秋冬之交，夏衍等认为到了“下决心，用大力来调整”的时候了，否则“结果亏累不堪，增加我们的包袱”。新协党组书记、市政府新闻出版处处长陈虞孙等则顾虑此时“总销数没有很大发展，遽尔分工以后，可能使销数反减”，主张观察一段时间再行决定。

领导层的意见虽不一致，但都觉察到了私营报业经营危机背后上海文化市场所起的负面作用。面对持续多时的亏损，私营报业一面在新政府的继续补助上打主意，一面还是从市场上动脑筋，争份额，这样既形成对政府的压力，又使得大报意识重新抬头，自由主义办报作风再度兴盛。这种状况令新闻管理部门的领导十分焦急，他们向上级报告说："过去虽一再强调分工，但实际上分工很不容易明确。更由于发行情况不佳，各报为了争取读者，不能不使内容'应有尽有'，因而更使各报内容交叉重复，与分工的方针背道而驰"。因为亏损，各报"都在广告上打主意，不断组织所谓'专业广告'，动辄牺牲新闻与副刊篇幅，刊出整版广告，而且在第三、四版等重要地位，简直是为广告办报，不成其为应该具有高度思想性的报纸了。"

既然市场竞争助长了私营报业的旧思想、旧作风，阻碍了报纸分工调整的推进，干扰了党对私营报纸的领导，那么，解决问题的最佳选择应当是进行私营改公营的体制变革。领导们理应迅即把此事提上议事日程，进而成为上海新闻界思想改造的直接目标，但他们并没有如此决策。

消费大众的选择是决策者必须顾及的重要现实。中共执政后，尽管迅速摧毁了国民党官办和外人经营的报业市场，但不可能同样迅速地取消上海大众消费文化市场。即使党管报纸的新报业格局初步形成，市场的拉动作用仍然十分强大，无论是党报、公营报还是私营报，都难以摆脱消费大众的市场考验。《解放日报》创刊后 7 个月，计亏损 24 亿元左右，导致亏损的原因，一为政治考虑，照顾其直接订户中 90%的工人、学生享受优待折扣；二是市场考虑，要压低价格与《新闻日报》、《大公报》竞争。党报虽然有强大的权力后盾，1952 年发行情况大有好转，到 5 月底日销量已稳居各报第一，但上海市民的多元选择依然要求报纸的多样化。正如新闻界几位上级领导人意识到的：上海"没有达到大家都只以看党报为满足的程度"，"《解放日报》面对整个华东又要具体照顾上海这个大城市中的异常复杂的业务，亦有许多困难"，"需要有一张强有力的比党报更灵活一些的教育上海人民的报纸"。因此，几家私营报纸或合并、或重组、或北迁的种种方案应运而生。而各种方案的核心意图都在于：既不能让私营报纸完全脱离市场，变为公营，又不能任其随市场摆布，迁就"落后群众"。

同样出于现实的考虑，新闻工作的领导们也一致认为，对于私营报业的亏损"公家万难无止境地补贴维持"。即使是政府为促进各报分工提供"适当的援助"，也"不能用于消极性的弥补亏损"。也就是说，至少到新闻界思想改造运动前夕，政府是不考虑将这些处在亏损中的私营报纸变为公营的。改制虽然缓行，改人却日益紧迫。执政者可以对私营报纸的经济亏损不予援助，却不能对其政治表现置之不理。1951 年 10 月，夏衍和姚溱不无忧虑地向胡乔木报告："工作日益深入复杂，三张报纸（指《文汇报》、《大公报》、《新民报》）的编辑部都没有力量单独应付这个局面。最近报上泄露机密事件层出不穷，生产虽成中心，而《大公报》公然说'与报纸无关'，《文汇报》的编辑负责人甚至连郝建秀工作法这样常识的东西也一无所知"。领导们感到最严重的问题还是中共在私营报业内力量薄弱，"领导不够有力"。《文汇报》、《大公报》、《新民报》三家私营报社各有两名共产党员，加上《新闻日报》13 名党员，不过 19 人，且"能真正起领导作用的党员不过一两个"。而各私营报的大部分人是"从解放以前原封不动继续下来的"，"不仅情况复杂，而且都保持了过去一套旧的办报思想与作风"。有鉴于此，夏衍等急切吁请："就我们对私营报纸的领导上来说，也到了非调整不可的时候了"，否则"一定会出乱子的"，故望从速指示，"以便我们提出最后方案，请华东局与中央宣传部最后决定"。

与此同时，私营报业出现了若干有利于执政者决策的好兆头。先是私营报的几位头面人物对调整工作的看法有了转变，不再认为"调整就是'涸辙之鲋，相忘于江湖'、'与共产党共患难易'"；尔后是各报销量从低谷中走出，经营困境出现了转机。1952 年春，全市报纸总销数从 3 月 4 日最低的日销量 35.7 万余份，增加到 5 月 29 日的 47 万余份，并有"继续增加之势"。

最好的兆头还是来自《文汇报》。在各报经营走出低谷之时，《文汇报》不但销量上升的幅度居私营报纸之首，"致新闻、大公、新民等报不得不考虑其工作方针"，而且让领导们从中总结出两条"成功经验"：其一，"放下'全国性'的大报架子，明确地以教育界为对象；小型；通俗化"。其二，"加强报纸的群众工作"。在领导们看来，这些变化和转机，都是抗美援朝、镇压反革命、"三反""五反"等一系列政治运动带来的办报人和读者的觉悟所致。因而，通过思想改造来实现报纸分工调整的时机已经成熟。

经过两年多的反复酝酿，上海新闻工作的领导机关将不改变所有制前提下实现私营报纸的分工作为思想改造的直接目标，启动了上海私营报业的人的改造。

报人们的最初反响

根据预定的思想改造学习计划并经中共中央宣传部批准，到任不久的市委宣传部部长谷牧在上海新闻界思想改造学习动员会上作了长篇报告。其中特别对报界思想改造的根本任务和直接目标作了如下的阐述：这次运动的根本任务是要使我们的报纸成为"马克思列宁主义以及毛泽东思想的旗手"，"劳动人民利益的表达者和争取人民民主事业彻底胜利的不倦战士"，如毛主席所指示的，"很好地成为整个革命机器的一个组成部分"。"在这个根本任务的前提下，各报纸根据其具体条件可以而且必需分工，可以而且必须分别联系不同的对象、不同的阶级、阶层的人民群众；可以而且必须在内容与形式上多种多样而不千篇一律，甚至在企业经营的性质上，也可以有私营、公私合营或公营等等的不同"。但是，不论企业为何种性质，它的经营管理"都必须按照共同纲领所规定，明确工人阶级的领导地位"。报告强调，思想改造就是为实现这个目标而展开的以肃清资产阶级办报思想为中心内容的"批评和自我批评"。谷牧的这段话把领导层酝酿了两年多的思想改造的直接目标公布于众，具有"定调子"的意义，即：思想改造既不是为私营报业摘掉私营帽子，又必须改变其私营的头脑，简言之，换脑不换帽。

然而，在报人们看来，这个要求是一个难以理解的悖论。围绕“资产阶级为什么办报”、“如何看待私营报纸的服务对象”两个核心问题，一系列相关的诘问、困惑甚至是牢骚通过各种途径反映到运动的领导者那里。最有代表性的一说是：“私营报业的资本家拿钱办报，请我们去宣传工人阶级思想，批判资产阶级思想，这不是天下最笨的资本家么？出了钱请人打自己的耳光。”另一说是：“私营报纸能否宣传马列主义？既宣传马列主义为什么要私营报？”再一说是：“我们报纸的对象是小市民，或者是教师，他们多半是小资产阶级知识分子，那么我们为他们服务，算不算为工农兵服务呢？”

问题的症结很清楚：顶着私营帽子的报纸，又被框定了带着小资产阶级帽子的读者对象，怎么可能换上报告所要求的工人阶级的头脑呢？这个百思不得其解的思想症结在提起各报分工问题时业已存在，但谷牧的动员报告还是没有达到释疑解惑的效果。

由困惑和不解引发的对私营报业前途的担忧和苦闷，弥漫在各报的党员和群众中。业内的中共党员几乎都对领导机关保留私营报业的目的和方针大惑不解。几位党员批评上级领导部门“办私营报的方针有问题，采取了私营路线，把报交给民主人士去办”，“对私营报不看作人民的报纸，而看作私营企业”，“向来不关心”。有的党员在党支部讨论时说得更为尖锐：“领导上将私营报纸当作花瓶，用来点缀点缀。一般机关原来把民主人士当花瓶，民主人士办的报纸自然也是花瓶”。他们甚至怀疑说，既然领导上一再强调“上海报纸太多了”，那么把党员放在私营报业到底是想“把报纸搞好还是搞垮”，或者仅仅是“为了敷衍民主人士”？最积极的想法也只是自我解嘲：私营报纸的对象是“落后群众，小市民群”，可能“因为上海的落后群众多些”，才需要“我们教育他们进步”，“替《解放日报》培养读者”，等到他们进步了，“变成《解放日报》的读者”，“我们的任务尽到就可以关门了”。

低落的情绪却带来了一个亢奋的呼声：早日改为公营。这成了运动初期私营报界上上下下绝大多数人的要求。多种多样的动机也一起摆上桌面：共产党员和“要求进步者”本来就不屑与私营为伍，但还没有找到机会“另谋高就”；一部分“能力较差”的群众担心私营报纸难以维持，会“敲碎饭碗”，“被迫转业”。因此，这两种相反取向的动机殊途同归：“都希望报纸改为公营”。

经营困境引起的思想波动自不待说，私营报的政治待遇更使报人们感到痛苦。在上海报业的新格局中，《解放日报》作为华东局和上海市委的机关报，享有分级别列席华东局书记办公会、上海市委常委会、市政府各委员会及行政会议的特权，许多官方文件、资料也直接送达报社。他们的记者更是以“无冕之王”的架势在各种场合通行无阻。与党报的信息权威地位形成鲜明对照，私营报纸不但没有这些特权，而且受到新闻纪律的约束和党政机关、国营单位的歧视和冷遇，政治劣势地位时时显现。与党报政治待遇的反差促使私营报界一部分人一面对党报"牢骚很多",对其享受的特殊权力"普遍不满",一面却肯定私营报"迟早总是党报或公私合营报纸"。他们寄希望于通过思想改造实现改制,进而获得与党报或公营报同等的权力和待遇。

在关注私营报业前途和自身出路的同时,各报社头面人物的一举一动也是运动初期上下注目的一个聚焦点。这不仅因为头面人物的表现往往对运动进展和结果举足轻重,更重要的,是他们被运动的领导机关赋予了特殊的角色。

思想改造运动的一般原则,是"先领导,后群众"、"先党内,后党外,党内严,党外宽"。教育界、文艺界的领导绝大部分是共产党员,这一原则不难体现,而进入运动的上海各报主要负责人,全部为中共党外人士,先后顺序和宽严尺度就难以按上述原则操作了。因此,除了各报的中共党员在运动前"先行一步"进行了四十天的集中整风外,运动的领导机关作出了一个既不违反原则,又顾及私营报业特殊性的安排。市委宣传部一方面将各报负责编辑工作的非中共人士全部安排进华东学习委员会上海新闻界分会学习,指定王芸生、金仲华、徐铸成、赵超构分别为各报学习支会的主持人,赋予他们领导实施思想改造学习计划的重要责任,"一切工作部署均由分会与支会讨论决定",同时要求他们"以身作则,带头学习",与共产党干部一起"在本报的一定范围内作检查报告";另一方面,在学习动员前,下达了"这次思想改造不同于三反,不是首长带头,层层下水"的精神。内定的政策更为宽松,市委宣传部上报的学习计划中提出对各报负责人中的民主人士"应坚决保护过关","应保证没有通不过的检讨"。

这样的安排和政策所导致的直接后果,是这些民主人士扮演起矛盾的双重角色,既当"教练员",又当"运动员"。由此造成了各报干群关系、党内外关系一度紧张,双方只盯住对方,相互较劲。

各报负责人对于他们的"教练员"身份格外重视,同时对"这次不是领导带头"的精神特别入耳。《文汇报》反映:徐铸成"一直以领导者的姿态出现,特别是听到思想改造不是领导带头后,比较麻痹","一直不能真正带起头来"。徐本人也承认"开始时我也有些轻松,后又为带头而带头"。在《文汇报》学习支会上,徐铸成将上级所提"学习生产两不误"的口号解读为"学习、生产对半开","屁股坐在整风上,眼睛看着生产",还提出"9月份是旺季,强调生产"。《文汇报》的中共党员一时无法应对,只能向新协党组报告说:对徐铸成"我们摸他不透,不知(他)有无自觉性","如何促使他们检查没办法"。

群众的反响却十分强烈,议论纷纷。新闻界学习分会和各报支会联席会议分析运动开始后存在的问题时,最为集中的问题之一便是"这次运动与文艺界、教育界之间有何不同?为什么不(是)领导带头?"虽然在讨论中有人给予有力解释,"但有些人认为还是不能解决,因为大家对领导有很多意见。有些人说我们对领导要求高,希望领导检查,启发大家"。《文汇报》的小组讨论中不但提出了同样的问题,而且给出了一个带讥讽的解释:"文艺界的领导都是党员,而且报刊上曾一再对他们提出批评;新闻界的领导水平低，和大家差不多，检查不出什么来，带不带头和我们没有多大关系”。领导既不能带头检查，群众自然消极观望，有些人认为这次运动“要求太低，不及三反有劲”，也“不如整风、五反那样过瘾”。甚至连青年团员也抱此态度，认为思想改造应该“整的是那些元老”，“我们搞新闻工作时间短，手面干净，没啥可批判”。

尽管上海新闻界的思想改造在矛盾和悖论中走过了最初的学习阶段，私营报界的头面人物和基层众生有种种不同的反响和表现，但是，领导者们依然认为运动“情况很正常”，并会沿着预设的轨道进展。因为由上海新闻工作的各级领导机关组成的政治网络，既牢牢地掌握着运动的领导权，又及时了解基层的各种动向，将所有的被改造者无一例外地拢在其中。华东局宣传部和上海市委宣传部本来就是“党管报纸”的领导机关，当然在新闻界思想改造运动中负有领导责任，华东局宣传部部长夏衍，上海市委宣传部正、副部长谷牧、姚溱为领导运动的主要负责人。思想改造的计划及主要政策、动员与总结报告、进展情况的分析及对策等重大问题，或由他们亲自指示，或由他们亲临现场，都一一抓实。这两个领导机关还要随时将运动情况报告给华东局、上海市委和新闻总署，并通过他们“向毛主席汇报”。掌控运动中各报社第一手情况的是华东学习委员会上海新闻界分会和各支会分别下设的办公室，这两个临时性组织虽然是办公机构，但与分会、支会明显不同的是，办公室由清一色的中共党员组成，陈虞孙任分会办公室主任，支会办公室也都由各报的中共党员担纲。新协党组也随时召集各报社的中共党员研究运动中的各种动向。分会与各报社支会以及各支会之间不定期地召开联席会议，各报社还设有联络员，随时向各种会议报告最新的运动情况。

在如此严密的组织系统的高速运作之下，上海新闻界思想改造学习动员阶段的各种不同声音迅速沉寂，运动的激进者开始活跃。当学习动员阶段接近尾声时，运动开始时仅限于“检查资产阶级办报思想”的要求，被群众大揭发的激情所突破，“极其自然地扩大深入，去检查一切非工人阶级的错误思想与作风”，直至每个人“全面检查与交代”。享有“特殊待遇”的私营报界的头面人物，虽然被赋予“裁判员”和“运动员”的双重身份，但也一样受到这个权力网络的制约。随着运动的推进，“裁判员”的身份迅速淡出。

从民间报人到国家干部

在各报学习支会及各小组完成学习总结，每个人填写履历表“交代历史”和进行“自我鉴定”之后，上海新闻界思想改造学习运动宣告基本结束，转入建设阶段。

虽然运动的领导人反复说明仍要以思想建设入手，要克服学习检查阶段以后产生的自满情绪或“四大皆空”、“两手空空”等“不敢碰、不敢写”的消极反应，但是，这一阶段工作重心实际上已落在解决包括人事整编在内的“机构与制度”问题上。也就是说，建设阶段的主要任务已经突破思想改造预设“换脑不换帽”的目标，进于私营报业的制度性变革。

还在普遍揭发检查阶段刚过，各私营报的去向已有定论。除《大公报》北迁天津外，《亦报》并入《新民报》。这样，留沪的私营报就只有文汇、新民两家。而这两家报纸的改制问题也已提上领导机关的议事日程。10月17日，市委宣传部主管新闻工作的副部长姚溱在严宝礼要求捐献股权和私产的信上批有《文汇报》今后"实际上公私合营"等语。一个月后，由陈虞孙草拟的"公私合营报社董事会暂行章程"呈送市委宣传部各位部长，姚溱批示"原则同意"，部长谷牧提出若干修改意见，私营报改公私合营的体制变革进入实质性启动阶段。

根据报纸调整计划，市政府决定：北迁的《大公报》和并入《新民报》的《亦报》共有编余人员289人，"由政府包下来"，"加上中央决定停刊的《上海新闻》(英文)的编余人员(约60人)，各报调整人事机构的编余人员(约100人)和各私营电台改为公私合营后的编余人员(10余人)共500余人，设立新闻学校，予以训练学习，逐步助其转业"。就私营报编余待转业的总人数约390人计，占据了参加思想改造运动的总人数566人的一半以上，可见整编力度之大，波及面之广。

实施人事整编的任务落到了各报领导人主持下的学习支会。陈虞孙在学习分会、支会的联席会上指示各报支会主持人："思想改造是群众性的运动，组织建设则不是群众性的运动"，"这阶段的做法强调要有领导"。因此，"大家要明确，人事调整基本上要领导决定，当然一方面要防止领导上独断独行，强迫命令"，另一方面，"尤其要防止极端民主"。

根据陈虞孙的指示精神，《文汇报》学习支会慎重研究了人事调整方案，参考《新闻日报》、《大公报》的做法，结合自身情况，确定了两条整编原则：一是将指派去新闻学校参加轮训班学习的人分为两类，一类是学习结束后仍回报社工作，另一类是不回来的，转行不再从事新闻工作；二是"不回"者的标准是"思想改造中收获不大"，"政治面目不清"，以及"思想落后，能力不强"。凡被指定"不回"者，或有"历史复杂"未搞清的，或有对思想改造"无动于衷"甚至"态度恶劣"的，或有"思想落后，讲怪话，工作不积极的"，也有各种情况兼而有之的，总之，政治表现是去留的决定性因素。

留下继续从事新闻工作的，除了工人身份之外，不管其职位高低，全部告别了"自由职业者"身份，一律当上了"国家干部"。从此，决定报业从业人员的职业命运的，不再是市场操控下的自由竞争和自主择业，而是权力指挥下的组织调动。正如陈虞孙在向各报部署人事整编工作时所说："这次是否能做到如大学的院系调整的精神，大家通过建设阶段的思想提高，认识是国家干部服从统一调配，这样公布具体名单牵涉到具体人时就不至有问题"。从自由职业者向国家干部的身份转变，标志着上海私营报业的报人们从党管国办的体制之外踏入了体制之内。

身处这个体制内的"国家干部"得到了前所未有的待遇。国家干部身份更为重要的意义在其政治待遇。与所有的国家干部一样，从公私合营那天起，文汇、新民两报中取得国家干部身份的人，可以开始累计自己“参加革命”的“工龄”，以便为今后的政治提拔升迁和待遇提升等晋级积累不可或缺的政治资历。

享有获取信息的某种优先权则是公私合营后文汇等报获得的渴望已久的又一项政治待遇。1953年2月9日，中共上海市委向所属各部、委及各区委、党委、党组、分党组发出通知，告知“上海新闻界思想改造工作已经结束，新闻、文汇、新民三报的机构调整也已完成，这三种报纸已改为公私合营报纸”，要求“今后各有关机关和单位应给这三个报纸经过正式介绍的工作人员以必要的帮助与便利，纠正过去有意无意加以排斥的倾向”；通知还明确指出：三报“都是党领导下的公私合营的报纸，各级党委及邮局在发行工作上，不应有所歧视”。

各报编辑部以上的干部享有更高层次的政治待遇。1月24日，上海市委据中央指示精神下达通知，其中规定，在市府党组与市府例会开会时，除请《解放日报》等单位的相关人员列席外，“可视必要”请“有关新闻单位的编辑部正副主任或有关组长以上干部列席”；市委各部委、各人民团体、市府各委开会时，上述相关人员也在“视必要”时被“指定列席”；市委市府召集的“局处长级干部参加之干部会议”，“一般亦吸收新闻单位的编辑部主任以上主要负责干部参加”；市委领导人至少每两个月召集一次“提示一定时间内的报导宣传要点”的座谈会，“必要时吸收各报党外负责人”参加。

显然，具有国家干部身份的报人们所享有的种种待遇均来自国家权力。而执政者正是通过权力运作，进一步凸现党管国办的体制优势，不断增强报人们对报业新格局的认同度和向心力。

思想改造运动之前在私营报业并无大起色的中共建党工作在合营后迅速推进，曾经因私营各报党员人数太少而建立的联合党支部逐步裂变为各报独立的党组织。《文汇报》在公私合营之初仅3名中共党员的基础上，调进3名，在1954年8月成立中共文汇报分支部，到年底共发展中共党员7名，成为有13名党员的中共支部。中共在各报建立党组织，扩大党员队伍的工作强化了党管报纸的内在机制。

党管国办的体制运作既强化了党对公私合营报业的领导，又提高了体制内的办报人员对新体制的接受度。各报在报纸的性质与功能、报人的新身份、共产党的领导及其实现方式这三个基本问题上纷纷表态。《文汇报》在建设阶段制定的“今后的方针、方向和组织机构”这样表示：“经过了思想改造学习，已经明确了人民报纸是马列主义、毛泽东思想的宣传者，是为人民利益服务、为人民民主事业斗争的有力工具”；“报纸不同于其它企业，它是生产思想的工具，是思想斗争的武器，因此，不论经营的方式如何，新闻工作者都应该自觉地成为国家工作人员、人民的勤务员”；“要把我报从旧形式的私营企业，改变成一个思想阵地上的战斗单位”，首要的是“贯彻党和政府的领导意图，加强党的领导”，在组织上，“编辑委员会是生产上的最高领导机构，是战斗的总司令部，集中掌握思想领导和具体领导”，“编辑委员一部分有领导机关决定，一部分从本报领导同志中选拔，经上级批准聘任之”。

由私营到公私合营的体制变革，从民间报人到国家干部的身份转换，共同构成了上海新闻界思想改造运动可告胜利结束的两大依据。报业体制变革和报人身份转换同时意味着私营报业的历史从此终结，党管国办的报业新格局由此而奠定。上海报业告别了大众文化消费市场，走进国家报业与政治报纸的新境地。

《人民日报》1956年的改版(节选)

钱　江

导言——

本文刊载于《新闻研究资料》第43辑(中国社会科学出版社，1988年)。

钱江，1964年出生，上海人，《人民日报》高级编辑。著有《晋冀鲁豫人民日报纪实》、《战火中诞生的人民日报》等。

1956年，生产资料的社会主义改造基本完成，党和国家面临的迫切任务，是要调动一切积极因素建设社会主义，迅速发展我国的经济、科学和文化事业。随着"双百方针"的提出，新闻界掀起了传媒改革的热潮，中共中央机关报《人民日报》的改版尤其引人注目。在这次改版中，《人民日报》对传统的党报宣传模式作了深刻的反思，从扩大报道范围、开展自由讨论、改进文风等方面入手进行革新，以满足人民群众的需求为落脚点，向新闻本位回归，报纸面貌发生了明显的变化，受到广大读者的欢迎。《人民日报》的改版虽因政治形势的突变而中途夭折，但对党报改革的路径做了有益的探索，对党报理论的创新有重要的启示意义。

改版的历史必然性

建国之初，《人民日报》的同志即认识到，要发展新中国的新闻事业，必须进行新闻理论上的准备，总结经验，学习他人的长处。1950年1月4日起，《人民日报》开辟"新闻工作"专版，在《编者的话》中指出："我们有一个便利的条件，这就是可以大量地利用我们的先进国家苏联的经验。"1954年初，以邓拓为团长的中国新闻工作者访问苏联，重点学习《真理报》的经验。1954年10月，以《真理报》编委波德库尔科夫为首的苏联报刊工作者代表团访华，作了多场报告，并与《人民日报》和《工人日报》编辑部成员分别座谈，其报告和座谈记录由《人民日报》总编室编辑了《苏联报刊工作经验》一书。在此前后，"一切向真理报学习"，成了《人民日报》的一个工作方针。

历史地看，当时学习苏联的新闻模式，是一个必然趋势。苏联的新闻模式有其长处，当党的领导制定并执行正确方针政策的时候，党的机关报如鱼得水，能充分发挥“喉舌”作用，在宣传和组织人民群众进行生产与思想建设，在批判和抵制各种错误思想方面发挥极大的作用。这种模式又有其短处，很明显的一点，就是当党的领导在认识和工作中出现偏差的时候，党报往往亦步亦趋，难以抵制，反而容易为错误的思想或方针推波助澜。

照搬《真理报》经验的倾向，反映到《人民日报》的文风上，就逐渐形成了千篇一律的新闻报道模式，文章呆板，缺乏创新意识；反映到版面上，则使《人民日报》在1954、1955年期间，一版版面上充斥各种会议新闻，以及送往迎来的消息，而反映国内工农业生产建设情况的新闻，在一版上常常占从属的、较少的篇幅。这显然是有违新闻规律的。

正是这些缺点和不足引起了人们的思索，总编辑邓拓就是这样的。从1955年起，他经常和同事讨论应该怎样办《人民日报》。至1956年前夕，他明确表示，对《真理报》的经验，再这样学下去怎么行？副总编辑胡绩伟、王揖等人也有这样的认识。

1956年2月，苏联共产党举行的第二十次代表大会，公开批判了对斯大林的个人崇拜。当时，中共中央认为，苏共二十大在破除对斯大林的个人迷信、揭露其错误的严重性方面具有积极意义，因此提出了“反对教条主义”的正确主张。毛泽东、刘少奇、邓小平等人在多种场合表示，我们党也是反对个人迷信的。在我国，要求党内生活和国家政治进一步民主化的呼声高涨起来。反对个人崇拜必然要求加强集体领导，否定个人专断独行势必导致社会主义民主的发展，人们的思想活跃了。

《人民日报》得风气之先，反应敏锐。2月23日和25日，编委会两次举行会议，研究和讨论苏共二十大已发表的文件，并就有关国际形势的若干问题交换了意见。以后的编委会会议又多次涉及这些内容。思想一活跃，过去视为“神圣”的《真理报》蓝本动摇了。

几乎与苏共二十大同时，1956年2月，中央决定对科学工作采取“百家争鸣”的方针。4月，毛泽东完整地宣布了“百花齐放，百家争鸣”的方针。5月26日，中央宣传部部长陆定一向科学界、艺术界和社会公众宣布并阐述了“双百方针”。

“双百方针”的形成与提出的过程，与《人民日报》改版的酝酿成熟过程是同步的。“双百方针”为《人民日报》改版提供了有力的理论依据，《人民日报》改版则为贯彻“双百方针”开拓道路。

改版的酝酿和准备

1. 改版设想的提出。

《人民日报》要进行改版的设想是在1956年初春渐趋成熟的。改版思想不是某个人所创，而是形势发展的必然产物，开始较朦胧，经不断讨论与丰富，渐渐清晰起来。

胡绩伟回忆说:“很难说改版设想是谁提出的,当时我们正在清理过去工作中的失误,由此想到改进《人民日报》的工作。邓拓同志对过去学苏联那套僵化的、教条主义的东西认识得很早,和我谈过多次。他在改版中起了很大的作用。”而王揖的回忆是:“报纸由四版改八版,记得当时的主要理由是:国内外要事很多,四个版装不下。四个版的报道面窄,而读者需要各方面的知识;文化方面的报道,过去很少,需要增加。”

从目前所知的情况看,改版意图的明确并成为中央的决心,当在1956年2月至3月间。王揖回忆说:“改版的事情,是胡乔木直接请示(毛)主席后定下来的。”

2. 改版准备的第一步——开展改进报纸工作的讨论。

1956年4月初,《人民日报》编委会议讨论通过了《关于讨论改进人民日报工作的计划》。决议写道:“为了有效地从根本上改进《人民日报》的内容、形式和编辑部的组织领导工作,编委会决定立即发动全体同志广泛而深入地进行一次改进《人民日报》的工作的讨论,并根据讨论结果,制定改进工作的措施。”决议指出,讨论的主要方面有三个,即,报纸的内容、如何消灭错误、怎样处理版面。这三者中如何改进报纸内容又是最重要的,决议作了详细的提示:

(1) 报纸最缺少哪些内容,目前的内容有哪些可以减少或不要?在目前每天出版4个版的情况下,应当增加哪些内容?假若每日出版6个或8个版,还需要增加哪些内容?

(2) 如何做到在一个月内全国各个地区各方面的工作状况能够有计划地在报纸上得到反映?如何能主动地恰当地把党的工作、经济工作、文化、教育和科学工作、政法工作、军事工作、群众团体工作和人民群众丰富多彩的生活,多方面地在报纸上反映出来?

(3) 国际宣传方面应该增加哪些内容?如何才能做到系统地报道和评述各种主要的国际问题?

(4) 如何有效地改变新闻数量少、质量差、时间慢、报道面狭窄的状况?如何有效地运用新闻多方面地反映国家的建设动态和人民的生活,有计划地轮回反映各省、市、自治区的建设动态?如何才能使报上的新闻既能在实际工作中发生影响,又使人读起来很感兴趣?如何改进新闻的编辑工作,使我们能用最经济的篇幅,很醒目地采用尽可能多的新闻?

(5) 应该采取什么措施来加强编辑部的研究工作,加强编辑部同志对实际工作的了解,扩大报纸评论和各种文章的题目的来源,并使它的内容切合需要,在工作中发生影响,有实际的效果?

(6) 应该采取什么措施来提高编辑部同志的写作水平,使评论和各种文章都很精彩,并且有优美的风格和文体?

(7) 如何才能保证每天的版面上都有一定比例的短小的生动活泼的文章？如何增多报纸上文艺性特写？

(8) 过去在人民日报上进行的各种讨论，有哪些好的经验？应该怎样根据当前的问题和群众的需要，组织各种讨论？

(9) 小品文的题材和内容的范围能不能放宽？能不能把这一栏改成杂文栏？如果能够，怎样来组织这一栏文章？

(10) 如何能够有效地组织和利用读者来信及其他方面的材料到报纸的版面上来？

(11) 报纸宣传不及时，经常落在形势后面，它的原因是什么？如何使报纸的内容及时，能够赶到形势的前面？

3. 七人小组的成立和建立八个专门问题研究小组，使改版得到了组织领导上的保证。

4月2日人民日报社成立了在编委会直接领导下的"七人小组"。七人小组具有很大的权威性，对整个改版工作实施具体领导。七人小组的成员是：张沛（张沛旋即出国，由陈浚接替）、林聿时、李庄、金沙、汪琦、潘非、凌建华。七人小组领导下设一至二名工作人员，处理日常事务。编委会决定，七人小组成立后立即行使职权，各部、各专门小组和每个人提出的意见和建议，都交给七人小组，由七人小组整理，分别提交编委会和有关部、组处理。编委会还决定成立八个专门问题研究小组，并确定了各组负责人：

改进文章小组，由袁水拍、沙英负责。

改进新闻小组，由傅真负责。

改进版面（包括标题）小组，由凌建华负责。

加强文字加工和加速稿件处理小组，由钟林、周擎宇负责。

消灭错误小组，由陈维仁负责。

提高报纸印刷和制版质量小组，由程庆丰负责。

国内报纸经验小组，由钱湜辛负责。

国外报纸经验小组，由胡骑、胡仲持负责。

4. 进行读者调查，广泛收集和听取各方面的意见，使改版具有明确的方向，是改版准备中的重要环节。

1956年4月5日，七人小组根据编委会的意见，制定出《搜集读者对报纸意见的计划》，要求各部（组）向中央组织部、中央宣传部、中央监察委员会、团中央，各省、市、自治区党委负责人和宣传部，中共中央高级党校新闻班、人民大学、北京大学新闻系、新华社，以及光明日报、大公报、工人日报、中国青年报、解放军报、北京日报等六家报社征求意见。要求向《人民日报》提出意见的还包括：中央和国家各部、委，全国各重工业基地，文艺团体、著名作家、漫画家。七人小组还要求把近期内所有读者来信都汇总起来。

这样大规模地征求读者意见，在我国新闻史上是空前的。在短短一个月间，数百封征求意见信自报社发出，编辑部在北京先后邀请各方面读者举行了13次座谈会，驻各省、市记者也纷纷邀请当地记者举行座谈，还专门走访了许多读者。至6月15日，收到各省市党委负责人提出的意见28件。还有中央各部委的意见书33件，高级党校新闻班等新闻单位寄来77件，另外还有读者个人寄来的意见信219件。共计300多件。这些意见书给编辑部带来了巨大的激励，几乎所有读者，都明确表示支持《人民日报》的工作，支持《人民日报》进行改版。

5. 改版准备工作全面铺开，各专门小组和编辑部(组)的工作卓有成效。

4月6日，报社召开全编辑部动员大会，胡乔木前来作报告，正式宣布《人民日报》将进行改版。次日，编委会举行扩大会议。会议明确："目前的情况是中央要求我们迅速改进报纸内容并筹备出版八个版"。至此，改版准备工作全面铺开，八个专门问题研究小组以极高的工作效率分别行动起来。

4月9日，周擎宇完成了一次近期报纸检查，对近期报纸上发表的社论、新闻、各类文章从内容、标题、文字三个方面提出了意见。

文艺部在讨论中提出，改版后应"增加一个综合性副刊"，因为"读者一直不断要求报纸出个副刊"，"报纸有副刊，一直是我国报纸联系群众的优良传统之一"。

4月10日，国外报纸经验小组决定，选出国外主要报纸40余种，由国际部10多名同志作认真阅读，译出版面标题，并研究国外报纸上社论的写法，著名专栏作家和特约通讯员的风格，新闻报道的特点，小品文和各种评论的特点，对某些重要国际问题的分析方法(同本报同样题材的文章作比较)。同时，还研究国外报纸的版面安排，国内和国际新闻之间的比例，新闻和评论的比例，以及图片处理的特点等。

同日，国内报纸经验小组也确定了研究任务：(1) 怎样运用新闻、通讯充分地多方面地反映国家的建设和人民的生活；(2) 怎样使新闻写得短小、生动和有趣；(3) 怎样组织新闻，使报纸能以最经济的版面很醒目地采用尽可能多的新闻；(4) 怎样改进评论性新闻。

10天之后，这两个专门小组就有了初步的工作成果。国内报纸经验小组撰写出《解放前国内报纸的特点》一文，刊登在《编辑部生活》上，指出过去的国内报纸有四个长处：一、新闻的比重特别大。无论是解放区的报纸，如延安的《解放日报》，或是国民党区的报纸，如《大公报》、《申报》、《新闻报》，新闻所占的版面都比文章多。二、新闻的内容根据报纸的性质和时间的变化而有所不同，大多以政治新闻占第一位。三、过去的报纸对副刊都很重视，它们有各种专门的周刊，都聘请名人为主编来吸引读者。四、过去的报纸对通讯工作都很重视，除了地方通讯单列半版以外，对于国内外的重大事件，都有自己记者写的特写、通讯登在二、三版，其中以《大公报》比较突出。

经过准备，4月20日，国内外报纸展览在报社俱乐部举行，一时间观者如堵，人们从中吸取着一切有益于改版的东西。在此基础上，国外报纸经验小组整理出一份国外报纸的简单介绍，其中一部分作为附件随同编委会关于改版的报告上报中央。

4月下旬至5月，是改版准备工作全面铺开，进行得热烈而有秩序的时期。各部和八个专门问题研究小组多次召开座谈会、研究会，提出改进工作的方案。4月28日，文艺部邀请北京地区各报文艺部(组)编辑举行座谈，对如何改进《人民日报》的副刊进行讨论。4月30日，国际部举行国际宣传问题座谈会，外交部新闻司孙方、外贸部赵继昌、新华社李慎之、外交部乔冠华等人与会并发了言，一致认为《人民日报》在国际报道中应更加活跃，扩大报道面，全面地报道世界各地新闻。

进入5月，各方面提出的意见有越来越具体的趋势。5月4日，改进新闻小组提出了改进新闻的意见。这个小组认为："《人民日报》每天刊载的新闻数量很少。根据横排四个月以来的粗略统计，每天刊载的新闻(国际新闻除外)最多为9 000字，共约三四十条，所占篇幅不到整个报纸的五分之一，而其中过半数的又是会议新闻。根据3月份的详细统计，平均每天刊登新闻8 500字，每天刊登会议新闻字数为1 900字。会议新闻占整个新闻近四分之一。"为此，改进新闻小组建议：改版后"一、每天刊登新闻的数量由9 000字增加到25 000字，约占八个版篇幅的四分之一(连同国际新闻在内可达五分之二)。二、适当减少和压缩一般的会议、公告和涉外性质的新闻。"这个建议被编委会采纳了，还决心有所加强，将新闻增至4万字。

改进文章小组于5月上旬就改进《人民日报》的理论文章和其他专稿提出了有见地的意见。他们经统计研究后指出，1955年《人民日报》全年发表理论文章128篇，有的很出色，但也有"不够水平的"，"还有的苏联特约稿，内容空洞，文字死板，不能给读者留下任何印象"。

改进文章小组表示了深刻的也是有勇气的见解：之所以发表水平不高的文章，一是编辑自身理论修养水平低，二是由于"我们抱定了这样一种成见：《人民日报》是党中央机关报，因此不能发表争论的文章，不能发表反面文章，所有的文章都应当是结论性的，完全正确的，不可动摇的。我们惯于要求每一种新的意见都要有'根据'，而这个'根据'，又不是指事实材料的根据，而仅仅是经典著作的根据。文章里稍有一点新的见解，我们便认为'经典著作没有讲过'，不是删去便是弃而不用。……因此，发表出去的都是那种所谓'四平八稳'的文章，语语有出处，字字有依据。"这里所表现出来的，正是《人民日报》的同志们对于受教条主义影响而僵化了的办报方式的强烈不满，表现出了要摆脱不再适应现状的传统模式的愿望。他们有针对性地提出了改进方向：一、扩大选题范围；二、改变取稿标准；三、开展学术讨论；四、增加体裁品种。

关于改进工作的大讨论进展顺利，至5月中旬，各种各样的意见汇聚编委会。经过对这些意见的整理、分析、研究，编委会即着手起草报送中共中央的关于《人民日报》改版的报告。

6. 对传统新闻学理论的一次重大突破——《人民日报》改版报告的完成。

5月15日，人民日报社向中共中央报送了关于改版的第一份报告："根据中央关于改进《人民日报》的内容、扩大《人民日报》篇幅的指示，《人民日报》编辑部已经就改进报纸内容和形式的各方面问题展开详细讨论，同时广泛征求各部门各地方工作同志和一般读者的意见。我们准备在最近期间根据各方面的意见和编辑部讨论的结果，向中央提出改进《人民日报》内容和形式的具体方案。"

从5月中旬起至6月中旬，《人民日报》的几位主要负责人进行了第二份改版报告的起草。经过多次讨论后，胡绩伟又对报告稿作了重大修改。修改中增加的部分十分重要，主要有：

一、在报告原稿"为了改进报纸，我们准备采取下列办法"的内容中，增加了：

(2) ……提倡每个编辑都学会写生动活泼短小精悍的文章，各部各人分别定出计划，按期检查评比。(3) 改善外来稿件的组织和选择，同样要选好题目和作者，向作者讲清报纸欢迎什么稿件不欢迎什么稿件，力求少登冗长枯燥的文章和新闻。改进公报性新闻的处理，规定限制长文章的办法并公开发表。(4) 在报纸上进行改进文风的讨论，对报纸上登载的教条主义、党八股习气浓厚的文章和新闻发表一些公开的批评。

二、在报告原稿"增加工作问题和思想学术问题的讨论，……准备采取以下办法"之后，胡绩伟加入：

(1) 采取适当方式对读者表示：报纸上的文字，除了党中央少数负责人的文章和少数社论以外，可以不代表党中央的意见，也可以不代表编辑部的意见，因此，都有讨论的余地。就是中央负责人的文章和社论，也不是不允许提出不同意见，只要这种意见是正确的，也可以发表。

三、在报告原稿第二个"办法"(即编辑部应引导读者讨论，但不必事事作结论的办法)之后，增加了：

(3) 在读者来信中有对于报纸上发表的文章意见不同的，或者对某些党组织和政府机关的个别措施有意见的，这种意见虽不一定完全正确，但有值得注意可以讨论的地方，也准备酌情选择发表。重要的发表全文，次要的发表摘要。发表这种来信并不表示编辑部同意他们的意见，所以一般不拟征得被批评者同意。对于这些来信所提的批评意见，一部分必须答复(编者答复或被批评者答复)，有的也可以不答复，让一般读者自己去判断。

在加写了这三段文字之后，胡绩伟还有一段增补说明：

> 报纸工作的这一转变带有原则性质，估计实行以后党内许多同志会感到很不习惯，特别是如果受了读者批评，而这种批评又不完全正确，则被批评的同志一定会对报社有许多责难和不满。因此，如果中央认为这些办法是可行的，希望以适当方式在党内作一通知。

胡绩伟的这四处重大修改使改版报告中的新闻改革思想更加鲜明，经邓拓最后审阅，这几处文字都成为定稿。修改稿经重新打印之后，于上报中央之前，先由邓拓送交当时分管《人民日报》工作的中宣部副部长胡乔木，请他提意见。

胡乔木很快阅读了报告，并且作了认真修改，主要是增加了几处文字。增加处为：

一、于报告原文“在国际宣传方面，对资本主义国家和亚洲各国的情况报道很少”之后，加上了“新闻限制过严，致使国内外许多重要消息在报纸上缺少反映，报喜不报忧的倾向比较浓厚。”

二、在报告原文“我们改进工作的中心目标是要使《人民日报》能够及时地深入地宣传解释党和政府的政策……”这句话中间，又加了一行使全句成为：“……使《人民日报》能够多方面地反映客观情况和群众意见，及时地深入地宣传解释党和政府的政策……”胡乔木还在这一自然段加上了最后一句话：“使《人民日报》成为群众欢迎的生动活泼的报纸。”

三、在报告原文“抓紧评论和重要文章的写作准备工作，……力求题目不空泛沉闷，文章有新鲜的材料和新鲜的论点”之后，加上了“对于党的重要方针政策，定出有系统的宣传计划，力求宣传得有头有尾，深一些，透一些。”

四、在报告原文“增加新闻和通讯，……努力使新闻生动、有色彩、有感情”之后，加上了“对于国内外重要消息逐步扩大报道范围，国内工作的缺点适当地多报道一些，资本主义国家新闻多发表一些，对于现在的参考消息和内部材料选择一部分应公开的登报。”

6月20日，经过《人民日报》编委一致同意的改版报告正式报送中共中央。这份报告，标志着《人民日报》的新闻工作者在新闻学理论上达到的新高度。

7. 秣马砺兵，迎接改版。

在起草、修改详尽的改版报告的同时，改版准备工作进入新的阶段。5月18日，编委向全体人员提出了“迎接‘七一’改出八版的光荣任务”的口号。

5月19日，七人小组举行扩大会议。会议认为，现在有必要向全体同志提出：集中一切力量，做好改出八版的准备工作的紧急任务。并作出两项重要决定：一、从这一周起，以编辑部各部为单位，全力进行出好八个版的准备工作。所有讨论（改进新闻、文章、群众工作等等)都要紧紧围绕改出八版这个中心上。二、除了消灭错误小组、提高报纸印刷和制版质量小组继续活动,在6月10日之前提出改进工作的具体方案外,其他专门问题研究小组减少或暂停活动。至6月中旬,八个小组都完成了自己的历史使命。随后,到正式改出八版之日,七人小组的任务也告完成,全部工作进入正轨。

7月1日改版之期越来越临近了。综观全局,国际国内局势都对改版非常有利,就《人民日报》自身而言,编辑部数百名同志团结一致,对改版充满信心。经过3个月的精心准备,"七一"改版可谓万事俱备。

8."人民日报是党的报纸,也是人民的报纸"——改版社论《致读者》是报纸改革的宣言,中央的批语肯定了《人民日报》的勇敢探索。

1956年7月1日,《人民日报》头版头条《致读者》社论,向读者宣告了这次改革的三个方向:一、扩大报道范围;二、开展自由讨论;三、改进文风。

社论宣告:"《人民日报》是党的报纸,也是人民的报纸",我们的报纸名字叫'人民日报',意思就是说它是人民的公共的武器、公共的财产。人民群众是它的主人。""我们期待全国广大的读者给我们更多的帮助,更多的批评和指示!"

改版一个月后的8月1日,中共中央向全国各省、市委、自治区党委批转了《人民日报》给中央的报告,供他们参考,明确指示:"中央批准这个报告,认为《人民日报》改进工作的办法是可行的。中央还希望各地党委所属的报纸也能够进行同样的检查,以改进报纸的工作。"中共中央在这个正式文件中明确:

> 为了便于今后在报纸上展开各种不同意见的讨论,《人民日报》应该强调它是中央的机关报又是人民的报纸。过去有一种论调说:"《人民日报》的一字一句都必须代表中央","报上发表的言论都必须完全正确,连读者来信也必须完全正确"。这些论调显然是不实际的,今后《人民日报》发表的文章,除了少数中央负责同志的文章和少数的社论以外,一般地可以不代表党中央的意见,而且可以允许一些作者在《人民日报》上发表同我们共产党人的见解相反的文章。这样做就会使思想界更加活跃,使马克思主义的真理愈辩愈明。各地党委今后也要强调地方党报是地方党委的机关报又是人民的报纸。我们党的各种报纸,都是人民群众的报纸,它们应该发表党的指示,同时尽量反映人民群众的意见。如果片面强调它是党的机关报,反而容易在宣传上处于被动的地位。

至此,关于《人民日报》改版的三个文件(关于改版的报告及附件、《致读者》社论、中央的批示文件)全部完成。这三个文件相互补充,形成一个完整的思想,建立新的、与社会主义建设时期相适应的新闻体制和理论。

《人民日报》改版的实施

1. 版面一新，密切了与广大读者的联系。

50年代初，《人民日报》编辑部有一个流行说法，叫作"《人民日报》是办给全国县以上领导干部看的"。在改版中，编辑部成员树立了新的观念，《人民日报》是办给全国的人民群众读的，要满足各层次读者的需要。

首先是改进头版头条新闻，为适应国内经济建设的需要，大大增加经济新闻。根据改版后头两个月(7月和8月)的统计，62篇头条新闻中，报道经济建设的有31篇、反映文化教育的5篇、有关人民生活的5篇、会议新闻2篇、公告性新闻4篇、涉外新闻14篇。和改版前头版头条大都为会议或迎送性新闻的情况相比，经济新闻扶摇而上，占据全部新闻的50%。

有关工业建设的新闻明显增多。7、8两月中刊登的鞍山"七座大型平炉投入生产"、长春"第一汽车制造厂建成"、克拉玛依"十口探井已喷出原油"、陕西"探明储煤量达五十亿吨"、"大冶铁矿区建设加速进行"等消息，及时而准确地记叙了当时工业生产领域里出现的喜人景象。

会议新闻减少了。过去，会议新闻占新闻总量的50%以上。改版后采取减少和压缩一般会议报道的措施，7、8两月的头版头条只有两条是会议新闻，一条是"全国人大代表大会会议闭幕"，一条是"举行农村经济结合会议"。对于人大会议闭幕的新闻处理，没有发闭幕词；对于农村经济会议，没有登与会者名单和大会发言。

一版上的新闻条目变多了，每一条新闻的字数却变少了。大部分情况是每篇新闻只谈一个中心，说明一个问题，字数大都在千字以内，有的是几百个字。胡乔木对于《人民日报》头版的版面处理有一条明确的意见，头版每天所用新闻不应少于15条。改版后的《人民日报》基本上是这样做的。

改版后，《人民日报》的版面扩大了一倍，报道面也随之扩大了，批评性报道有了明显的增加。和改版前的1956年6月相比，7月份共发表各类批评性稿件150篇(条)，比6月的批评稿29篇(条)多出120余篇(条)。扣除版面增加一倍的因素，实际上比上个月增加了一倍多(6月召开了人大一届第三次会议，报纸在下半月以较多篇幅刊登代表发言，成为一个不可比因素)。若与1955年7月发表批评稿30篇(条)相比，所增加的比例也是同样明显的。

经过统计发现，《人民日报》改版前，如无"读者专页"栏，基本上保持一天刊登一篇批评稿(最多两篇)这样的比例。改版后八个版的篇幅上则平均每天保持四至五篇的批评稿。

改版很快引起了读者的注意，7月6日至19日，编辑部收到读者对《人民日报》提出意见的来信近千封，全都表示拥护《致读者》社论和《人民日报》改版，对扩大报道范围，关心群众多方面的生活，增加发表读者来信，出版固定的副刊，增加短文、杂文、特写和美术作品表示满意。

近千封读者来信还对改版后的《人民日报》提出了建设性的批评意见。主要是：报上的校对性差错还比较多；对于"百家争鸣"方针的讨论还比较浅显；副刊内容尚嫌狭窄，有些杂文引经据典太多；对于科学、教育、青年、妇女、体育及少数民族的报道还较薄弱，有待于进一步开拓报道面。有一些读者来信则认为，《人民日报》改版后介绍生产、经营管理、政治工作等方面的经验太少，要求报纸注意用生动具体的经验来教育干部、帮助干部做好工作。这种意见一方面反映了读者的传统的"新闻指导"性观念，一方面也反映出在全国各地百废俱兴的生动局面中，从事具体工作的人们迫切希望报纸提供信息、促进交流的心情。

1956 年 8 月，改版后的第二个月，读者来信达到了高潮，共收到读者来信40 761件(在改版开始后的半年内，平均每月收到的读者信件为 3 万多件)。

2. 勇敢而稳步地将关于"百家争鸣"方针的讨论引向深入。

《人民日报》在改版报告中提出："增加工作问题和思想学术问题的讨论，使各方面的不同意见能够在人民日报上发表。"为了做到这一点，《人民日报》开展了"百家争鸣"方针的讨论。讨论从改版前的 6 月开始。6 月 13 日，全文发表了陆定一于 5 月 26 日在北京怀仁堂作的报告《百花齐放，百家争鸣》，对"双百"方针进行了系统的阐述和发挥，人们从中看到了中央的明确主张："百花齐放，百家争鸣，是提倡在文学艺术工作和科学研究工作中有独立思考的自由，有辩论的自由、有创作和批评的自由，有发表自己的意见、坚持自己的意见和保留自己的意见的自由。"改版后的 7 月 2 日，《人民日报》在头版头条发表消息《科学规划委员会组织六百多位科学家讨论"百家争鸣"问题》，并在第七版连续组织文章，讨论"百家争鸣"。7 月 5 日，刊登了李长之教授的文章《欣闻百家争鸣》和黎锦熙教授的文章《实现百家争鸣的具体措施》。李长之在文章中表达了自已闻"百家争鸣"方针而"欢欣鼓舞，喜而不寐"的心情，黎锦熙则在文章中认为，要通过完善出版事业、发表不同意见来促进争鸣。

7 月 9 日，《人民日报》又在头版发表两条关于"百家争鸣"的消息，主要的一条是：《学术刊物应有充分的学术讨论自由，全国学术刊物编辑负责人员在北京举行座谈会讨论"百家争鸣"》，报道全国 31 家哲学、社会科学学术刊物的负责人在北京座谈，一致拥护"百家争鸣"的方针。"他们认为，学术刊物是学术活动的主要园地，要使'百家'能够'争鸣'起来，首先要在学术刊物上有充分的学术讨论自由。过去有的刊物在选稿工作中清规戒律太多，有的刊物对于一些学术问题，采取简单化的粗暴的态度，限制不同意见的自由讨论……会后各种学术刊物必须充分地反映各方面学术工作者的研究成果和意见。"

7 月 11 日，就"百家争鸣"问题发表 3 篇文章。马寅初《我也来谈百家争鸣》，对我国高等教育中"学生上课抄笔记，下课对笔记，考试前背笔记"的现象进行了批评；朱光潜《百家争鸣，定于一是》的文章，认为"争鸣"的结果是"定于一是"。这种认识显然是比较肤浅的，然而既是一家之言，也就刊登出来，供大家讨论。值得注意的是在同一版上唐钺的文章《谈百家争鸣》。文章认为，"要好好争鸣，我们必须容许争论者说与马克思主义经典的词句显然不同，甚至相反的话。……要紧的是马克思主义的观点和方法，而不在于马克思主义经典中的个别词句。列宁对马克思的社会主义不能在一个国家内胜利的那个理论，提出不同的意见，是完全正确的。……归结一句话，我们不要一听别人说与马克思主义者的文章中词句不同的话，就把人家扣上唯心主义者的帽子。"这个观点在当时看来，无疑是新颖的，显然也触及了问题的实质。从这时起，《人民日报》上关于"百家争鸣"的讨论逐渐向深层次发展。

7月21日，《人民日报》发表本报评论员文章《略论百家争鸣》，旗帜鲜明地提出了自己的见解。文章在介绍了人们对"百家争鸣"的种种疑虑之后，深有见地地指出：要求在争鸣中"鸣得好"，"是一种合理的希望，但不必当作一种限制。""我们对争鸣者只有一个要求，就是要真正作学术研究，不要像恩格斯批评过的那样，把科学的自由了解成'人们可以撰写一切他们所不曾研究过的东西'"。

文章在回答"百家争鸣"方针"是党放弃了领导"的疑问时指出："在学术文化思想各方面有意识地贯彻执行党提出来的'百家争鸣'的方针就是实现了党的领导。"尤其值得首肯的是，这篇文章还指出："'百家争鸣'这一方针，并不是突如其来的。我们的宪法规定了言论出版和科学研究的自由。'百家争鸣'不过是这种规定的进一步发展和具体化而已。"把"百家争鸣"方针和宪法规定的公民有言论出版自由的权利联系起来探索问题，指出"百家争鸣"方针的法律上的依据，是这篇评论员文章明显高于同时期其他争鸣文章的地方。

值得人们注意和深思的是，读者来信对"百家争鸣"方针并不是全都拥护的。有一封来信就坚决反对陆定一对"双百方针"的阐述。认为陆定一的文章"最关心的，也是极力主张的，是在社会主义建设事业急剧地进展中，如何取得宣传唯心主义的自由。"信中声称："其实，我们的自由是够多的了。我们不仅有辩证、批评与反批评的自由，有创作的自由、坚持或保留自己意见的自由等等，更重要的，我们有与反动的资产阶级个人主义者所提出的自由截然不同的那种自由。"这是一种从"左"的方面来反对"双百方针"的思潮，无可置疑的是，这种思想，在当时是有它产生的基础的。

复杂的情况使《人民日报》编辑部在开展"百家争鸣"讨论的时候保持了清醒的头脑。编辑部陆续发表这方面的文章，至1957年3月，应该说，的确做到了发表不同意见的争鸣文章，不扣帽子，不打棍子，不搞简单粗暴的批评，在促成1956年下半年那种生动活泼、思想解放的气氛方面起到了十分积极的作用，显示了改版的成果。

3. 遵循客观公正的报道原则，打破国际共产主义运动报道中的旧格局。

这是当时最敏感的问题之一。50年代初，《人民日报》形成了一个不成文的规矩，对社会主义阵营报喜不报忧，对东欧的几个人民民主国家尤其如此。

情况在苏共二十大以后发生了变化。有些国家的政局发生了动荡。对此是否可以公开报道？编委们从改版改进工作的角度出发，从读者需要出发，确立客观公正、实事求是的报道原则。

如何解决国际共运报道中报喜不报忧的问题，1956 年上半年的处理未尽人意，主要是对苏共二十大后批判斯大林的错误的公开化沉默较多。恰在改版前夕，波兹南事件发生了。改版后的《人民日报》对这类事件采取了客观报道的态度。7 月 1 日改版的当天，在五版除刊登波兰部长会议主席发表演说"相信党和政府一定得到全体人民的支持"外，还刊出了波兰通讯社的报道《波兹南事件详细经过》，报道说"波兹南市在 6 月 28 日发生了严重骚动"，"武装匪帮的目的显然是要挑起流血事件，他们进攻公安局，向公安局开枪，投掷纵火物。大楼受到好几处地方的机关枪扫射和手榴弹的袭击。""由于挑衅事件，共有 38 人死亡，270 人受伤。"

刊登这条消息给当时的读者带来一定的震动。改版后的《人民日报》相信读者的判断力，相信读者有足够的"承受力"去正视现实。7 月 12 日，《人民日报》又转载波兰《人民论坛报》就波兹南事件进行分析的文章，文章论及暴乱原因时坦率地说："波兹南工人罢工行动的痛苦真相是不能不承认的，我们无产阶级国家和政府的官僚主义错误在很大科度上促成了这次罢工。"对国际共运中的错误进行这样公开的自我批评，是十几年来极少见的。

即使是这样微小的改革，仍然引起了敏感的读者的注意。8 月 5 日，一位读者投书《人民日报》，从人民出版社最近出版《批判斯大林问题文集》一书谈起，就国际共运报道阐述自己的看法。他说，人们看了《批判斯大林问题文集》后，"对人民日报是有意见的。因为在党中央机关报上，竟没有刊登过这些重要决议、声明、论文中的任何一篇(苏共决议除外)，更不用说刊出赫鲁晓夫的秘密报告了！……正像我们这里某些普通党员说的：'中共的机关报就像装着没有这回事一样。'结果纸包不住火，还是曲曲折折地知道了这事。人民日报表现得更像中国'毫无新闻自由'的样子，这是过低地估计了党员群众和人民的表现。"这封来信的措辞显得很尖锐，然而谈得坦率，毫不遮掩，表现出对改版后《人民日报》的信任。

1956 年 10 月下旬，震惊东欧大陆的匈牙利事件发生了。《人民日报》对匈牙利事件的报道有了新突破——作了一定程度的"进行时"报道，从 10 月 27 日起，至 11 月 10 日止，有连续性地报道了匈牙利事件，在国内产生重大影响。

对匈牙利事件的报道是由对波兰情况的报道过渡而来的。波兹南事件后，波兰统一工人党改组了领导机关，哥穆尔卡在波兰党的第八次中央全会上当选为领导人，着手总结波兹南事件的经验教训。10 月 27 日，《人民日报》刊登了哥穆尔卡在波兰党的八中全会上的报告摘要。哥穆尔卡在报告中呼吁："民主化的道路是通往在我们的条件下建设最好形式的社会主义的唯一道路。"事实上，1956 年下半年，在我国要求进一步健全党内民主生活的呼声也大大加强了，《人民日报》改版本身就强化着这种呼声。此时关于匈牙利事件的电讯传来。读者强烈要求改版后的《人民日报》客观、及时地报道这一重大事件，比关于波兹南事件的报道做得好些，也成为《人民日报》重视匈牙利事件报道的一个原因。

10月底，匈牙利事件仍在发展，《人民日报》收到几十封来信，要求对国际重大事件作详尽报道，许多人提出，如像目前这样报道（虽较以前有进步，但仍不能满足读者需要）会造成猜测纷纭。其中有一封信是一位大学生写的，全文如下：

从今天的《人民日报》上看了波兰共产党中央委员会第一书记的报告以后，我想对《人民日报》提出以下意见，同时也是责问。

自从苏共二十次代表大会以后，在苏联和东欧各人民民主国家发生了剧烈的震动和深刻的变化，这是每一个稍有嗅觉的人都嗅得出来的。这样的情况不震动人心是不可能的。人民自然而然地想知道事情的真相，知道背景，知道其中复杂的内容，即使事情是怎样令人痛心、遗憾，也没有人愿意蒙上自己的眼睛，堵住自己的耳朵。

对一个普通的人来说，消息的来源是报纸，首先是《人民日报》。报纸对千千万万读者负着不可推诿的责任，报纸应该尊重自己的读者，将事情真面目不加修改和粉饰地反映给读者。我想你们在理论上必然知道人民是历史的主人，社会主义是劳动群众自身的事业，对于自身的事业他们有权利也有必要时刻知道真相。一个能够把自己的思想建筑在对事物的真实情况的了解上的人，才名副其实的是思想有自由的人，否则思想自由在实际上是被剥夺了，只有报纸来提供这种自由。

在哥穆尔卡的报告发表以前，《人民日报》寥寥数语和寥寥数篇的有关这方面的“报道”，与其说报道不如说是哑谜，令人看了莫名其妙。要猜透这些哑谜是煞费心思的，而且非常明显在进行着粉饰和冲淡。例如波兹南暴动的消息发表的时候，人们关心的是事件详情，然而《人民日报》却绕开这些，赶快登出几篇粉饰现状的文章，大谈其波兰的工业成就是如何巨大，人民如何在优美舒适的条件下休养。好像波兰人就是因为这些进步和生活得太好了才起来暴动似的。我想不客气地说，这种露骨的粉饰，做得实在令人作呕。你们试着想想看，在那样的情况下看见那样的文章产生我这种感觉的，难道只有我一个人么？

这样的事情岂只一次，在《批判斯大林问题文集》出版后，多少人惊得咋舌。原来，在世界上闹得天翻地覆的事情，而在我们国家里只是没头没脑地读到了苏共和中共在《真理报》和《人民日报》发表的两篇评论。此外还以为一切都安然无恙哩！这岂不是太欺人了么？这是谁的责任呢？

波兰和匈牙利最近的事件发生后，《人民日报》极力避免报道事情消极的一面，而赶快去报道人民如何拥护、支持政府，人们不得不透过自己的报纸的字句，去猜想实际情况是怎样的，因为，他们发觉，如果老老实实地按照报纸的提法去了解事情的话，习惯的逻辑已经不能用了。

在国内情况的报道方面也是如此。1954年大水灾的时候，如果人们翻开秋天的《人民日报》，还以为我们处在一个大丰年哩！等到报纸上报道战胜灾害的时候，人们才推测"想必是发生灾害了"。在1955年以前，毛主席所说的"乌烟瘴气"，人们又何尝从报纸上嗅到一点呢？在这样的情况下，人们又怎样去深刻了解"三定"政策的意义，了解毛主席的报告的意义呢？如果报纸的这种作风再继续下去，读者将学会：对于报道的好事情要打一个折扣才接受；而坏事情呢？必须凭自己的想象去了解。事实上这种情况早已有了。例如每一见到各国党政的人事调动时，大家会多方地揣测：发生了什么事？如果我们的报纸先发制人，爽爽快快地说清楚了岂不好些。

《人民日报》改版的时候提出的诺言，引起很多人的兴奋。如果说《人民日报》丝毫没有实现自己的诺言是不符合事实的。然而有理由说它做得远远不够，有理由要求它更坚决地做到一张民主的社会主义的报纸所应该有的水平，要求它彻底地表现出对人民群众的信任、尊重和忠实，不要像骗小孩一样对待读者。

我想说清楚我的观点：我不是一个自由主义者，我主张的不是为自由而自由，为民主而民主，我也不愿意用资产阶级的民主自由的原则来衡量和批判我们的事情，但是我坚决相信民主自由的充分发扬，人权和人的尊严得到真正的（不是口头上的）重视。党的宣传工作者忠实地遵从这些原则，才能把人民群众真正放到主人翁的地位，这对社会主义有极大的好处。人民群众只有在这样的条件下，才会变得聪明、成熟，有对社会和国家的责任感、热爱之情，才能以雪亮的眼睛来防止和消除种种可能发生的弊病，消灭骑在群众头上的官僚主义和腐朽倾向。

以前我们时常埋怨别人不关心政治、不关心时事，这当然是一种小资产阶级思想的反映。但是报纸的责任不能赖掉。如果报纸不粉饰事实，不写滥调，人们对时事的兴趣就会浓厚得多，讨论空气就会热烈得多，人们就会自然地和党和国家共呼吸。

我很赞成哥穆尔卡的许多话，其中有一句说："不许对社会主义原则的歪曲"。我想这也应该作为我们的警句。社会主义的报纸也应该把它当作自己的警句，来防止自己的一些严重缺点。

我希望我们的报纸真正变得实事求是，追求真理，大胆、爽直、生动、活泼、可亲，得到群众由心底对它的信任和爱护。

希望编辑部能认真考虑这些意见，如果你们不同意我的意见，请转到党中央去评判。

也许这封信给你们的印象不好，我也不希望一开始就博得好印象，但我相信自己是正确的。我是一个非党员学生，正在争取入党，但是对我说来更重要的不是名义上得到一个党籍，而是我对党的事业的责任。我决不为一个党籍而缄口不言，但是如果是我错了，我一定认真考虑你们和党组织对我的意见。

最近波兰的事件，特别是哥穆尔卡的报告在我们周围已经引起了极深的影响，《人民日报》再也不能沉默了！

这封信对改版后的《人民日报》提出的批评，绝不是要否定《人民日报》改版，而是读者对《人民日报》有了更深的信任的表现。编辑部和读者共同推动着《人民日报》的改革。对匈牙利事件的“进行时”报道由此而产生了。11 月 10 日，《人民日报》刊登了一篇长文《匈牙利事件的起因和经过》，作者周梅生、刘竞。这篇文章极有见地地指出了事件的几个主要原因：其一，“匈牙利过去的一些领导人犯了许多严重的错误”，“在 1949—1952 年间更发生严重破坏社会主义法制的情况，许多无辜的和正直的劳动者、革命干部、共产党员和工人运动的老战士受到迫害、拘禁甚至被处以极刑。这一切都大大地损害了党和群众的联系，引起了广大群众对党和政府的严重不满情绪。”其二，在国内工业建设上，发生了 1951—1953 年间工业化速度之快的错误，其后又有 1954 年工业生产停滞不前的错误。其三，在农业合作化方面，“有些地方发生强迫命令现象”，农业合作社的经营管理不善、产量不高。其四，在和苏联的关系上“也曾经存在过一些偏差和缺点”。其五，苏共二十大以后，匈牙利人民的民主呼声渐渐高涨，对党的前领导有强烈的反对意见。其六，有法西斯残余分子和帝国主义的破坏。

值得指出的是，这些分析是基本正确的，和一个月以后匈牙利党临时中央的总结分析极为相近。那么，《人民日报》发表周梅生、刘竞的文章就扬鞭独步于前，令人惊叹了。这是改版后《人民日报》在国际共运报道中达到的一个高潮。

一

中国媒体商业化与公共领域变迁

[美]麦康勉

导言——

本文刊载于《二十一世纪》2003 年 6 月号。

麦康勉(Barrett McCormick)，美国马凯大学(Marquette University)政治学系教授。

改革开放以来，中国的新闻事业发生了深刻的变化。随着市场经济体制的建立，传媒的商业化趋势日益显著。本文探讨的核心问题是：中国传媒改革中的商业化趋势对公共领域产生了怎样的影响？应当如何估价这种影响？传媒的商业化能否为知识分子和市民创造更多的可能空间来讨论公共事务？由于中国传媒的商业化起始于一个特殊类型的公共领域，与其他许多国家的背景有较大差异，从而构成了自身独特的起点，也导致了不同的制度发展轨迹。本文概括性地回顾分析过去二十年间中国传媒的变化，包括商业化驱动下出现的一些次生性趋势，诸如传媒的多元化、新技术的引进和全球化等。作者认为,传媒的商业化所产生的影响是复杂而多面的,蕴含着各种可能性的后果,但与改革前在意识形态垄断下所塑造的等级政治文化相比,它能为开放和理性的公共领域造就更好的条件和发展前景。

"公共领域"概念的兴起往往与哈贝马斯(Jürgen Habermas)对"公共领域转型"的研究相联,由于该研究所针对的背景是欧洲社会,许多学者认为这个概念不适用于中国的特殊背景,以此来探讨中国问题也就颇有争议[①]。但这种见解并不完全令人信服。首先,公共领域完全可以在广义上界定为社会公众所接触的观念和信息。由此观之,所有现代社会都具有某种形态的公共领域[②]。其次,如果更严格地以"开放与理性"等理想化特征来界定公共领域,那么这个概念不只不适用于中国,对西方社会也很难成立。认为这些标准是西方所独有的社会特质而与东方无关,是对"西方"不加批判的肤浅认识。实际上,没有任何一个西方社会曾有过哈贝马斯所谓的"清晰交往"的理想化公共领域,因而他的论述在西方也备受质疑[③]。然而,以理想化的形态来思考和追求公共领域仍然有其重要意义。诚如杨美惠指出,以这些术语来研究中国,也许提供了一种新的方式来促进我们思考和实现某些重要的社会价值[④]。本文试图探讨的核心问题是,中国传媒改革中的商业化趋势对公共领域产生了怎样的影响?应当如何估价这种影响?传媒的商业化能否为知识分子和市民创造更多的可能空间来讨论公共事务?

在世界各国的学术界和知识分子的讨论中,传媒商业化的问题一直受到广泛而复杂的批评与争论,这至少可以追溯到两次大战期间的本雅明(Walter Benjamin)[⑤]。无论在左翼或右翼的学者当中,都有许多人对商业传媒及大众文化的影响持质疑态度[⑥]。文化批判主义者声称,商业传媒只关心利润,趋向于制造娱乐而不是理性的批

---

① Jügen Habermas, The Structural Transformation of the Public Sphere: An Inquiry into a Category of Bourgeois Society, trans. Thomas Burger (Cambridge, MA: MIT Press, 1989).

② Richard Kraus, "Public Monument and Private Pleasures in the Parks of Nanjing: A Tango in the Ruins of the Ming Emperor's Palace", in The Consumer Revolution in Urban China, ed. Deborah S. Davis (Berkeley: University of California Press, 2000), 287 - 311.

③ John B. Thompson, The Media and Modernity: A Social Theory of the Media (Cambridge: Polity Press, 1995), 71 - 75.

④ Mayfair Mei-hui Yang, "Introduction", in Spaces of Their Own: Women's Public Sphere in Transnational China, ed. Mayfair Mei-hui Yang (Minneapolis: University of Minnesota Press, 1999), 1 - 31.

⑤ 参见 Walter Benjamin, "The Work of Art in the Age of Mechanical Reproduction" (1935). Available at http://pixels. filmtv. ucla. edu/gallery/web/julian_scaff/benjamin/benjamin. html.

⑥ 有关左派对商业化负面效应的评价,见 Theodor W. Adorno and Max Horkheimer, The Dialectic of Enlightenment, trans. John Cumming (New York: Continuum Publishing Co., 1972). 保守派对于相同问题的看法,见 Neil Postman, Amusing Ourselves to Death: Public Discourse in the Age of Show Business (New York: Viking Penguin, 1985).

判性论述。唯物主义论者则强调传媒与资本主义的制度性关联，指出大公司控制下的传媒不可能在公共讨论中扮演独立和批判的角色[①]。而这些论点也同时遭到了来自左右两派的强烈反驳。例如，一些左派学者指出，对大众文化的批判暴露出精英主义对大众品味的轻蔑[②]。也有其他论者认为，公司制度下的传媒并没有使批判性评论哑然无声，也没有丧失内容的多元化[③]。

中国知识分子对于商业化怀着类似的忧虑。在1990年代中期，有超过三十家报纸杂志曾开辟专题或者系列讨论，话题包括"人文精神的失落"、"知识分子的边缘化"，以及"后现代热"等等。他们尤其担忧的是，市场导向的传媒将使知识分子的声音逐渐边缘化，他们所关注的人文精神和民主价值也将被商业大潮所淹没。的确，中国知识分子有充分理由怀有这种担忧。但由于中国社会与政治历史的特殊性，这些担忧还应当被置于自身的独特语境中审慎地予以检讨。本文将概括性地回顾分析过去二十年间中国传媒的变化，包括商业化驱动下出现的一些次生性趋势，诸如传媒的多元化、新技术的引进和全球化等。本文的结论认为，虽然传媒的商业化并非灵丹妙药，但与改革前在意识形态垄断下所塑造的等级政治文化相比，它能为开放和理性的公共领域造就更好的条件和发展前景。

一、中国"国情"与传媒改革

在讨论传媒商业化的问题中，关注本地的特殊背景尤为重要。中国现存的传媒理念和制度设计仍然具有"宏大文化规划"的传统，这是改革前历史的深刻遗痕。如林培瑞(Perry Link)指出，"它们是一个宏大试验的一个部分。这个实验基于这样一个前提：即人类有意识的设计可以塑造新的、更好的社会生活模式。"[④]伴随着计划经济，有计划地重新塑造人性的规划为造就一个庞大的文化等级体制播下了种子。在这个文化规划体制中，经济和商业利益完全服从于意识形态和政治的考量。但正像科尔奈(Janos Kornai)等经济学家所指出的，计划经济制度造就了一系列反常的激励，往往会导致出乎意料的结果，从而最终挫败计划者的意图[⑤]。在文化规划方面也有类似的情况。1980年代早期由潘晓引发的关于"人生意义危机"的讨论，就是意识形态计划遭到如是命运的一个例子[⑥]。

---

① Edward S. Herman and Robert W. McChesney, The Global Media: The New Missionaries of Corporate Capitalism (Washington: Cassell, 1997).

② Mark Poster, The Mode of Information: Poststructuralism and Social Context (Cambridge: Polity Press, 1990).

③ Benjamin Compaine, "Global Media", Foreign Policy, no. 133 (November/ December 2002): 20-28.

④ Perry Link, The Uses of Literature: Life in the Socialist Chinese Literary System (Princeton, N. J.: Princeton University Press, 2000), 3.

⑤ Janos Kornai, Economics of Shortage (New York: North-Holland Publishing Co., 1980).

⑥ Pan Xiao, "What Exactly is the Meaning of Life?", Chinese Education 14, no. 1(Spring 1981).

尽管在实践中，文化规划的结果常常出人意料也令人不满，但它似乎许诺了知识分子在社会影响力和自主性方面的特权，因而对知识分子有着强大的吸引力。文化规划的方案在中国形成了一整套制度，那些被纳入体制等级结构中的知识分子虽然免受商业化的冲击和制约，却无法逃脱政治上的干预和禁锢。1980 年代的改革中，一种新的可能吸引了许多中国知识分子，那就是在体制内参与改革，这既能够增强知识分子政治上的自主性，也无需牺牲经济上的自立。他们将政治领导的言论予以重新阐释来支持官方改革派的方案，当时的公共领域似乎出现了令人乐观的前景。许多著名的知识分子复出，意识形态的控制日渐放松，外国文化和观念也可以输入中国，这些发展都令人鼓舞。但是，众所周知，独立知识分子与现存体制结盟的改革方案在 1989 年以失败告终。

由此可见，中国传媒的商业化起始于一个特殊类型的公共领域：先前完全被官方垄断所控制，尔后知识分子加入体制内的改革也终于流产。这种特殊的“国情”与其他许多国家的背景有较大差异，构成了自身独特的起点，也导致了不同的制度发展轨迹，因此，传媒的商业化对中国公共领域的影响也产生了不同的影响。

中国传媒的商业化在邓小平 1992 年南巡之后尤为显著。但在很大程度上，1980 年代的改革已经为后来的商业化埋下了重要伏笔。当时最重要的一项改革措施，是传媒机构从行政单位变成企业化管理的事业单位（所谓“事业单位，企业管理”）[①]。传媒机构转型为自负盈亏的单位，国家的行政补助逐渐减少，这给传媒机构带来压力，迫使它们生产具有市场销路的产品。许多传媒采纳了目标和配额制度，把压力转嫁到雇员身上。不少传媒最终成功，获利甚丰。例如，到 2000 年为止，中央电视台的广告收入超过六亿美元。而国家拨给的补助只具有象征意义，不过是为了表明国家仍然是中央电视台的主人而已[②]。

广告业的恢复在这一过程中扮演了关键角色。“文革”后的第一个电视广告（一种饮料）于 1979 年在上海电视中播出，观众大感意外，纷纷打电话到电视台询问是否出了差错[③]。此后，众多的报纸杂志开始经营广告业务，使广告业蓬勃兴起。据韦伯(Ian Weber)统计，中国广告消费在 1990 年达到 25 亿人民币，到 2000 年则飙升至 1 856亿。其中，电视和报纸成了广告收入的大头[④]。广告业的复兴使中国传媒走向

① 见 Yuezhi Zhao, Media, Market, and Democracy in China: Between the Party Line and the Bottom Line (Urbana: University of Illinois Press, 1998), 52 - 54.

② Chin-Chuan Lee, “Chinese Communication: Prisms, Trajectories, and Modes of Understanding”, in Power, Money, and Media: Communication Patterns and Bureaucratic Control in Cultural China, ed. Chin-Chuan Lee (Evanston, IL: Northwestern University Press, 2000), 9.

③ Liu Qing, “The Political Economy of Media Reform” (unpublished paper, 2002).

④ Ian Weber, “Reconfiguring Chinese Propaganda and Control Modalities: A Case Study of Shanghai's Television System”, Journal of Contemporary China 11, no. 30 (February 2002): 59.

市场，又反过来促进了广告消费，广告与传媒的这种互动作用加速了传媒的商业化趋势。

传媒的放权或分散化（decentralization）管理也是改革的一个重要方面。1983年出台的"四级电视台"政策使众多传媒获得了更高的自主权[①]。改革之前新华书店垄断图书发行的局面也被打破。1990年代中期开始，私营书店的店主或书商可以拥有分布广泛的图书发行网络，其发行速度和效率可能远胜于新华书店。改革也为中国人直接接触国际传媒提供了更多机会。比如，1995年中国对国外影片的进口条例作出重大修改，在与国外出口商实行分成票房收入的条件下，每年可以进口十部电影，从而推动了国外电影大片在中国的展映市场[②]。

二、传媒体制与内容的多样化

中国传媒的商业化产生了一些重要的次生后果，首先是传媒的多样化。传媒产量获得了惊人的增长。例如，1990年出版的杂志数量是1978年的六倍以上，而从1990年到1999年则又增加了40%。每份杂志的篇幅及发行量也都大幅提升。电视台的数量则从1983年的52家增加到1990年的509家，到1999年更多达943家[③]。毋庸置疑，容量的扩大增强了多样化的趋势。但问题是：这在多大程度创造了一个更为开放和更有包容性的公共讨论空间？对此，我们可以从传媒所有制的多样化和传媒内容的多样化这两个方面予以考察。

如今，中国传媒所有制结构的确呈现出多元化趋势，但程度仍然有限。例如，私营公司可以生产电视节目，并经由广告商代理发行，但只能由国家所有的电视台播出。同样，私人企业家可以发行图书，但只有官方国有的出版社才可以合法出版图书。期刊所有制也受到类似的限制。也就是说，在内容生产和发行领域方面已经有一些松动的空间，但在出版权和广播权方面仍然有严格的控制。虽然传媒机构采取了企业化的经营管理，但依然属于"事业单位"，这意味着上级政府和党组织仍然在雇佣或解雇成员、允许或禁止内容的出版或播映等方面拥有决定权。尽管如此，商业化背景下出现的许多"变通"操作，的确形成了某种意义上的体制多元化。就期刊而言，许多机构把传媒的所有权当作其收入的重要来源，而且能对市场需求作出反应。这使产权所有机构和期刊的实际操作之间的关系变得微妙，正

① 见 Daniel C. Lynch, After the Propaganda State: Media, Politics and "Thought Work" in Reformed China(Cambridge: Cambridge University Press, 1999), 31–32.

② 参见 Yingchi Chu, "The Consumption of Cinema in Contemporary China", in Media in China: Consumption, Content and Crisis, ed. Stephanie Hemelryk Donald, Michael Keane and Yin Hong (London: RoutledgeCurzon, 2002), 43–66.

③ Ran Wei, "China's Television in the Era of Marketisation", in Television in Contemporary Asia, ed. David French and Michael Richards (London: Sage Publications, 2000), 327.

如期刊的所谓“挂靠”操作模式所体现的那样，正式允许的所有制和非正式默认的所有制之间的界限变得暧昧不清。在图书出版中也有类似的情况，出版社和私营企业家在营销领域中的协作为书商提供了新的空间。书商由此可以推荐书稿，参与编辑过程，从而承担许多出版社的职能，以至于可以通过“买卖书号”方式来变相地从事出版活动。

内容方面的多样化比较复杂。与过去相比，曾经主导中国公共领域的官方政治新闻，如今比例大大下降。虽然党的机关报纸，即“官方喉舌”，依然按指令刊登大量政治新闻（如领导的讲话、官方会议报导等等），但其相对数量已大大减少，影响力也大大衰落。因为机关报没有多少市场需求，大多只能通过官方指令在工作单位流通，而其他报纸的发行则主要通过家庭订阅和报亭销售而日益活跃。因此，有论者指出：“中国读者和观众普遍认为，大报沉闷而小报热销；报纸的头版让人兴趣索然，但娱乐和周末板块却生动活泼；主导报刊和官方电视节目呆板，而附属的出版物和娱乐性内容却富有激发性。”①那些诸如体育、名人趣闻、生活方式和时尚休闲等“软新闻”，因为具有商业价值，在政治上也容易过关，因此颇为盛行，这与其他许多国家的情况区别不大。

但问题在于，这类“软新闻”并不能为市民的政治参与和公共讨论提供有意义的帮助。正如斯帕克斯（Colin Sparks）所言：对许多人来说，了解曼彻斯特联队的竞赛纪录，要比了解一个不引人注目的议会在生育问题上的投票记录有意思得多，但这并不是说体育知识更加重要。任何一种民主理论，即便是精英民主理论，都要求大众具有起码的关于政治核心问题的知识，这是具体实现民主制度的必要条件。而小报新闻或庸俗化的新闻不能给观众或读者提供实践公民权利的必要知识②。尽管存在种种缺失，我们仍然要在中国特殊的政治语境中认识商业化传媒的特殊意义。实际上，中国传媒中“软性内容”的增加，标志着国家权力功能的重要变化。

在商业化之前，国家主导的“塑造新的更好的社会生活”的宏大试验是国家权力的惊人扩张，包括对私人领域的吞并。而后毛泽东时代的改革则开启了一种转型，邹谠教授称之为“历史分水岭”③，此后，国家开始放弃了许多原有的权力职能，从私人

① Eric Kit-Wai Ma, “Rethinking Media Studies: The Case of China”, in De-Westernizing Media Studies, ed. James Curran and Myung-Jin Park (New York: Routledge, 2000), 21-34.

② Colin Sparks, “Introduction: The Panic over Tabloid News”, in Tabloid Tales: Global Debates over Media Standards, ed. Colin Sparks and John Tulloch (New York: Routledge, 2000), 28. 另外也有学者对中国小报做了出色的研究，并得出类似结论，见 Yuezhi Zhao, “The Rich, the Laid-off, and the Criminal in Tabloid Tales: Read All About It!”, in Popular China: Unofficial Culture in a Globalizing Society, ed. Perry Link, Richard Madsen and Paul G. Pickowicz (Lanham, MD: Rowman & Littlefield, 2002), 111-35.

③ 参见 Tang Tsou, “Back from the Brink of Revolutionary—‘Feudal’ Totalitarianism”, in State and Society in Contemporary China, ed. Victor Nee and David Mozingo (Ithaca: Cornell University Press, 1983), 53-88.

和许多社会领域中退出。在这个意义上，以大众文化为导向的传媒的增长，特别是当传媒受到市场而不是政治驱动的时候，它既是社会自主性增强的标志，也对此起着重要的推动作用。中国人现在已经有更多的闲暇和空间来安排和设计自己的身份认同和个人兴趣。从妇女杂志到体育杂志等各种范围的软性传媒，为这些个人规划提供了有效资源。虽然如斯帕克斯上文所述，这绝不等于出现了一个自主的公共领域，但我认为它是形成自主性公共领域的重要前提。

除了软性内容的盛行之外，传媒在商业化改革中也出现了许多受市场欢迎的“舆论监督”内容。例如，“深度调查”类的报导受到大量读者和观众青睐，当然，学者对其监督功能的性质有不同评价。赵月枝认为，“通过传统传媒管理机制，党的领导能够制订传媒的日程安排，指示传媒的监督方向和目标。”①她进一步指出，大多数调查性报导所针对的只是个别低级官员的权力滥用，而不是国家的重大体制和政策。她由此认为，所谓“舆论监督”的新闻并不能发出有效的反对声音。而李小萍则积极肯定了著名的调查性节目《焦点访谈》。她认为，平均每天 2 亿到 2.5 亿观众收看这个节目，显示了它重要的公众影响力。她赞同萧功秦的观点，即“除了那些直接或间接与国家安全或公共秩序有关的问题，政治控制的领域在逐步缩小”②。

对于多样化而言，有些公共领域的边缘性报刊也值得关注。所谓“边缘性”是指那些编辑政策甘冒一定政治风险，或者发行量相对较小的报刊。当然，类似于“打擦边球”等冒险策略因为缺乏制度保障，往往经不起政治干预。官方可以推迟或暂停其出版，或者更换编辑主管和干预编辑政策。干预的决定通常在幕后作出，也很少在事后加以说明，当事人也没有申述的权利。这种干预往往导致投资者的经济亏损，也会对传媒主管的仕途造成严重后果。尽管这在传媒界已为人所熟知，但依然有一系列报刊采用这种边缘性操作。例如《南方周末》的策略使其获得了相当大的社会影响，也拥有很高的发行量和巨额广告收入。虽然其成功不具有体制的保障，也不能证明一个自主性公共领域的存在，但的确有助于推动多样化的公共言论。

总之，中国传媒的商业化在有限的程度上增加了传媒的多样性，但在政治敏感的话题领域中，批评性言论仍然没有多少空间。现有的所有权结构表明，官方依然有能力在特定政治问题上组织大规模的宣传运动。边缘性报刊或许能发表一些批判性言论，但经常用词晦涩、委婉，而且影响有限。在另一方面，大众的确比以前拥有更多的空间来选择自己信息消费的内容，具有更多的文化资源来建构私人领

① Yuezhi Zhao, “Watchdogs on Party Leashes? Contexts and Implications of Investigative Journalism in Post-Deng China”, Journalism Studies 1, no. 4 (November 2000): 587.

② Li Xiaoping, “‘Focus’ (Jiaodian Fangtan) and the Changes in the Chinese Television Industry”, Journal of Contemporary China 11, no. 30 (February 2002): 17 - 34.

域的生活。

三、新技术与全球化的影响

在中国传媒改革中，电视、互联网和音像制品（CD、VCD和DVD）等新型传播技术的兴起，推动了中国公共领域的多元化发展，但其意义也受到制度背景和使用者兴趣的制约。电视在1978年的中国还只有少量观众，但到1990年已经成为中国的主导传媒。电视的发展强化了私人领域的自主性，它的作用与许多传媒理论的预测相反。如阿多诺（Theodor W. Adorno）和霍克海默尔（Max Horkheimer）曾认为，广播传媒和法西斯主义的兴起存在关联，因为广播传媒创造了一个从当权者到大众的单向交流渠道[①]。而在中国情况有些相反，当电视日益普及之后，收看电视节目最终成为家庭领域的私人活动，这使中国民众的社会传播模式发生改变，得以由从前的（诸如"政治学习"等）强迫性的公共参与，变成谨慎的个人化消费。这无疑为中国人提供了更大的自主权来选择传媒，也提供了更自由的解读传媒内容的可能[②]。

1996年互联网技术开始引入中国，虽然目前还远未普及，但正在以惊人的速度发展。中国官方积极支持互联网的发展，把它看作实现现代化的一个工具，但也垄断着如地下光缆等网络的基础设施，私营企业没有独立的网络基础资源。同时，官方制订了严格的内容发布规则，例如在新闻报导方面，只允许互联网的内容供应者（ICP）发表已在官方报纸上刊登的内容。即便如此，由于互联网独特的技术性质，还是为中国网民提供了更快捷地获取多种信息的渠道，以及更开放的参与公共讨论的平台。互联网的"横向连通"结构使信息封锁较为困难，网民通常总是有办法绕开封锁，获得从盗版音乐到政治异端意见等被查禁的信息。低成本和相对便利的信息发送方式使私人可以借互联网把信息广为散布。但另一方面，网络上流通的信息也完全可以被监视。比如，在聊天室和论坛中发表"坏贴子"可以受到监控，甚至法律制裁。互联网企业也可能像传媒单位一样受到指令和制裁。政府对具有"敏感信息"的网页实施的封锁也有一定成效。特别是这种控制采取了高技术手段，例如近来使用的packet-sniff软件，它能拦截含有特定词汇组合的电邮或者网页。蔡斯（Michael Chase）和马尔韦农（James Mulvenon）在最近一项调查中发现，没有任何异议团体能够通过互联网对中国政府构成挑战[③]。因此，早先那种认为互联网技术将会颠覆一切等级体制

① 参见注6 Adorno and Horkheimer。

② Barrett L. McCormick and Qing Liu, "Globalization and the Chinese Media: Technolgoies, Content, Commerce and the Prospects for the Public Sphere", in Chinese Media, Global Contexts, ed. Chin-Chuan Lee (New York: Routledge Curzon, 2003).

③ Michael Chase and James Mulvenon, You've Got Dissent! Chinese Dissident Use of the Internet and Beijing's Counter-Strategies (Santa Monica, CA: Rand Corporation, 2002).

的预言,现在看来只是乌托邦式的幻象①。

当然,就互联网功能的评价而言,公共讨论的范围和质量比是否对政府构成挑战是更为重要的标准。就此而言,互联网作为传媒仍然存在着许多限制。首先,尽管互联网发展迅速,网络用户仍以高收入和高教育水平的群体为主,其中主要是单身男性②。其次,在中国也和其他国家类似,大量参与论坛(布告栏)和聊天室的匿名发言,质量参差不齐,许多言论既不理性也不文明。但无论如何,互联网正使中国的公共领域变得更为开放和包容。白杰明(Geremie Barme 和戴维斯(Gloria Davies)指出,在有关"长江读书奖"的争论中,许多中国知识分子发现互联网是一个更为开放的场所,热烈地参与了网上讨论③。虽然他们在结论中指出,这些网上讨论带有许多"文人相轻"的传统陋习,也还远不是一个自主的公共领域,但我认为,类似"长江读书奖"的讨论,是朝向更为开放、包容和理性的公共领域进展的重要标志。总之,新传媒技术的引进对中国公共领域产生了重要影响。当然,技术的影响不是决定论式的,也没有使制度环境发生根本性的变化。但技术自身的特性使得制度在与传媒实践的互动之中产生了新的可能,从而导致了渐进性的却也是重要的进展。

最后,中国传媒的商业化促进了不同形式的全球化趋势。就中国电视而言,由于频道数量急剧增加,需要大量进口电视节目来填补播映时间的空缺。而中国各大电影院每年都上映一定数量的进口电影以保障票房收入。市场上流通着不计其数的国外音像制品,其中大部分是盗版光碟。而外国杂志的中文版也逐渐在大陆发行。在互联网的使用中,有证据显示较高比例的中国用户浏览中国之外的网址④。此外,一些跨国传媒企业,包括美国在线、时代华纳、默多克(Rupert Murdoch)的新闻公司和德国企业贝塔斯曼(Bertelsmann)等,都已经有限度地进入中国市场。在中国加入世界贸易组织之后,传媒的全球化趋势将会更加盛行。

许多全球化的批评者认为,传媒的全球化会使本土文化的生产衰亡。这种担心并非空穴来风。首先,主要的信息都由国外进口,那么本土的公共领域的理性讨

---

① 见 Howard Rheingold, The Virtual Community: Homesteading on the Electronic Frontier (Reading, MA: Addison-Wesley, 1993).

② Guo Liang and Bu Wei, "Internet Use in China—A Comparative Analysis", in China's Digital Dream: The Impact of the Internet on Chinese Society, ed. Zhang Junhua and Martin Woesler (Bochum, Germany: University Press Bochum, 2002), 71-94.

③ Geremie R. Barme and Gloria Davies, "Have We Been Noticed Yet? —Intellectual Contestation and the Chinese Web", in Chinese Intellectuals between the Market and the State, ed. Merle Goldman and Gu Xin (forthcoming).

④ Guo Liang and Bu Wei, "Internet Use in China—A Comparative Analysis", in China's Digital Dream: The Impact of the Internet on Chinese Society, ed. Zhang Junhua and Martin Woesler (Bochum, Germany: University Press Bochum, 2002), 71-94.

论就无从谈起。其次，跨国传媒公司在商业竞争中处于强势，可能形成对本土市场的垄断和文化霸权。例如，在包括中国在内的许多国家中，好莱坞的产品主导了电影市场[①]。的确，跨国传媒企业的动机并不指向建设一个理性的公共空间。默多克的新闻公司就是一个例子。默多克在许多国家都遭到了批评。他野心勃勃地获得传媒资产，导致了传媒所有权的高度集中，同时为了盈利通常制造轰动性的庸俗新闻，而不惜放弃新闻应有的道义立场。例如，当初默多克从香港大亨李嘉诚手中购买了卫星电视后曾宣称，极权体制不可能抵挡现代通信技术所保障的消费者自主性[②]。但后来他很快发现，中国当局能够通过各种强制手段来抵制卫星电视之类的现代技术的开放性。于是，为了其传媒能够进入中国大陆盈利，默多克向中国官方做出许多"友好让步"，包括从卫星电视节目中删除中国官方敏感的英国广播公司(BBC)节目，把《南华早报》出售给马来西亚企业家郭鹤年，而后者在接手后就解雇几位声誉卓著的记者，"软化"了有关中国的新闻报导。默多克所建立的凤凰卫视，在新闻报导方面迅速快捷，并制作了丰富的娱乐节目，因而比中央电视台更能吸引观众。但其新闻和编辑政策极力弱化批评性，避免触犯中共当局[③]。这使默多克得以与中国大陆保持良好的合作关系，近来在广东省获得了利润丰厚的有线电视市场。

当然，在抨击全球化弊端的同时，我们也不应当忽视它对文化变迁复杂和多面的影响，特别是传媒全球化对于不同文化语境(如对加拿大和朝鲜)可能会产生非常不同的意义。因为同一个文本或文化事件，在不同的语境中会获得不同的意义阐述。例如，阎云翔指出，与美国人相比，中国人对于麦当劳的理解就很不相同。在许多中国人的感觉中，麦当劳是一种更为昂贵、时髦和国际性的消费[④]。类似的，骆思典(Stanley Rosen)发现，在中国驻贝尔格莱德大使馆被轰炸之后，许多中国年轻人倾向于接受中国传媒的报导，而那些可以直接接触国外传媒的人，如果感到国内外传媒对事件有不同的解释，会倾向于排斥国外的报导，将其视作外国政府编造的谎言[⑤]。由此看来，全球化虽然使国外传媒进入中国，却并不意味着将导致西方文化的垄断与霸权，也不意味着中国正在成为国外文化入侵的牺牲品。实际上，国外传媒企业总是要剪裁它们所生产的内容，以适应当地的需求。而在全球化的冲击下，中国国内的文

① 有关最近的解释，参见 Allen J. Scott, "Hollywood in the Era of Globalization", at Yale Global Online, 29 November 2002(http://yaleglobal.yale.edu).

② Rupert Murdoch, "The Consumer is in the Saddle, Driving the Telecommunications Industry", The Times, 2 September 1993.

③ Barrett McCormick and Liu Qing, "Alternate Medias" (unpublished paper).

④ Yunxiang Yan, "McDonald's in Beijing: The Localization of Americana", in Golden Arches East: McDonald's in East Asia, ed. James L. Watson (Stanford: Stanford University Press, 1997), 39 - 76.

⑤ Stanely Rosen, "Chinese Media and Youth: Attitudes Toward Nationalism and Internationalism", in Chinese Media, Global Contexts.

化封闭和管制可能逐步放松，中国自身的传媒和文化产业就极有可能获得更强的竞争力。

四、结论

中国传媒的商业化表明：通过有意识的文化设计来塑造新型社会生活模式的宏大试验已经发生了根本性的动摇。对于许多知识分子来说，放弃这个文化设计工程似乎是有损其地位。在一个由政治统制的世界中，至少在表面上，观念和操纵观念的知识分子显得格外重要。而在消费社会中，知识分子陷入了某种内在的困境。市场和思想之间的关系是复杂暧昧的，大众文化产业也需要创造性的理念和才能，并回之以丰厚报酬，但它趋向于以经济标准而非艺术和智性的品格来评价文化生产。对于迷恋于后一种标准的人们，市场所造成的体验可能是另一种形式的腐败和专制。

如今，信息、观念和权力依然在中国社会中流通，但其方式已经受到了市场的深刻影响。这个转型创造了一个相对自主的私人生活领域，同时又是复杂和多面的，蕴含着各种可能性的后果。其中的一种可能是，消费将成为中国公共传媒的中心话语。传媒既是消费对象，自身也在促进更多的消费。在这种环境下，各种意识形态依然在传播，但私人领域越强大，那些缺乏大众感召力的观念就越难以赢得公众。与此同时，许多论者指出，民族主义这一意识形态在中国传媒中仍然有很大市场①。许多国家的历史也表明，高度集中的国家权力以及对公共领域的政治控制，可以与消费主义、民族主义的意识形态以及市场导向的公共领域长期共存、并行不悖。总之，传媒市场的迅速发展产生了日益增长的、至少对某些人来说是可资利用的资源。而传媒市场最显著的特征是其任意性和无序性。这意味着任何人都很难完全控制中国传媒的未来。与商业化之前由国家所垄断的传媒相比，中国传媒在持续、复杂而多面的变化中，更有希望出现一个更为开放、更具包容和更为理性的公共领域。

① Wanning Sun, "Semiotic Over—Determination or 'Indoctritainment': Television, Citizenship, and the Olympic Games", in Media in China, 20. 也可参见 Geremie Barme "CCPTM & ADCULT PRC", The China Journal, no. 41(1999):1-23.

论60年来我国新闻报道方式的演变

陈力丹

导言——

本文刊载于《国际新闻界》2009年第9期。

陈力丹,1951年出生,江苏南通人。现为中国人民大学新闻学院教授,新闻与社会发展研究中心新闻传播所所长。著有《精神交往论》、《舆论学》、《世界新闻传播史》等。

本文以对传媒性质认识的不同,将新中国60年的新闻史划分三个时期,分别对这三个时期新闻报道方式的特点和成因进行了论证。作者认为,"事实"与"意义"的关系,是中国传媒新闻报道方式变化中的核心命题。1949年以来新闻报道方式的演变,基本围绕着调适报道中"事实"与"意义"展开。1978年以前的新闻报道方式,叙述轨迹基本相似。不论报道的内容是什么,"突出政治"是共同的特点。改革开放之后,新闻叙述在意义呈现方面的最大变化,在于新闻叙述的核心内涵已不再是唯一的政治了,呈现为多样视角和价值并存,新闻价值逐渐回归本位,叙述开始遵循新闻传播规律,并在此基础上满足受众和社会的多层次需求。新闻报道中的逻辑推理,也逐渐摆脱把政治作为唯一动力的模式,开始重视经济、文化、个人等多方面的原因。进入90年代以后,中国传媒的职业意识开始彰显,新闻专业主义成为一种职业化操作的理念,在与政治话语和经济话语的交融、渗透和碰撞中,行业的行为边界逐渐明确,新闻报道的架构逐渐显现出专业化视角。

中国共产党领导下的传媒报道方式,有延安《解放日报》和重庆《新华日报》两种同质异构的传统。新中国成立后的中国传媒,主要继承的是延安《解放日报》的工作传统。宏观的原因在于,在解放初期巩固政权的斗争形势,需要更多地继承解放区党报的经验,随后党在指导思想上发生持续20年"左"倾错误,使得本来应该转向以经济建设的社会环境没有形成。这种情形下,《新华日报》大城市环境中的工作经验和新闻报道方式被忽略,以武装斗争为背景的根据地的党报工作传统被全盘继承了下来。还有一个具体的原因,以中央机关报《人民日报》和国家通讯社新华社为核心的新中国传媒,其主要工作人员,多数来自根据地而不是大城市,他们的经历以及他们对后来的一代和二代年轻新闻工作者的影响,自然遵循的是农村根据地的而不是大城市的党报工作传统。

延安《解放日报》传统的核心观点是:党报的主要任务是指导工作而不是传播新闻。这在基本没有新闻需求的战争时期的陕甘宁边区,是符合实际情况的,因而党报发挥了很大的宣传鼓动作用。鉴于党报的主要任务是指导工作，因而党报报道的事实，自然主要是工作经验、领导机关的指示和具有指导工作意义的人物，事实的选择标准，主要看否体现党的中心工作，而不是新闻价值。对于民众来说，有效的宣传是讲述生活在他们身边的人，而不是政治大道理。在毛泽东的推动下，第一个典型人物吴满有的宣传获得了成功，进而推广到党领导的各根据地。

一、传媒作为阶级斗争和政治斗争工具背景下的新闻报道方式(1949—1978)

新中国成立一个月，即1949年11月1日，中央人民政府政务院成立新闻总署，任务是领导全国新闻事业，管理国家级的新闻机构。该署随即发布了多项关于新闻报道以生产建设为中心的文件，1949年12月召开全国报纸经理会议，提出报纸“企业化经营”的话题。随着1952年底全部民营新闻出版单位的消失，中国的传媒成为各级党政机关的一个部门，行业化管理新闻业的机关新闻总署在1952年撤销也是自然的。

在这种体制下，新中国新闻报道方式全面继承和发展了革命战争时期根据地报刊工作的经验。不过，那时新闻报道的风格还是颇为清新、朴素，没有一定之规，充满了对共产主义的憧憬。1954年前后，中国新闻界全面、对口地学习苏联。1956年刘少奇对这种机械学习有所批评，但是苏联的报道方式仍然较长时间影响着中国的传媒。

1957年以后，党中央在指导思想上发生持续20年的“左”倾错误。这种外部环境也影响到中国传媒的新闻报道方式。在行文上，大批判的话语逐渐升温。“文革”前的60年代初、中期，中国传媒针对20多部电影、戏剧，以及哲学、经济学、文艺理论等领域的一些观点所发表的批判性文章和消息，均是大批判行文模式。甚至连生活类的晚报也受到这类报道方式的影响。例如1958年5月11日《新民晚报》的两条新闻标题：

兴无灭资，又破又立(主题)
上海文化出版社举办展览(副题)
大学生搞臭个人主义，中学生开展五比运动(主题)
上午活动分子发出大会号召(副题)

1964年3月3日中央军委副主席林彪关于《解放军报》的指示，提出“如果来稿没有这种语言，编辑部审稿时要加上去”，对当时的新闻界影响很大。甚至至今受到赞誉的1966年2月7日《人民日报》头条通讯《县委书记的榜样——焦裕禄》，当时也加上了一些不存在的“事实”。

1966年至1976年“文革”期间，中国的传媒遭受到空前的劫难。报纸大部分停刊,1967年至1972年全国报纸持续五年只有40家左右。全国性报纸《大公报》于1966年9月停刊。中央人民广播电台和北京电视台实行军管。

1966年5月9日,各传媒同时转载《解放军报》高炬的文章《向反党反社会主义黑线开火》、何明的文章《擦亮眼睛,辨别真假》,刊登两个对开整版的批判邓拓的材料。北京各中学和大学停课学习这些文章,展开对邓拓的批判;邓拓不堪忍受如此诬陷而自杀。"文革"实际上开始于这一天,随后党中央发出关于"文革"的《五一六通知》。5月9日的批判材料的标题是:

邓拓的《燕山夜话》是反社会主义的黑话(大标题):

一、恶毒攻击我们伟大的党;

二、反对社会主义建设总路线、大跃进,攻击无产阶级专政;

三、为被罢了官的右倾机会主义分子喊冤,吹捧他们的反党"骨气",鼓励他们东山再起;

四、狂妄地叫喊要我们党赶快下台"休息";

五、《燕山夜话》假介绍"知识"之名,行反党反社会主义之实;

"文革"期间的大批判报道方式以这篇材料为发端,此后的表现方式同质异构,媒介审判,有罪推定,诋毁他人到无以复加的地步,同时批判的武器伴随着武器的批判;被批判者不可辩、不可诉。"文革"中《人民日报》、《解放军报》和《红旗》杂志("两报一刊")职能越位,长期形成"报纸治国"、"社论治国"的非法治局面。

"文革"使得新中国成立后继承了延安传统的典型报道,完全失去质朴的一面。行文为了配合中心工作而进行的"合理想象"多起来。这种情形下,此前新闻报道方式存在的缺点被推向极端,政治完全成为新闻本身,新闻报道方式成为一种政治行为而不是一种专业的业务。传媒上的消息几乎全部由政治术语编织而成。例如1973年4月18日《人民日报》消息《首钢炼钢厂创造转炉炉龄新纪录》中的一段:

正在这时,当二号炉炼到六百零三炉时,突然发生了炉衬砖剥落的情况,只有采取加强喷补的办法才能继续冶炼。这时,厂党委和革委会的领导干部和职工们一起学习了毛主席关于"只争朝夕","鼓足干劲,力争上游,多快好省地建设社会主义","团结起来,争取更大的胜利"的教导。大家说,毛主席的这些教导,都有一个"争"字,我们干革命就是要争。工人们提出班班必争,炉炉必争。

在生产的紧要关头,不是想办法解决突发问题,而是坐下来学习毛主席语录,这是不可能的事情,但在"文革"期间的报道中很常见。对精神力量的强调无以复加,于是走向了荒谬。

再如1972年12月19日《人民日报》发表的通讯《人民的好医生李月华》这样写道：

这时，无产阶级文化大革命的烈火正旺。李月华心里也有团火。她要把在专区医院学到的技术，全部献给贫下中农。她要用自己的革命实际行动，去批判刘少奇一伙的修正主义路线。

这样的报道显然不真实，但很普遍，真实地反映那个时代新闻报道的特有思维方式。

从1966年5月11日《人民日报》报道毛泽东会见阿尔巴尼亚部长会议主席谢胡开始至毛泽东逝世，他的任何活动报道均绝对置于报纸头条，标题字号和照片越来越大。

由于"文革"中大部分领导干部陆续被打到，后又有少数复出，均没有预知的程序，人们只能通过"两报一刊"透露的领导人活动信息和报道位置和领导人排序的变化、语言的表达，甚至字号的使用，来估量政治形势。这种情形反过来强化了按照领导人实际地位安排报道版面的潜规则，用新闻价值衡量事实的新闻业务理念殆尽，并且影响至今。

1976年10月"四人帮"被粉碎后，汪东兴负责的中央宣传口曾通知各传媒，关于华国锋同志的报道规格，要与毛泽东的相同。于是，从10月25日起，全国各主要报纸关于华国锋的报道规格，遵循"文革"期间毛泽东的报道模式，持续了两年。

1976年到1978年的中国传媒业得到较快的恢复和发展，传媒的内容与"文革"期间的内容具有质的变化，但就新闻报道方式而言，尚没有发生本质性的变化，同构异质。例如成为历史转折点标志的《人民日报》1978年11月16日242字头条消息《天安门事件完全是革命行动》，基本是是一种政治表态，没有确切的事实细节，充满政治术语和形容词、副词。由于当时人们的兴奋点在于政治格局的巨大变化，对此的感觉被暂时忽略。

二、传媒"事业单位，企业化经营"背景下的新闻报道方式（1978—1992）

党的十一届三中全会将"以阶级斗争为纲"转变为"以经济建设为中心"，这个治国战略的重大变化，需要各方面的思想解放。当时，中国的传媒在推动社会思想的解放方面，成为思想上的中心。从新闻报道方式的角度看，传媒仰仗的仍然是以往政治思想上的强势，从而成为反映党内思想斗争的窗口。新闻报道的架构并没有发生根本性变化，但是内容更新了。中国传媒以映证式的传统报道方式，仰仗公众对传媒的公信力，打开了思想层面改革开放的新局面。这种报道方式的特点是：把党中央改革开放的总方针作为大背景，让实践检验真理，通过讲述具体事件阐发宏大理念，以俯视的视角和正义的气势，力排众议，推进改革的进程。批判的语气、激昂的字眼、短促的排比句、隐喻和转喻等等，是常见修辞手法。

传媒所以能够仍然运用这种报道方式实行引导，在于中国的主要传媒在粉碎“四人帮”之后迅速转变立场，顺应了人民的意愿，赢得了公众的信任。同样的报道方式，在“文革”后期采用中却遭到普遍抵制，最典型的便是1976年1月14日《人民日报》头条报道《大辩论带来大变化》。在周总理追悼会前一天，这条消息却强调：“近来，全国人民都在关心清华大学关于教育革命的大辩论。”而1980年6月20日《人民日报》文章《长途贩运是投机倒把吗?》，却被农民挂在扁担上，作为“合法”的依据，挑着货物去赶集，因为报道说出了他们的心里话：长途贩运是商贩运用自己的工具、通过自己的劳动，把商品从产地运到销售地，从而获得一部分收入，这不是“投机倒把”。

这种映证式的报道，其运用的峰顶恐怕就是《人民日报》1987年10月6日头版的通讯《中国改革的历史方位》了。它以气势磅礴位势，采用大跨度时空、多种样式兼容的笔法，总结了改革开放的经验和历程，其开头和结尾至今读起来令人激情澎湃：

> 我们从哪里来？我们向何方去？
>
> 百年后的历史学家，将怎样评说今天占世界人口五分之一的中华民族在中国共产党领导下的伟大进军？
>
> ……
>
> 中国共产党人和中国人民，在经历了多少次曲折之后，终于找到了民族振兴之路——改革！
>
> 奏响中华人民共和国国歌的激昂旋律吧！“中华民族到了最危险的时刻……”我们的民族历来有在紧急关头奋起的非凡凝聚力。
>
> 加快改革！我们的时间已经不多了。

一种报道方式走到了顶峰，同时就意味着要走下坡路了。当“商品经济”(1987年党的十三大用语，1992年党的十四大转变为“市场经济”这个更为科学的概念)真正来到以后，映证式报道的俯视角度，已经不再适应新的传媒与受众的关系，与受众平视的报道方式逐渐替代了原来的方式。

这一变化是渐进发生的。新闻报道方式回归到报道事实，政治不能替代事实的报道等的认识，在粉碎“四人帮”以后就已经被意识到，但仅限于少数人。1980年2月，上海《解放日报》总编辑王维在《新闻战线》发表文章《报纸应以发表新闻为主》，他说：“我们办了三四十年的报纸，现在也要讨论‘报纸应以发表新闻为主’的问题，这些虽是基本常识问题，但经过‘四人帮’的破坏，要拨乱反正，得从头开始，所以我说有点像‘返老还童’。”同年9月10日，上海市委批转《解放日报》、《文汇报》党委5月20日提交的关于改进会议新闻报道的请示报告，该文件最早提出“负责同志下基层了解、调查情况，参加劳动、参加群众性活动等正常工作活动，也不作报道，不拍照片登报”。①

然而，新闻学界当时对什么是新闻，却还在争论，其中“新闻是报道或评论最新的事实以影响舆论的特殊手段”的定义，初期为主导意见。而1980年至1988年由《新闻战线》编辑部和北京新闻学会（后来组织单位有所扩大，单位名称也多次改变）组织的全国“好新闻”评选，在实务层面有力推动了中国新闻报道方式的改革。1980年首届好新闻评出的1979年“好新闻”成为新闻报道方式的标杆。例如一等奖的首篇《“活着的黄继光”杨朝芬》，被评上的原因就如当时的评论所说：“它没有空话，没有英雄跃起爆破时‘想什么’的‘神化’镜头，也没有英雄舍身刹那‘说什么’的‘闪亮’的豪言壮语。它朴实地记述事情的经过，用人物的行动来反映人物的思想面貌”。②

1980年10月29日傍晚，北京站发生爆炸事件，死伤几十人。就在新闻学界为公开报道这件事情是否给社会主义抹黑争论的时候，《人民日报》在事实发生后的第二天（31日），在头版中间位置发表消息（新华社稿），客观报道该事件。11月13日，《人民日报》还是在头版，发表了关于这一事件的后续报道。消息仍然是客观报道，还公布了所有死难者的姓名和工作单位。这是对死难者亲属的一种告慰，是一种独特的传媒人性化的报道方式。新中国成立以来，我国的传媒还没有以这样的突出版面和客观报道的方式，报道过一起负面的突发事件，公开死难者的姓名、单位和职务。

冲破僵化的写作模式的另一个很小的切入口是白色新闻。1982年新华社记者郭玲春的报道《金山追悼会在京举行》，文学化的叙事，清新、婉约、细腻、深情，一时很多记者模仿。

新中国成立后的前30年，典型报道从朴素的吴满有式报道，逐渐丰富起来，除了在文字表达方面越发文学化外，更多地受到政治斗争形势变化的影响，“真实”这个基本要求，更多地服从于宣传的意图。“文革”典型报道的极端形式，打破了人们对它的迷信。

典型报道最显著的特点是循着鲜明的主观意识，去发现和报道适于推动工作的典型，因而它不具有新闻价值。典型报道传播途径自上而下，我树榜样你学习，而典型报道的成功与否，主要决定于“榜样”是否适应社会的发展阶段和人民的心理接受状况。当运用典型报道的社会环境发生了变化，典型报道由于惯性可还会发生作用，但不会长久。

1986年记者樊云芳等的《一个工程师出走的反思》为代表的“中性报道”引起全国轰动，《光明日报》收到1 600多封读者来信，报纸上辟出专版，进行了一个多月的讨论。中性报道刻意远离主观评说，只客观叙述事情的原委，不对各方的做法作评

① 《新闻学会通讯》1980年10期，第16页。

② 《好新闻，1979年全国好新闻评选得奖作品》，人民日报出版社1980年版，第2页。

论，只对事件做全景式的透视，以事实本身所具有的哲理，启迪读者思索，而不是简单、生硬地表达自己的观点，从而达到记者和读者的双向交流，激起共鸣。

1988年1月13日发生在深圳蛇口的一次青年教育家与青年的座谈会，引发所谓“蛇口风波”的讨论，一定程度涉及树榜样宣传的传播效果问题。一位青年写道："中国青年现在最缺的是什么？最缺的恐怕恰恰不是千百万人变成一个榜样的衍生物、相似形，不是‘多’变成‘一’。恰恰相反，是‘一’变成‘多’，变成五彩缤纷，别具一格，即每个人成为他自己。千百万个独具个性的、有质量的、充满批判精神和创造性的人，才构成一个有个性的民族，有朝气、活力的社会。如果说人类和这个世界的其他现存物有一个本质性差别的话，那就是人不能批量生产，人不能模式化、单一化。"①

与此同时，大量现实生活中的小人物，由于与典型事实相联系而成为新闻人物，他们不是“高大全”，但有特色，甚至代表了党的政策的某个方向。80年代这种报道的兴盛，给以往多过主观因素的映证式报道，开辟了一条改革之路。其本质特征是：新闻叙述在“呈现意义”和“报道事实”两个维度间发生了从偏向前者到偏向后者的变化。

新中国的传媒人长期以宣传党的方针政策为己任，做党的驯服工具曾经是共产党员修养的重要内容。改革开放的新环境要求传媒人具有自身的主体意识，主动地、创造性地为党在新时期的基本路线蹚路。这方面影响新闻界报道方式变革的，是《中国青年报》1987年关于大兴安岭火灾的三篇通讯《红色的警告》、《黑色的咏叹》、《绿色的悲哀》。四位作者在大兴安岭火场摸爬滚打十几天，一幕幕非常现实的问题，给了他们一次机遇，来深刻思考发生火灾的原因。他们写出了这三篇通讯，主题分别是火与社会、火与人、火与自然。他们的作品无意中成就了随后被称为“深度报道”的一种新闻报道体裁(类型)，影响至今。作者们讨论的已经不是火场发生的事实的细节，而是一种对事情发生原因的宏观思考。他们采用立体化的手法，全方位、多层次地解剖新闻事实，突破了因袭多年的两极化、平面化、简单化的新闻报道思维习惯。

1990年，针对新闻呆板、不新鲜等问题，全国记协开展“现场短新闻”评选。李瑞环在现场短新闻颁奖会上说：“我们应当注意，不能由于强调新闻工作的党性，而影响了新闻宣传的可读性和趣味性。新闻宣传要使人感到亲切，轻松，喜闻乐见。”他还强调：“新闻，当然首先要真，第二要新，第三要短，第四要活。有的文章可以短的应尽量压缩，只有压缩，人家才爱看，才能增加信息量。这也叫尊重人，尊重人的时间。”②这实际上是大众传媒回归新闻本位的又一次努力。几年“现场短新闻”报道方式的普及，无形中适应了1992年社会主义市场经济条件下中国传媒以职业化的新姿态，进

① 马立诚编《蛇口风波》，中国新闻出版社1989年版，第253页。

② 《新闻出版报》1990年6月27日。

入多样化表达的传媒报道时代。

三、传媒作为“文化产业”背景下的新闻报道方式(1992—今)

1992年邓小平南方讲话发表,党的十四大确定了社会主义市场经济的发展道路。面临市场经济,中国的传媒实际上是在一轮又一轮从幼稚、低级的报道方式向较为成熟的报道方式转变中发展壮大的。其变化发展的主要情形是:

1. 报纸版面从“假头条”、“多头条”,发展到多版组。
2. 图片新闻从“配合文字”,发展到领引新闻的“泛视觉化”。
3. 形成党报、央视新闻联播等与大众化传媒两种并存的新闻报道方式。
4. 电视新闻持续现场直播,进入同步新闻报道的时代。
5. 新闻报道小众化,传媒利益天平倾向“主流人群”。政策上如何适当抑制传媒无限追求利益的冲动,给予传媒为全社会服务以利益引导,逐渐确立传媒业的专业主义职业意识,是一个现实问题。
6. 阐释事实(时事评论)成为传媒新的竞争点。
7. 地方传媒实行放眼全球、全国前提下的“新闻本土化”。
8. 报纸、电视、网络联动报道,受众进入“速览时代”。

四、几点总结

1. 事实选择回归新闻价值标准

60年来,中国传媒新闻报道方式的演变,经历了太多的变化,其中“事实”与“意义”的关系,可以说是中国新闻报道方式变化中的核心命题。中国传媒新闻报道方式最近60年的变化,基本围绕着调适报道中“事实”与“意义”展开。

1978年以前中国传媒的新闻报道方式,叙述轨迹基本相似。不论报道的内容是什么,“念念不忘突出政治”是共同的特点。例如,体育比赛取得好成绩,是社会主义优越性的体现;经济建设成就斐然,是遵循正确政治路线的结果;哪怕是纯粹私人的事项(例如结婚),也被赋予政治内涵。政治作为唯一需要被呈现的意义核心,渗透到新闻叙述的各类对象。

改革开放之后,新闻叙述在意义呈现方面的最大变化,在于新闻叙述的核心内涵已不再是唯一的政治了,呈现为多样视角和价值并存,新闻价值逐渐回归本位,叙述开始遵循新闻传播规律,并在此基础上满足受众和社会的多层次需求。新闻报道中的逻辑推理,也逐渐摆脱把政治作为唯一动力的模式,开始重视经济、文化、个人等多方面的原因。

此外,新闻中的“政治”本身也在发生变化,神话式的解读(如领导人报道中的个人崇拜)或附加庸俗政治套话的现象,明显减少,新闻报道在多样化的社会视角下重新寻找适当的政治定位。

1992 年以后,“市场”标准对新闻报道方式的渗透越来越大。就中国新闻报道方式的改革而言,“市场”标准的渗透是一种促进力量,它使得传媒正视受众,逐步发展出专业空间。但对“市场”要有清醒的认识,因为利益是“市场”价值衡量的唯一标准,现在已经在一些报道领域中显现资本对新闻报道方式的侵蚀,例如广告软新闻在媒体中泛滥便是表现之一。

我国新闻报道方式真正开始“更替”原有的模式,开始于改革开放以后,这种变化持续至今,并没有完结。新闻报道方式处在多种社会力量推动和角力之下,80 年代表现出结构转换,但尚不明显,这一时期主要表现为异质同构的改革,政治话语仍然为中心。90 年代中后期,新闻报道方式的结构性变化表现得越来越突出。多种社会力量的碰撞、融合、妥协,在新闻报道方式的变化中留下了种种痕迹。

2. 新闻报道的道德理念向“以人为本”转变

中国传媒新闻报道方式的演变中,还发生着另一个观念的变化,即人的价值逐渐被看重。1978 年以前的新闻叙述中,“人”服务、服从于某种更高价值的理想(不管其是否虚妄)。例如 1976 年唐山大地震后,中国在联合国散发《人民日报》8 月 2 日社论《英雄的人民不可战胜》,以此婉拒联合国秘书长瓦尔德海姆提出的由联合国提供援助的建议;8 月 4 日《人民日报》头版头条《英雄的唐山人民》写道:“党内最大的不肯改悔的走资派邓小平,却一贯仇视人民群众。他胡说什么依靠工农兵是‘相对’的,他把‘物质刺激’看作是调动人的积极性的灵丹妙药。蓬间雀哪里懂得鲲鹏之志,骑在人民头上的党内走资派,哪里能理解用毛泽东思想武装起来的广大革命人民的崇高精神境界!开滦医院医生谢美荣,是一个普通的妇女。她在地震中被亲人解放军抢救出来以后,不管身体虚弱,不顾身上伤痛,立即投入了营救伤员的战斗,日夜奋战在第一线。我们要问,谢美荣这种忘我的工作热情,难道是‘物质刺激’刺激出来的吗?”这样的报道,面对在 24 万多人的死亡、伤者无数的重大灾难,“人”的价值微不足道,甚至被强行绑架到党内政治斗争的战车上。

2008 年的汶川地震,死亡 8 万多人,党中央“以人为本”的观念已经得到了全面地落实,这不仅体现在党和国家领导人的讲话和行动中,而且体现在无数新闻报道中。我们的媒体已经意识到,以人为本是全社会的共识,这个理念无形中会逐步内化为多数新闻工作者自觉秉持的职业理念。

3. 报道结构呈现职业化

新闻不是政治本身,新闻报道方式有自身专业化的架构。进入 90 年代以后,中国传媒的职业意识开始彰显,新闻专业主义成为一种职业化操作的理念,在与政治话语和经济话语的交融、渗透和碰撞中,行业的行为边界逐渐明确,新闻报道的架构逐渐显现出专业的视角。现在存在着两种新闻专业主义的理解。下面是研究者对两种

理解的图式：[①]

媒体观	创造历史 媒体本身就是历史的一部分 记者被当成历史人物来赞扬	记载历史 媒体的历史地位由后来人做出评价 低调的记者
新闻观	讲故事 忽视时效性、重评论 可读性高 重写作、轻采访 热情的文字 夹叙夹议	摆事实 强调时效性、重事实 可读性低 重采访、轻写作 冷静的文字 新闻与评论严格分开
记者观	参与者推动者 舆论监督是否发挥了影响力	观察者中立者 舆论监督的事实是否准确
受众观	被启蒙的大众	有判断力的个体

进入新世纪，传媒报道方式的变化转入更深层面，80 年代媒体振臂高呼、应者云集的政治效应不再，受众也变得成熟和理性，在这个意义上，第二种新闻专业主义理解，呈现为主流。

研究与思考

＝延伸阅读＝

1. 方汉奇、陈业劭：《中国当代新闻事业史》，新华出版社，1992 年。
2. 文汇报报史研究室：《文汇报史略(1949—1966)》，文汇出版社，1997 年。
3. 李斯颐：《也谈建国初期私营传媒消亡原因》，《当代中国史研究》2009 年第 3 期。
4. 王晓梅：《一次注定失败的新闻改革——对 1956 年人民日报改版夭折的探讨》，《新闻记者》2009 年第 10 期。
5. 潘忠党：《新闻改革与新闻体制的改造——我国新闻改革实践的传播社会学之探讨》，《新闻与传播研究》1997 年第 3 期。
6. 陆晔、潘忠党：《成名的想象：中国社会转型过程中新闻从业者的专业主义话

① 陈阳《新闻专业主义在当下中国的两种表现形态之比较》，《国际新闻界》2008 年 8 期。

语建构》,《新闻学研究》第71期,2002年。

7. 王辰瑶:《嬗变的新闻——对中国新闻经典报道的叙述学解读(1949—2009)》,中国传媒大学出版社,2009年。

=问题与思考=

1. 以《文汇报》为例,分析1949年以后私营媒体消亡的原因。
2. 试论《人民日报》1956年改版的历史意义。
3. 试述改革开放以来中国传媒的产业化进程。
4. 互联网技术的引入对中国新闻业产生了哪些影响?
5. 新中国成立以来,负面新闻的报道方式是如何演变的?

大学研究型课程专业系列教材·新闻学类
书　目

《新闻理论研究导引》　丁和根　编著

本教材以"问题"为导向结构全篇，以研究性和参与性为旨趣铺陈展开，希望能引导学习者全面深入地了解本学科必须面对的核心问题，把握其研究的基本现状和研究方法。全书分本体论、实践论、关系论和研究论四大板块共十三章。每章皆有导论，归纳论述本专题的核心内容；代表性选文，呈现本专题值得借鉴的研究成果；研究与思考，提出后续研究与学习的要求。本教材可供新闻学专业本科生和研究生进行理论学习之用。

《新闻采访研究导引》　陈相雨　编著

新闻采访虽是一件实践要求很强的工作，但对它的学理思考同样不可忽视。为了使读者能在有限的时间内掌握最具价值的研究成果，本书从新闻采访的本体、主体、客体、起点、采访方法、采访筹划、采访规制等方面，遴选出最有代表性的研究成果，这些成果不仅有名家经典，还有一线新闻采访实践者的精品力作；同时，为了避免遴选出现挂一漏万的现象，编写者还对每个领域的研究情况作了总体述评。虽然遴选过程难免受制于编写者的学术旨趣，但力图为读者提供"性价比"最高的阅读，是编写者最为执著的追求。

《新闻写作研究导引》　丁柏铨　编著

这是一本关于新闻写作的具有研究性质的教材，包括"新闻文体"、"提炼主题"、"精选角度"、"优化结构"、"新闻叙事"、"新闻语言"、"创新探索"等七个板块及"余论"。与一般的新闻写作教材有所不同的是，它既包含了作者对于新闻写作的较为系统的学术思考和理论概括，又选引了学界和业界两个方面人士的富于睿智的著述。除此以外，本书还精选了各类新闻精品的个案，并加以简要点评，希望能给读者以诸多启发。"延伸阅读"，则旨在为读者拓展研究视野提供帮助。本书适合于新闻学及相近专业的本科生、硕士生作为教学参考用书，也可供从事新闻业务工作及对新闻写作感兴趣的人士阅读。亲，相信它一定能够让您开卷有益。

《新闻编辑研究导引》 邓利平 编著

新闻编辑强调业务操作，更离不开自己学科体系的理论指导。本书荟萃了新闻编辑的指导思想、队伍建设、受众市场以及与其他学科关系等基本理论，重点选编了新闻编辑的报道策划、稿件处理、标题制作、版面(节目)编排等具体业务的论述，作者包括中外著名学者、资深教授，他们的论述堪称精辟甚至可引为经典，并不因岁月流逝而降低其学术价值。本书各部分有导论、选文评述、延伸阅读、思考实践，以帮助读者更好地领会其精髓。

《新闻评论研究导引》 王蕾 编著

本书选取优秀新闻评论研究论著为范例，从研究者视域切入，引领读者深入了解新闻评论的规律、特征和发展态势，引导读者延展阅读本领域佳作，引发进一步思考，进而拓宽视野。本书选文首选名家权威之作，某些作者虽无名气但确实写得深刻到位的作品，与主题匹配的亦有选用。在导论、选文之后每章都配有“研究与思考”部分，提供延伸阅读书目或文章，辅以问题与思考，并有研究实践供参考。

《中国新闻史研究导引》 陈玉申 编著

本书聚焦于中国新闻史研究中的重要问题，选录有代表性的学术论文，提摄观点要旨，阐释价值意义，使学生对各时期的传媒生态及演变趋向有更加深入的认知。通过对选文的解读和讨论，激发学生进一步探究的兴趣，引导学生在学术层面上思考问题，学习科学的思维方式与研究方法，培育创新意识，提升研究能力。本书不仅可作本科教材，也适宜新闻学专业研究生阅读参考。